감정평가론

서 경 규

교육과학사

저자가 감정평가론과 인연을 맺은 지 어언 30여 년이 되었다. 그동안 감정평가사로서 또는 대학교 교수로서 감정평가론과 관련하여 많은 경험과 연구를 해왔다. 그럴 때마다 우리 현실에 맞는 체계적인 감정평가론의 정립이 시급하다는 것을 느꼈다.

잘 알려진 대로 우리의 감정평가론은 일본과 미국의 영향을 많이 받았다. 따라서 그 내용이 우리 현실과 동떨어진 경우가 있고, 관련 용어가 통일되지 못해 혼란도 많았다. 특히, 해외의 사례나 다수의 책을 보면 감정평가론의 연구대상을 부동산으로 한정하는 경우가 많은데 이는 우리의 현실과 다르다. 우리나라에서 감정평가의 대상은 동산, 부동산, 무형자산 등 매우 다양하기 때문이다. 따라서 감정평가론의 연구대상을 더욱 넓혀야 하는 과제가 있다.

그동안 우리나라에서 감정평가론을 연구하는 학자가 부족하여 학문의 발전이 미진한 점도 있다. 저자는 감정평가사 자격시험이나 공인중개사 자격시험에 다수의 출제위원으로 활동하였는데 이와 같은 사정으로 인해 문제 출제에 어려움을 느낀 경우가 많았다. 따라서 이 책은 우리 현실에 맞는 감정평가론을 정립하자는 목표를 가지고 출판하게 되었다. 이를 위해 다수의 용어나 내용에 대해 현황을 분석하고 과제를 제안하였는데, 하루빨리 관련 이론과 제도를 개선하는데 기초자료로 활용되기를 기대한다.

이 책은 크게 감정평가론의 기초, 부동산감정평가의 이해, 감정평가방식, 감정평가활동의 4편으로 구성되어 있다. 제1편 감정평가론의 기초에서는 감정평가의 개요와 감정평가론의 개요로 구분하여 감정평가의 기초내용을 정리하였고, 제2편 부동산감정평가의 이해에서는 부동산과 부동산권리, 부동산관련 이론, 부동산시장, 부동산의 가치이론 등 4개의 장에서 부동산감정평가에 필요한 내용을 설명하였다. 제3편 감정평가방식에서는 감정평가방식을 비교방식, 원가방식, 수익방식으로 구분하여 설명하였으며, 제4편 감정평가활동에서는 감정평가의 절차, 감정평가서 등 2개의 장으로 감정평가활동의 내용을 정리하였다.

저자는 이 책을 집필하면서 감정평가론 분야의 국내외 많은 학자들의 연구업적을 참고하였다. 이들 국내외 학자들에게 이 기회를 빌려 깊은 존경과 감사를 표한다. 저자가 현실적이고 체계적인 감정평가론을 정립하고자 오랜 기간 노력하였지만 역량의 부족으로 미진한 부분도 있을 수 있다. 앞으로 독자 여러분의 의견과 비판을 반영하고 추가적인 연구를 통해 계속 보완해 나갈 예정이다.

이 책을 출판하는 데 많은 사람의 도움과 지원을 받았다. 대구가톨릭대학교 대학원 박사과정의 김보준 군과 석사과정의 김재민 군, 이윤영 양, 최순보 군이 자료정리와 교정에 많은 도움을 주었다. 또한, 좋은 책을 만들기 위해 꾸준하게 노력한 교육과학사의 임직원과 출판과정 내내 따뜻하게 배려해 준 가족(아내와 두 딸)에게도 깊은 감사를 드린다.

2022년 2월

대구가톨릭대학교 효성캠퍼스에서

저자 씀

차 례

약어표(略語表)

1. 법규

- ○○○법령 … ○○○법 시행령
- ○○○법규칙 … ○○○법 시행규칙
- 감정평가규칙 … 감정평가에 관한 규칙
- 감정평가기준 … 감정평가 실무기준
- 감정평가법 … 감정평가 및 감정평가사에 관한 법률
- 감정평가보수기준 … 감정평가법인등의 보수에 관한 기준
- 공익사업법 … 공익사업을 위한 토지 등의 취득 및 보상에 관한 법률
- (구)감정평가규칙 … (구)감정평가의 기준에 관한 규칙
- (구)공공용지취득법 … (구)공공용지의 취득 및 손실보상에 관한 특례법
- (구)부동산가격공시법 … (구)부동산 가격공시 및 감정평가에 관한 법률
- (구)지가공시법 … (구)지가공시 및 토지 등의 평가에 관한 법률
- 국토계획법 … 국토의 계획 및 이용에 관한 법률
- 도시정비법 … 도시 및 주거환경정비법
- 부동산가격공시법 … 부동산 가격공시에 관한 법률
- 부동산거래법 … 부동산 거래신고 등에 관한 법률
- 외부감사법 … 주식회사 등의 외부감사에 관한 법률
- 재단저당법 … 공장 및 광업재단저당법
- 제주특별법 … 제주특별자치도 설치 및 국제자유도시 조성을 위한 특별법
- 표준지기준 … 표준지공시지가 조사 · 평가기준

2. 조문

- 11 … 제11조
- 11① … 제11조제1항
- 11-2 … 제11조의2
- 400-3.3.3 … 감정평가 실무기준 제400편 제3장 제3절 제3관

제1편

감정평가론의 기초

제1장 감정평가의 개요

제1절 감정평가와 감정평가제도

1. 감정평가의 의의

1) 감정평가의 개념

「감정평가 및 감정평가사에 관한 법률」(약어로 감정평가법이라 한다)에 의하면 감정평가(鑑定評價)는 ① 토지 등의 ② 경제적 가치를 ③ 판정하여 ④ 그 결과를 가액으로 표시하는 것을 말한다. 감정평가의 개념을 세분하여 설명하면 다음과 같다.

먼저, 감정평가의 대상은 '토지 등'이다. 토지 등에는 토지 및 그 정착물(즉, 부동산), 동산, 무형자산 등이 포함된다. 감정평가의 대상에 대해서는 제2절에서 자세하게 설명한다.

둘째, 감정평가의 근거(根據)는 '경제적 가치'이다. 경제적 가치는 경제활동에 있어 사람의 욕구를 만족시키는 재화나 서비스의 능력(즉, 유용성)을 말한다. 일정시점에서 경제적 가치의 유형은 경제주체의 관점에 따라 매우 다양하다(이를 가치다원론이라 한다). 예를 들어 동일한 농지라 하더라도 농지로 사용하려는 사람, 택지로 개발하려는 사람, 근저당권을 설정하고 대출하려는 사람이 갖는 경제적 가치는 서로 다르다. 경제적 가치의 종류가 다르면 감정평가의 기준이 달라지고 그 결과 감정평가액도 달라진다. 따라서 감정평가에 있어서는 먼저 기준가치를 확정하여야 한다.

셋째, 감정평가의 본질(本質)은 '판정(判定)'이다. 판정은 판별하여 결정하는 것으로 내심적 정신작용에 속한다. 따라서 판정의 결과는 판정의 주체에 따라 다를 수 있다. 감정평가의 본질이 판정이므로 감정평가액에 따라 다양한 당사자 간에 이해가 상충되는 경우 반드시 복수의 감정평가를 통해 감정평가액의 정확성을 제고하여야 한다. 경제적 가치의 판정을 위해 비교방식, 원가방식, 수익방식의 3방식이 활용된다.

넷째, 감정평가의 결과는 '가액(價額)'으로 표시된다. 여기서 가액(價額, estimated amount)은 화폐액을 말하는데, 금액이라고 할 수도 있다. 가액의 표시는 내심적 정신작용인 판정의 결과를 외부적으로 표시하는 행위이다.

한편, 미국의 Appraisal Institute(약어로 AI라 한다)는 최종가치의견은 통상 하나의 수치로 표시하지만, 가치의 범위(예: $1,000,000에서 $1,200,000사이) 또는 기준액과의 관계(예: $1,000,000 이상 또는 $1,000,000 이하)로 표시할 수 있다고 설명한다.[1)]

2) 유사용어의 구분

(1) 감정(鑑定)과 평가(評價)

감정평가의 유사용어로 감정과 평가가 있다. 국립국어원의 표준국어대사전에 의하면 감정은 ① '사물[2)]의 특성이나 참과 거짓, 좋고 나쁨을 분별하여 판정함', ② '재판에 도움을 주기 위하여, 재판에 관련된 특정한 사항에 대하여 그 분야의 전문가가 의견과 지식을 보고하는 일'로 정의하고, 평가는 ① '물건 값을 헤아려 매김. 또는 그 값', ② '사물의 가치나 수준 따위를 평함. 또는 그 가치나 수준' 으로 정의하고 있다. 여기서 감정은 사실의 규명, 진부(眞否) 등을 판별하는 가치판정의 과정이고, 평가는 가치판정의 결과를 화폐액으로 표시하는 작업이라고 하여 이를 구분하여 해석하는 견해도 있다. 즉, 감정평가는 (감정 + 평가)의 합성어라는 입장이다.

감정평가 관련 법령에서는 감정평가, 감정, 평가의 용어를 혼용하고 있다. 1960. 4. 제정된 「민사소송법」에서는 감정인, 평가라는 용어를 사용했고[3)], 법률명에 감정평가라

1) Appraisal Institute(2020), *The Appraisal of Real Estate(15th ed.)*, 602쪽 참조.

2) 사물(事物)은 일과 물건을 아울러 이르는 말이다.

3) 제615조 (최저경매가격의 결정) 법원은 등기공무원과 조세 기타의 공과를 주관하는 공무소의 통지를 받은 후 감정인에게 부동산을 평가하게 하여 그 평가액을 최저경매가격으로 한다.

는 용어를 최초로 사용한 「감정평가에 관한 법률」(1973. 12. 제정)에서는 감정평가를 '동산 · 부동산 기타 재산의 경제적 가치를 판정하여 그 결과를 가액으로 표시하는 것'으로 정의하고 약어로 감정이라 표현했다. 또한, 1989. 12. 제정된 「감정평가에 관한 규칙」(약어로 감정평가규칙이라 한다)에서는 감정평가의 약어를 평가로 표현했으며, 2012. 8. 전부개정시에는 약어 없이 감정평가만으로 표현했다.

〈표 1.1.1〉 감정평가 관련 용어의 연혁

시기	법령	용어	약어
1949. 06.	농지개혁법: 제정	평가	-
1960. 04.	민사소송법: 제정	감정인, 평가	-
1962. 01.	토지수용법: 제정	감정	-
1966. 02.	국유재산법시행령: 개정	평가	-
1972. 12.	국토이용관리법: 제정	평가	-
1973. 12.	감정평가에 관한 법률: 제정	감정평가	감정
1989. 04.	지가공시 및 토지 등의 평가에 관한 법률: 제정	감정평가, 평가	-
1989. 12.	감정평가에 관한 규칙: 제정	감정평가	평가
2002. 01.	민사집행법: 제정	감정인, 평가	
2002. 02.	공익사업을 위한 토지 등의 취득 및 보상에 관한 법률: 제정	감정평가, 평가	-
2012. 08.	감정평가에 관한 규칙: 전부개정	감정평가	-
2016. 01.	감정평가 및 감정평가사에 관한 법률: 제정	감정평가	-

다양한 법령에서 감정은 주로 '사물의 특성 · 상태 또는 진부(眞否) 등을 분별하여 판정함'의 의미로 사용되고 있고(예: 정신감정, 지문감정 등), 평가는 주로 '사물의 특성 · 상태 또는 가치 등을 분석하여 판정함'의 의미로 사용되고 있다(예: 업무평가, 환경영향평가 등). 여기서 각 용어의 관계를 그림으로 표현하면 다음과 같다.

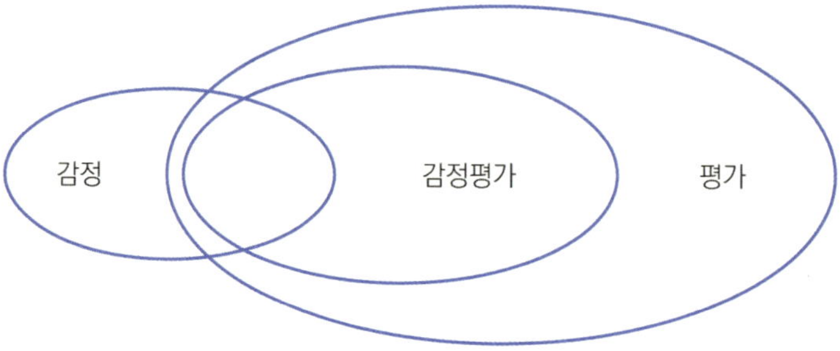

[그림 1.1.1] 각 용어의 관계

[그림 1.1.1]에서처럼 감정평가보다 평가가 더 넓은 개념이다. 혼란을 방지하기 위해 대상물건의 경제적 가치를 판정하여 그 결과를 가액으로 표시하는 것은 '감정평가'로 용어를 통일하고 약어 없이 사용하는 것이 합리적이다.

(2) 사정(査定)과 산정(算定)

국립국어원의 표준국어대사전에 의하면 사정은 '조사하거나 심사하여 결정함'으로, 산정은 '셈하여 정함'으로 정의하고 있다. 여기서 사정의 대상은 제한이 없는 반면, 산정의 대상은 수(數)이므로 사정이 더 넓은 개념이다. 사정의 예로는 합격자 사정, 손해사정, 지가사정[4] 등이 있고, 산정의 예로는 보상액 산정, 과세표준 산정, 지가산정 등이 있다.

감정평가의 유사용어로 산정과 관련하여 논란이 있다. 「부동산 가격공시에 관한 법률」(약어로 부동산가격공시법이라 한다)에 의하면 표준지공시지가에 대해서는 조사·평가로, 표준주택가격·공동주택가격·비주거용 표준부동산가격·비주거용 집합부동산가격에 대해서는 조사·산정으로 표현하고 있다. 특히, 표준주택가격의 경우 종전 「부동산 가격공시 및 감정평가에 관한 법률」에서는 조사·평가로 표현하였으나, 이를 분리하여 별도의 법률로 제정(2016. 1.)한 「부동산가격공시법」에서는 조사·산정으로 표현을 변경하였다. 이는 업무담당자를 종전 감정평가법인 등에서 한국부동산원(종전 한국감정원)으로 변경하면서 취한 조치이다.

「부동산가격공시법」상 조사·평가에 있어 '평가'는 해석상 감정평가의 약어로 이해된

4) 「농지개혁법」상 용어이다.

다. 감정평가는 토지 등의 경제적 가치를 판정하여 그 결과를 가액으로 표시하는 것으로서 「감정평가규칙」에 의하면 절차상 대상물건의 확인, 가치형성요인의 분석, 감정평가방법의 적용 및 시산가액의 조정, 가액의 표시 등을 거쳐야 한다. 여기서 감정평가의 정의(定義)와 절차를 분석하면 유사용어인 평가, 산정 등과 구분할 수 있다. 평가와 산정도 가액을 표시하는 점에서는 감정평가와 동일하지만 나머지 활동의 절차는 〈표 1.1.2〉처럼 다른 경우도 많다. 「부동산가격공시법」과 「표준주택가격 조사·산정기준」에 의하면 표준주택가격의 조사·산정절차는 감정평가의 절차와 동일하다. 따라서 표준주택가격의 조사·산정은 해석상 표준주택가격의 감정평가라 할 수 있다.

〈표 1.1.2〉 감정평가와 유사용어의 비교

구분	감정평가	평가	산정
대상(객체)	물건(무형자산 포함)	제한 없음	제한 없음
대상물건의 확인	원칙(예외 있음)	선택	선택
가치형성요인의 분석	필수	선택	선택
감정평가방법의 적용	필수	선택	불필요
시산가액의 조정	원칙(예외 있음)	선택	불필요
가액의 표시	필수	선택	필수

3) 감정평가의 필요성

우리는 원활한 경제활동을 위해 대상물건의 경제적 가치에 관한 정보를 활용해야 하는 경우가 많다. 예를 들어 정부가 세금을 부과하거나, 공익사업을 위해 보상을 하는 경우 또는 금융회사가 부동산에 근저당권을 설정하는 경우 등 매우 다양하다. 여기서 감정평가의 필요성을 한마디로 요약하면 물건의 경제적 가치에 관한 정보제공이라 할 수 있다. 세금 부과, (손실)보상, 담보 설정, 물건 거래, 경매·공매, 부동산개발·투자 등 다양한 경제활동에서 대상물건의 경제적 가치에 관한 정보를 활용할 필요가 있다. 따라서 각 경제주체는 다양한 시점에서 특정 목적을 위해 대상물건의 경제적 가치에 관한 정보를 감정평가를 통해 얻고 있다.

감정평가의 필요성을 구체적으로 설명하면 다음과 같다. 먼저, 대상물건의 정확한 경제적 가치에 관한 정보가 필요하다. 시장가격은 시장의 불완전성이나 당사자의 사정 등에 의해 대상물건의 정확한 경제적 가치를 반영하기 어렵다. 예를 들어 금융회사에서 부동산을 담보로 대출을 하는 경우 해당 부동산의 경제적 가치를 정확하게 알아야만 대출한도를 정할 수 있으므로 감정평가를 의뢰한다.

둘째, 시장가격이 있더라도 일정시점의 경제적 가치에 관한 정보를 얻기 위해서는 감정평가가 필요하다. 시장가격은 필요한 시점에 필요한 물건에 대해 항상 성립하지는 않는다. 예를 들어 부동산을 상속받은 경우 상속인은 상속개시일 당시 해당 부동산의 경제적 가치를 기준으로 상속세를 부담하므로 감정평가를 의뢰한다. 만약 해당 부동산을 1년 전에 피상속인이 10억원에 매수했더라도 상속개시일 당시 과세표준을 10억원으로 정할 수는 없다. 물건의 경제적 가치는 가치형성요인에 따라 형성되며, 가치형성요인은 끊임없이 변화하는 경향이 있기 때문이다.

셋째, 경제주체들은 다양한 목적을 가지고 특정 조건하에서의 경제적 가치정보를 활용하고자 한다. 이때 특정 조건하에서의 경제적 가치에 관한 정보를 얻기 위해서는 감정평가가 필요하다. 예를 들어 어떤 지역에 택지개발지구가 지정된 후 개발기대감으로 시장가격이 상승하였다고 하자. 사업시행자가 택지개발지구의 토지를 매수할 때에는 관련법령에 따라 당해 사업으로 인한 개발이익을 배제하여야 하므로 감정평가를 통해 이를 확정할 필요가 있다.

2. 감정평가제도의 의의

1) 감정평가제도의 개념

일반적으로 제도라 함은 법이나 관습 등 사회규범에 의해 정립되고 유지되는 체계를 말하는데 좁은 의미로는 법에 의해 정립되고 유지되는 체계를 말한다. 여기서 감정평가제도는 감정평가에 관한 제도를 말한다. 즉, 법에 의해 정립되고 유지되는 감정평가에 관한 체계를 말한다.

감정평가제도는 크게 자격제도와 업무제도로 구분할 수 있다. 자격제도는 일정한 요건을 갖춘 사람에게 자격을 부여하고 자격자에 한해 업무를 수행할 수 있도록 하는 제도를 말하고, 업무제도는 일정한 목적을 가지고 수행하는 일에 관한 제도를 말한다. 자격제도에는 자격제의 유무, 자격제의 유형, 자격 기준 등이 포함되며, 업무제도에는 업무의 유형과 내용, 업무의 절차와 방법 등이 포함된다.

2) 자격자에 의한 감정평가의 필요성

물건의 경제적 가치에 관한 정보는 대부분 전문자격자인 감정평가사를 통해 제공되고 있는데, 전문자격자에 의한 감정평가의 필요성은 다음과 같다. 먼저, 각 경제주체가 대상물건에 대해 느끼는 경제적 가치는 다르므로 이를 객관적으로 판정할 필요가 있다. 이때 감정평가에 관한 전문지식과 경험을 갖춘 자격자만이 이를 객관적으로 공정하게 판정할 수 있다. 둘째, 대상물건의 가치형성요인은 매우 다양할 뿐 아니라 다수 요인이 유기적으로 관련을 맺고 상호작용하거나 끊임없이 변화하는 경향이 있으므로 이를 정확하게 판정하기 위해서는 전문가가 필요하다. 셋째, 시장에서 거래된 가격이라도 시장의 불합리성이나 당사자의 사정 등으로 인해 경제적 가치가 정확하게 반영되지 못하는 경우가 많다. 따라서 이를 정보로 활용하기 위해서는 반드시 전문가에 의한 보정이나 수정작업이 필요하다.

3) 감정평가제도의 기능

(1) 사회적 기능

먼저, 이해 조정기능을 수행한다. 감정평가액에 따라 다양한 당사자 간에 이해가 상충되는 경우가 많다. 감정평가의 목적이 보상·소송·관리처분·교환 등의 경우에는 더욱 그러하다. 이 경우 감정평가사는 조정자로서의 역할을 충실히 수행하여야 하며, 특히 감정평가의 공정성과 정확성이 강조된다.

둘째, 의사결정 지원기능이 있다. 대상물건에 대한 감정평가액을 제시함으로써 다양한 목적을 가진 의뢰인의 의사결정을 지원한다. 의사결정 지원기능이 강한 목적의 감정평가로는 경매, 공매, 취득(매수), 처분(매각), 담보, 시가참고 등이 있다. 따라서 감정평가사는 대상물건의 경제적 가치를 정확하게 판정할 수 있는 능력이 있어야 한다.

(2) 경제적 기능

먼저, 적정한 가격형성을 유도한다. 시장가격은 시장의 불완전성이나 당사자의 사정 등에 의해 합리적인 적정가격이 형성되기 어렵다. 그러나 전문가에 의한 감정평가액은 시장에서의 최빈거래가능가격을 판정한 것이므로 대상물건의 적정가격 형성을 유도하는 기능이 있다. 이는 달리 시장의 보완기능이라 할 수도 있다. 시장가격은 감정평가액 결정의 참고자료가 되며, 감정평가액은 다시 시장가격 형성의 참고자료가 된다.

둘째, 부동산의 효율적 이용을 유도하는 기능이 있다. 부동산의 감정평가 시에는 최유효이용을 판정하여야 한다. 따라서 대상부동산의 최유효이용을 판정하여 제시함으로써 이해관계인에게 부동산의 효율적 이용을 유도하게 된다.

셋째, 경제발전에 기여하는 기능이 있다. 경제발전(economic development)은 한마디로 경제의 질적인 향상을 의미하는데 경제규모의 양적인 성장뿐 아니라 산업구조・사회구조・소득분배구조 등이 전반적으로 향상되는 것을 말하는 종합적인 개념이다. 감정평가제도가 가지는 이해 조정기능, 재산권 보호기능, 적정한 가격형성 유도기능, 정책 지원기능 등의 다양한 기능은 궁극적으로 경제발전에 기여한다. 「감정평가법」은 그 목적을 국민의 재산권 보호와 국가의 경제발전 기여로 규정하고 있다.

(3) 정책적 기능

먼저, 정책 지원기능을 수행한다. 감정평가제도는 부동산 가격공시・조세 및 부담금 부과 등 정부의 다양한 정책에서 활용되므로 정부의 정책을 지원하는 기능이 있다. 정책 지원기능에 있어서는 특히 감정평가의 공정성과 형평성이 강조된다.

둘째, 재산권 보호기능이 있다. 재산권은 경제적 가치가 있는 모든 권리를 말하는데 시장가치를 기준으로 경제적 가치를 판정하고 이를 가액으로 표시함으로써 권리자가 정당하게 재산권을 향유할 수 있도록 보호하는 기능이 있다.

제2절 감정평가의 내용

1. 감정평가의 대상

1) 감정평가대상의 개요

(1) 감정평가대상의 구분

감정평가의 대상은 크게 물건과 무형자산으로 구분할 수 있다. 먼저, 물건은 「민법」상의 개념이다. 「민법」에서 물건(物件)이란 '유체물 및 전기 기타 관리할 수 있는 자연력'을 말하는데(제98조), 크게 동산과 부동산으로 구분된다. 여기서 부동산은 '토지와 그 정착물'을 말하며, 부동산 이외의 물건이 동산이다. 둘째, 무형자산은 자산의 형태 유무에 따른 분류에 속한다. 자산(資産)은 생산활동에 사용되는 재화를 말한다. 즉, 생산활동의 밑천인 재화를 부르는 말이다. 자산은 형태를 가지고 있는지에 여부에 따라 유형자산과 무형자산으로 구분한다. 여기서 무형자산은 물리적 형태가 없는 자산을 말한다.

〈표 1.1.3〉 감정평가의 대상

구분		내용	예시	권리공시방법
물건	동산	일반동산	상품, 원재료, 제품 등	점유
		유가증권	주식, 채권	점유, 명의개서
	부동산	토지	토지	등기
		토지의 정착물	건물, 공작물, 입목 등	등기, 명인방법
		준부동산	자동차, 건설기계, 공장재단 등	등기, 등록
무형자산		물권	지상권, 지역권, 어업권, 광업권 등	등기, 등록
		물권에 준하는 권리	저작권, 산업재산권 등	등록
		사실상의 자산	영업권, 권리금 등	(없음)

(2) 물건의 개념과 구분

「민법」에서 물건(物件)이라 함은 유체물 및 전기 기타 관리할 수 있는 자연력을 말한다(제98조). 따라서 물건이 되려면 다음의 요건을 구비해야 한다.

먼저, 유체물(有體物) 또는 자연력이어야 한다. 유체물은 형체를 가진 물건이며, 자연력은 자연계의 온갖 힘을 말하는데 빛·열·전기·에너지 등이 그 예이다.

둘째, 관리할 수 있어야 한다. 관리할 수 있다는 것은 배타적으로 지배할 수 있다는 뜻이다. 따라서 해·달·별 등은 물건이 아니다.[5] 여기서 관리가능성(또는 배타적 지배가능성)은 경제적 가치가 발생하는 전제라 할 수 있다. 경제적 가치는 경제활동에 있어 사람의 욕구를 만족시키는 재화나 서비스의 유용성을 말하는데, 경제활동에 있어 사람의 욕구는 재화나 서비스를 배타적으로 지배할 수 있어야 의미가 있기 때문이다.

셋째, 사람의 신체나 그 일부가 아니어야 한다. 그러나 인체로부터 분리된 것(예: 채취된 혈액, 잘린 모발 등)은 물건이다.

넷째, 독립성이 인정되어야 한다. 하나의 독립된 물건에는 하나의 물권만이 성립한다는 일물일권주의(一物一權主義)에 의해 원칙적으로 물건의 일부나 여러 개의 물건에는 하나의 물권이 성립하지 않는다. 다만, 물건의 일부나 여러 개의 물건에 대해 하나의 물권을 인정해야 할 실익이 있고, 물권의 공시가 가능한 경우에는 물권의 객체가 될 수 있다. 물건의 일부에 하나의 물권이 성립하는 예로는 부동산의 일부에 용익물권이 성립하는 경우이고, 여러 개의 물건에 하나의 물권이 성립하는 예로는 「공장 및 광업재단저당법」에 의한 공장재단·광업재단, 「입목에 관한 법률」에 의한 입목 등이 있다.

한편, 물건은 크게 동산과 부동산으로 구분된다. 부동산 이외의 물건은 동산으로 간주하고 있다. 양자(兩者)는 공시방법에 차이가 있고, 그 외에도 공신력, 취득시효, 제한물권의 설정범위[6] 등에서 차이가 있다.

---

5) 강태성(2018), 민법총칙, 대명출판사, 392쪽.

6) 「동산·채권 등의 담보에 관한 법률」이 제정(2010년)되어 동산·채권·지식재산권도 담보권 설정이 가능해졌다. 따라서 이와 같은 차원에서는 동산과 부동산의 구분 실익이 완화되었다.

〈표 1.1.4〉 부동산과 동산의 비교

구분	부동산	동산
개념	토지와 그 정착물	부동산 이외의 것
공시방법	등기	점유
공신력 (공신의 원칙)	부인	인정 (선의취득제도)
취득시효	• 미등기상태에서 20년 점유 • 등기상태에서 10년 점유	• 소유의사로 10년 점유 • 선의 · 무과실로 5년 점유
제한물권 설정범위	• 용익물권 모두 가능 • 담보물권 중 유치권 · 저당권	• 용익물권 모두 불가능 • 담보물권 중 유치권 · 질권
무주물귀속	국가	선점자

2) 동산

먼저, 일반동산으로 상품, 원재료, 반제품, 제품 및 기타 동산이 있다. ① 상품은 넓은 의미로는 매매의 대상이 되는 유형·무형의 재화를 말하며, 좁은 의미로는 매매의 대상이 되는 유형의 재화를 말한다. ② 제품은 원재료를 이용하여 만든 물건을 말한다. 회계기준에서는 제조 공정을 거쳐 만든 물건으로서 제품과 제조 공정을 거치지 않은 물건으로서 상품을 구분한다. 예를 들어 기업이 직접 물건을 제조하여 판매한다면 그것은 제품이지만, 납품업자에게서 물건을 사와서 판매한다면 그것은 상품이다. 일반동산을 감정평가하는 예로는 경매목적의 유체동산 감정평가, 담보목적의 동산 감정평가[7], 처분(매각)목적의 불용품 감정평가 등이 있다.

둘째, 유가증권으로 주식과 채권이 있다. ① 주식은 주식회사의 출자에 대해 발생하는 증서를 말한다. ② 채권(債券)은 국가·지방자치단체·특수법인·주식회사 등이 자금을 조달하면서 발행한 증서를 말한다. 즉, 일정한 날짜에 일정한 금전을 지급하겠다고 약속하고 발행한 차용증서이다.

7) 동산·채권·지식재산권의 담보제도를 활성화하고자 2010. 6. 「동산·채권 등의 담보에 관한 법률」이 제정되었다.

〈표 1.1.5〉 주식과 채권의 비교

구분	주식(株式)	채권(債券)
성질	유가증권(자본증권에 속함)	유가증권(자본증권에 속함)
발행 주체	주식회사	국가 · 지방자치단체 · 특수법인 · 주식회사 등
자금조달 형태	출자(출자증권)	대부(대부증권)
자본의 성격	자기자본(→ 자본)	타인자본(→ 부채)
만기 여부	없음(무기한부 증권)	있음(기한부 증권)
상환 여부	상환하지 않음(비상환증권)	만기 일시상환(상환증권)
소유자의 지위	주주	채권자
소유자의 권리	배당	이자
권리의 보장	불확정(지급여부와 비율이 불확정)	확정(반드시 일정한 비율을 지급)
경영권 참가	가능	불가능
종류	권리의 내용에 따라 보통주 · 우선주 등으로 구분	발행주체에 따라 국채 · 지방채 · 특수채 · 회사채 등으로 구분

3) 부동산

(1) 토지

법적으로 토지는 '물권의 대상이 되는 땅'이라 할 수 있다. 물리적으로 토지는 연속되어 있으나 물권의 객체인 물건이 되기 위해서는 토지의 일부를 일정범위로 구획·구분하여야 하며, 일정한 면적과 경계를 가진 토지의 등록단위를 필지(筆地)라 한다.

(2) 토지의 정착물

토지의 정착물은 그것이 토지와 독립된 물건으로 취급될 수 있는지와 관련하여 독립정착물·반독립정착물·종속정착물의 세 가지 유형이 있다.

먼저, 독립정착물은 토지와는 별개의 독립된 물건으로 취급되는 것으로, 건물이 예이다. 따라서 토지와 그 토지 위의 건물은 각각 소유권의 객체가 된다. 여기서 법적으로 건물과 건축물의 구분이 필요하다. 건물과 건축물은 같은 의미로 쓰는 경우가 많으나,

엄격하게는 다른 개념이다. 법무부 소관의 법률에서는 건물이라는 용어를 주로 쓰고(예: 민법, 부동산등기법, 상가건물 임대차보호법), 국토교통부 소관의 법률에서는 건축물이라는 용어를 주로 쓰고 있다(예: 건축기본법, 건축법, 건축물의 분양에 관한 법률). ① 건물의 정의를 법적으로 한 것은 없다. 대법원 판례[8]에서는 건물을 토지에 정착한 공작물로서 지붕·기둥·벽이 있는 것으로 해석하고 있다. 따라서 건축 중인 경우나 철거 중인 경우 건물을 독립한 물건으로 볼 것인가의 여부도 이러한 기준에서 판단하여야 한다. 예를 들어 건축 중인 건물이 지붕·기둥·벽을 갖추었다면 사용승인을 받기 전에도 독립한 물건으로 취급된다. ② 건축물은 「건축법」 등에 정의가 있다. 여기서 건축물은 토지에 정착하는 공작물 중 지붕과 기둥 또는 벽이 있는 것과 이에 딸린 시설물, 지하나 고가(高架)의 공작물에 설치하는 사무소·공연장·점포·차고·창고, 그 밖에 대통령령으로 정하는 것을 말한다. 따라서 건물보다 건축물이 더 넓은 개념이다.

건축물대장에 기재된 건축물이라도 건물의 요건을 갖추지 못하면 부동산으로 등기할 수 없다. 대법원의 예규(즉, 등기능력 있는 물건 여부의 판단에 관한 업무처리지침)에 의하면 「건축법」상 건축물에 관하여 건물로서 소유권보존등기를 신청한 경우, 등기관은 그 건축물이 토지에 견고하게 정착되어 있는지(정착성), 지붕 및 주벽 또는 그에 유사한 설비를 갖추고 있는지(외기분단성), 일정한 용도로 계속 사용할 수 있는 것인지(용도성) 여부를 당사자가 신청서에 첨부한 건축물대장등본 등에 의하여 종합적으로 심사하여야 한다. 따라서 대법원 예규에서는 건축물의 등기능력으로 특히 지붕 및 주벽을 요구하고 있다. 예규에 의하면 지붕 및 주벽 또는 그에 유사한 설비를 갖추지 않고 있거나, 토지에 견고하게 부착되어 있지 않는 것은 건물로서 소유권보존등기를 할 수 없는데, 건물의 부대설비(승강기, 발전시설, 보일러시설, 냉난방시설, 배전시설 등), 지하상가의 통로, 컨테이너, 비닐하우스, 주유소 캐노피[9], 일시 사용을 위한 가설건축물, 양어장, 옥외 풀장 등이 그 예이다.

한편, 「감정평가 실무기준」(약어로 감정평가기준이라 한다)에서는 건물의 정의로 「건축법」상 건축물의 정의와 같게 하여 건물과 건축물을 같은 의미로 해석하고 있다

8) 최소한의 기둥과 지붕 그리고 벽이 이루어지면 독립한 부동산으로서의 건물의 요건을 갖춘 것이 된다(대법원, 2011. 6. 30. 선고 2009다30724 판결).

9) 대법원의 예규가 제정(2004. 10. 01) 되기 전에는 주유소의 캐노피에 대해 소유권보존등기가 가능했으나, 그 이후에는 주벽이 없어 불가능한 실정이다.

(610-2.1). 그러나 「소득세법」이나 「법인세법」에서는 건물(부속설비를 포함) 및 구축물을 합쳐 건축물로 부른다(소득세법시행령 62, 법인세법시행령 24).

둘째, 반독립정착물은 토지의 일부로서 토지와 함께 처분될 수는 있지만, 일정한 공시를 갖추는 것을 전제로 독립한 물건으로 취급될 수도 있는 정착물을 말한다. 반독립정착물의 예는 다음과 같다. ① 「입목에 관한 법률」에 의한 입목: 토지에 부착된 수목의 집단을 그 소유자가 「입목에 관한 법률」에 따라 소유권보존의 등기를 하면 독립한 부동산으로 본다. ② 명인방법을 갖춘 수목의 집단 또는 개개의 수목: 수목의 집단이나 개개의 수목이 명인방법이라는 관습법상의 공시방법을 갖추면 독립한 부동산으로 취급된다. 여기서 명인방법은 소유자가 누구인지 명확하게 인식할 수 있는 공시방법을 말하는데, 수목에 소유자를 표시한 명찰을 게시하거나 수목의 집단에 철사 등으로 줄을 치고 소유자를 표시한 명찰을 게시하는 것 등이 예이다. ③ 명인방법을 갖춘 미분리의 과실(果實): 과수의 열매·입도(立稻: 수확 전에 서 있는 벼)·뽕잎 등도 명인방법을 갖추면 독립한 물건으로 취급된다. ④ 농작물: 명인방법을 갖춘 농작물은 독립한 물건으로 취급된다. 한편, 토지소유자와 농작물의 경작자가 다른 경우에는(심지어 정당한 권원 없이 타인의 토지에서 경작하는 경우에도) 명인방법을 갖추지 않더라도 농작물의 소유권은 경작자에게 있다는 것이 판례이다. 이 판례에 대해서는 불법행위인 무단경작을 조장하는 점, 「민법」상 부합의 규정(제256조)과 배치되는 점 등을 이유로 비판이 많다.

셋째, 종속정착물은 정착물이 토지의 구성부분으로 취급되어 항상 토지와 일체로 처분되는 것으로서, 축대·도로의 포장·교량·담장 등이 있다.

4) 준부동산

(1) 개요

준부동산 또는 의제부동산이란 부동산이 아닌 것으로 등기나 등록에 의해 소유권이 공시되는 것을 말한다. 따라서 준부동산은 권리의 변동을 등기나 등록에 의해 공시하므로 제3자가 쉽게 인식할 수 있다. 준부동산에는 입목, 공장재단·광업재단, 선박, 비행기, 건설기계, 자동차 등이 있다.

한편, 「자동차 등 특정동산 저당법」에 의하면 등록의 대상이 되는 소형선박·항공기·경량항공기·건설기계·자동차를 특정동산이라고 한다. 특정동산은 저당권의 목적물로 할 수 있다(제3조).

(2) 입목

입목이란 토지에 부착된 수목의 집단으로서 그 소유자가 「입목에 관한 법률」에 따라 소유권보존의 등기를 받은 것을 말한다. 따라서 입목은 토지의 정착물인 수목의 집단이 등기됨으로써 독립한 물건으로 취급되는 것이다. 입목을 등기하기 위해서는 먼저 입목등록원부에 등록하여야 하며, 입목의 등록은 특별자치도지사·시장·군수 또는 구청장(자치구의 구청장을 말함)에게 신청하여야 한다(제8조). 입목등록원부에 등록된 수목의 집단에 한해 소유권보존등기가 가능하다. 입목은 부동산으로 보며, 입목의 소유자는 토지와 분리하여 입목을 양도하거나 저당권의 목적으로 할 수 있고, 토지소유권 또는 지상권 처분의 효력은 입목에 미치지 아니한다(제3조). 입목을 목적으로 하는 저당권의 효력은 입목을 베어 낸 경우에 그 토지로부터 분리된 수목에도 미치며(제4조), 입목의 경매나 그 밖의 사유로 토지와 그 입목이 각각 다른 소유자에게 속하게 되는 경우에는 토지소유자는 입목소유자에 대하여 지상권(즉, 법정지상권)을 설정한 것으로 본다(제6조).

(3) 공장재단 · 광업재단

공장재단은 공장에 속하는 일정한 기업용 재산으로 구성되는 일단(一團)의 기업재산으로서 「공장 및 광업재단저당법」(약어로 재단저당법이라 한다)에 따라 소유권과 저당권의 목적이 되는 것을 말하며, 광업재단은 광업권(鑛業權)과 광업권에 기하여 광물(鑛物)을 채굴(採掘)·취득하기 위한 각종 설비 및 이에 부속하는 사업의 설비로 구성되는 일단의 기업재산으로서 「재단저당법」에 따라 소유권과 저당권의 목적이 되는 것을 말한다. 공장재단(또는 광업재단)은 공장재단(또는 광업재단)등기부에 소유권보존등기를 함으로써 설정한다(법 제10조 및 제54조).

공장 소유자가 공장에 속하는 토지(또는 건물)에 설정한 저당권의 효력은 그 토지(또는 건물)에 부합된 물건과 그 토지(또는 건물)에 설치된 기계, 기구, 그 밖의 공장의 공용물

(供用物)에 미친다. 또한, 공장 소유자는 하나 또는 둘 이상의 공장으로 공장재단을 설정하여 저당권의 목적으로 할 수 있으며(제10조), 공장재단은 ① 공장에 속하는 토지, 건물, 그 밖의 공작물, ② 기계, 기구, 전봇대, 전선(電線), 배관(配管), 레일, 그 밖의 부속물, ③ 항공기, 선박, 자동차 등 등기나 등록이 가능한 동산, ④ 지상권 및 전세권, ⑤ 임대인이 동의한 경우에는 물건의 임차권, ⑥ 지식재산권의 전부 또는 일부로 구성할 수 있다(제13조).

한편, 광업권자는 광업재단을 설정하여 저당권의 목적으로 할 수 있으며, 광업재단은 광업권과 ① 토지, 건물, 그 밖의 공작물, ② 기계, 기구, 그 밖의 부속물, ③ 항공기, 선박, 자동차 등 등기 또는 등록이 가능한 동산, ④ 지상권이나 그 밖의 토지사용권, ⑤ 임대인이 동의하는 경우에는 물건의 임차권, ⑥ 지식재산권 중 그 광업에 관하여 동일한 광업권자에 속하는 것의 전부 또는 일부로 구성할 수 있다(제53조).

(4) 선박

선박의 공시방법은 총톤수와 종류에 따라 등기와 등록으로 구분된다. 여기서 선박의 종류는 다음과 같다.

① 기선: 기관(機關)을 사용하여 추진하는 선박[선체(船體) 밖에 기관을 붙인 선박으로서 그 기관을 선체로부터 분리할 수 있는 선박 및 기관과 돛을 모두 사용하는 경우로서 주로 기관을 사용하는 선박을 포함한다]과 수면비행선박(표면효과 작용을 이용하여 수면에 근접하여 비행하는 선박을 말한다).

② 범선: 돛을 사용하여 추진하는 선박(기관과 돛을 모두 사용하는 경우로서 주로 돛을 사용하는 것을 포함한다).

③ 부선: 자력항행능력(自力航行能力)이 없어 다른 선박에 의하여 끌리거나 밀려서 항행되는 선박.

「선박등기법」은 총톤수 20톤 이상의 기선(機船)과 범선(帆船) 및 총톤수 100톤 이상의 부선(艀船)에 대하여 적용하며, 등기할 사항으로 소유권·저당권·임차권이 있다. 한국선박의 소유자는 선적항을 관할하는 지방해양항만청장에게 해양수산부령으로 정하는 바에 따라 그 선박의 등록을 신청하여야 하며, 「선박등기법」의 적용대상 선박은 선박의 등기를 한 후에 선박의 등록을 신청하여야 한다(선박법 제8조). 여기서 「선박등기법」

적용대상이 아닌 선박을 소형선박이라고 한다. 따라서 소형선박은 총톤수 20톤 미만의 기선과 범선 및 총톤수 100톤 미만의 부선을 말한다. 소형선박에 대한 소유권의 득실변경은 등록을 하여야 효력이 발생한다(제8조의2).

(5) 항공기

항공기는 「항공안전법」에 의하여 등록된 비행기 · 헬리콥터 · 비행선 · 활공기(滑空機) 등을 말한다. 항공기를 소유하거나 임차하여 항공기를 사용할 수 있는 권리가 있는 자는 항공기를 국토교통부장관에게 등록하여야 한다. 또한, 항공기에 대한 소유권의 취득 · 상실 · 변경은 등록하여야 그 효력이 생기며, 항공기에 대한 임차권은 등록하여야 제3자에 대하여 그 효력이 생긴다.

〈표 1.1.6〉 항공기의 분류

대분류	동력의 유무		명 칭	비 고
공기보다 가벼움	무동력		비행기구	헬륨가스 · 수소가스 등 기체를 이용하여 공중 부양
	유동력		비행선(airship)	
공기보다 무거움	무동력		활공기(glider)	비행기 또는 기류 등을 이용
	유동력	고정익	비행기(airplane)	고정익 항공기
		회전익	헬리콥터(helicopter)	회전익 항공기

* 항공우주선(spacecraft): 지구 대기권 내외를 비행할 수 있는 비행체

(6) 건설기계

건설기계는 건설공사에 사용할 수 있는 기계로서 등록된 것을 말한다. 종전에는 이를 중기라 하였으나 소형기계가 포함되어 있는 점을 고려하여 건설기계로 명칭을 변경하였다(1993. 06. 건설기계관리법 전문개정). 건설기계에는 불도저 · 굴삭기 · 로더 · 지게차 · 스크레이퍼 · 덤프트럭(적재용량 12톤 이상) · 기중기 · 모터그레이더 · 롤러 · 노상안정기 · 콘크리트뱃칭플랜트 · 콘크리트피니셔 · 콘크리트살포기 · 콘크리트믹서트럭 · 콘크리트펌프 · 아스팔트피니셔 · 아스팔트살포기 · 골재살포기 · 쇄석기(20㎾ 이상의 원동기를 가진 이동식) · 공기압축기(공기토출량이 매분당 2.83㎥ 이상의 이동식) · 항타 및

항발기 · 자갈채취기 · 준설선 · 특수건설기계 · 타워크레인 등이 있다. 건설기계의 소유자는 소유자의 주소지 또는 건설기계의 사용본거지를 관할하는 특별시장 · 광역시장 · 도지사 또는 특별자치도지사에게 건설기계 등록신청을 하여야 한다(법령 제3조).

(7) 자동차

자동차는 원동기에 의하여 육상에서 이동할 목적으로 제작한 용구 또는 이에 견인되어 육상을 이동할 목적으로 제작한 용구를 말한다(자동차관리법). 자동차는 다음과 같이 구분한다.

① 승용자동차: 10인 이하를 운송하기에 적합하게 제작된 자동차

② 승합자동차: 11인 이상을 운송하기에 적합하게 제작된 자동차. 다만, 다음 각 목의 어느 하나에 해당하는 자동차는 승차인원에 관계없이 이를 승합자동차로 본다.

- 내부의 특수한 설비로 인하여 승차인원이 10인 이하로 된 자동차
- 국토교통부령으로 정하는 경형자동차로서 승차인원이 10인 이하인 전방조종자동차
- 캠핑용자동차 또는 캠핑용트레일러

③ 화물자동차: 화물을 운송하기에 적합한 화물적재공간을 갖추고, 화물적재공간의 총적재화물의 무게가 운전자를 제외한 승객이 승차공간에 모두 탑승했을 때의 승객의 무게보다 많은 자동차

④ 특수자동차: 다른 자동차를 견인하거나 구난작업 또는 특수한 작업을 수행하기에 적합하게 제작된 자동차로서 승용자동차 · 승합자동차 또는 화물자동차가 아닌 자동차

⑤ 이륜자동차: 총배기량 또는 정격출력의 크기와 관계없이 1인 또는 2인의 사람을 운송하기에 적합하게 제작된 이륜의 자동차 및 그와 유사한 구조로 되어 있는 자동차

자동차(단, 이륜자동차는 제외) 소유권의 득실변경은 등록을 하여야 그 효력이 생긴다.

(8) 소결

위에서 설명한 내용을 토대로 준부동산을 비교하면 다음의 표와 같다.

〈표 1.1.7〉 준부동산의 비교

구분	대상	공시방법	관할	법률
입목	수목의 집단	등기	입목 소재지 지방법원 등	입목에 관한 법률
공장재단	공장재단	등기	공장 소재지 지방법원 등	공장 및 광업재단저당법
광업재단	광업재단	등기	광구 소재지 지방법원 등	공장 및 광업재단저당법
선박	등기대상 선박	등기	선적항 관할 지방법원 등	선박등기법
	소형선박	등록	선적항 관할 지방해양항만청	선박법
항공기	항공기, 경량항공기	등록	국토교통부	항공안전법
건설기계	건설기계	등록	소유자의 주소지 또는 사용본거지 관할 시 · 도	건설기계관리법
자동차	자동차	등록	소유자의 주소지 관할 시 · 도	자동차관리법

한편, 준부동산의 등기제도를 비교하면 다음의 표와 같다.

〈표 1.1.8〉 준부동산의 등기제도 비교

구분	대상	공시방법	등기 절차	법률
입목	수목의 집단	등기	입목등록원부에 등록 후 등기 가능	입목에 관한 법률
공장재단	공장재단	등기	(등록 절차 없음)	공장 및 광업재단저당법
광업재단	광업재단	등기	(등록 절차 없음)	공장 및 광업재단저당법
선박	등기대상 선박	등기	등기를 한 후 선박원부 등록 신청	선박법

5) 무형자산

(1) 개념

자산(資産)은 생산활동에 사용되는 재화를 말한다. 즉, 생산활동의 밑천인 재화를 부르는 말이다. 자산은 형태를 가지고 있는지의 여부에 따라 유형자산과 무형자산으로 구분한다. 여기서 무형자산은 물리적 형태가 없는 자산을 말한다.

감정평가 대상으로서 무형자산은 크게 물권, 물권에 준하는 권리, 사실상의 자산 등으로 구분할 수 있다. 이를 구체적으로 설명하면 다음과 같다.

(2) 물권

무형자산으로서 물권에는 「민법」상 물권으로 지상권(구분지상권 포함)·지역권·전세권이 있고, 특별법상 물권으로 어업권, 양식업권, 광업권 등이 있다.

먼저, 어업권은 「수산업법」 또는 「내수면어업법」에 따라 면허를 받아 어업을 경영할 수 있는 권리를 말한다(수산업법 2 및 내수면어업법 7). 어업권은 어업권원부에 등록함으로써 취득하며, 물권에 속한다. 「수산업법」 또는 「내수면어업법」에서는 어업을 크게 면허어업, 허가어업, 신고어업으로 구분하고 있다. ① 면허어업은 일정한 수면을 구획하여 수산동식물을 포획·채취하는 사업이 대상이며, ② 허가어업은 주로 어선(漁船)을 사용하는 어업이 대상이고, ③ 신고어업은 면허어업과 허가어업 외의 어업으로서 대통령령으로 정하는 어업이 대상이다. 면허어업은 일정한 수면을 특정하여 배타적·독점적으로 이용할 수 있도록 한 것으로서 허가어업이나 신고어업과 차이가 있다. 여기서 면허어업 대상에 대해 면허를 받은 자 또는 어업권을 이전받거나 분할받은 자가 어업권원부에 등록하면 어업권을 취득한다(수산업법 16 및 내수면어업법 7).

용어의 구별

1) 수산업: 어업·양식업·어획물운반업 및 수산물가공업을 말한다(수산업법 2).
2) 어업: 수산동식물을 포획·채취하는 사업과 염전에서 바닷물을 자연 증발시켜 소금을 생산하는 사업을 말한다.
3) 양식업: 수산동식물을 양식하는 사업을 말한다(양식산업발전법 2).
4) 내수면어업: 내수면에서 수산동식물을 포획·채취하는 사업을 말한다(내수면어업법 2).
5) 어획물운반업: 어업현장에서 양륙지(揚陸地)까지 어획물이나 그 제품을 운반하는 사업을 말한다.
6) 수산물가공업: 수산동식물을 직접 원료 또는 재료로 하여 식료·사료·비료·호료(糊料)[10]·유지(油脂) 또는 가죽을 제조하거나 가공하는 사업을 말한다.

10) 호료(糊料)란 가공식품에 점성을 주기 위하여 사용하는 식품 첨가물을 말한다.

둘째, 양식업권은 「양식산업발전법」에 따라 면허를 받아 양식업을 경영할 수 있는 권리를 말한다(법 2). 양식업권은 양식업권원부에 등록함으로써 취득하며, 물권에 속한다(법 28). 종래 양식업의 관리는 그 경영의 장소가 해수면인지 내수면인지에 따라 「수산업법」과 「내수면어업법」으로 이원화되어 있었으나, 체계적 관리와 육성을 위해 통합하여 「양식산업발전법」을 제정(2019. 8)하였다. 이 법률의 제정으로 종래 「수산업법」상 어업 및 「내수면어업법」상 내수면어업의 정의에서 '양식하는 사업'을 제외하여 새로 양식업의 용어로 통합하였다.

셋째, 광업권은 「광업법」상 탐사권과 채굴권을 말한다(법 3). 탐사권은 등록을 한 일정한 토지의 구역(이를 광구라 한다)에서 등록을 한 광물과 이와 같은 광상(鑛床)에 묻혀 있는 다른 광물을 탐사하는 권리를 말하며, 채굴권은 광구에서 등록을 한 광물과 이와 같은 광상에 묻혀 있는 다른 광물을 채굴하고 취득하는 권리를 말한다. 광업권의 설정을 받으려는 자는 광업권의 종류를 정하여 대통령령으로 정하는 바에 따라 산업통상자원부장관에게 출원하고 그 허가를 받아야 하며(법 15), 허가통지를 받은 후 산업통상자원부장관에게 등록을 신청하여야 한다(법 28). 광물 및 광업권의 종류 등은 광업원부에 등록하며(법 38), 광업권은 물권에 속한다(법 10).

(3) 물권에 준하는 권리

물권에 준하는 권리에는 지식재산권이 있다. 지식재산권은 법령 또는 조약 등에 따라 인정되거나 보호되는 지식재산에 관한 권리를 말하며, 지식재산이란 인간의 창조적 활동 또는 경험 등에 의하여 창출되거나 발견된 지식 · 정보 · 기술, 사상이나 감정의 표현, 영업이나 물건의 표시, 생물의 품종이나 유전자원(遺傳資源), 그 밖에 무형적인 것으로서 재산적 가치가 실현될 수 있는 것을 말한다(지식재산 기본법 3). 지식재산권은 다시 산업재산권 · 저작권 · 신지식재산권으로 구분할 수 있다.

〈표 1.1.9〉 지식재산권의 비교

구분		특징	정의	존속기간
산업재산권	특허권	발명	아직까지 없었던 물건 또는 방법으로 최초로 발명한 것(대발명)	설정등록일 후 출원일로부터 20년
	실용신안권	고안	자연법칙을 이용한 기술적 사상의 창작(이미 발명된 것을 개량해서 보다 편리하고 유용하게 쓸 수 있도록 한 물품)	설정등록일 후 출원일로부터 10년
	디자인권	디자인	물품의 형상, 모양, 색채 또는 이들의 결합으로 미감을 느끼게 하는 것	설정등록일로부터 20년
	상표권	상표	타인의 상품과 식별되도록 사용하는 기호, 문자, 도형, 입체적 형상 또는 이들을 결합한 것이거나 이들 각각에 색채를 결합한 것으로 타인의 것과 명확히 구분되는 것	설정등록일로부터 10년(10년마다 갱신가능, 반영구적 권리)
저작권		창작	인간의 사상이나 감정을 독창적으로 표현한 것(예: 책, 작품)	등록하지 않아도 발생(저작권등록부에 등록 가능), 저작자가 생존하는 동안과 사망한 후 70년

(4) 사실상의 자산

사실상의 자산은 법적으로 권리는 아니나 사실상 자산성이 인정되는 것을 말하며, 영업권, 권리금 등이 있다.

먼저, 영업권은 기업에서 개별적으로 식별할 수 없는 자산으로서 경제적 가치가 있는 것을 말한다. 영업권의 경제적 가치에는 수익의 창출이나 비용의 절감 등이 있다. 회계기준에서는 자가창설영업권은 원가를 신뢰성 있게 측정할 수 없고 기업이 통제하고 있는 식별가능한 자원도 아니므로 자산으로 인식하지 않는다.[11] 즉, 사업결합으로 외부에서 취득한 영업권만 자산으로 인식하고 있다.

둘째, 권리금은 상가건물에서 영업을 하는 자 또는 영업을 하려는 자가 영업시설・비품, 거래처, 신용, 영업상의 노하우, 상가건물의 위치에 따른 영업상의 이점 등 유형・무형의 재산적 가치의 양도 또는 이용대가로서 임대인, 임차인에게 보증금과 차임 이외에 지급하는 금전 등의 대가를 말한다(상가건물 임대차보호법 10-3).

11) 일반기업회계기준 제11장 참조(11.16)

2. 감정평가의 분류

1) 감정평가 분류의 개요

감정평가는 제도나 내용에 따라 다양하게 분류할 수 있다. 감정평가의 분류에 따라 감정평가활동의 근거법령과 감정평가기준이 달라질 수 있다. 따라서 체계적인 감정평가의 분류는 감정평가제도에 관한 분석 및 개선뿐 아니라 감정평가활동의 능률성·신뢰성 제고에 기여할 수 있다.

2) 제도상 분류

(1) 공적감정평가 · 공인감정평가

감정평가의 주체에 따라 공적감정평가와 공인감정평가로 구분할 수 있다. 공적감정평가는 국가나 지방자치단체 등 공적기관이 감정평가의 주체가 되는 것으로 독일이 대표적이다. 공인감정평가는 국가 또는 공공단체 등으로부터 일정한 자격을 받은 자가 감정평가를 수행하는 것으로 우리나라를 비롯해 미국, 일본 등이 대표적이다.

(2) 필수적 감정평가 · 임의적 감정평가

감정평가의 강제성 유무에 따라 필수적 감정평가와 임의적(선택적) 감정평가로 구분할 수 있다. 필수적 감정평가는 법령에 따라 일정한 사유가 발생하면 의무적으로 감정평가를 하도록 강제한 것으로 보상목적의 감정평가가 대표적이다. 임의적(선택적) 감정평가는 의뢰인의 자유의사에 따라 감정평가 의뢰여부가 결정되는 것으로 담보목적의 감정평가가 대표적이다.

(3) 단수감정평가 · 복수감정평가

감정평가주체의 수에 따라 단수감정평가와 복수감정평가로 구분할 수 있다. 단수감정평가는 감정평가의 주체가 하나인 경우로서 담보목적의 감정평가가 대표적이다. 복수감정평가는 감정평가의 주체가 둘 이상인 경우로서 보상목적의 감정평가가 대표적이다. 복수감정평가는 감정평가의 목적이 공공성이 강하거나 감정평가액에 따라 당사자 간 갈등이 큰 경우에 유용하다.

(4) 법정감정평가 · 일반감정평가

감정평가기준에 대한 특별법의 유무에 따라 법정감정평가와 일반감정평가로 구분할 수 있다. 법정감정평가는 특별법으로 감정평가기준을 정한 경우를 말하며, 일반감정평가는 감정평가에 관한 일반법인 「감정평가법」에 따라 하는 경우를 말한다. 법정감정평가는 특정 목적을 위해 감정평가기준을 따로 정하므로 감정평가액이 시장가치와 괴리될 수도 있다. 보상목적의 감정평가(나지상정 감정평가, 개발이익의 배제 등), 지가공시목적의 감정평가(나지상정 감정평가 등) 등이 법정감정평가의 예이다.

3) 내용상의 분류

(1) 감정평가의 목적에 따른 분류

감정평가의 목적에 따라 분류할 수 있다. 의뢰인이 감정평가를 의뢰하는 목적은 매우 다양하며, 이를 요약하면 다음의 표와 같다.

〈표 1.1.10〉 감정평가의 목적(예시)

감정평가 목적	의뢰인(예시)	내 용
지가공시	국토교통부장관	표준지의 적정가격 공시: 「부동산가격공시법」
보상	사업시행자	공익사업의 시행에 따른 보상액 산정: 「공익사업법」
택지비	시장 · 군수 · 구청장	공동주택의 분양가격 산정: 「주택법」
과세(조세)	국세청 · 지방자치단체	과세물건의 과세표준 결정
소송	법원	계쟁물에 대한 시장가치 등 참고
경매	법원	경매물건의 최저매각가격 결정: 「민사집행법」
공매	한국자산관리공사	공매물건의 최저매각가격 결정
담보	채권자	담보물건에 대한 가액 산정

감정평가 목적	의뢰인(예시)	내 용
관리처분	정비사업조합	정비사업에서 종전자산 · 종후자산의 가액 산정: 「도시정비법」
취득(매수)	물건의 취득자	취득할 물건의 가액 결정
처분(매각)	물건의 처분자	처분할 물건의 가액 결정
교환	교환의 당사자	교환물건의 가액을 비교하여 차액 결정
시가참고	이해관계인	특정 목적을 위해 물건의 가액을 참고
현물출자	현물출자자	현물출자재산의 가액 결정
재무보고	외부감사대상 법인	재무제표 작성 등을 위한 공정가치 결정: 「외부감사법」[12)]
자산재평가	사업자	재평가자산의 재평가액 결정: 「자산재평가법」
임대차	임대인 · 임차인	임대물건의 임료 결정

(2) 현재감정평가 · 소급감정평가 · 기한부감정평가

기준시점에 따라 현재감정평가 · 소급감정평가 · 기한부(장래)감정평가로 구분할 수 있다. 현재감정평가는 조사시점과 기준시점이 현재인 경우로서 대부분이 여기에 해당한다. 소급감정평가는 조사시점보다 과거를 기준시점으로 하는 경우로서 소송목적의 감정평가가 대표적이다. 기한부감정평가는 조사시점보다 미래를 기준시점으로 하는 경우로서 관리처분목적의 감정평가 중 종후자산이 예이다.

(3) 현황감정평가 · 조건부감정평가

감정평가조건의 유무에 따라 현황감정평가와 조건부감정평가로 구분할 수 있다. 현황감정평가는 감정평가대상이 있는 상태 그대로 감정평가하는 것으로 현황에는 이용상황과 공법상 제한이 포함된다. 「감정평가법」에서는 현황감정평가를 원칙으로 한다(감정평가규칙 6). 조건부감정평가는 기준시점의 현황을 실제와 다르게 가정하여 감정평가하는 것을 말한다. 조건부감정평가는 ① 법령에 다른 규정이 있는 경우, ② 의뢰인이 요청하는 경우, ③ 감정평가의 목적이나 대상물건의 특성에 비추어 사회통념상 필요하다고 인정되는 경우에 가능하다.

12) 「주식회사 등의 외부감사에 관한 법률」의 약어이다.

(4) 개별감정평가 · 일괄감정평가 · 구분감정평가 · 부분감정평가

경제적 가치를 판정하는 단위에 따라 개별감정평가 · 일괄감정평가 · 구분감정평가 · 부분감정평가로 구분할 수 있다. ① 개별감정평가는 감정평가대상인 물건과 권리별로 각각 감정평가액을 결정하는 것으로, 「감정평가법」에서는 개별감정평가를 원칙으로 한다(감정평가규칙 7). ② 일괄감정평가는 둘 이상의 대상물건이 일체로 거래되거나 대상물건 상호 간에 용도상 불가분의 관계가 있는 경우에는 일괄하여 감정평가하는 것으로, 구분건물은 토지와 건물을 일괄감정평가하는 것이 원칙이다(감정평가규칙 16). ③ 구분감정평가는 하나의 대상물건이라도 가치를 달리하는 부분은 이를 구분하여 감정평가하는 것으로, 하나의 필지라도 용도지역이 다른 경우 각 용도지역별로 구분하여 감정평가하는 것이 예이다. ④ 부분감정평가는 일체로 이용되고 있는 대상물건의 일부분에 대하여 감정평가하여야 할 특수한 목적이나 합리적인 이유가 있는 경우에는 그 부분에 대하여 감정평가하는 것으로, 건물의 일부분만 임대하는 경우 그 부분의 임료를 감정평가하는 것이 예이다.

〈표 1.1.11〉 유사용어의 비교

구분	개별감정평가	일괄감정평가	구분감정평가	부분감정평가
적용조건	독립된 물건	일체로 거래 또는 용도상 불가분의 관계	부분별 가치의 상이	물건의 일부에 대해 감정평가
대상물건의 개수(통상)	1개	2개 이상	1개	1개의 일부
감정평가액 개수	1개	1개	2개 이상	1개
적용사례	• 단독주택을 토지 · 건물로 각각 감정평가 • 산림을 산지 · 입목으로 각각 감정평가	• 구분건물을 토지 · 건물 일괄하여 감정평가 • 2필지 이상의 토지를 일단지로 감정평가	• 하나의 필지를 용도지역별로 각각 감정평가 • 하나의 건물을 기존부분과 증축부분으로 구분하여 감정평가	• 하나의 필지 중 일부에 대해 보상 감정평가 • 하나의 건물 중 일부분만 임료 감정평가

자료: 경응수(2020), 감정평가론(제6판), 26쪽 참고 재작성

제3절 감정평가제도의 내용

1. 우리나라의 제도

1) 업무제도

근대적 의미의 감정평가활동은 일제강점기인 1911. 4. 「토지수용령」이 제정되면서부터 시작되었다고 볼 수 있다. 「토지수용령」은 공익사업에 편입되는 토지에 대한 수용(收用)과 보상에 관한 내용을 규정하였다. 1918. 6. 제정된 「조선식산은행령」에 의해 설립된 조선식산은행은 부동산·부동산상의 권리·어업권·재단 등의 담보대출업무를 수행하면서 자체 감정평가부서를 운영하였다. 은행이 자체 감정부서를 운영한 것은 광복 이후에도 지속되었는데, 감정평가의 공정성 확보를 위해 1969. 4. 정부와 산업은행 및 5개 시중은행이 공동출자하여 한국감정원을 설립하여 담보감정평가업무를 전담하였다.

한편, 공적 지가제도의 역사는 다음과 같다. 일제강점기인 1940. 12. 제정된 「조선토지임대가격조사령」은 지세의 과세표준인 임대가격은 토지의 상황이 유사한 구역 안에서 표준이 되는 토지의 임대가격(즉, 표준임대가격)으로 하되, 표준임대가격은 임대가격조사위원회의 자문을 거쳐 정부가 정하도록 하였다. 광복 후인 1950. 11. 제정된 「지세법」은 지세의 과세표준을 전·답은 토지의 수입금액, 그 밖의 토지는 토지의 임대가격으로 규정하였다. 전문가에 의한 공적 지가제도의 출발점은 1972. 12. 제정된 「국토이용관리법」에 의한 기준지가의 고시이다. 도입 당시 기준지가는 도시계획구역·공공시설 설치예정지 등으로서 지가가 현저히 변동될 우려가 있는 지역에 대해 건설부장관이 그 고시대상지역으로 지정·공고하면 토지평가사가 토지의 특성을 기준으로 유사한 토지의 단위별로 표준지를 선정하여 지정·공고 당시의 지가를 평가하였다. 1980년대 당시 지가제도는 건설부의 기준지가, 내무부의 과세시가표준액, 국세청의 기준시가 등으로 다원화되어 있어 지가 상호 간의 불일치 및 연계성 부족, 인력 및 재정의 낭비 등 문제가 많았다. 이와 같은 문제점을 해소하고 토지공개념관련 3법(즉, 토지초과이득세법, 택지소유 상한에 관한 법률, 개발이익 환수에 관한 법률)의 원활한 시행을 지원하고자 1989. 4. 「지가공시 및 토지 등의 평가에 관한 법률」을 제정하여 공시지가제도를 도입함으로써 지가제도를 일원화하였다.

〈표 1.1.12〉 1980년대의 지가제도 비교

구분	기준지가	과세시가표준액	기준시가	토지시가
담당기관	건설부	내무부	국세청	한국감정원
근거법률	국토이용관리법	지방세법	소득세법, 상속세법	감정평가에 관한 법률
시행지역	기준지가 고시대상지역	전국	특정지역	도시지역
목적	• 토지거래허가 심사기준 • 보상 감정평가의 기준	지방세의 과세표준	국세의 과세표준	도시지역 토지의 감정평가 기준
업무 담당자	토지평가사	• 표준지: 토지평가사 또는 공인감정사 • 비준지: 공무원	공무원	공인감정사
표준지 수	1987년: 76,000필지	1988년: 121,211필지	별도의 표준지 없음	미상

자료: 박현주 외(1998), 토지정책의 전개와 발전방향, 226쪽 참고 재작성

2) 자격제도

감정평가활동에 관한 자격제도는 1972. 12. 제정된 (구)「국토이용관리법」에 의해 토지평가사제도가 도입되면서 시작되었다. 토지평가사는 건설부가 주관부처로서 기준지가평가, 보상평가 등 공적 목적의 감정평가업무를 담당하였다. 한편, 1973. 12. 제정된 (구)「감정평가에 관한 법률」에서는 공인감정사제도를 도입하였는데, 공인감정사는 재무부가 주관부처로서 담보·경매·자산재평가·국유재산 매각·조세 부과 등 다양한 목적의 감정평가업무를 담당하였다. 자격제도 도입 당시 일정한 자격요건을 갖춘 감정평가의 경력자에게 특별시험을 통해 토지평가사와 공인감정사의 자격을 부여하였다.

사실상 이원화된 감정평가활동에 관한 자격제도는 1989. 4. (구)「지가공시 및 토지 등의 평가에 관한 법률」(약어로 지가공시법이라 한다)이 제정되면서 감정평가사로 일원화되었다. 「지가공시법」의 제정은 감정평가활동에 큰 변화를 가져왔다. 먼저, 토지평가사와 공인감정사를 감정평가사로 통합하고 주관부처를 건설부로 하였다.[13] 둘째, 민간

감정평가법인의 설립을 허용하면서 그동안 한국감정원이 사실상 독점하던 감정평가법인의 지위가 다원화되었다. 종전 「감정평가에 관한 법률」에서는 민간 감정평가법인이 설립되지 못했다. 셋째, 토지를 감정평가하는 경우 공시지가를 기준으로 하여야 한다. 즉, 토지의 감정평가방법으로 공시지가기준법이 새로 도입되었다.

한편, 감정평가사시험은 국토교통부장관이 실시하며, 제1차 시험과 제2차 시험으로 이루어진다. 제1차 시험 과목 중 영어과목을 제외한 나머지 시험과목의 합격기준은 과목당 100점을 만점으로 하여 모든 과목 40점 이상, 전 과목 평균 60점 이상의 득점으로 하며, 국토교통부장관은 감정평가사의 수급 상황 등을 고려하여 제2차 시험의 최소합격인원을 정할 수 있다.

감정평가사시험에 합격한 사람은 감정평가사의 자격이 있으며(감정평가법 11), 감정평가사 자격이 있는 사람이 감정평가업무를 하려는 경우에는 1년(법에 의해 제1차 시험을 면제받고 감정평가사 자격을 취득한 사람인 경우에는 1주일)의 실무수습을 마치고 국토교통부장관에게 등록하여야 한다(감정평가법 17).

〈표 1.1.13〉 감정평가사 시험제도

구분	시험과목	시험유형
제1차 시험	① 민법(총칙편, 물권편) ② 경제학원론 ③ 부동산학원론 ④ 감정평가 관계 법규(국토의 계획 및 이용에 관한 법률, 건축법, 공간정보의 구축 및 관리 등에 관한 법률 중 지적에 관한 규정, 국유재산법, 도시 및 주거환경정비법, 부동산등기법, 감정평가 및 감정평가사에 관한 법률, 부동산 가격공시에 관한 법률, 동산 · 채권 등의 담보에 관한 법률) ⑤ 회계학 ⑥ 영어	선택형
제2차 시험	① 감정평가 및 보상법규(감정평가 및 감정평가사에 관한 법률, 부동산 가격공시에 관한 법률, 공익사업을 위한 토지 등의 취득 및 보상에 관한 법률) ② 감정평가이론 ③ 감정평가실무	논문형 (기입형 병행 가능)

13) 지가공시법의 시행으로 공인감정사와 토지평가사가 감정평가사로 일원화된 후 처음으로 실시되는 제1회 감정평가사 자격시험(1백명 선발예정)에 모두 1만8천3백15명(1, 2차시험 응시자 1만6천3백82명과 1차시험 면제자 1천9백33명)이 응시, 1백83대 1의 높은 경쟁률을 나타냈다(연합뉴스, 1990. 7. 3).

2. 해외의 제도

1) 미국

1929년 시작된 대공황으로 인해 부동산가격이 하락하자 부동산담보채권의 회수가 곤란하여 도산하는 금융기관들이 속출하였다. 따라서 일정한 지식과 경험을 가진 전문가에 의한 감정평가활동의 필요성이 대두되었다. 이와 같은 사회적 수요에 부응하여 1932년 미국부동산감정평가사협회(AIREA: American Institute of Real Estate Appraisers), 1935년 부동산감정평가사회(SREA: Society of Real Estate Appraisers), 1936년 미국농업경영자・감정평가사회(ASFMRA: American Society of Farm Managers & Rural Appraisers, 당초 1929년 설립된 American Society of Farm Managers에 Rural Appraisers를 추가하여 변경)와 미국기술감정평가사회(ASTA: American Society of Technical Appraisers) 등이 설립되었다. 이와 같은 단체들은 자체적인 기준에 따라 다양한 자격증을 발급하였다.

종래 민간부문을 중심으로 감정평가제도를 발전시켜 온 미국은 1980년대 후반 금융위기를 겪으면서 크게 변화하였다. 1980년대 후반 주택가격의 하락으로 금융기관의 부실채권이 급증하였는데, 그 주요 원인으로 부실한 감정평가가 지적되었다. 당시의 상황을 극복하고자 정부는 1989년 「연방 금융기관 개혁・회생 및 강화법」(FIRREA: Federal Institution's Reform, Recovery and Enforcement Act)을 제정하여 민간 자율에 맡겼던 감정평가활동의 규제를 강화하였다. 이 법에 의해 연방금융기관 검사위원회의 분과위원회로 감정평가소위원회(ASC: The Appraisal Sub-Committee)를 설립하여 감정평가활동을 연방차원에서 관리・감독하도록 하였다. 즉, 주정부가 수행하는 연방금융 및 공공정책 관련 감정평가업무에 종사하는 감정평가사의 공인자격 부여・감독 및 교육 등의 업무를 감정평가소위원회가 관리・감독하고 있다. 또한, 감정평가소위원회는 효율적인 업무수행을 위해 산하에 감정평가재단(The Appraisal Foundation)을 설립하였는데 감정평가재단은 감정평가자격위원회(AQB: Appraisal Qualification Board)와 감정평가기준위원회(ASB: Appraisal Standard Board)를 두고 감정평가사의 자격・직업윤리, 감정평가실무 등에 관한 통일기준을 제정하였다. ① 감정평가자격위원회는 1991년 공인자격취득을 위한 최소한의 교육, 실무경험, 시험 등의 요건을 정한 기준(AQB 기준)을 제정하였고, 공인

자격의 유형을 공인일반감정평가사, 공인주택감정평가사, 면허감정평가사 등으로 구분하였다. 각 주에서는 이 기준을 크게 벗어나지 않는 범위에서 자격요건을 규정할 수 있다. ② 감정평가기준위원회는 1987년에 임시위원회가 제정한 실무기준을 ASB기준으로 승인(1989년)하였는데 이것이 미국감정평가실무기준(USPAP: Uniform Standards of Professional Appraisal Practice)이다. USPAP은 감정평가사나 감정평가서비스 이용자를 위해 제정한 감정평가실무에 관한 통일기준으로서 용어정의, 전문(前文), 규정, 기준 및 세칙, 기준해설의 5개 항목으로 구성되어 있다.

한편, 국가공인 감정평가사 자격 이외에 미국은 과거부터 민간협회에서 수여하는 감정평가사제도를 유지하고 있다. 여러 감정평가 관련 협회마다 자격증을 수여하고 있지만 미국감정평가협회(AI: Appraisal Institute)가 수여하는 자격증이 가장 인정을 받고 있다. 미국감정평가협회는 종전의 AIREA(미국부동산감정평가사협회)와 SREA(부동산감정평가사회)가 1991년 통합된 협회로 일정한 요건을 충족한 자에게 MAI(Member of Appraisal Institute)와 SRA(Senior Residential Appraiser) 자격을 수여하고 있다. MAI는 모든 부동산의 감정평가가 가능하며, SRA는 주거용 부동산의 감정평가가 가능하다.

2) 일본

일본은 1963년 「부동산 감정평가에 관한 법률」을 제정하여 부동산감정사제도를 도입하였다. 부동산감정사시험은 국토교통성의 토지감정위원회가 주관부처인 국가자격시험으로 1964년부터 시행되었다. 부동산감정사시험은 제1차 시험과 제2차 시험으로 구분된다. 제1차 시험은 단답식(택일식 포함)으로 부동산에 관한 행정법규, 부동산 감정평가에 관한 이론의 2과목이고, 제2차 시험은 제1차 시험에 합격한 자 또는 제1차 시험이 면제된 자에 대해 논문식으로 시행하며, 민법, 경제학, 회계학, 부동산 감정평가에 관한 이론의 4과목이다(법률 제8조~제10조 참조). 부동산감정사의 업무는 부동산감정평가업무와 부동산관련 상담업무로 구분할 수 있다. ① 부동산감정평가업무로 「지가공시법」에 따른 표준지 감정평가, 「국토이용계획법」에 따른 기준지 감정평가, 보상 감정평가, 「도시재개발법」에 따른 종전·종후자산 감정평가, 매매·교환·상속·증여 등의 감정평가, 경매·소송 등의 감정평가, 담보 감정평가, 부동산증권화 관련 감정평가, 회사합병 시 자산 감정평가 등이 있다. ② 부동산관련 상담업무로 부동산감정사 명칭을 사용하여 부동산의 이용·거래 또는 투자에 관한 상담을 할 수 있다(법 제2조 참조).

일본의 공적 지가평가제도는 국가의 지가공시(매년 1월 1일 기준), 도도부현(都道府縣)의 지가조사(매년 7월 1일 기준), 국세청의 상속세 평가(매년 1월 1일 기준), 시정촌(市町村)의 고정자산세 평가(매 3년마다 1월 1일 기준) 등이 있다. ① 지가공시는 1969년 제정된 「지가공시법」에 근거하여 국토교통성의 토지감정위원회가 표준지를 선정하여 부동산감정사(2인 이상)의 감정평가액을 근거로 매년 1월 1일의 정상가격을 공시하는 것을 말한다. 지가공시는 도시계획구역과 그 밖에 토지거래가 상당할 것으로 예상되는 지역으로 국토교통성령으로 정하는 구역(이를 공시구역이라 한다)에서 시행하고 있다. 공시가격은 부동산감정사가 공시구역 내의 토지를 감정평가하는 경우 기준이 된다. ② 지가조사는 도도부현(都道府縣)지사가 기준지를 선정하여 부동산감정사(1인 이상)의 감정평가액을 근거로 매년 7월 1일의 표준가격을 공시하는 것을 말한다. 「국토이용계획법」에 근거하여 1974년부터 시행하고 있다. ③ 국세청은 상속세 과세표준을 위해 택지에 대해 매년 1월 1일 시점의 노선가(㎡당 가격)를 발표하고 있다. 노선가를 위한 표준택지는 시가가 동일할 것으로 인정되는 일련의 택지가 접해 있는 도로 주변에 설정되며, 노선가는 지가공시가격, 부동산감정사의 표준택지 감정평가액, 실제 매매가격 등을 근거로 각 지역의 국세국장이 결정한다. ④ 시정촌(市町村)의 장은 「지방세법」에 근거하여 고정자산의 가격을 평가하여야 한다. 고정자산의 평가액은 고정자산세의 과세표준 이외에도 도시계획세(시정촌세), 부동산취득세(도도부현세), 상속세(국세)의 과세표준 산정에도 활용되고 있다. 고정자산세 평가는 매 3년마다 1월 1일을 시점으로 시행하며, 공적 지가평가 중 규모가 가장 크다. 시가지 택지의 경우 상황유사지역별로 부동산감정사의 표준택지 감정평가액 등을 참작하여 노선가를 결정하고 노선가에 획지보정률, 토지면적을 곱하여 산정한다. 그 밖의 토지의 경우 상황유사지역별로 표준토지의 ㎡당 단가를 평가한 후 토지면적을 곱하여 산정한다.[14)]

한편, 일본에서는 부동산감정사와 별도로 보상업무관리사제도를 두고 있다. 보상업무관리사는 (사)일본보상컨설턴트협회가 제정한 자격규정에 의거 토지조사부문, 토지평가

---

14) 김태훈 외(2011), 해외 감정평가제도 총괄, 한국부동산연구원, 42~64쪽 참조.

부문, 물건부문, 기계공작물부문, 영업 및 특수보상부문, 사업손실부문, 보상업무부문 등으로 구분하여 각 부문별로 교육 및 시험을 거쳐 자격을 부여하고 있다. 보상업무관리사를 취득하면 연수를 거쳐 국토교통성에 보상컨설턴트로 등록할 수 있으며, 보상컨설턴트는 등록 부문별로 토지 및 물건조사, 보상금 산정, 보상 협의 등의 업무를 수행할 수 있다.

제2장 감정평가론의 개요

제1절 가치론과 감정평가론

1. 가치와 가치론

1) 가치의 개념

가치의 사전적 의미는 '어떤 물건·행동·현상 등이 사람에게 바람직하거나 의미가 있는 것'을 말하므로 매우 넓은 개념이다. 일반적으로 쓸모 있는 것, 바람직한 것, 추구하는 것 등에 대한 개념이다. 철학적으로는 사람의 정신적 노력의 목표가 되는 진·선·미 등의 당위(當爲)를 뜻하고, 경제학적으로는 사람의 욕구를 만족시키는 재화나 서비스의 쓸모를 뜻한다. 사람의 욕구가 다양한 것처럼 가치의 종류도 다양한데, 분야에 따라 경제적 가치, 도덕적 가치, 사회적 가치 등으로 불린다. 이와 같이 가치는 정치·경제·사회·문화 등 다양한 분야에서 각각의 관점에 따라 정의하여 사람의 사고와 태도에 영향을 미친다.

2) 가치론의 개념

가치론은 가치의 본질이나 가치판단의 기준 등 가치에 관련된 이론을 말한다. 여기서 가치의 정의가 분야마다 다른 만큼 가치론의 개념도 다양하게 정의할 수 있다. 경제학에서 가치론은 재화의 가치를 과학적으로 설명하는 이론이라 할 수 있다. 여기에는 가치의 본질이나 근원, 가치의 척도 등에 관한 내용이 포함된다.

한편, 이론(理論)은 사물이나 현상의 이치를 설명하기 위해 논리적으로 일반화한 체계를 말한다.

2. 가치론의 역사

1) 가치론 역사의 개요

근대 이전에는 학문이 분화되어 있지 않아 학문 간의 경계가 불분명하였다. 따라서 당시에는 철학이 모든 학문을 포괄하였으며, 모든 사상은 철학의 일부였다. 당시 사람들의 관심대상은 정치였으므로 경제사상은 정치사상의 일부로 등장하였다.

재화와 서비스의 생산·교환·소비활동에 대해 연구하는 학문인 경제학이 독립된 학문으로 확립된 것은 스미스(A. Smith)가 국부론(An Inquiry into the Nature and Causes of the Wealth of Nations)을 펴낸 1776년부터라고 할 수 있다. 스미스는 영국에서 산업혁명이 시작되던 시대에 등장했다. 당시는 중상주의에 기반하여 세계상권의 패권을 잡고 때로는 전쟁을 불사하면서 각국이 치열하게 경쟁하던 시대였다. 스미스로부터 시작된 고전학파는 리카도(D. Ricardo), 맬더스(T. R. Malthus), 밀(J. S. Mill)에 이르기까지 약 100년에 걸쳐 주류를 형성했다.[1] 고전학파 중 리카도는 투하노동가치설을, 밀은 지배노동가치설을 주장하면서 입장의 차이가 있었는데 이는 사회주의학파와 한계효용학파로 이어지면서 더욱 대립하게 된다. 19세기 중엽의 마르크스(K. Marx)는 영국의 경제학자들과 달리 독일의 철학적 기반 위에서 경제현상에 접근했다. 그는 경제학의 영역을 넘어서는 근대 최고의 사상가로 평가된다. 물론 그에 이르러 경제학의 문제도 크게 바뀐다. 스미스의 문제가 경제발전이었고, 리카도의 문제가 분배였다면, 마르크스의 문제는 착취였다. 그는 자본주의의 붕괴와 사회주의의 도래, 그리고 이를 위한 노동자의 계급혁명을 주창했으며, 그의 사상은 러시아혁명의 기반이 되었다.[2] 이와 대조적으로 1871년 영국의

1) 이천우(2017), 경제학의 역사와 사상, 율곡출판사, 70쪽 참조.

제본스(W. S. Jevons), 오스트리아의 멩거(C. Menger), 그리고 스위스의 왈라스(L. Walras)[3] 3인으로 시작되는 한계효용학파는 근대 시장주의 경제학의 효시를 이룬다. 이들은 개인의 쾌락과 고통이라는 공리주의 입장에 한계원리를 결합시켜 경제행위와 경제현상을 설명하였다.

영국의 마샬(A. Marshall)은 한계원리를 확대 · 발전시켜 신고전학파의 기반을 마련했다. 신고전학파라는 명칭은 원래 마샬, 피구(A. C. Pigou) 등 영국 케임브리지대학을 중심으로 전개된 케임브리지학파의 경제학에 대한 별명으로 사용되었다. 마샬은 한계효용이론이 수요측면을 일방적으로 강조해 공급측면을 일방적으로 강조했던 고전학파와 마찬가지로 불완전하다고 평가하고, 수요와 공급을 종이를 자르는 가위의 양날에 비유하면서 양자 모두 가격에 영향을 미친다고 주장했다.

20세기에 들어와 제1차 세계대전(1914.~1918.), 러시아혁명(2017.)에 의한 사회주의 국가의 등장, 세계대공항(1929.~1930년대) 등을 거치면서 완전고용을 가정하는 신고전학파 경제학은 큰 위기를 맞게 되었다. 1930년대 등장한 케인즈(J. M. Keynes)는 자신의 선생인 마샬과 선배인 피구의 입장을 비판했다. 그는 세계대공황 때 발생한 대량실업이 자본주의 내부의 유효수요 부족에서 비롯되었다고 해석했다. 그는 자유방임적인 자본주의와 사회주의 모두에 대해 반대하면서, 정부개입에 의존하는 수정자본주의를 주장했다. 케인즈의 논리는 제2차 세계대전(1939.~1945.) 이후 등장한 복지형 자본주의의 이론적 기반이 되었다.

2) 고전학파의 가치론

고전학파는 가치론을 본격적으로 제시한 학파이며 스미스가 선구자였다. 스미스(A. Smith, 1723~1790)의 가치론을 요약하면 다음과 같다. 먼저, 상품의 가치를 교환가치와 사용가치로 구분하였다. 교환가치는 해당 상품이 다른 상품과 교환될 때의 비율을 의미하고(교환가치는 화폐의 출현과 더불어 가격으로 표현된다), 사용가치는 상품을 사용하

2) 홍 훈(2015), 경제학의 역사, 박영사, 19쪽 참조.

3) 왈라스는 프랑스에서 태어났으나 스위스 로잔느(Lausanne)에서 교수생활을 했다. 불어로 Walras는 발라로 발음하는 것이 맞으나 그동안 영어식인 왈라스로 발음된 것이 통용되어 왈라스로 표기하였다(홍 훈, 위의 책, 20쪽 참조).

거나 소비할 때의 유용성을 의미한다. 스미스는 물은 인간 생활에 없어서는 안 될 아주 유용한 재화인데도 값이 아주 싸고, 다이아몬드는 전혀 없어도 살아갈 수 있는데 아주 비싼 값인 것은 무슨 이유 때문인가? 라는 의문을 제기했다. 그가 제기한 이와 같은 가치의 이율배반적 현상을 '스미스의 역설'(Smith's paradox) 또는 '가치의 역설'(Paradox of Value)이라 부른다. 둘째, 상품의 가격을 자연가격(natural price)과 시장가격으로 구분하였다. 자연가격은 모든 생산요소(즉, 토지, 노동, 자본)의 사용대가인 지대, 임금, 이윤 간에 존재하는 일정한 비율이 균형상태일 때 성립하는 가격을 말한다(자연가격을 현재시점에서 달리 표현하면 정상가격이라 할 수 있다). 시장가격은 상품이 실제 시장에서 팔린 가격을 말한다. 시장가격은 시장상황에 따라 변하므로 일시적으로 자연가격과 괴리될 수 있으나, 장기적으로 시장가격은 자연가격에 수렴하는 속성이 있다고 보았다. 셋째, 가치론에 있어 투하노동가치설, 지배노동가치설, 생산비설 등 3가지를 주장하였다. 이는 스미스가 하나의 가치론을 일관되게 주장하지 못했음을 의미한다.[4] ① 투하노동가치설은 상품에 투하된 노동량에 따라 상품의 가치가 결정되고, 상품들 사이의 교환비율을 결정한다는 주장이다. ② 지배노동가치설은 상품의 가치는 투하된 노동량이 아니라 교환에서 그 상품이 지배 혹은 동원할 수 있는 노동량에 의해 결정된다는 주장이다. 예를 들어 시장에서 쌀 1가마는 20만원이고 시간당 임금이 5천원이라면 쌀 1가마의 궁극적 가치는 지배노동량인 40시간이다. 여기서 투하노동가치설은 가치의 원천을 노동에서 구한 것이고, 지배노동가치설은 가치의 척도를 노동에서 구한 것이라 할 수 있다. ③ 생산비설은 자연가격은 지대, 임금, 이윤으로 구성되어 있고, 자연가격은 이들(즉, 생산비)에 의해 결정된다는 주장이다.

리카도(D. Ricardo, 1772~1823)는 스미스가 주장한 3가지 가치론 중 투하노동가치설을 일관되게 주장했다. 그는 상품의 가치는 노동에 의해 산출되는 것이며, 그것이 임금 이외의 지대나 이윤으로 분배되는 것은 노동자의 임금 이상의 가치, 즉 잉여가치를 산출하기 때문이라고 주장했다.[5] 반면, 맬더스(T. R. Malthus, 1766~1834)는 지배노동가치설을 주장하여 리카도와 대립하였다. 그는 지배노동량이 화폐보다 장기적으로 상품가치의 변동을 반영하는 진정한 척도라고 생각했다. 또한, 리카도가 수요는 단기적으로 시장

4) 홍 훈(2015), 앞의 책, 94쪽 참조.
5) 이천우(2017), 앞의 책, 92쪽 참조.

가격에 영향을 주지만 장기적으로 자연가격의 결정요인은 아니라고 한 반면, 맬더스는 자연가격을 결정하는데도 수요가 영향을 미친다고 주장했다.

3) 사회주의학파의 가치론

마르크스(K. Marx, 1818~1883)는 리카도의 투하노동가치설을 계승하고 발전시켜 더욱 정교한 노동가치설을 주장하였다. 그는 노동이 상품의 가치를 낳으며, 그런 가치가 화폐를 통해 구체적으로 표현되어 가격으로 나타난다고 주장하였다. 여기서 전자는 가치실체로, 후자는 가치형태로 각각 규정된다. 또한, 노동력이 생산과정에서 자신의 가치를 넘어 초과가치를 산출할 때 이를 잉여가치로 보았다. 여기서 잉여가치의 산출은 총생산물의 가치(Y)가 불변자본(C)과 가변자본(V)의 비용 합계를 초과하는 한 가능하다. 노동자가 최저생존비용 이상의 값어치가 있는 상품을 만들어 냈더라도 임금은 최저생존비용을 받을 때 노동의 착취라고 한다. 마르크스는 리카도가 주장한 투하노동가치설의 불완전함을 보완하여 노동의 가치와 노동력의 가치를 구별함으로써 잉여가치의 산출을 최초로 규명했다. 그리고 고전학파의 자연가격을 생산가격으로 바꾸어 생산가격과 시장가격을 구분했으며, 상품의 생산가격은 생산비에 평균이윤을 더한 것으로 이윤의 총액은 생산된 잉여가치의 총액과 같다는 것을 밝혔다.

4) 한계효용학파의 가치론

한계효용학파는 1871년 한계효용(marginal utility)의 개념을 중심으로 고전학파와는 다른 새로운 가치론을 발표했다. 제본스(W. S. Jevons, 1835~1882)는 고전학파의 사용가치를 총효용으로 해석하고, 교환가치가 한계효용에 의해 결정된다고 주장했다. 여기서 효용은 재화를 소비함으로써 얻는 주관적인 만족을 말하고, 한계효용은 재화를 한 단위 더 소비했을 때 얻는 효용의 증가분을 말한다. 이와 같은 효용가치설은 재화의 가치는 그 재화의 마지막 한 단위에서 인간이 얻는 효용(즉, 한계효용)에 의존한다는 것으로 '스미스의 역설'(Smith's paradox)을 해결하였다. 물의 사용가치가 다이아몬드의 사용가치보다 더 크다는 것은 물의 소비량이 다이아몬드의 소비량보다 많아 그 총효용이 더 크다는 것을 의미한다. 소비량이 많은 물의 한계효용은 작고, 소비량이 적은 다이아몬드의 한계효용은 크다. 따라서 물의 교환가치가 다이아몬드의 교환가치보다 더 작다는 것은 물의 한계효용이 다이아몬드의 한계효용보다 더 작기 때문이다.[6] 여기서 한계효용은 재화의 소비량이나 희소성과 관련이 있다.

5) 신고전학파의 가치론

신고전학파의 창시자 마샬(A. Marshall, 1842~1924)은 공급측면을 강조한 고전학파와 수요측면을 강조한 한계효용학파의 이론을 수요・공급의 원리로 통합하였다. 생산비는 생산자가 받고자 하는 가격(즉, 공급가격)을 결정하고, 효용은 소비자가 지불하고자 하는 가격(즉, 수요가격)을 결정하는데 시장가격은 수요자(소비자)와 공급자(생산자)가 서로 조정의 과정을 거쳐 수요가격과 공급가격이 일치할 때 성립하며, 이때의 거래량이 균형거래량이다. 그는 시장가격의 결정에 있어 중요한 것은 시간이라고 생각하고 이를 단기와 장기로 구분하여 설명하였다. 여기서 단기란 생산시설의 규모를 변경시킬 수 없을 정도의 짧은 시간을 의미하며, 장기란 모든 생산요소가 가변적으로 될 수 있는 긴 시간을 의미한다. 단기에서는 생산시설이 불변이므로 공급량이 고정되어 있다. 따라서 가격은 주로 수요측면인 효용에 의해 결정되는데 이 상태를 마샬은 '일시적 균형'이라고 불렀다. 생산요소가 가변적인 장기에서는 생산비의 변화에 따라 공급이 변화한다. 따라서 가격은 주로 공급측면인 생산비에 의해 결정된다. 이러한 입장에서 마샬은 수요를 뒷받침하는 한계효용뿐 아니라 공급을 뒷받침하는 한계비용을 제시했다. 한계비용은 생산물 한 단위를 추가로 생산할 때 필요한 총비용의 증가분을 말하며, 한계생산비라고도 한다.

> **마샬(Alfred Marshall, 1842~1924)**: 영국 런던에서 태어나 케임브리지대학에서 수학을 공부하였고 졸업 후 독일에서 윤리학과 경제학을 연구하였다. 1885년 모교의 경제학교수가 되었으며, 피구(A. C. Pigou)・케인즈 (J. M. Keynes) 등의 제자를 양성하여 케임브리지학파의 아버지라고 일컬어진다. 1890년 출판된 『경제학원리(The Principles of Economics)』는 1920년 8판이 출판될 때까지 30년 동안 개정・증보되었는데 마샬의 업적은 다음과 같다. 우선 경제학의 명칭을 종전의 political economy에서 Economics로 변경하여 경제를 정치로부터 분리하고자 했다. 또한, 수요・공급의 원리 뿐 아니라 균형, 탄력성, 외부경제, 소비자잉여, 준지대 등의 개념을 도입하였다.

6) 홍 훈(2015), 앞의 책, 287~288쪽 참조.

6) 가치론의 요약

경제학에서 가치론은 크게 비용가치설과 효용가치설로 구분할 수 있다. 생산비가치설과 노동가치설은 비용가치설에 속하는 이론으로 생산비나 노동량 등 생산비용이 가치의 본질을 이룬다고 본다. 반면, 효용가치설은 재화는 인간의 욕구충족수단이기 때문에 효용이 가치의 본질이며, 효용 없이는 가치가 없다고 본다. 여기서 비용가치설은 객관적 가치설로, 효용가치설은 주관적 가치설로 분류할 수 있다.

신고전학파 이후에는 수요·공급의 원리에 따라 수요자가 지불하고자 하는 최고가격인 수요가격과 공급자가 받고자 하는 최저가격인 공급가격이 시장에서의 상호작용에 따라 일치할 때 시장가격이 성립한다는 균형론적 학설이 일반화되었다.

〈표 1.2.1〉 가치론의 요약

시기	학파	대표 학자	내용
18C 후반~19C 중반	고전학파	A. Smith	투하노동가치설, 지배노동가치설, 생산비설
		D. Ricardo	투하노동가치설
		T. R. Malthus	지배노동가치설
19C 후반	사회주의학파	K. Marx	노동가치설
19C 후반	한계효용학파	W. S. Jevons	효용가치설
19C 후반~20C 전반	신고전학파	A. Marshall	균형가치설

3. 감정평가론

1) 감정평가론의 개념

감정평가론은 한마디로 감정평가에 관련된 이론을 말한다. 감정평가가 '토지 등의 경제적 가치를 판정하여 그 결과를 가액으로 표시하는 것'을 말하므로 감정평가론의 핵심내용은 경제적 가치의 형성원리와 그 판정절차라 할 수 있다. 따라서 대부분의 감정평가론 책에서는 가치형성요인과 기준가치, 감정평가의 절차, 감정평가방식 등을 중심으로 설명하고 있다.

2) 감정평가론의 발전

현대적 의미의 감정평가론은 19세기 말부터 시작되었다고 볼 수 있다. 마샬(A. Marshall)은 기존의 가치론을 통합했을 뿐 아니라 현대의 감정평가에서 사용되는 많은 개념을 개발·발전시켰다. 여기에는 ① 소득을 환원하여 토지가치를 구하는 방법, ② 최유효이용의 개념 등이 있다. 또한, 감정평가의 3방식으로서 원가방식, 수익방식, 비교방식을 체계화한 학자이다. 신고전학파에 속하는 미국의 경제학자 피셔(I. Fisher, 1867~1947)는 자본, 소득, 이자율에 관한 이론적 체계를 수립하는 데 크게 기여하였고, 내구재의 가치는 '장래 기대되는 편익을 현재가치로 환원한 값'이라고 주장했다. 여기서 피셔는 수익환원법을 완성한 학자라 할 수 있다.

20세기 초반 부동산감정평가 분야에서 크게 공헌한 사람은 배브콕(F. M. Babcock)이다. 배브콕은 1924년 출판한 『부동산감정평가(The Appraisal of Real Estate)』에서 모든 부동산에 공통적으로 적용되는 감정평가방법은 없다고 주장하고 부동산의 성격에 따라 적용할 수 있는 8가지 방법을 제시하였다.[7] 즉, 그는 전통적인 3방식에 의한 감정평가를 부정하였다. 한편, 메르츠케(A. J. Mertzke)는 1927년 출판한 『부동산감정평가(Real Estate Appraising)』에서 부동산가치의 3면성을 강조하고 감정평가 3방식의 정립에 기여하였다. 그가 정립한 감정평가 3방식의 논리는 1932년 창립된 미국부동산감정평가사협회(AIREA: American Institute of Real Estate Appraisers)에 의해 채택되어 현재까지도 이어지고 있다.[8] AIREA는 1951년 『부동산감정평가(The Appraisal of Real Estate)』의 초판을 출판하였는데, 3방식을 필수적으로 적용할 것을 강조하였다. 한편, 1991년 AIREA(미국부동산감정평가사협회)와 SREA(부동산감정평가사회)가 통합하여 미국감정평가협회(AI: Appraisal Institute)가 출범하였는데 AI는 2020년 현재 『부동산감정평가(The Appraisal of Real Estate)』의 15판을 발행하였다.

7) 자세한 내용은 나상수(2007), 감정평가이론강의, 리북스, 457~458쪽 참조.
8) 나상수(2007), 위의 책, 460쪽 참조.

제2절 경제적 가치와 감정평가

1. 경제적 가치의 의의

1) 경제와 경제적 가치

(1) 재화와 서비스

사람은 살아가는 동안 의·식·주 및 다양한 활동과 관련하여 수많은 재화(goods)와 서비스(service)를 소비한다. 재화와 서비스는 이 책에서 자주 사용되는 용어로서 정확한 이해가 필요하다.

재화는 한마디로 사람에게 쓸모가 있는 물건을 말한다. 의복·음식·주택·도로·공기 등 수없이 많다. 재화는 여러 가지 기준으로 분류할 수 있다. 첫째, 형태의 유무에 따라 유형재와 무형재로 구분할 수 있다. 유형재(또는 유체물)는 형태가 있는 재화이고, 무형재(또는 무체물)는 형태가 없는 재화이다. 대부분의 재화는 유형재이고, 무형재의 예로는 공기·빛·전기 등이 있다. 둘째, 대가의 지불유무에 따라 자유재와 경제재로 구분할 수 있다. 돈이나 노력을 들이지 않고 얻을 수 있는 재화를 자유재라 하고, 돈이나 노력을 지불해야 얻을 수 있는 재화를 경제재라 한다. 자유재의 예로는 공기가 대표적이고, 대부분의 재화는 경제재이다. 셋째, 사용목적(또는 용도)에 따라 생산재와 소비재로 구분할 수 있다. 생산재는 생산자가 생산에 사용하는 재화이고, 소비재는 소비자가 소비에 사용하는 재화이다. 어떤 재화는 사용목적에 따라 생산재가 되기도 하고 소비재가 되기도 한다. 자동차가 영업용으로 쓰이면 생산재이지만 자가용으로 쓰이면 소비재이다.

서비스는 한마디로 사람에게 쓸모가 있는 행위를 말하며, 용역(用役)이라 부르기도 한다. 노동자의 노동·상인의 활동·가수의 공연 등 수없이 많다.

한편, 재화와 서비스의 뜻을 법적으로 정의한 대표적인 법률로 「부가가치세법」이 있다. 「부가가치세법」에서 '재화'란 재산 가치가 있는 물건 및 권리를 말하며, '용역'이란 재화 외에 재산 가치가 있는 모든 역무(役務)와 그 밖의 행위를 말한다(법 2).

(2) 경제와 경제적 가치

일반적으로 경제는 '재화와 서비스의 생산 · 교환 · 소비와 관련된 사람의 행위'를 말한다. 따라서 경제적 가치는 '사람의 욕구를 만족시키는 재화나 서비스의 능력[즉, 유용성(有用性: usefulness)]'이라 할 수 있다.[9] 일반적으로 가치라고 하면 경제적 가치를 의미한다.[10]

한편, 경제적 가치는 재화나 서비스가 얼마만큼 사람의 욕구를 만족(滿足)시킬 수 있는가에 의해 결정된다. 재화나 서비스가 사람의 욕구를 만족시키는 정도를 효용(效用: utility)이라고 한다. 유용성은 재화나 서비스에 내재하는 고유한 성질이나, 효용은 사람의 욕구와 재화나 서비스의 유용성 간 상호작용에 의해 결정되는 만족의 정도이다. 따라서 효용은 인간의 욕구와 재화나 서비스의 유용성에 의해 영향을 받는다. 여기서 만족의 정도는 주관적으로 느끼는 것으로 물질적 만족과 정신적 만족을 포함한다. 그러므로 사람에 따라 동일한 재화에 대한 효용은 달라지고, 또한 같은 사람이라도 그의 사정에 따라 효용이 달라진다. 예를 들어 물은 사람의 갈증을 해소하는 성질이 있는데, 동일한 사람이 물을 마시더라도 더운 여름과 추운 겨울의 효용은 다르다. 또한, 목이 마를 때 마시는 물이라도 첫 번째 잔과 두 번째 이후의 잔은 그 효용이 다르다.

(3) 경제적 가치의 유형

「민법」에 의하면 소유자는 법률의 범위 내에서 그 소유물을 사용, 수익, 처분할 수 있다(제211조). 따라서 소유권은 대표적으로 사용권능, 수익권능, 처분권능을 가진다.

---

9) 한편, 판례에 의하면 경제적 가치를 '편익을 얻거나 비용을 줄이는 것'으로 해석하는 듯하다. ① '독립된 경제적 가치를 가진다'는 것은 정보의 보유자가 정보의 사용을 통해 경쟁자에 대하여 경쟁상의 이익을 얻을 수 있거나 또는 정보의 취득이나 개발을 위해 비용이나 노력이 필요하다는 것을 말한다(대법원 2017.01.25. 선고 2016도10389 판결). ② 이 사건 제1토지에 매장된 돌은 채취 · 가공될 경우 건축용 석재로서 사용될 수 있어 상당한 가치를 가지고 있으므로 객관적으로 이 사건 제1토지의 가격에 영향을 미친다고 할 수 있다. 따라서 … 이 사건 제1토지에 속한 돌은 객관적으로 통상적인 토지의 이용과는 구별되는 경제적 가치가 있다고 평가될 수 있다(대법원 2014.04.24. 선고 2012두16534 판결). ③ 부합물에 관한 소유권 귀속의 예외를 규정한 민법 제256조 단서의 규정은 타인이 그 권원에 의하여 부속시킨 물건이라 할지라도 그 부속된 물건이 분리하여 경제적 가치가 있는 경우에 한하여 부속시킨 타인의 권리에 영향이 없다는 취지이지 분리하여도 경제적 가치가 없는 경우에는 원래의 부동산 소유자의 소유에 귀속되는 것이고, 경제적 가치의 판단은 부속시킨 물건에 대한 일반 사회통념상의 경제적 효용의 독립성 유무를 그 기준으로 하여야 한다(대법원 2007.07.27. 선고 2006다39270, 39287 판결).

10) 일상생활에서 경제적 가치라는 용어는 자주 쓴다. 예를 들어 토지의 경제적 가치, 산림의 경제적 가치, 문화재의 경제적 가치, 축제의 경제적 가치 등이 있다.

먼저, 사용은 어느 누구의 간섭을 받지 않고 물건을 사용하고 향유하는 것을 말하며, 보유・이용・개발이 포함된다. 둘째, 수익은 물건으로부터 생기는 과실을 수취하는 것을 말하며, 과실에는 천연과실과 법정과실이 있다. 셋째, 처분은 물건의 소비・변형・파괴 등의 사실적 처분을 하거나, 물건의 양도 또는 담보 설정 등의 법적 처분을 하는 것을 말한다.

여기서 소유권의 권능을 기준으로 가치를 구분하면 사용권가치, 수익권가치, 처분권가치로 구분할 수 있다.[11)] ① 사용권가치는 물건을 사용할 때 사용자가 느끼는 만족으로서, 수요자 측면의 주관적 가치이다. ② 수익권가치는 물건의 편익을 가액으로 표시한 것으로, 천연과실로 인한 수익(예: 과수원의 과수)과 법정과실로 인한 수익(예: 임료)이 있다. ③ 처분권가치는 물건의 처분과 관련된 가치로서 매매가치, 담보가치 등이 있다. 여기서 매매가치는 소유권을 처분할 때의 가치이고, 담보가치는 물건을 담보로 제공할 때의 가치이다. 이때 매매가치와 담보가치는 시장에서의 거래를 전제로 한 가치로서 객관적 가치이다.

예를 들어 주택 소유자가 직접 거주할 때에는 사용권가치・수익권가치・처분권가치를 동시에 가진다. 반면, 주택 소유자가 임대를 준 경우에는 수익권가치와 처분권가치는 소유자가 가지지만, 사용권가치는 주택 임차인이 가진다.

> ➡ 과수원의 경우 수익권가치는 2가지가 있을 수 있다. 예를 들어 수확된 과수로 인한 수익을 기준(즉, 자가의 경우)으로 하면 천연과실에 의한 수익권가치이고, 임대수익을 기준(즉, 임대의 경우)으로 하면 법정과실에 의한 수익권가치이다. 시장에서 과수원의 매매가격은 토지의 가치와 과수목의 가치가 반영되어 형성된다. 따라서 과수목을 따로 감정평가하는 경우(예: 보상감정평가)에는 과수원의 수익권가치에서 토지의 가치를 차감하여 과수목의 가치를 산정하여야 한다.

2) 경제적 가치와 가격

가격(價格) 또는 시장가격의 사전적 의미는 '시장에서 재화나 서비스를 구입하는 데 지불된 금액'이다. 시장은 재화나 서비스가 거래되는 장소 또는 기구(mechanism)를 말하며, 장소로서의 시장은 대가(代價)를 지불하고 권리가 양도되는 곳이다. 따라서 가격은

11) 이선영(2006), 토지가치권론, 법원사, 19쪽 참조.

반드시 시장에서 권리(즉, 소유권 또는 사용권 등)의 양도를 전제로 하는 개념이다. 즉, 어떤 재화의 권리가 양도될 수 없다면 가격은 발생할 수 없다. 여기서 가격은 소유권 이전의 대가뿐 아니라 사용권 이전의 대가도 포함하는 것으로 해석할 필요가 있다. 부동산시장에서는 이를 매매가격, 임대가격 등으로 부르고 있다.

여기서 경제적 가치와 가격과의 관계를 설명하면 다음과 같다. 먼저, 가격은 경제적 가치를 전제로 한다. 가치를 구체적으로 표현한 것이 가격이라 할 수 있다. 즉, 가격은 시장에서 가치의 대가로 수수된 값이라 할 수 있다. 그러므로 어떤 재화의 가치가 변동하면 가격도 같은 방향으로 변동한다. 둘째, 일정한 시점에서 가격은 하나밖에 없지만 경제적 가치는 다양하다. 가격은 실제 지불된 값이므로 하나밖에 없다. 그러나 경제적 가치는 보는 관점에 따라 다양한데 이를 가치의 다원적 개념 또는 가치다원론이라고 한다. 셋째, 가격과 경제적 가치 간에는 오차가 있을 수 있다. 예를 들어 수요자와 공급자 간에 가격의 동의가 있어 거래가 되더라도 각자 느끼는 가치는 다를 수 있다. 일반적으로 재화의 가격은 경제적 가치에 수렴하는 경향이 있으며, 수요가 적을 때는 가격이 가치보다 낮게 형성되고 수요가 많을 때는 가격이 가치보다 높게 형성된다.

〈표 1.2.2〉 경제적 가치와 가격의 비교

구분	경제적 가치	(시장)가격
개념	사람의 욕구를 만족시키는 유용성	시장에서 경제적 가치의 대가로 수수된 값
대상	재화, 서비스	좌동[12)]
성격	재화나 서비스 자체의 유용성: 주관적 또는 객관적	권리양도의 대가(합의된 경제적 가치): 객관적
유형	가치다원론에 의거 다양 (예: 매매가치, 임대가치, 투자가치 등)	주로 매매가치, 임대가치
구조	사람과 대상과의 관계	수요자 · 공급자 · 대상과의 관계
발생요인	욕구, 유용성	욕구, 유용성, 양도성
형성요인	욕구, 유용성, 희소성	욕구, 유용성, 양도성, 구매력, 공급력
결정	• 주관적: 경제주체의 판정으로 결정 • 객관적: 전문가의 판정으로 결정	수요자와 공급자의 합의로 결정
표현	하나의 값 이외에 범위로도 표현	구체적인 하나의 값으로 표현
	경제주체 또는 전문가 마다 상이한 값	오직 하나의 값

구분	경제적 가치	(시장)가격
시장 관련성	시장을 전제하지 않음	반드시 시장을 전제
	모든 재화나 서비스에서 발생	권리양도가 불가능하면 발생 않음
관계	가격 = 경제적 가치 ± 오차	

어떤 재화나 서비스에 대해 각 경제주체가 느끼는 경제적 가치는 다르다. 왜냐하면 경제주체마다 각자의 상황이나 기호(嗜好) 등에 따라 욕구가 다르기 때문이다.

시장에서 어떤 재화가 매매되는 과정은 ① 매도자가 자신이 느끼는 경제적 가치를 기준으로 팔고 싶은 가격(즉, 매도호가, 방매가격 또는 공급가격)으로 내놓고, ② 매수자는 자신이 느끼는 경제적 가치를 기준으로 사고 싶은 가격(즉, 매수호가 또는 수요가격)을 제시하면, ③ 당사자가 직접 조정하거나 또는 제3자의 알선과정을 거쳐, ④ 합의가 되면 거래가 성립되어 가격이 지불되고 소유권이 이전되며, ⑤ 합의에 이르지 못하는 경우에는 매매가 성립되지 않는다. 가격이 합의되어 매매가 되더라도 서로가 느끼는 경제적 가치는 다를 수 있다. 예를 들어 부동산매매의 경우 매도자는 자신이 느끼는 경제적 가치에 가격이 미치지 못하더라도 사정상 팔아야 하는 경우가 있고, 매수자는 자신이 느끼는 경제적 가치에 비해 매도호가가 낮으면 적극적으로 매수하려 한다. 이때 매수가 되면 좋은 부동산을 싼 가격에 샀다고 만족한다.

한편, 각 경제주체는 어떤 재화의 경제적 가치를 판정할 때 유사재화의 가격, 재화의 생산원가, 재화로부터 얻는 수익 등을 종합적으로 참작한다.

> **경제적 가치의 판정(예시)**: 대도시 근교에 있는 남향의 농지가 5억원을 최저매각가격으로 법원의 경매가 진행 중이라고 하자. 이 물건의 경매에 참여하려는 자 중 A는 이 토지에 전원주택을 지으려고 하고, B는 전원카페를 지으려고 하며, C는 과수원으로 활용하고자 하고, D는 문중의 묘터로 쓰고자 한다고 하자(물론 입찰표에 그 목적을 기재하지 않지만 이를 가정한다). 이 경우 각각 자신이 판정하는 이 농지의 경제적 가치를 기준으로 입찰가격을 쓸 것이고, 최저입찰가격 이상의 금액 중 가장 높은 입찰가격을 쓴 사람이 최고가매수신고인이 될 것이다. 이때 A, B, C, D의 입찰가격은 모두 다를 것이다. 이는 해당 농지에 대한 각각의 욕구가 다르고, 욕구에 따라 농지의 유용성도 달라지기 때문이다. 욕구가 같더라도 각각의 구매력이 달라 입찰가격의 차이가 발생할 수 있다. 이 문제는 결국 가격(또는 시장가치)형성요인의 문제이다.

12) 좌동(左同)은 왼쪽의 내용과 같다는 뜻이다.

> **점심식사를 함께하는 권리의 가치:** '투자의 귀재'라 불리는 워렌 버핏(Warren Buffett)과 함께 점심식사를 하는 권리의 가치는 얼마일까? 버핏은 1999년부터 지금까지 매년 자신과 점심식사 하는 것을 경매에 부치고 수익금을 기부해왔다. 1999년 첫 낙찰가는 2만5천달러였지만 세계의 부호들이 앞다퉈 경매에 나서면서 2008년 이후에는 낙찰가가 100만 달러 이상으로 뛰었고, 2012년과 2016년에는 무려 345만6천789달러(약 40억원)에 낙찰되었다. 낙찰자는 버핏에게 "다음엔 어디에 투자할 거냐"는 질문만 빼고는 모든 분야에 관해 질문할 수 있다. 점심식사는 보통 3~4시간 동안 진행된다.

2. 가치다원론

1) 가치다원론의 개요

(1) 가치다원론의 개념과 근거

경제적 가치는 동일한 물건이라도 경제주체의 관점이나 욕구에 따라 그 종류가 다양한데 이를 가치의 다원적 개념 또는 가치다원론이라고 한다. 예를 들어 동일한 물건이라도 수요자가 보는 가치와 공급자가 보는 가치가 다르며, 같은 수요자라도 수요자의 욕구에 따라 가치는 다르다.

대상물건에 대하여 하나의 가치만이 존재한다고 보는 가치일원론의 입장보다는 가치다원론이 널리 지지되고 있다. 여기서 가치다원론의 근거는 다음과 같다. 첫째, 경제주체의 관점이 다양하다. 수요자는 최소의 가액으로 판정하려 하고, 공급자는 최대의 가액으로 판정하려 한다. 또한, 물건을 담보물로 활용하는 채권자는 적정한 매매가치에 관심이 있으며, 공익사업의 시행자는 물건의 적정한 보상가치에 관심이 있다. 여기서 경제주체의 관점에 따라 경제적 가치는 수요가치와 공급가치로 구분할 수 있다. 둘째, 경제주체의 욕구가 다양하다. 경제주체는 다양한 욕구를 가지고 경제활동을 수행한다. 물건에 대한 경제주체의 욕구로는 물건의 사용・임대・개발・투자 등 다양하며, 각각의 욕구에 따라 경제적 가치는 다르다.

(2) 가치다원론의 유용성

가치다원론은 감정평가에 있어 매우 중요한 원리이며, 가치다원론에 따라 파생되는 내용이 다양하다.

가치다원론에 의하면 감정평가의 관점은 감정평가 의뢰인(약어로 의뢰인이라 한다)의 요청이나 감정평가의 목적에 따라 달라져야 한다. 앞의 〈표 1.1.10〉에서처럼 다양한 목적을 위해 감정평가가 의뢰되고 있는데 감정평가의 목적에 따라 감정평가액이 다를 수 있다. 즉, 감정평가의 관점은 의뢰인의 요청이나 감정평가의 목적에 따라 다양하며, 감정평가의 관점에 따라 경제적 가치는 시장가치, 공정가치, 투자가치, 과세가치, 특정가치 등으로 다양하게 구분할 수 있다.

가치다원론에 따라 감정평가를 의뢰받았을 때에는 의뢰인과 협의하여 감정평가 목적·감정평가조건·기준가치 등의 기본적 사항을 확정하여야 한다. 이들 기본적 사항에 따라 경제적 가치는 달라지기 때문이다. 여기서 감정평가 목적·기준가치 확정의 필요성은 가치다원론이 그 근거라 할 수 있다.

가치다원론은 감정평가제도의 활성화를 위해서도 필요하다. 가치일원론에 의하면 감정평가의 기능이 축소되는 경향이 있으므로 가치다원론의 입장에서 다양한 의뢰인의 요청을 반영하여 감정평가액을 결정·표시함으로써 감정평가제도 및 경제발전에 이바지할 필요가 있다.

> **가치다원론의 근거:** 일부의 책에서 가치다원론의 근거로 ① 의뢰인의 의뢰목적 부응, ② 감정평가의 정확성 제고, ③ 감정평가의 기능 확대 등을 설명하는 경우가 있으나 이는 잘못된 설명이다. 이들은 가치다원론의 근거가 아니라 가치다원론의 결과이기 때문이다. 가치다원론의 근거는 경제주체의 관점 다양성과 욕구 다양성에서 찾는 것이 합리적이라고 본다.

(3) 가치의 종류

일정시점에서 대상물건에 대한 경제적 가치의 종류는 매우 다양하다. 이때 각각의 가치에 대한 구체적인 개념은 그것이 어떠한 관점과 욕구를 반영하느냐에 따라 달라질 것이다.

일반적으로 예시되는 가치의 종류에는 시장가치(market value), 공정가치(fair value),

투자가치(investment value), 공익가치(public interest value), 담보가치(collateral value), 사용가치(use value), 과세가치(assessed value), 보험가치(insurable value), 장부가치(book value), 저당가치(mortgage value), 계속기업가치(going - concern value), 청산가치(liquidation value) 등이 있다.

2) 가치다원론의 내용

(1) 시장가치(market value)

시장가치란 토지 등(즉, 대상물건)이 통상적인 시장에서 충분한 기간 동안 거래를 위하여 공개된 후 그 대상물건의 내용에 정통한 당사자 사이에 신중하고 자발적인 거래가 있을 경우 성립될 가능성이 가장 높다고 인정되는 대상물건의 가액(價額)을 말한다(감정평가규칙 2). 여기서 시장가치의 조건은 ① 통상적인 시장, ② 충분한 기간 공개, ③ 통상의 능력을 가진 경제인, ④ 대상물건의 내용에 정통, ⑤ 신중하고 자발적인 거래, ⑥ 성립될 가능성이 가장 높다고 인정되는 가액이다. 여기서 ①과 ②는 시장조건, ③과 ④는 당사자조건, ⑤와 ⑥은 거래조건에 속한다.

먼저, 시장가치는 통상적인 시장을 전제로 한다. 통상적인 시장은 현실에 존재하지 않는 완전경쟁시장을 말하는 것이 아니라 공정한 거래가 이루어질 수 있는 합리적인 경쟁시장을 말한다. 즉, 시장참여자가 합리적 사고로 경제원칙에 입각하여 행동하는 공개된 경쟁시장을 의미한다.

둘째, 충분한 기간 동안 거래를 위하여 공개되어야 한다. 충분한 기간의 정도는 대상물건의 유형, 시장의 상황 등에 따라 다르나 일반적으로 거래당사자가 대상물건을 충분히 인지할 수 있는 정도의 시간을 말한다. 국제평가기준심의회(IVSC: International Valuation Standards Council) 등은 방매(exposure: 물건을 거래하기 위해 내놓는 것) 대신에 보다 적극적인 의미인 마케팅의 용어를 담아 적정한 마케팅을 요구하고 있다. 따라서 대상물건이 충분한 기간 동안 통상적인 마케팅활동을 수반하며 시장에 공개되어야 한다.[13] 여기서 통상적인 마케팅활동은 거래의 성립을 위해 통상의 노력과 비용을 수반하는 것을 의미한다.

---

13) 한국감정평가협회 · 한국감정원(2014a), 감정평가 실무기준 해설서(Ⅰ), 12~13쪽.

▶ 국제평가기준심의회(IVSC: International Valuation Standards Council): 1970년대 후반부터 영국과 미국의 가치평가단체를 중심으로 국제적으로 인정받는 가치평가기준 제정의 필요성을 논의하여 1981년 국제자산평가기준위원회(TIAVSC: The International Assets Valuation Standards Committee)를 설립하였다. 1994년 명칭을 IVSC(International Valuation Standards Committee)로 변경하였고, 2008년 같은 약자를 쓰지만 더 광범위한 활동범위를 반영하는 IVSC(International Valuation Standards Council)로 다시 변경하였다. IVSC는 1985년 처음으로 국제평가기준(IVS: International Valuation Standards)을 제정한 이후 지속적으로 개정해 오고 있다.

셋째, 통상의 능력을 가진 경제인(經濟人)을 가정한다. 당사자는 객관적으로 보아 통상의 능력을 가진 사람을 전제로 한다. 따라서 천재에 의한 발군의 능력은 고려하지 않는다.[14) 또한, 당사자는 통상의 구매력을 가진 사람을 전제로 하며, 여기서 구매력은 자기자금 뿐 아니라 타인자금을 이용하여 구매할 수 있는 능력을 말한다. 한편, 당사자는 경제인(homo economicus, economic man)을 가정한다. 경제인이란 경제원칙에 따라 자신의 최선의 이익을 위해 합리적으로 행동하는 사람을 말한다. 따라서 구매자(수요자)는 시장이 요구하는 가격 이상을 지불하지 않으며, 판매자(공급자)는 시장에서 형성된 합리적인 가격 이상을 기대하지 않는다. 여기서 구매자와 판매자는 가상(hypothetical)의 당사자로서 특정 당사자의 사실적 상황은 고려하지 않는다.[15)]

넷째, 당사자가 대상물건의 내용에 정통하여야 한다. 이는 당사자가 시장상황 등 대상물건의 유용성이나 양도성 등에 대해 잘 알고 있어야 한다는 것이다. 이때 대상물건의 유용성은 최유효이용을 전제로 한다. 예를 들어 토지이용계획의 변경에 대해 내용을 모르고 거래한 경우이거나 최유효이용이 아닌 상태에서의 유용성을 판단한 경우라면 시장가치의 조건을 충족하지 못한 것이다.

다섯째, 거래는 신중하고 자발적으로 이루어져야 한다. 당사자는 서로 독립적으로 행동하며, 깊게 생각하고 외부의 부당한 자극에 영향을 받지 않고 거래하여야 한다. 이 점에서 즉흥적인 거래 · 강요된 거래 · 특수관계인 사이의 거래 등은 시장가치의 조건을 충족하지 못한 것이다.

14) 한국감정평가협회 · 한국감정원(2014a), 위의 책, 22쪽.
15) International Valuation Standards Council(2017), International Valuation Standards 2017, 18~20쪽.

여섯째, 성립될 가능성이 가장 높다고 인정되는 가액이다. 즉, 성립될 수 있는 최고(最高)가액이 아닌 성립될 빈도수가 가장 많다고 인정되는 가액(즉, 최빈거래가능가액)이다. 이는 통계학적인 확률개념(즉, 거래될 수 있는 가액 중 확률이 가장 높은 것)이라 할 수 있으며, 경제적 가치를 최빈(最頻)거래가능가액으로 판정하는 이유는 객관화를 위함이다.

시장가치의 정의에 대해 각 나라·기관마다 차이가 있지만, 시장참여자들의 집단적 가치판단이라는 점은 일치하고 있다. 따라서 시장가치의 의견은 시장참여자들의 집단행동에 대한 객관적 관찰에 근거해야만 한다.[16] 여기서 시장가치는 엄격한 조건을 전제한 감정평가사의 의견이라 할 수 있다. 시장에서의 가격(즉, 시장가격)은 시장가치의 강한 근거(evidence)가 될 수는 있지만, 그 자체로는 시장가치가 될 수 없다.[17]

참고적으로 경매·공매의 사례는 ① 판매자가 배제된 상태에서 제3자(즉, 법원이나 한국자산관리공사)가 주관하고, ② 대상물건이 제한된 시간만 노출되고 특별한 마케팅활동이 없으며, ③ 판매자에 의한 신중하고 자발적인 거래가 아니고, ④ 최빈거래가액이 아닌 최고가액으로 결정하므로 시장가치라 할 수 없다. 따라서 거래사례비교법에 있어 이들 사례를 거래사례로 선정하는 것은 허용되지 않는다.

여기서 시장가치와 (시장)가격을 비교하면 다음과 같다.

〈표 1.2.3〉 시장가치와 (시장)가격의 비교

구분	시장가치	(시장)가격
개념	엄격한 조건을 전제한 전문가의 의견(경제적 가치의 한 종류)	시장에서 경제적 가치의 대가로 수수된 값
목적	경제적 가치에 대한 정보 제공	물건의 거래
당사자	전문가	수요자와 공급자
성격	• 판정된 객관적 가치 (판정된 최빈거래가능가액) • 가상의 매매가치 · 임대가치	• 합의된 객관적 가치 (합의된 거래가액) • 실제 지불된 값 (지불된 매매가치 · 임대가치)

16) Appraisal Institute(2020), *The Appraisal of Real Estate(15th ed.)*, 48쪽.

17) 정수연(2012), "부동산공시제도의 가치와 가격개념 재정립에 관한 연구", 주거환경, 10(1), 한국주거환경학회, 250쪽 참조.

구분	시장가치	(시장)가격
정보의 성질	의견정보	사실정보
기본 전제	시장에서의 거래	좌동
시장의 조건	통상적인 시장(즉, 공개된 경쟁시장)	특별한 조건 없음
성립 조건	통상적인 시장+물건의 내용에 정통한 당사자+정상적인 거래+최빈거래가능가액	거래의 성립
형성요인	욕구, 유용성, 양도성, 구매력, 공급력	좌동
결정	전문가의 판정으로 결정	수요자와 공급자의 합의로 결정
표현	하나의 값 이외에 범위로도 표현	구체적인 하나의 값으로 표현
	전문가 마다 상이한 값	오직 하나의 값
최유효이용 (부동산의 경우)	전제	전제하지 않음
관계	시장가치 = (시장)가격 ± 오차	
적정성 제고방안 (사전적)	• 가격정보의 제공, 감정평가정보의 제공 • 복수의 감정평가	• 가격정보의 제공 • 적정성 검증결과 제공
적정성 확보방안 (사후적)	• 타당성 조사	• 적정성 검증
신뢰성 확보	• 감정평가만으로 신뢰성 확보 (복수의 감정평가로 신뢰성 제고)	• 적정성이 검증되어야 신뢰성 확보

(2) 공정가치(fair value)

한국회계기준원에서 제정한 「한국채택국제회계기준」(약어로 K-IFRS라 한다)에서는 공정가치를 '측정일에 시장참여자 사이의 정상거래에서 자산을 매도할 때 받거나 부채를 이전할 때 지급하게 될 가격'으로 정의하고 있다. 이때 공정가치의 측정은 자산이나 부채가 주된 시장(주된 시장이 없는 경우 가장 유리한 시장)에서 거래가 이루어지는 것으로 가정하는데, 통상적으로 거래하는 시장을 주된 시장이나 가장 유리한 시장(주된 시장이 없는 경우)으로 본다. 여기서 주된 시장이란 해당 자산이나 부채를 거래하는 규모가 가장 크고 빈도가 가장 잦은 시장을 말한다. 이는 시장가치의 조건인 통상적인 시장과는 다른 개념으로 경우에 따라 당사자가 한정될 수도 있다.[18)]

18) 한국감정평가협회 · 한국감정원(2014), 앞의 책, 106~107쪽 참조.

또한, 시장참여자는 경제적으로 최선의 행동을 한다고 가정한다. 합리적인 판단력이 있고, 서로 독립적이며(즉, 서로 특수관계자가 아니다), 거래하도록 강제되거나 강요받지 않는다(기업회계기준서 제1113호, 공정가치의 측정 참조).

따라서 공정가치를 달리 표현하면 주된 시장에서 합리적인 판단력과 거래의사가 있는 독립된 당사자 사이에 자산을 매도하거나 부채를 이전한다고 가정할 경우 수수(收受)될 수 있는 금액이라 할 수 있다.

K-IFRS에서 사용하는 공정가치는 자산 이외에 부채에도 적용하는 개념으로 시장가치보다 그 적용범위가 넓다. 또한, 공정가치를 측정하는 경우 K-IFRS에서 정한 조건을 충족해야 하는데 시장가치와 비교하여 ① 통상적인 시장, ② 공개기간의 충분성, ③ 성립될 빈도수가 가장 많은 가액 등의 조건은 특별히 요구하지 않고 있다. 따라서 공정가치는 자산이 거래되는 주된 시장이 통상적인 시장인 경우에는 시장가치와 유사하나, 특수한 자산으로 인해 주된 시장이 없는 경우에는 시장가치 외의 가치로 측정되므로 시장가치보다 넓은 개념이라 할 수 있다. 즉, 공정가치에는 시장가치와 시장가치 외의 가치가 모두 포함된다.[19)]

〈표 1.2.4〉 시장가치와 공정가치의 비교

구 분		시장가치	공정가치
목적		경제적 가치에 대한 정보 제공	자산이나 부채의 가치정보 공시
개념		시장에 근거한 추산액	시장에 근거한 추산액
적용대상		자산	자산, 부채
기본 전제		거래	거래
성립 조건		매우 엄격	비교적 유연
조건	시장	통상적인 시장	주된 시장(또는 가장 유리한 시장)
	당사자	통상의 능력, 합리적인 경제인	합리적인 경제인
	거래	신중하고 자발적인 거래	자발적인 거래
최유효이용		전제	전제(비금융자산의 경우)

19) 한국감정원 역(2008), 국제평가기준 2007, 38쪽 참조.

(3) 투자가치와 담보가치

투자가치(investment value)는 특정 투자자의 투자조건에 따라 투자자산이 가진 가치를 말한다. 따라서 투자가치는 투자자가 개인의 욕구나 투자목적을 고려하여 투자에 대해 지불하려는 가액으로서 주관적 가치이며, 거래를 전제로 하지 않는다.

한편, 담보가치(collateral value)는 금융기관에서 물건을 담보로 대출을 실행하기 위하여 해당 물건에 대해 분석한 가치를 말한다. 부동산의 경우 통상 시장가치에서 선순위 담보액이나 보증금 및 「주택임대차보호법」·「상가건물임대차보호법」상 최우선변제보증금을 공제하여 산정한다.

(4) 계속기업가치와 청산가치

계속기업가치(going - concern value)는 유형·무형의 자산을 포함한 계속기업의 총체적인 시장가치를 말하며, 그냥 기업가치라고도 한다. 계속기업이란 수명이 한정되지 않고 영업 중인 기업을 말한다. 기업가치 감정평가에 있어서는 대개 계속기업가치를 기준으로 하지만, 청산가치를 기준으로 하는 경우도 있다.

한편, 청산가치(liquidation value)는 기업이 영업을 중단하고 청산할 경우 자산을 각각 매각할 때 회수 가능한 가치를 말한다.

(5) 과세가치와 공익가치

과세가치(assessed value)는 국가나 지방자치단체에서 국세나 지방세를 부과하는 기준으로 사용되는 가치를 말한다. 과세가치는 종가세(從價稅)의 과세를 위한 가치로서, 관련 법령에 의거 산정된다. 여기서 종가세는 과세표준이 물건의 가치인 조세로서 과세표준이 수량·면적·부피 등인 종량세(從量稅)와 구분된다.

한편, 공익가치(public interest value)는 최유효이용이 사적 목적의 경제적 이용에 있는 것이 아니라 보존·안전 등과 같은 공적 목적의 비경제적 이용에 있을 때 토지 등이 가지는 가치를 말한다. 예를 들어 문화재, 자연경관 등이 가지는 가치로서 유형·무형의 가치가 포함된다.

(6) 장부가치와 잔존가치

장부가치(book value)는 재무상태표상의 잔액을 말한다. 즉, 자산의 취득가격에서 감가상각액을 제외한 금액을 말한다. 따라서 장부상의 잔존가치라 할 수 있다. 여기서 재무상태표는 일정한 시점에 기업이 보유하고 있는 자산・부채・자본의 상태를 나타내는 회계보고서를 말하며, 종전의 대차대조표가 명칭 변경된 것이다.

한편, 잔존가치는 고정자산의 내용연수가 만료된 시점에 남아있는 가치를 말한다. 이러한 자산도 대체용도 또는 재활용 용도로서의 가치가 있을 수 있다.

(7) 사용가치와 한정가치

사용가치(use value)는 특정 용도를 가정한 가치를 말한다. 즉, 사용가치는 최유효이용이나 매매로 실현될 금액(이를 매매가치라 할 수 있다)에 상관없다. 예를 들어 특정 업종을 위해 설계된 공장의 경우 그 내부 구조 등이 해당 업종 운영에 최적화된 경우가 많다. 이 공장은 해당 업종의 회사에 대해서는 큰 사용가치를 가지지만 다른 용도로 사용할 경우에는 매매가치가 낮을 수 있다. 따라서 사용가치는 해당 부동산이 특정 용도에 기여하는 가치에 초점을 둔다. 사용가치의 개념은 박물관・교회 등과 같이 용도가 한정되어 있거나 특별한 구조・디자인 등으로 인해 수요자가 한정되어 있을 때 유용한 개념이다. 여기서 사용가치와 임대가치(rental value)는 구별하여야 한다. 임대가치는 대상물건을 임대할 때 받을 수 있는 임료의 가치를 말한다.

한편, 사용가치는 한정가치를 포함한다. 한정가치는 부동산의 합병이나 분할에 따른 거래처럼 수요자가 상대적으로 한정되는 경우의 가치를 말한다. 한정가치를 판정하는 경우에는 특히 대상물건의 기여가치를 충분히 고려하여야 한다. 예들 들어 간선도로변의 어떤 토지가 인접한 후면 토지를 합병하는 경우 후면 토지의 사용가치는 시장가치를 초과하는 경우가 많고, 반대로 장기간 점유하고 있는 국유지의 일부를 점유자가 매수하는 경우 국유지의 사용가치는 시장가치를 하회하는 경우가 많다.

(8) 특정가치

특정가치는 시장가치가 아닌 경우로서 법령에 의해 특별히 지정한 가치를 통틀어서 부르는 용어이다. 특정가치는 기준가치와 관련하여 시장가치 외의 가치를 분류할 때 필요한 가치이다. 감정평가기준에 대한 특별법이 있는 경우를 법정감정평가라 하는데 법정감정평가에서 구하는 가치는 시장가치와 괴리되는 경우가 많다. 예를 들어 지가공시목적의 감정평가(나지상정 감정평가 등), 보상목적의 감정평가(나지상정 감정평가, 개발이익의 배제 등)등에서 구하는 가치를 통틀어서 특정가치로 분류할 수 있다. 참고적으로 일본의 「부동산감정평가기준」에서는 시장성을 갖는 부동산이지만 법령 등에 따른 사회적 요청을 배경으로 하는 평가목적하에서 정상가격의 전제가 되는 제 가정을 만족하지 않는 경우에 부동산의 경제적 가치를 적정하게 나타내는 가격을 특정가격이라 한다.

3) 관련 용어의 재검토

(1) 현황과 쟁점

「감정평가법」에서 감정평가는 '토지 등의 경제적 가치를 판정하여 그 결과를 가액으로 표시하는 것'으로 정의하고 있다. 따라서 감정평가의 근거는 경제적 가치라 할 수 있다. 이 책에서는 경제적 가치를 '사람의 욕구를 만족시키는 유용성'으로 정의하였다.

한편, 「감정평가규칙」에서는 시장가치를 '감정평가의 대상이 되는 토지 등이 통상적인 시장에서 충분한 기간 동안 거래를 위하여 공개된 후 그 대상물건의 내용에 정통한 당사자 사이에 신중하고 자발적인 거래가 있을 경우 성립될 가능성이 가장 높다고 인정되는 대상물건의 가액(價額)'으로 정의하고 있다. 시장가치는 경제적 가치의 한 유형이며, 감정평가에 있어 기준가치를 원칙적으로 시장가치로 하도록 규정하고 있다.

여기서 감정평가관련 법규상 용어를 분석하면 다음과 같은 문제가 있다. ① 「감정평가규칙」에서 각 감정평가방법을 정의하면서 매매를 전제로 한 가치는 이를 '가액'으로 표현하고, 임대차를 전제로 한 가치는 이를 '임대료'로 표현하고 있다. 즉, 양자의 차이가 있다. 그런데 가액(價額)은 화폐액이나 금액을 뜻하므로 용어의 혼란이 있다(즉, 임대료도 가액으로 표시된다). ② 「감정평가규칙」에서 시장가치는 거래를 전제로 하고 있다. 그런데 여기서의 거래에 매매만 포함되는지의 문제가 있다. 만약에 매매만 포함된다면 감정평가방법의 적용상 따로 시장임대료(또는 시장임료)의 용어를 정의하여야 하나, 현재 이를 규정하고 있지 않다. 해석상 시장가치의 요건으로 거래는 매매 이외에 임대차도 포함된다고 본다. 따라서 감정평가 목적이 임대료(임료)인 경우에도 기준가치는 시장가치이어야 할 것이다. ③ 거래사례비교법의 용어 문제이다. 종전 (구)「감정평가의 기준에 관한 규칙」(재무부령, 1974. 6. 제정)에서는 이를 매매사례비교법으로 불렀는데, 건설부가 1989. 12. 「감정평가에 관한 규칙」을 제정하면서 거래사례비교법으로 변경되었다. 사전적으로 거래는 매우 넓은 개념이다. 국립국어원의 표준국어대사전에 의하면 '주고 받음 또는 사고 팖' 또는 '친분관계를 이루기 위하여 오고 감'으로 설명하고 있으며, 회계학에서는 '기업의 영업활동으로 인하여 자산, 부채, 자본의 증·감 변화를 일으키는 모든 사건'으로 설명하고 있다, 반면, 매매는 '물건을 팔고 사는 일'로 거래보다 좁은 개념이다.

(2) 과제

감정평가관련 법규상 혼란이 있는 용어를 감정평가이론, 관련제도상 용어, 해외사례 등을 참작하여 합리적으로 정비할 필요가 있다.

먼저, 시장가치의 요건으로서 '거래'에는 매매와 임대차가 포함되는 개념으로 해석하여야 한다. 이렇게 할 때 「감정평가법」상 감정평가의 근거로서 경제적 가치를 판정하도록 규정과 논리가 일치할 수 있다.

둘째, 감정평가관련 법규상 '가액'은 화폐액이나 금액으로 해석하여야 한다. 임대차를 전제로 한 가치 역시 가액으로 표시된다. 「감정평가법」에서 감정평가는 '… 그 결과를 가액으로 표시하는 것'으로 규정하고 있다. 원가법·거래사례비교법·공시지가기준법·수익환원법은 현행 「감정평가규칙」의 표현처럼 '… 가액을 산정하는 감정평가방법'이 아니라 매매가치를 산정하는 방법이며 판정한 매매가치를 가액으로 표시하는 것이다.

셋째, 시장가치의 유형을 매매가치, 임대가치로 세분할 필요가 있다. 여기서 매매가치(sales value)는 소유권을 처분할 때의 가치를 말하며, 임대가치(rental value)는 임대차에 따른 사용권가치를 말한다. 이 경우 감정평가방법으로서 원가법·거래사례비교법·공시지가기준법·수익환원법을 매매가치를 산정하는 것으로 규정하고, 적산법·임대사례비교법·수익분석법은 임대가치를 산정하는 것으로 규정하면 된다.

넷째, 시장가치의 요건으로서 '거래'에 매매와 임대차가 포함되는 개념으로 해석하는 경우 혼란을 방지하기 위해 거래사례비교법이란 용어는 종전의 매매사례비교법으로 환원하는 것이 합리적이다.

3. 적정가격의 재검토

1) 적정가격의 의의

(1) 적정가격의 개념

부동산감정평가와 관련하여 적정가격이란 용어는 부동산가격공시제도와 손실보상제도에서 활용하고 있다.[20]

먼저, 부동산가격공시제도상 적정가격은 「부동산 가격공시에 관한 법률」(약어로 부동산가격공시법이라 한다)에서 '당해 토지, 주택 및 비주거용 부동산에 대하여 통상적인 시장에서 정상적인 거래가 이루어지는 경우 성립될 가능성이 가장 높다고 인정되는 가격'으로 정의하고 있다(법률 제2조 참조). 여기서 적정가격의 성립조건은 ① 통상적인 시장, ② 정상적인 거래, ③ 최빈(最頻)거래가능가액이라 할 수 있다. 처음 공시지가제도를 도입하면서 제정(1989. 4.)된 (구)「지가공시 및 토지 등의 평가에 관한 법률」[약어로 (구)지가공시법이라 한다]에서는 '당해 토지에 대하여 자유로운 거래가 이루어지는 경우 합리적으로 성립한다고 인정되는 가격'으로 정의하였으나, 2000년 1월 법률 개정 시 현재와 같이 변경하였다. 변경의 가장 큰 특징은 거래가능가액에서 최빈거래가능가액으로 변경한 점이다.

다음으로 손실보상제도상 적정가격은 「공익사업을 위한 토지 등의 취득 및 보상에 관한 법률」(약어로 공익사업법이라 한다), 「도시철도법 시행령」, 「전기사업법 시행령」, 「공유수면 관리 및 매립에 관한 법률 시행령」 등에 규정된 용어이다. 그러나 법령에서 적정가격에 대한 용어의 뜻은 규정하지 않았다. 이에 대해 정당한 보상에 관한 헌법재판소의 결정을 분석하면 손실보상제도상 적정가격의 성립조건은 ① 당사자의 정통성, ② 자유로운 거래, ③ 매매가능가격이라 할 수 있다.

---

20) 이하 자세한 내용은 서경규(2021), "부동산활동에 있어 적정가격제도의 재검토", 감정평가학논집, 20(2), 한국감정평가학회, 3~27쪽 참조.

헌법이 규정한 '정당한 보상'이란 … 원칙적으로 피수용재산의 객관적인 재산가치를 완전하게 보상하는 것이어야 한다는 완전보상을 뜻하는 것으로서 보상금액뿐만 아니라 보상의 시기나 방법 등에 있어서도 어떠한 제한을 두어서는 아니 된다는 것을 의미한다. 재산권의 객체가 갖는 객관적 가치란 그 물건의 성질에 정통한 사람들의 자유로운 거래에 의하여 도달할 수 있는 합리적인 매매가능가격 즉 시가에 의하여 산정되는 것이 보통이다(헌법재판소, 2011. 12. 29. 2010헌바205 등 결정).

한편, 적정가격의 용어를 비교하면 다음의 표와 같다.

〈표 1.2.5〉 적정가격의 용어 비교

구분	적정가격(부동산가격공시제도)	적정가격(손실보상제도)
법적 근거	부동산가격공시법	공익사업법
개념	엄격한 조건을 전제한 의견	일정한 조건을 전제한 의견
기본 전제	시장에서의 거래(매매)	시장에서의 거래(매매)
성립조건	통상적인 시장+정상적인 거래+최빈거래가능가액	규정 없음
목적	경제적 가치에 대한 정보 제공	정당한 보상

(2) 용어의 변천과정

먼저, 부동산가격공시제도에 있어 용어의 변천과정은 다음과 같다. 1972년 12월 제정된 (구)「국토이용관리법」에서는 기준지가제도를 도입하였는데[21], 1978년 12월 개정시 정상가격으로 조사·평가하도록 구체적으로 규정했다. 당시 정상가격은 '당해 토지에 대하여 거래가 행하여지는 경우 통상 성립되는 가격'으로 정의하여 시장가격과 유사한 개념이었다. 그 뒤 1989년 4월 제정된 (구)「지가공시법」에서는 적정가격의 용어로 변경하였으며, 현재까지도 부동산가격공시제도에서 사용하고 있다. 즉, 2005년 1월 전부개정한 (구)「부동산가격공시 및 감정평가에 관한 법률」[약어로 (구)부동산가격공시법이라 한다]

21) (구)「국토이용관리법」 제29조(기준지가 등) 참조.

뿐 아니라 현행 (2016. 1. 전부개정) 「부동산 가격공시에 관한 법률」(약어로 부동산가격공시법이라 한다)에서도 여전히 적정가격이란 용어를 사용하고 있다. 다만, 용어의 뜻만 2000년 1월 법률 개정시 종전의 거래가능가액에서 최빈거래가능가액으로 변경하였다.

둘째, 손실보상제도에 있어 적정가격의 용어는 1962년 5월 제정된 (구)「토지수용법」에서 규정된 이후 현재까지도 지속되고 있다. 즉, 협의매수에 관한 일반법으로 1975년 12월 제정된 (구)「공공용지의 취득 및 손실보상에 관한 특례법」[약어로 (구)공공용지취득법이라 한다]뿐 아니라 (구)「토지수용법」과 (구)「공공용지취득법」을 통합하여 2002년 4월 제정한 「공익사업을 위한 토지 등의 취득 및 보상에 관한 법률」에서도 여전히 적정가격이란 용어를 사용하고 있다.

한편, 감정평가에 관한 일반법의 성격을 가지는 「감정평가에 관한 규칙」(약어로 감정평가규칙이라 한다)에서는 잦은 용어의 변경이 있었다. (구)「감정평가의 기준에 관한 규칙」[재무부령, 1974. 6 제정: 약어로 (구)감정평가규칙이라 한다]에서는 정상시가란 용어를 사용하였으며, 당시 정상시가는 '시장성이 있는 물건을 합리적인 자유시장에서 충분한 기간 방매된 후 물건의 내용에 정통한 매매당사자 간에 자유의사로 합의될 수 있는 매매가능가격'으로 정의하였다. 지가공시제도를 도입하면서 1989년 12월 제정한 「감정평가규칙」에서는 정상가격이란 용어를 사용하였다. 당시 정상가격은 '대상물건이 통상적인 시장에서 충분한 기간 거래된 후 그 대상물건의 내용에 정통한 거래당사자간에 통상 성립한다고 인정되는 적정가격'으로 정의하였다. 당시 '정상가격은 … 적정가격'이라고 규정하여 「감정평가규칙」상 정상가격과 부동산가격공시제도상 적정가격의 개념이 동일한가에 대해 논쟁이 있었다. 그 후 2012년 8월 감정평가 관련 용어를 국제표준에 일치시키기 위하여 「감정평가규칙」을 전부개정하면서 정상가격이라는 용어를 국제적으로 널리 쓰이는 시장가치(Market Value)로 대체하였다. 이때 시장가치를 '대상물건이 통상적인 시장에서 충분한 기간 동안 거래를 위하여 공개된 후 그 대상물건의 내용에 정통한 당사자 사이에 신중하고 자발적인 거래가 있을 경우 성립될 가능성이 가장 높다고 인정되는 대상물건의 가액(價額)'으로 정의하여 최빈거래가능가액의 개념을 도입하였다.

그동안 관련제도상 용어의 변천과정을 정리하면 다음의 표와 같다.

〈표 1.2.6〉 용어의 변천과정

구분	적정가격 (부동산가격공시제도)	적정가격 (손실보상제도)	시장가치
법적 근거	부동산가격공시법	공익사업법	감정평가규칙
용어변천 과정	정상가격[1978. 12, (구)국토이용관리법] → 적정가격[1989. 04, (구)지가공시법] → 적정가격[2005. 01, (구)부동산가격공시법] → 적정가격(2016. 01, 부동산가격공시법)	적정가격[1962. 05, (구)토지수용법] → 적정가격[1975. 12, (구)공공용지취득법] → 적정가격(2002. 04, 공익사업법)	정상시가[1974. 06, (구)감정평가규칙] → 정상가격(1989.12, 감정평가규칙) → 시장가치(2012. 08, 감정평가규칙)

한편, 그동안의 용어의 뜻을 비교하면 다음의 표와 같다.

〈표 1.2.7〉 용어의 뜻 비교

시기	근거 법령	용어	용어의 뜻
1974. 06.	(구)감정평가규칙	정상시가	시장성이 있는 물건을 합리적인 자유시장에서 충분한 기간 방매된 후 물건의 내용에 정통한 매매당사자 간에 자유의사로 합의될 수 있는 매매 가능가격
1978. 12.	(구)국토이용 관리법	정상가격	당해 토지에 대하여 거래가 행하여지는 경우 통상 성립되는 가격
1989. 04.	(구)지가공시법	적정가격	당해 토지에 대하여 자유로운 거래가 이루어지는 경우 합리적으로 성립한다고 인정되는 가격
1989. 12.	감정평가규칙	정상가격	대상물건이 통상적인 시장에서 충분한 기간 거래된 후 그 대상물건의 내용에 정통한 거래당사자간에 통상 성립한다고 인정되는 적정가격
2000. 01.	(구)지가공시법	적정가격	당해 토지에 대하여 통상적인 시장에서 정상적인 거래가 이루어지는 경우 성립될 가능성이 가장 높다고 인정되는 가격
2012. 08.	감정평가규칙	시장가치	대상물건이 통상적인 시장에서 충분한 기간 동안 거래를 위하여 공개된 후 그 대상물건의 내용에 정통한 당사자 사이에 신중하고 자발적인 거래가 있을 경우 성립될 가능성이 가장 높다고 인정되는 대상물건의 가액

(3) 나지 개념의 비교

부동산가격공시제도와 손실보상제도에 있어 나지의 개념이 다르다. 국토교통부훈령인 「표준지공시지가 조사 · 평가기준」(약어로 표준지기준이라 한다)에서는 나지를 '토지에 건물이나 그 밖의 정착물이 없고 지상권 등 토지의 사용 · 수익을 제한하는 사법상의 권리가 설정되어 있지 아니한 토지'로 규정하고 있다(제2조 참조). 즉, 토지에 정착물이 없는 것뿐 아니라 사법상의 제한도 없는 토지로 보고 있다. 일본에서는 이를 갱지(更地)라 한다. 반면, 손실보상제도에서는 나지를 '토지에 건축물 등이 없는 상태'를 말한다(공익사업법시행규칙 제22조제2항, 감정평가 실무기준 810-5.4). 부동산시장에서는 일반적으로 나지를 '토지에 건축물이나 그 밖의 정착물이 없는 토지'로 보고 있어 용어상 혼란이 있다.

2) 유사용어와의 구별

(1) 유사용어와의 비교

적정가격과 시장가치의 개념이 동일한지에 대한 논쟁이 있다. 「표준지기준」에서는 '표준지의 평가가격은 … 적정가격으로 결정하되, … 객관적인 시장가치를 평가한다'고 규정하고 있다(표준지기준 제15조). 그런데 「표준지기준」에서는 표준지의 평가기준으로 적정가격 기준 이외에 나지상정 기준 등을 추가하고 있다. 「표준지기준」에서의 나지상정 기준은 「표준지기준」상 나지의 뜻에 의거 ① 지상에 정착물이 없는 상태를 상정하여야 하고, ② 사법상의 권리가 없는 상태를 상정하여야 한다. 한편, 시장가치는 그 평가기준으로 나지상정 기준을 요구하지 않으므로 서로 간에 차이가 있다. 따라서 적정가격과 시장가치는 다른 개념으로 보는 것이 타당하다.

앞에서 설명한 내용을 요약하면 다음의 표와 같다.

〈표 1.2.8〉 유사용어의 비교

구 분	적정가격(부동산가격공시제도)	시장가치	시장가격
법적 근거	부동산가격공시법	감정평가규칙	없음
개 념	엄격한 조건을 전제한 의견	좌동	경제적 가치의 대가로 수수된 값

구 분	적정가격(부동산가격공시제도)	시장가치	시장가격
목 적	경제적 가치에 대한 정보 제공	좌동	물건의 거래
기본 전제	시장에서의 거래(매매)	시장에서의 거래 (매매 이외에 임대차 등 포함)	좌동
가격(가액) 결정	대다수의 시장참여자가 원하는 값(즉, 최빈거래 가능가액)을 전문가가 판정	좌동	특정 당사자 (수요자와 공급자)만 결정
정보의 성질	의견정보	좌동	사실정보
성립조건	통상적인 시장 + 정상적인 거래 + 최빈거래가능가액	통상적인 시장 + 물건 내용에 정통한 당사자 + 정상적인 거래 + 최빈거래가능가액	거래의 성립
성립기준 (토지 경우)	나지 상정, 최유효이용 상정	나지 미상정, 최유효이용 상정	나지 미상정, 최유효이용 미상정

(2) 성립기준의 비교

부동산가격공시제도와 손실보상제도에서 활용하고 있는 적정가격은 법령에서 그 성립기준을 정하고 있다. 여기서 각 용어의 성립기준을 최유효이용, 나지, 공법상 제한, 사법상 제한, 개발이익 등으로 구분하여 비교하면 다음의 표와 같다.

〈표 1.2.9〉 유사용어의 성립기준

구분		적정가격 (부동산가격공시제도)	적정가격 (손실보상제도)	시장가치	시장가격
최유효이용		상정	미상정	상정	미상정
나지		상정	상정	미상정	미상정
공법상 제한	일반적	반영	반영	반영	알 수 없음 (통상 반영)
	개별적	반영	배제	반영	알 수 없음 (통상 반영)
사법상 제한		배제	배제	반영	알 수 없음 (통상 반영)
개발 이익	당해 사업	반영	배제	반영	알 수 없음 (통상 반영)
	그 외	반영	반영	반영	알 수 없음 (통상 반영)

3) 과제

현재 부동산활동에서 다양한 용어가 불합리하게 혼용되고 있어 혼란이 많다. 따라서 감정평가제도의 공정성·신뢰성 등을 제고하기 위해서는 충분한 논의를 거쳐 합리적인 개선방안을 마련할 필요가 있다.

먼저, 부동산가격공시제도상 적정가격과 「감정평가규칙」상 시장가치는 용어를 일원화하는 것이 합리적이다. 표준지공시지가를 시장가치로 공시할 때 표준지공시지가는 법률의 규정처럼 ① 토지시장에 지가정보를 제공하고, ② 일반적인 토지거래의 지표가 되며, ③ 국가·지방자치단체 등이 그 업무와 관련하여 지가를 산정하거나 감정평가법인 등이 개별적으로 토지를 감정평가하는 경우에 기준이 될 수 있다. 다만, 부동산가격공시제도상 시장가치는 이를 따로 공시가치(公示價値)로 할 필요가 있다.

둘째, 손실보상제도상 적정가격의 용어는 보상가치(補償價値)로 변경할 필요가 있다. 그 이유는 ① 가격과 가치의 용어를 구분하여야 하고, ② 가치다원론의 입장에서 시장가치 이외의 다양한 가치가 존재하며, ③ 감정평가액을 시장가치 외의 가치를 기준으로 결정할 수 있도록 규정한 「감정평가규칙」 제5조제2항의 규정을 반영할 필요가 있고, ④ 손실보상제도상 보상액 산정의 기준인 당해 사업으로 인한 개발이익의 배제와 공법상 제한 중 개별적 제한의 미반영을 고려할 때 시가라는 용어는 부적절하기 때문이다.

셋째, 나지의 뜻을 재정립할 필요가 있다. 부동산가격공시제도에서처럼 '토지에 정착물이 없는 것뿐 아니라 사법상의 제한도 없는 토지'로 보는 것은 부동산시장에 혼란을 준다. 따라서 나지를 손실보상제도 및 부동산시장에서의 개념인 '토지에 건축물이나 그 밖의 정착물이 없는 토지'로 통일할 필요가 있다.

넷째, 최유효이용 상정의 재검토가 필요하다. 최유효이용은 오직 하나의 이용만을 전제하는 것으로 통상의 능력을 가진 시장참여자와 감정평가사가 이를 정확하게 판정하는 것이 현실적으로 불가능하다. 최유효이용 상정의 재검토에 대해서는 제2편 제3장에서 자세히 설명하기로 한다.[22]

22) 이 책 163쪽 참조.

4. 기준가치

1) 기준가치의 의의

(1) 기준가치의 개념

가치다원론에 의하면 대상물건에 대하여 다양한 가치가 존재한다. 따라서 감정평가에서 구하는 가치의 종류는 의뢰인의 요청에 따라 매우 다양하게 나타날 수 있다. 여기서 감정평가에 있어서 판정의 기준이 되는 가치를 특정하여야 감정평가의 정확성을 기하고 감정평가정보의 활용도를 높일 수 있다.

기준가치란 '감정평가의 기준이 되는 가치'를 말한다(감정평가규칙 제2조 참조). 즉, 기준가치는 특정 감정평가에 있어 판정의 기준이 되는 가치로서 의뢰인이 요청한다. 따라서 기준가치는 감정평가를 의뢰받았을 때 의뢰인과 협의하여 확정하여야 할 기본적 사항의 하나이다(감정평가규칙 9). 가치다원론에 의하면 대상물건에는 다양한 가치가 존재하므로 감정평가 시 기준가치를 반드시 특정하여야 한다.

한편, IVS(International Valuation Standards 2017)에서는 'bases of value'(가치기준)의 절(節)에서 다양한 가치의 유형과 정의에 대해 규정하고 있다. 즉, IVS에서는 기준가치라는 용어 대신 가치기준이란 용어를 쓰고 있다. 여기서 bases of value(때로는 standards of value)를 '가치판정의 기반이 되는 기본 전제(fundamental premises)'로 정의하고, "가치기준은 평가사의 평가방법이나 자료 선택, 판정상의 가정 및 가치의견에 영향을 미친다"고 규정하고 있다.

용어의 혼란을 방지하고 기준가치 확정의 취지를 살리기 위해 「감정평가규칙」상 기준가치의 용어를 광의(廣義)로 해석할 필요가 있다. 즉, 기준가치의 용어에 가치기준의 의미도 포함하여 해석할 필요가 있다. 따라서 기준가치의 확정에서는 감정평가의 기준이 되는 가치를 확정하고 나아가 그 가치의 기본 전제도 함께 확정하여야 한다. 예를 들어 기준가치가 시장가치인 경우 ① 통상적인 시장, ② 충분한 기간 공개, ③ 통상의 능력을 가진 당사자, ④ 대상물건의 내용에 정통, ⑤ 신중하고 자발적인 거래, ⑥ 성립될 가능성이 가장 높다고 인정되는 가액 등의 기본 전제도 함께 확정되는 것이다. 기준가치의 용어를 광의(廣義)로 해석하는 경우 감정평가서에는 기준가치의 유형뿐 아니라 그 정의(定義)도 함께 기재할 필요가 있다.

(2) 각국의 가치 유형

각국은 가치의 유형과 정의에 대해 다양하게 규정하고 있다. 먼저, IVSC(국제평가기준심의회)는 IVS(International Valuation Standards 2017)에서 다양한 가치의 유형과 정의에 대해 자세하게 규정하고 있다. 다음으로 미국의 감정평가재단(The Appraisal Foundation)이 제정한 USPAP(Uniform Standards of Professional Appraisal Practice)에서는 시장가치에 대해서만 구체적인 정의를 하고 그 이외의 가치에 대해서는 가치의 유형과 정의에 대해 규정하지 않고 있다. 다만, 감정평가서에 가치의 유형 및 정의에 대해 필수적으로 기재하도록 하고 있다. 한편, 일본의 국토교통성이 제정한 「부동산감정평가기준」에서는 여전히 가치라는 용어 대신 가격이란 용어를 사용하고 있는데 가격(가치)의 유형으로 정상가격 · 한정가격 · 특정가격 · 특수가격을 제시하고 그 정의를 규정하고 있다.

〈표 1.2.10〉 가치 유형의 비교

구분	우리나라	IVSC	미국	일본
규정의 명칭	감정평가에 관한 규칙	IVS	USPAP	부동산감정평가기준
가치의 유형	• 시장가치 • 시장가치 외의 가치	• 시장가치 • 시장임료 • 공평가치 • 투자가치 • 결합가치 • 청산가치 • 공정가치(IFRS) • 공정시장가치(OECD) • 공정시장가치(미국) • 공정가치(법령)	• 시장가치 • 시장가치 외의 가치	• 정상가격 • 한정가격 • 특정가격 • 특수가격
시장가치 기준 원칙	있음	없음	없음	없음

(3) 유사용어와의 구별

먼저, 기준가치와 감정평가 목적은 구별되어야 한다. 감정평가 목적은 감정평가서상 감정평가액에 관한 정보가 사용되는 용도를 말하며, 기준가치는 감정평가의 기준이 되는 가치로서 감정평가 목적과는 무관하다. 감정평가는 기본적으로 의뢰인이 요청하는 다양한 목적에 활용하기 위해 의뢰되므로 감정평가 목적에 적합한 기준가치를 정할 필요가 있다. 예를 들어 감정평가의 목적이 처분(매각)인 경우 대상물건의 매매가치를 확인하기 위하여 감정평가를 의뢰하는 것이므로 일반적으로 기준가치는 시장가치가 적합하다. 그러나 「도시 및 주거환경정비법」(약어로 도시정비법이라 한다)상 정비구역의 국・공유지를 사업시행자에게 처분하는 경우에는 수요자가 상대적으로 한정되기 때문에 기준가치는 한정가치이다. 따라서 감정평가 목적이 동일하더라도 의뢰인의 요청이나 대상물건의 특성 등에 따라 기준가치는 달라질 수 있다.

둘째, 기준가치와 감정평가조건은 구별되어야 한다. 기준가치는 특정의 감정평가에 있어 정한 기준이 되는 가치를 말하며, 기준가치의 기본 전제도 포함한다. 반면, 감정평가조건은 기준시점의 이용상황이나 법상(法上)의 제한 등을 실제와 다르게 가정하거나 특수한 경우로 제한하는 것을 말한다(감정평가규칙 6 ② 참조). 감정평가조건은 기준가치와 무관하게 붙일 수 있다. 예를 들어 전원주택 허가가 난 농지를 대상으로 기준가치를 시장가치로 정하여 감정평가하는 경우에도 기준시점의 이용상황을 주택부지로 가정한 조건부 감정평가가 가능하다. 여기서 기준시점의 이용상황을 ① 농지로 하는 경우와 ② 주택부지로 하는 경우 사이에는 감정평가액의 차이가 발생한다. 농지로 하는 경우에 비해 주택부지로 하는 경우에는 대지로의 전용비용 등을 가산할 수 있다.

용어의 구별

1) 가정(假定): 원래의 의미는 사실 여부가 분명하지 않거나 또는 사실이 아닌 것을 임시로 인정하는 것을 말한다. 가정은 전제나 조건을 포함하는 말이다.
2) 전제(前提): 미리 내세운 것을 말한다. 예를 들어 시장가치의 정의에는 다양한 전제가 포함되어 있다.
3) 조건(條件): 다양한 의미로 쓰인다. ① 법적으로는 법률행위 효력의 발생이나 소멸을 장래에 일어날 불확실한 사실에 의존하게 하는 부관을 말하며(예: 정지조건), ② 일반적으로는 어떤 사물이나 사건이 성립되기 위해 갖추어야 할 상태를 말한다(예: 입지조건). ③ 감정평가에 있어 조건은 '사실이 아닌 것을 가정하는 것'을 말한다.

예를 들어 사실 여부를 떠나 미리 내세운 것은 전제이고, 사실이 아닌 것을(또는 사실과 다르게) 가정하는 것은 조건이다. 그리고 전제와 조건은 모두 가정이라 할 수 있다.[23]

23) 김태훈 외 역(2017), 미국감정평가실무기준, 한국감정평가사협회, 483~486쪽 참조하여 재작성.

2) 시장가치기준 원칙

(1) 시장가치기준 원칙의 내용

「감정평가규칙」에서는 기준가치를 시장가치와 시장가치 외의 가치로 구분하고 있으며, 원칙적으로 시장가치를 기준가치로 결정하도록 하고 있다(감정평가규칙 5). 여기서 시장가치를 기준으로 하는 감정평가액은 시장가치의 정의를 만족시킨다는 가정하에 기준시점 현재 실현될 수 있는 가치의 추정치라 할 수 있다.[24] 따라서 감정평가에 있어서는 시장가치의 정의(즉, 시장가치의 기본 전제)를 구체적으로 명시하고 그 충족여부에 대한 충분한 검토가 필요하다.

한편, 시장가치에 대해서는 정의(定義)를 구체적으로 규정하였으나, 시장가치 외의 가치에 대해서는 그 가치의 유형이나 정의에 대해 규정하지 않고 있다.

(2) 시장가치기준 원칙의 예외

「감정평가규칙」에서는 ① 감정평가관계법규에 기준가치를 시장가치 외의 가치로 하는 것에 관한 규정이 있는 경우, ② 의뢰인이 기준가치를 시장가치 외의 가치로 할 것을 요청한 경우, ③ 감정평가의 목적이나 대상물건의 특성에 비추어 사회통념상 기준가치를 시장가치 외의 가치로 하는 것이 필요하다고 인정되는 경우 중 어느 하나에 해당하는 경우에는 시장가치 외의 가치로 감정평가액을 결정할 수 있도록 규정하고 있다(감정평가규칙 5).

시장가치 외의 가치를 기준가치로 할 수 있는 경우를 구체적으로 설명하면 다음과 같다. 먼저, 감정평가관계법규에 기준가치를 시장가치 외의 가치로 하는 것에 관한 규정이 있는 경우이다. 「공익사업법」상 개발이익의 배제(제70조 참조), 「외부감사법」상 한국채택국제회계기준의 적용(동법시행령 제6조 참조) 등이 예이다. 둘째, 의뢰인이 기준가치를 시장가치 외의 가치로 할 것을 요청한 경우이다. 의뢰인은 감정평가 목적을 달성하기 위해 다양한 가치를 기준가치로 할 것을 요청할 수 있다. 예를 들어 아파트부지에 편입되는 주거지역의 농지에 대해 시행사가 아파트부지로서의 기여도를 반영하여 감정평가를

24) 한국감정평가협회 · 한국감정원(2014a), 앞의 책, 105쪽 참조.

의뢰하는 경우이다. 이 경우 기준가치는 한정가치라 할 수 있다. 셋째, 감정평가의 목적이나 대상물건의 특성에 비추어 사회통념상 기준가치를 시장가치 외의 가치로 하는 것이 필요하다고 인정되는 경우이다. 「도시정비법」상 관리처분을 위한 종후자산의 감정평가액은 조합원 분양가로서의 의미가 있으므로 감정평가시 기준가치는 시장가치가 아니라 특정가치라 할 수 있다.

시장가치 외의 가치를 기준으로 감정평가할 때에는 다음 각 호의 사항을 검토하여야 한다. 다만, 위 ①의 경우(즉, 감정평가관계법규에 기준가치를 시장가치 외의 가치로 하는 것에 관한 규정이 있는 경우)에는 다음 사항의 검토가 필요 없다. ① 해당 시장가치 외의 가치의 성격과 특징, ② 시장가치 외의 가치를 기준으로 하는 감정평가의 합리성 및 적법성. 검토 결과 시장가치 외의 가치를 기준으로 하는 감정평가의 합리성 및 적법성이 결여되었다고 판단될 때에는 의뢰를 거부하거나 수임(受任)을 철회할 수 있다.

3) 기준가치제도의 재검토

여기서 기준가치와 관련한 현행 「감정평가규칙」의 문제점과 개선방안을 정리하면 다음과 같다. 먼저, 기준가치를 원칙적으로 시장가치로 정함으로써 감정평가업의 발전을 저해하고 있다. 시장가치기준의 원칙이 규정됨에 따라 감정평가사는 시장가치 외의 가치로 정하는 것을 꺼리고 있고, 감정평가서비스 이용자들은 시장가치 외의 가치는 비정상적인 가치로 오해하고 있다.[25] 따라서 IVS(International Valuation Standards 2017)나 USPAP(Uniform Standards of Professional Appraisal Practice)에서처럼 기준가치의 원칙을 폐지하고 의뢰인의 요청에 따라 자유롭게 정할 수 있도록 하여야 한다. 둘째, 기준가치의 유형과 정의에 대해 감정평가서에 기재하도록 하여야 한다. 현행처럼 기준가치에 대해서만 기재하고 그 정의에 대해서는 기재하지 않는다면 감정평가 서비스의 이용자에게 정확한 정보를 전달하지 못할 우려가 있다. 서광채 외의 연구(2016)에서 제시한 '시장가치기준 원칙'을 '가치기준 명시의 원칙'으로 변경하여 재정립하자는 주장[26]을 보완하여 기준가치의 유형 이외에 그 정의까지 기재하는 것이 필요하다. 셋째, 시장가치 외의 가치

---

25) 경응수(2020), 감정평가론(제6판), 나무미디어, 140쪽 참조.

26) 서광채 외(2016), "시장가치 외의 가치기준 정립에 관한 연구", 한국부동산분석학회 정기학술대회 논문집, 42쪽 참조.

에 대한 유형과 그 정의(定義)가 없어 실무상 어려움이 많다.[27] 따라서 법규명령(法規命令)인 「감정평가규칙」 또는 행정규칙인 「감정평가 실무기준」에서 주요 가치에 대해 그 유형 및 정의에 대해 규정하는 것이 시급하다.

제3절 경제적 가치의 발생과 형성

1. 가치의 발생과 형성

1) 가치의 발생과 가치발생요인

(1) 개요

이 책에서는 경제적 가치를 '사람의 욕구를 만족시키는 재화나 서비스의 유용성'이라고 정의하였다. 여기서 재화나 서비스가 경제적 가치를 가지려면 먼저, 사람의 욕구가 있어야 하고, 다음으로 사람의 욕구를 만족시키는 유용성이 있어야 함을 할 수 있다. 예를 들어 주택이 가치가 있다는 것은 어떤 사람이 그 주택에 대해 욕구가 있고, 그 주택은 어떤 사람의 욕구를 만족시키는 능력이 있다는 뜻이다. 따라서 가치발생요인은 크게 욕구와 유용성이라 할 수 있다. 욕구는 사람 측면의 요인이고, 유용성은 대상(對象) 측면의 요인이다.

먼저, 욕구(desire)는 재화나 서비스에 대한 사람의 바람을 말하며, 필요(needs)와 요구(wants)로 구성된다. 각 경제주체마다 필요와 요구는 다를 수 있다. 둘째, 유용성(usefulness)은 사람의 욕구를 만족시키는 재화나 서비스의 능력을 말한다. 대상 측면의 요인인 유용성도 각 경제주체에 따라 다르게 느낄 수 있다.

한편, 가치발생요인으로 이전성(또는 양도성)을 추가하는 학자도 있다. 그러나 경제적 가치는 시장을 전제하는 용어가 아니므로 불필요하다. 「민법」상 물건의 요건으로서 관리

27) 시장가치 외의 가치에 대해서는 서광채 외(2016), 위의 논문, 33쪽~47쪽 참조.

가능성(또는 배타적 지배가능성)과 독립성 등을 갖추면 가치가 발생한다. 자급자족경제에서도 경제적 가치는 발생하기 때문이다. 예를 들어 산에서 채취한 버섯을 시장에 팔지 않고 직접 먹더라도 버섯은 경제적 가치가 있는 것이다. 따라서 이전성(또는 양도성)은 가격발생요인으로 분류하는 것이 합리적이다. 가격은 시장에서 권리의 이전(또는 양도)을 전제로 하기 때문이다.

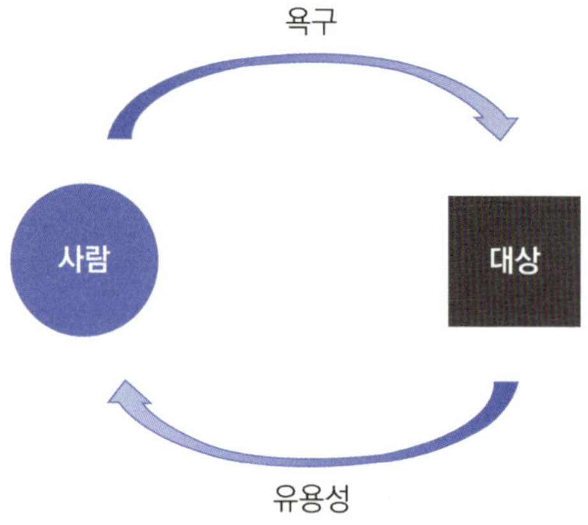

[그림 1.2.1] 가치발생요인

(2) 미국 AI의 경우

미국의 AI에서는 가치발생요인으로 효용(utility: 유용성으로 번역가능), 희소성(scarcity), 욕구(desire), 유효구매력(effective purchasing power)의 4가지로 구분한다.[28] 이 책에서는 사람 측면의 용어인 효용과 대상 측면의 용어인 유용성을 구분하고 utility를 효용 대신 유용성으로 번역한다.

경제학에서 효용은 재화나 서비스를 소비함으로써 주관적으로 느끼는 만족을 뜻한다. 반면 유용성은 사람의 욕구를 만족시키는 재화나 서비스의 능력을 뜻한다. 유용성은 재화나 서비스에 내재하는 고유한 성질이나, 효용은 사람의 욕구와 재화나 서비스의 유용성 간 상호작용에 의해 결정되는 만족의 정도이므로 양자(兩者)는 서로 다르다. 한편, 희소성은 사람의 욕구에 비하여 그것을 만족시키는 물적 대상의 공급이 부족한 것을 말한다.

28) 미국의 AI는 과거 가치발생요인으로 효용, 희소성, 유효수요(effective demand)의 3가지로 규정했으나, 2002년 발행한 'The Appraisal of Real Estate' 12판에서는 유효수요를 욕구와 유효구매력으로 나누어 4가지로 규정했다.

유용성이 질(質)의 문제라면 희소성은 양(量)의 문제이다. 유효구매력은 시장에 참여하는 각 경제주체의 재력(즉, 경제적 능력)을 말하며 지불능력이라고도 한다. 이 책에서는 유효구매력을 그냥 구매력으로 부르기로 한다.

2) 가치의 형성과 가치형성요인

표준국어대사전에 의하면 발생은 '어떤 일이나 사물이 생겨남'으로, 형성은 '어떤 형상을 이룸'으로 정의하고 있다. 여기서 가치의 발생은 가치의 유무(有無)문제이고, 가치의 형성은 가치의 정도(程度)문제라고 할 수 있다. 따라서 가치형성요인이란 재화나 서비스의 가치형성에 영향을 미치는 요인이라 할 수 있다. 학자에 따라서는 가치형성요인을 가치영향요인이라고도 한다.

미국의 AI에서 가치발생요인으로 제시한 희소성은 엄격히 말하면 가치형성요인이다. 왜냐하면 사람의 욕구와 물적 대상의 유용성에 의해 가치는 발생하고, 그 수준은 희소성에 의해서도 영향을 받기 때문이다. 예를 들어 공기나 물의 경우 일반적으로 풍부하므로 경제적 가치가 작지만 고산(高山)을 등산하는 사람에게 공기와 물은 경제적 가치가 크다.

한편, 일반적으로 가치발생요인으로 들고 있는 구매력에 대해서도 재검토가 필요하다. 이 책에서는 경제적 가치의 개념을 매우 엄격하게 해석하여 시장을 전제하지 않는 것으로 본다. 즉, 경제적 가치는 시장에서의 거래를 전제로 성립하는 개념이 아니다. 따라서 가치발생요인으로 구매력은 필요 없다. 왜냐하면 구매력은 시장경제체제에서 성립되는 개념이기 때문이다. 다만, 경제적 가치의 한 종류인 시장가치에 있어서는 구매력이 가치발생요인이 아닌 가치형성요인에 속한다. 시장가치는 통상적인 시장에서의 정상적인 거래를 전제로 하기 때문이다.

(3) 가격형성요인과의 비교

시장가격은 시장에서 경제적 가치의 대가로 수수된 값이다. 시장에서 수요자와 공급자는 재화와 서비스에 대해 자신이 느끼는 경제적 가치를 기준으로 협상을 한다. 이때 협상이 성공하면 대가를 지불하고 권리를 이전하며, 협상이 실패하면 거래가 성립되지 않는다.

가치의 발생요인과는 달리 가격의 발생요인에는 양도성(讓渡性)이 추가된다. 양도성

(transferability)은 일정한 편익을 얻을 수 있는 권리를 양도할 수 있는 성질을 말한다. 즉, 권리가 시장에서 거래될 수 있는 성질을 말하며, 이전성을 대체한 용어이다. 예를 들어 무주(無主)의 부동산에 대해 욕구와 유용성이 있는 경우 가치는 있지만 양도성이 없어(즉, 시장에서 거래될 수 없어) 가격은 없다. 따라서 가격이 발생하려면 수요자나 공급자 측면에서 욕구가 있어야 하고, 대상(객체) 측면에서 유용성과 양도성이 있어야 한다.

수요자와 공급자의 욕구 · 유용성 · 양도성에 의해 가격은 발생하고, 그 정도는 다시 욕구 · 유용성 · 양도성[29] · 구매력 · 공급력의 상호작용에 의해 형성된다. 이를 가격형성요인이라 한다. 여기서 공급력(供給力)은 가치형성요인인 희소성을 대체하는 용어이다. 즉, 가치의 형성에서는 대상의 희소성이 작용하지만, 권리의 이전이 필요한 가격의 형성에서는 대상의 권리자인 공급자의 능력이 작용한다. 이 경우 대상을 공급할 수 있는 능력이 공급력이다. 따라서 공급력은 수요자의 능력인 구매력에 대응하는 개념이라 할 수 있다.

3) 가치발생요인과 가치형성요인의 요약

(1) 경제적 가치의 경우

앞에서 설명한 내용을 토대로 이 책에서는 경제적 가치의 경우 가치발생요인은 욕구 · 유용성으로, 가치형성요인은 가치발생요인에 희소성을 추가하여 욕구 · 유용성 · 희소성으로 본다.

〈표 1.2.11〉 가치발생요인과 가치형성요인

구분	가치발생요인	가치형성요인
사람(주체) 측면	욕구	욕구
대상(객체) 측면	유용성	유용성, 희소성

(2) 시장가치의 경우

「감정평가규칙」에서는 원칙적으로 시장가치를 기준가치로 결정하도록 하고 있다(감정평가규칙 5). 따라서 대부분의 감정평가에 있어서는 시장가치를 기준으로 한다. 시장가치

29) 예를 들어 토지거래허가구역의 지정은 양도성을 약화시키므로 가격에 부정적 영향을 미친다.

는 통상적인 시장에서의 정상적인 거래를 전제로 전문가가 판정한 가액이다. 따라서 시장가치의 발생과 형성과정은 시장가격과 동일하다. 여기서 시장가치나 시장가격의 발생요인과 형성요인을 요약하면 〈표 1.2.12〉와 같다.

먼저, 욕구(desire)는 재화나 서비스에 대한 수요자나 공급자의 바람을 말하며, 필요(needs)와 요구(wants)로 구성된다. 수요자는 사려는 욕구가 있어야 하고, 공급자는 팔려는 욕구가 있어야 한다. 둘째, 유용성(usefulness)은 수요자나 공급자의 욕구를 만족시키는 재화나 서비스의 능력을 말한다. 셋째, 양도성(讓渡性, transferability)은 일정한 편익을 얻을 수 있는 권리를 양도할 수 있는 성질을 말한다. 즉, 권리가 시장에서 거래될 수 있는 성질을 말한다. 넷째, 구매력(purchasing power)은 수요자의 재력(즉, 경제적 능력)을 말하며 지불능력이라고도 한다. 다섯째, 공급력(供給力)은 공급자가 대상을 공급할 수 있는 능력을 말하며, 수요자의 능력인 구매력에 대응하는 개념이다.

〈표 1.2.12〉 시장가치 또는 가격의 발생요인과 형성요인

구분		시장가치 발생요인·가격발생요인	시장가치 형성요인·가격형성요인
사람(주체) 측면	수요자요인	욕구	욕구, 구매력
	공급자요인	욕구	욕구, 공급력
대상(객체) 측면		유용성, 양도성	유용성, 양도성

2. 가치형성요인의 유형

1) 개요

가치형성요인은 다양한 기준에 따라 분류할 수 있다. 가치형성의 근원(根源)이나 상호작용에 따라 분류할 수도 있고, 가치형성의 공간적 범위나 내용적 범위에 따라 분류할 수도 있다. 그런데 「감정평가 실무기준」에서는 가치형성요인을 '대상물건의 경제적 가치에 영향을 미치는 일반요인, 지역요인, 개별요인 등'으로 정의하여 문제가 있다. 여기서 지역요인은 주로 부동산에 적용되는 요인이므로 감정평가의 대상으로서 동산이나 권리도 함께 고려한 용어의 정의가 필요하다.

2) 가치형성요인의 유형

가치형성요인은 다양한 기준에 의해 분류할 수 있다. 여기서 감정평가에 있어 원칙적인 기준가치인 시장가치의 형성요인을 소개하면 다음과 같다.

먼저, 가치형성의 근원(根源)에 따라 욕구・유용성・양도성・구매력・공급력으로 구분할 수 있다.

둘째, 가치형성의 상호작용에 따라 주체요인・객체요인으로 구분할 수도 있다. 여기서 가치형성의 주체는 사람이며, 객체는 재화와 서비스이다.

셋째, 가치형성의 공간적 범위에 따라 지역요인・개별요인으로 구분할 수 있다. 지역요인은 지역의 가치수준 형성에 영향을 미치는 요인이고, 개별요인은 대상물건의 가치형성에 직접 영향을 미치는 요인이다. 한편, 개별요인은 다시 외부적 요인・내부적 요인으로 세분할 수도 있다. 외부적 요인은 대상물건과 외부 특성과의 관계 속에서 나타나는 요인(예: 고객의 유동성, 교통시설 편의성 등)이고, 내부적 요인은 대상물건 자체가 가진 요인(예: 지적정보 등)이다.

넷째, 가치형성의 내용적 범위에 따라 자연적 요인・사회적 요인・경제적 요인・정책적 요인[30]으로 구분할 수 있다. 여기서 사회적 요인・경제적 요인・정책적 요인은 인문적 요인으로서 사람의 힘으로 어느 정도 극복하고 통제가 가능하다. 반면, 자연적 요인은 일조・온도・지세・지질 등 자연적으로 주어지는 요인으로서 사람의 힘으로 극복하고 통제하는 것이 곤란하다.

〈표 1.2.13〉 가치형성요인의 유형

분류 기준	내 용
(가치형성의) 근원	욕구 · 유용성 · 양도성 · 구매력 · 공급력
(가치형성의) 상호작용	주체요인 · 객체요인
(가치형성의) 공간적 범위	지역요인 · 개별요인
(가치형성의) 내용적 범위	자연적 요인 · 사회적 요인 · 경제적 요인 · 정책적 요인

30) 대부분의 책에서는 이를 행정적 요인이라 한다. 그러나 이 책에서는 '경제주체가 특정한 목표를 가지고 행하는 조치'를 정책이라 정의하고, 종전의 행정적 요인을 정책적 요인으로 바꾸고자 한다. 행정적이란 용어로는 그 내용을 다 담을 수 없기 때문이다. 따라서 정책적 요인에는 관련 법규, 정부의 방침, 이해관계인의 민원 등이 포함된다.

제2편

부동산감정평가의 이해

제1장 부동산과 부동산권리

제1절 부동산의 특성

1. 개요

부동산의 특성은 일반적으로 토지의 특성을 말한다. 이는 토지가 부동산이란 개념에 가장 적합하며, 건물은 토지에 정착되어 토지에 종속하는 성격이 있기 때문이다. 부동산의 특성은 크게 부동산이 본래부터 가지고 있는 특성인 자연적 특성과 부동산과 인간이 어떤 관계를 가질 때 나타나는 특성인 인문적 특성으로 나눌 수 있다. 자연적 특성은 물리적 특성이라고도 하며, 부동산이 본원적(선천적)으로 가진 특성으로 불변적이다. 인문적 특성은 부동산이 후천적으로 가진 특성으로 가변적이다.

부동산의 자연적 특성으로 부동성, 부증성, 영속성, 개별성, 인접성, 기반성 등이 있으며, 인문적 특성으로 용도의 다양성, 상대적 위치의 가변성, 소유권의 특수성 등이 있다.

2. 부동산의 자연적 특성

1) 부동성(不動性, 지리적 위치의 고정성)

토지는 그 자체를 움직일 수 없고 지리적 위치도 고정되어 있는 특성이 있다. 이를 부동성 또는 지리적 위치의 고정성이라 한다. 부동성으로 인해 파생되는 내용은 다음과 같다.

① 부동성은 부동산과 동산을 구별하는 근거가 된다.

② 외부효과가 필연적으로 발생한다. 따라서 부동산활동에 있어 반드시 외부효과를 고려하여야 한다. 외부효과는 어떤 경제활동과 관련하여 제3자에게 의도하지 않은 편익(혜택)이나 비용(손해)을 발생시키면서도 이에 대한 대가를 받지도 지불하지도 않는 상태를 말한다. 예를 들어 어떤 부동산의 인근에 공원을 조성하거나 축사를 건축하여 부동산의 가치가 상승하거나 하락하는 경우이다. 이때 편익을 발생시키는 것을 외부경제(또는 정의 외부효과)라 하고, 비용을 발생시키는 것을 외부불경제(또는 부의 외부효과)라 한다.

③ 부동산활동을 위해서는 부동산이 위치한 곳으로 가서 조사·확인해야 하므로 임장활동화(臨場活動化)시킨다.

④ 부동성으로 인해 부동산현상이나 활동이 지리적으로 한정되어 국지화(局地化)시킨다. 이는 부동산이 위치하는 지역마다 다른 특성을 가지게 한다. 따라서 부동산정책은 지역특성에 맞게 수립해야 하고, 감정평가 시 반드시 지역분석을 하여야 한다.

⑤ 부동산활동에서 입지선정을 중요하게 만든다. 입지선정은 경제주체가 추구하는 입지조건을 갖춘 장소를 정하는 것을 말하는데, 한번 입지를 선정하면 마음대로 위치를 바꾸기 어렵기 때문에 입지선정은 매우 중요하다.

2) 부증성(不增性, 비생산성)

토지는 다른 생산물과 달리 생산비를 투입하여 순수한 그 자체의 양을 늘릴 수 없는 특성이 있다. 이를 부증성 또는 비생산성이라 한다. 부증성으로 인해 파생되는 내용은 다음과 같다.

① 토지는 물리적으로 생산할 수 없으므로 생산비의 법칙이 성립되지 않는다.

② 토지의 절대량이 부족해 희소성의 문제가 발생한다. 이는 토지를 투기의 대상으로 만든다.

③ 부동산문제의 근본 원인으로 토지공개념의 이론적 근거가 된다.

④ 물리적인 공급이 고정되어 있어 토지가격은 수요요인의 영향을 크게 받는다.
⑤ 경제적인 공급에 많은 시간과 비용이 필요하므로 가격변동에 느리게 반응한다(즉, 비탄력적이다).
⑥ 공급조절이 곤란하여 균형가격의 형성을 어렵게 한다.
⑦ 토지소유에 대한 경쟁을 촉진하며, 토지이용을 집약화시킨다.

3) 영속성(불변성)

공간으로서의 토지는 영원히 존속하므로 시간의 경과에 의해 소멸되지 않는 특성이 있다. 이를 영속성 또는 불변성이라 한다. 영속성으로 인해 파생되는 내용은 다음과 같다.

① 토지는 물리적으로 감가상각의 적용이 없으므로 비상각자산이다. 따라서 마모(磨耗)·부식(腐蝕)·소실(燒失) 등이 없어 관리가 쉬운 편이다.
② 토지는 현 세대만의 전유물이 아닌 미래 세대도 이용하여야 할 항구성을 지닌 재화이다.
③ 재산으로서의 성격을 강하게 한다. 따라서 재산 또는 담보물로서 토지를 선호하는 근거가 된다.
④ 정부가 장기적인 관점에서 토지이용계획을 수립해야 하는 논리가 성립한다.
⑤ 토지의 가치는 사용가치보다 교환가치(매매가치)에 더 크게 영향을 받는다.
⑥ 부동산활동에 있어 장기적 배려를 요구하며, 감정평가시 장래의 동향에 대한 분석이 중요하게 된다.
⑦ 토지의 가치를 '장래 수익을 현재가치로 환원한 값'으로 산정하는 수익환원법의 근거가 되며, 그 가치를 판정하는 것이 어렵다.

4) 개별성(비동질성)

토지는 위치·지형·지세·토양 등의 개개특성이 토지마다 다른 특성이 있다. 이를 개별성 또는 비동질성이라 한다. 개별성은 부동성의 특성과 밀접한 관련이 있는데, 개별성으로 인해 파생되는 내용은 다음과 같다.

① 동일한 토지가 없으므로 토지 간에 완전한 대체는 불가능하며, 부동산시장을 불완전경쟁시장으로 만드는 요인이다.

② 토지의 가격과 수익을 개별화시키므로 일물일가(一物一價)의 법칙을 배제시킨다.

③ 부동산시장에서 특정 부동산에 대한 정보수집이 어렵고, 수집된 정보를 활용하기 위해서는 반드시 개개특성을 분석하여야 한다. 이는 감정평가에 있어 지역분석・개별분석의 근거가 된다.

④ 부동산투자에 있어 포트폴리오(portfolio) 구성을 용이하게 한다.

⑤ 경제학에서 어떤 재화의 가격을 분석할 때에는 재화의 동질성을 가정한다. 그런데 토지는 개별성으로 인해 가격의 원리를 일반화하는데 한계가 있다.

5) 인접성(연결성)

물리적으로 토지는 반드시 다른 토지와 연결되어 있는 특성이 있다. 이를 인접성 또는 연결성이라 한다. 인접성은 부동성의 특성과 밀접한 관련이 있는데, 인접성으로 인해 파생되는 내용은 다음과 같다.

① 각각의 토지는 인접지와 협동적 이용을 필연화시키며,[1] 상호 영향을 미친다.

② 공간적으로 인접되어 있어 외부효과를 발생시킨다. 외부효과의 발생은 부동산의 특성 중 부동성과 인접성에 모두 관련이 있다.

③ 인접성으로 인한 외부효과는 토지이용의 규제나 개발이익환수・개발손실보상의 이론적 근거가 된다. 즉, 부(−)의 외부효과가 발생하지 않도록(또는 최소화되도록) 토지이용을 규제할 필요가 있다. 또한, 외부효과로 인한 이익은 환수하고, 손실은 보상할 필요가 있다. 예를 들어 어떤 개발사업으로 인해 인근의 지가가 상승(또는 하락)하는 경우 환수(또는 보상)의 문제가 생긴다.

④ 부동산활동을 위해서는 연결된 토지를 인위적으로 구획하여 등록하는 것이 필요하다.

⑤ 감정평가에 있어 지역분석의 범위를 판정하여야 한다.

---

1) 인접 토지 간의 이용을 조절하기 위한 제도로 물권으로서 지역권과 법률의 규정에 의한 상린관계가 있다.

6) 기반성(基盤性)

토지는 각종 생물의 생장과 생활을 위한 바탕이자 토대라는 특성이 있다. 이를 기반성이라 한다. 여기서 기반성은 토지의 생산성과 적재성을 포함하는 개념이다. 토지의 생산성은 식물이 나서 클 수 있도록 영양분을 공급하는 특성이며, 토지의 적재성은 각종 생물이나 건물 등의 물건을 지지(支持)하여 그 기능을 발휘할 수 있도록 하는 특성을 말한다. 기반성으로 인해 파생되는 내용은 다음과 같다.

① 인간의 모든 생산과 생활은 토지 위에서 이루어지므로 토지는 본원적 생산요소이자 삶의 터전이다. 따라서 역사적으로 더 많은 토지를 확보하기 위해 투쟁해 왔다.

② 기반성의 특성이 있어 토지는 유용성이 크며, 토지에 대한 소유 욕구를 촉진시킨다.

③ 기반성으로 인해 토지는 다른 재화보다 강한 공공성을 지니며, 그 소유는 공공복리에 적합하여야 한다.

④ 토지재산권에 대한 제한과 의무를 과할 수 있는 근거[2)]이며, 토지공개념의 이론적 근거가 된다.

3. 부동산의 인문적 특성

1) 용도의 다양성

토지는 생산재뿐 아니라 소비재로 쓸 수도 있어 그 용도가 매우 다양한 특성이 있다. 이를 용도의 다양성이라 한다. 예를 들어 생산재에서도 1·2·3차 산업용지와 농지·산지 등으로 이용할 수 있고, 소비재에서도 단독주택지·공동주택지와 운동장·공원 등으로 이용할 수도 있다. 토지의 용도는 법에 의해 지정되기도 하지만 토지 수요의 변화에 따라 변하기도 한다. 여기서 용도의 다양성은 사람의 욕구 다양성과 관련이 높다고 할 수 있다. 용도의 다양성으로 인해 파생되는 내용은 다음과 같다.

2) 헌법 제122조 참조: 국가는 국민 모두의 생산 및 생활의 기반이 되는 국토의 효율적이고 균형있는 이용·개발과 보전을 위하여 법률이 정하는 바에 의하여 그에 관한 필요한 제한과 의무를 과할 수 있다.

① 토지의 용도가 다양하므로 토지에 대한 수요도 다양하다. 따라서 수요자의 토지소유 욕구가 매우 다양하여 가격에 민감하게 반응하지 않는 경향이 있다(즉, 비탄력적이다).

② 토지는 다양하게 이용할 수 있으므로 다양한 용도 중에서 최유효이용을 해야 하는 과제가 생긴다. 즉, 다양한 용도 중에서 가장 유용성이 높은 이용을 찾아야 한다.

③ 정부의 계획에 의한 토지이용결정의 필요성을 정당화하는 근거가 된다[3]. 즉, 토지이용계획을 통해 효율적인 토지이용을 유도할 필요가 있다.

④ 용도의 전환(예: 농지가 주거용지로, 산지가 농지로)이 가능하다. 따라서 용도측면에서 유용성을 증대시키는 경제적 공급은 가변적이며, 경제적 공급곡선은 우상향한다.

⑤ 토지는 이용주체의 편의에 따라 법이 허용하는 한도 내에서 자유롭게 합병·분할할 수 있다. 효과적인 합병과 분할은 토지의 최유효이용을 가능하게 하며, 토지의 가치를 변화시킨다.

⑥ 경매제도의 근거가 된다. 경쟁에 의한 매각은 토지의 효율적 배분이나 이용을 유도하는 기능이 있다.

2) 상대적 위치의 가변성

토지의 물리적 위치는 고정되어 있으나 상대적 위치는 사회적·경제적·정책적 요인의 변화에 따라 항상 변화하는 특성이 있다. 이를 상대적 위치의 가변성이라 한다. 예를 들어 인구 성장의 정도, 사회 환경의 개선, 경제성장, 공공시설의 신설, 용도지역의 변경 및 부동산정책의 변화 등은 부동산의 상대적 위치에 영향을 주는 중요한 요인들이다. 상대적 위치의 가변성으로 인해 파생되는 내용은 다음과 같다.

① 상대적 위치가 변화한다는 것은 부동산활동에는 항상 불확실성이라는 위험이 있다는 것을 의미한다.

② 토지의 가치형성요인은 끊임없이 변화하는 경향이 있으므로 항상 동태적으로 이를 파악하여야 하며, 장래의 동향에 특히 유의하여야 한다.

3) 이정전(2015), 토지경제학(전면개정판), 박영사, 143쪽.

③ 감정평가에 있어 기준시점 확정의 근거가 된다. 가치형성요인의 변화에 따라 토지의 가치가 변하므로 토지의 가치는 특정의 시점을 확정하여 판정하여야 한다.

④ 토지의 상대적 위치는 시간의 경과에 따라 변화하므로 정확한 가치 판정을 위해 전문가가 필요하다.

3) 소유권의 특수성

소유자는 그 소유물을 사용・수익・처분할 권리가 있다(민법 211). 그런데 토지소유자는 동산소유자와 달리 사용의 권능으로 개발권을 가지며, 용익물권을 설정할 수도 있다. 토지의 개발권은 토지소유자가 가지는 특수한 권능으로 토지의 가치형성에 있어 주요 요인으로 작용하며, 용익물권의 목적물은 토지(지상권・지역권의 경우) 또는 부동산(전세권의 경우)에 한하므로 동산에는 성립할 수 없다. 한편, 토지소유권의 범위는 정당한 이익이 있는 범위 내에서 토지의 상하에 미친다(민법 212). 따라서 토지의 유용성은 입체적으로 발휘되며, 토지의 지하 또는 지상공간의 일부에 대한 독점적 사용도 가능하다(예: 구분지상권의 설정). 토지소유권의 특수성으로 인해 파생되는 내용은 다음과 같다.

① 토지소유권의 특수성으로 인해 토지는 유용성이 크며, 토지에 대한 소유 욕구를 촉진시킨다.

② 토지소유자는 동산소유자와 달리 개발가치를 가진다. 즉, 개발가치는 토지에 특유한 가치로서 개발 후의 가치가 개발비용을 공제하고도 남을 때의 가치이다.

③ 토지의 경제적 가치는 개발가능성에 크게 영향을 받는다.

④ 하나의 토지를 다양한 이해관계인이 평면적 또는 입체적으로 구분하여 사용할 수 있게 된다.

⑤ 토지의 가치는 지표의 가치뿐 아니라 공중・지중의 가치를 포함하여 입체적으로 판정하여야 한다.

⑥ 토지의 감정평가에 있어 소유자 및 각 용익물권자가 가지는 권리별로 감정평가해야 할 필요성이 생긴다.

제2절 부동산권리

1. 부동산권리의 의의

1) 부동산권리의 개념과 내용

권리는 일정한 이익에 대한 법률상의 힘이라 할 수 있으므로 부동산권리는 부동산에 대한 물권·채권 등 경제적 이익을 내용으로 하는 권리를 말한다. 근대 자본주의사회는 재화에 대한 사적 지배(私的 支配)와 그의 자유로운 교환을 전제로 형성되었는데, 이를 위한 법적 제도가 소유권과 계약이며, 여기서 전자를 규율하는 것이 물권법이고 후자를 규율하는 것이 채권법이다.[4]

물권(物權)은 권리자가 물건[5]을 직접 지배하여 이익을 얻는 배타적 권리로서, 법률(또는 관습법)에 의해서만 성립한다(物權法定主義). 물권은 직접적·배타적 지배성, 절대성 및 양도성의 성질을 가지며, 이 성질에서 우선적 효력과 물권적 청구권의 효력이 나온다.

채권(債權)은 특정인(채권자)이 다른 특정인(채무자)에게 일정한 행위를 청구할 수 있는 권리로서, 계약과 법률의 규정에 의해 발생한다. 여기서 주의할 점은 권리로서의 채권(債權)과 권리를 표시한 증권으로서의 채권(債券)을 구별하여야 한다는 점이다.

> **채권(債權)과 채권(債券)**
>
> 1) 채권(債權, credit): 특정인(채권자)이 다른 특정인(채무자)에게 일정한 행위를 청구할 수 있는 권리를 말한다. 채권의 목적인 채무자의 행위를 강학상 급부라고 하며, 급부의 유형에는 행위·이행·지급 등이 있다.
> 2) 채권(債券, bond): 자금을 조달하면서 발행한 증서를 말한다. 즉, 일정한 날짜에 일정한 금전을 지급하겠다고 약속하고 발행한 차용증서이다. 여기서 채권(債券)은 금전채권(金錢債權)을 표시한 증서라 할 수 있다. 채권(債券)은 권리(즉, 금전채권)와 증권을 결합한 것으로 권리의 행사와 이전을 원활하게 할 수 있다. 한편, 주식회사의 출자에 대해 발행한 증서를 주식이라 한다.

4) 김준호(2014), 민법강의, 법문사, 467쪽.

5) 「민법」에서 물건이란 유체물 및 전기 기타 관리할 수 있는 자연력을 말하며, 크게 부동산과 동산으로 구분된다.

한편, 하나의 독립된 물건에는 하나의 물권만이 성립한다(一物一權主義). 따라서 시간적으로 앞서 성립한 물권은 뒤에 성립한 물권에 우선한다. 그리고 물권과 채권 상호 간에는 그 성립시기를 불문하고 항상 물권이 우선하며(물권의 우선적 효력), 채권 상호 간에는 동일채무자에 대한 수개의 채권은 그 발생원인 · 발생시기 · 채권액을 불문하고 평등하다(채권자평등의 원칙).

〈표 2.1.1〉 물권과 채권의 비교

구분	물권(物權)	채권(債權)
분류	• 재산권 • 지배권(물건에 대한 지배) • 절대권(모든 사람에게 주장)	• 재산권 • 청구권(사람에 대한 청구) • 상대권(특정인에 대해서만 주장)
대상	물건(→ 대물권)	사람(→ 대인권)
목적	물건의 지배	채무자의 행위
성립	• 법률 또는 관습법 (물권법정주의가 적용)	• 계약(계약자유의 원칙이 적용) • 법률의 규정(사무관리 · 부당이득 · 불법행위)
특징	일물일권주의(一物一權主義)	×
공시	필요	불필요
양도성	자유롭다.	제한가능
효력	성립순위에 따라 우선적 효력	채권자 평등주의
경합	물권과 채권 경합 시: 물권이 우선	

물권행위와 채권행위

재산권이 물권과 채권으로 구별되듯이, 채권의 발생을 목적으로 하는 법률행위와 물권의 발생(변동)을 목적으로 하는 법률행위를 구별하는 것이 통설이다. 예를 들어 A와 B사이에 부동산 매매계약이 성립함에 따라 A는 부동산소유권이전채무를, B는 대금지급채무를 부담하고 이를 이행해야 하는 경우는 채권행위이고, 그 후 잔금지급과 함께 A가 B에게 등기이전서류를 교부하는 것은 직접 물권변동을 가져오는 법률행위로서 물권행위이다. → 물권법은 물권의 내용뿐만 아니라 그 변동을 규율하는데, 그 변동은 주로 계약을 통해 이루어진다. 이 경우 채권행위는 물권행위에 도달하기 위한 수단이 된다고 할 수 있다. 한편, 채권의 담보를 위해 담보물권이 설정되는 경우에는 물권이 채권에 이바지하는 경우라 할 수 있다. 따라서 물권법과 채권법은 상호 밀접한 관련성을 가진다.

2) 부동산물권의 종류

「민법」에 규정된 물권의 종류는 점유권 · 소유권 · 지상권 · 지역권 · 전세권 · 유치권 · 질권 · 저당권의 8가지가 있으며, 「민법」이외의 법률이 인정하는 물권으로는 상사유치권 · 선박저당권(상법), 입목저당권(입목에 관한 법률), 공장저당권 · 공장재단저당권 · 광업재단저당권(공장 및 광업재단저당법), 자동차저당권 · 건설기계저당권 · 항공기저당권(자동차 등 특정동산 저당법), 가등기담보권 · 양도담보권(가등기담보 등에 관한 법률), 동산담보권 · 채권담보권(동산 · 채권 등의 담보에 관한 법률), 광업권 · 조광권(광업법), 어업권(수산업법) 등이 있다. 또한 관습법에 의해 인정되는 것으로는 분묘기지권과 관습법상 법정지상권 등이 있다.

「민법」에 규정된 물권 중 질권을 제외한 7개가 부동산물권에 속한다.

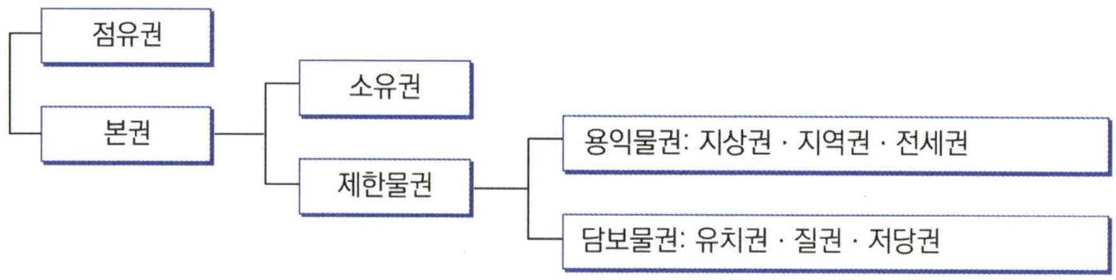

[그림 2.1.1] 「민법」상 물권의 분류

(1) 점유권(占有權)

물건을 사실상 지배하는 것이 점유이고, 여기에 권리로서의 물권을 인정하는 것이 점유권이다. 본권인 소유권과 제한물권은 물건의 사용가치 또는 교환가치로부터 적극적으로 일정한 이익을 얻는 것을 내용으로 하는 데 반해, 점유권은 단지 물건에 대한 사실적 지배의 상태를 그대로 보호하는 것을 내용으로 한다.

점유자가 점유물에 대하여 행사하는 권리는 적법하게 보유한 것으로 추정한다. 또한 선의의 점유자는 점유물의 과실을 취득하며, 점유물이 멸실 또는 훼손된 때에 선의의 점유자는 이익이 현존하는 한도에서 배상하면 되고, 점유물을 반환할 때에는 회복자에 대해 비용 상환을 청구할 수 있다. 점유가 침해된 경우에는 점유보호청구권이 있다.

(2) 소유권(所有權)

소유권은 법률의 범위 내에서 소유물을 사용 · 수익 · 처분할 수 있는 권리이다. 먼저, 사용은 어느 누구의 간섭을 받지 않고 물건을 사용하고 향유하는 것을 말하며, 보유 · 이용 · 개발이 포함된다. 둘째, 수익은 물건으로부터 생기는 과실을 수취하는 것을 말하며, 과실에는 천연과실과 법정과실이 있다. 셋째, 처분은 물건의 소비 · 변형 · 파괴 등의 사실적 처분을 하거나, 물건의 양도 또는 담보 설정 등의 법적 처분을 하는 것을 말한다.

물권은 물건을 지배하는 권리로서 여기에는 사용가치를 얻는 것과 교환가치를 얻는 것이 포함된다. 사용 · 수익은 전자에, 처분은 후자에 속하는 것인데, 소유권은 이 양자를 모두 가지는 점에서 어느 하나의 권능만을 가지는 제한물권에 비해 완전한 물권으로 평가된다.

한편, 소유권은 완전성 · 혼일성 · 탄력성 · 항구성의 특성이 있다.

① 완전성: 제한물권과는 달리 소유권은 물건이 가지는 사용가치와 교환가치의 전부에 대해 전면적으로 미친다.

② 혼일성(渾一 性): 소유권은 사용 · 수익 · 처분 등 제 권능의 단순한 집합이 아니라 이러한 권능은 혼일한 지배권능에서 흘러나오는 것이다.

③ 탄력성: 소유권은 일시적으로 그 권능의 행사가 제한받기도 하지만 그 제한이 해소되면[6] 곧바로 본래의 상태로 되돌아간다.

④ 항구성: 소유권은 존속기간이 없으며, 제3자의 취득시효로 인해 상대적으로 소유권을 잃을 수는 있어도 그 자체 소멸시효에 걸리지는 않는다.

> ➡ 소멸시효는 권리를 행사할 수 있음에도 불구하고 권리불행사의 상태가 일정한 기간 계속됨으로써 권리가 소멸하는 제도이다. 따라서 시효로 권리가 소멸하려면 ① 권리가 소멸시효의 목적이 될 수 있는 것이어야 하고[(소멸시효에 걸리는 권리), 소멸시효에 걸리는 권리는 채권과 소유권이외의 재산권이며, 소유권 이외의 재산권 중 소멸시효에 걸리는 것은 지상권 · 지역권이다(용익물권 중 전세권은 그 존속기간이 10년을 넘지 못하므로 20년의 소멸시효에 걸리는 일은 없다)]. ② 권리자가 권리를 행사할 수 있음에도 불구하고 행사하지 않아야 하며(권리의 불행사), ③ 그 권리불행사의 상태가 일정기간 계속되어야 한다(소멸시효기간).
>
> 소멸시효기간은 보통의 채권은 10년이며, 상행위로 생긴 채권은 5년이다(상법 64). 또한 소유권 이외의 재산권은 20년이다. 한편 3년(예: 의사의 진료비, 전기요금 등) 또는 1년(예: 음식료, 수업료 등)의 단기소멸시효에 걸리는 채권도 있다(민법 163 및 164).

6) 전세권의 존속기간의 만료 등이 그 예이다.

영미법에서는 소유권을 혼일적 권리로 파악하는 것이 아니라 사용 · 수익 · 처분의 제 권리가 하나로 통합되어 있는 권리로 파악하므로 소유권은 그 부분적인 권리가 독립된 권리로 분리될 수 있다. 토지소유권에서 개발권을 분리하여 양도할 수 있는 제도가 개발권양도제(TDR: Transferable Development Rights)인데, 우리나라에서는 시행되지 않고 있다.

(3) 용익물권(用益物權)

용익물권은 타인의 물건을 일정한 범위 내에서 사용 · 수익하는 것을 내용으로 하는 권리로서, 물건의 사용가치만을 지배하며, 지상권 · 지역권 · 전세권이 있다.

먼저, 지상권(地上權)은 타인의 토지에 건물 기타 공작물이나 수목을 소유하기 위하여 그 토지를 사용하는 권리이다. 지상권은 당사자 간의 지상권설정계약과 등기에 의해 성립하며(약정지상권), 그 외에 일정한 경우 법률의 규정에 의해 지상권이 성립한 것으로 간주되는 법정지상권과 관습법에 의해 인정되는 관습법상의 법정지상권이 있고, 지상권과 유사한 것으로 분묘기지권이 있다. 한편, 토지의 지하 또는 지상의 공간에 상하의 범위를 정하여 건물 기타 공작물을 소유할 목적으로 인정되는 구분지상권이 있다.

둘째, 지역권(地役權)은 일정한 목적을 위하여 타인의 토지를 자기 토지의 편익에 이용하는 권리이다. 여기서 편익을 얻는 토지를 요역지(要役地)라 하고, 편익을 주는 토지를 승역지(承役地)라 한다. 토지의 편익의 종류에는 제한이 없으며, 용수 · 통행 이외에 조망이나 일조를 위한 지역권도 가능하다. 지역권은 실제 활발하게 활용되지 못하는데 이는 소유권의 한계로서 정한 상린관계의 규정이 실질적으로 지역권의 기능을 담당하고 있고, 지역권설정의 법률관계가 애매하고 구체적이지 못하기 때문이다.

셋째, 전세권(傳貰權)은 전세금[7]을 지급하고 타인의 부동산을 점유하여 사용 · 수익하며, 그 부동산 전부에 대하여 후순위권리자 기타 채권자보다 전세금을 우선변제 받을 수 있는 권리이다. 따라서 전세권은 용익물권적 성격(사용 · 수익권)과 담보물권적 성격

---

7) 전세금은 전세권자가 전세권 설정자에게 교부하는 금전으로서, 전세권이 소멸하는 때에는 다시 그 반환을 받게 된다. 따라서 목적물의 사용대가인 차임 또는 지료의 특수한 지급방법으로서 사용대가는 전세금의 이자로써 충당된다. 또한, 전세권자의 귀책사유로 인한 손해를 담보하는 보증금으로서의 성질도 가진다. 실제 채권적 전세에 있어서는 전세보증금 또는 보증금으로도 칭한다.

(우선변제권)을 동시에 가진다. 전세권은 관습법상 인정되어 오던 전세제도를 물권화한 것으로 우리나라 특유의 제도이나, 실제는 경제적으로 강자인 부동산소유자가 등기하는 것을 기피하여 전세권보다는 채권적 전세(=미등기전세)가 더 많이 행해지고 있다. 따라서 채권적 전세를 적절히 규율하여 「민법」에 대한 특례를 규정함으로써 국민의 주거생활 또는 경제생활의 안정을 보장하기 위해 「주택임대차보호법」과 「상가건물임대차보호법」이 제정되었다.

(4) 담보물권(擔保物權)

담보물권은 채무자가 채권의 담보로 제공한 목적물의 교환가치를 지배하는 제한물권으로, 유치권・질권・저당권이 있다. 질권의 목적물은 동산 또는 재산권이므로 질권은 부동산물권에서 제외된다.

먼저, 유치권(留置權)은 타인의 물건(또는 유가증권)을 점유한 자가 그 물건(또는 유가증권)에 관하여 생긴 채권을 가지는 경우에 그 채권의 변제를 받을 때까지 그 물건(또는 유가증권)을 유치할 수 있는 권리이다. 유치권은 일정한 요건을 갖추면 법률상 당연히 성립하는 법정담보물권이다. 따라서 등기할 사항인 권리가 아니고, 우선변제권도 없다. 그러나 경매의 결과 경락인이 결정되어도 그 경락인이 유치권자에게 채권액 전액을 변제하지 아니하면 목적물을 인도받을 수 없기 때문에 사실상으로는 우선변제를 받게 된다.

> ➡ 유가증권(有價證券)은 재산권(물권・채권・사원권)을 표시한 증권을 말하며, 권리의 행사에는 증권의 점유를 요한다. 자본주의 경제가 발전하면서 권리도 거래의 대상이 되었고, 권리의 원활한 유통을 위해 무형의 권리를 증권의 형태로 유형화한 것이라 할 수 있다. 유가증권제도로 인해 재산권의 유통이 가능했을 뿐만 아니라 자금결제가 편리해지고 자금조달이 가능해졌다. 유가증권은 그가 표시하는 재산권의 성질에 따라 화폐증권・상품증권・자본증권으로 구분할 수 있다. ① 화폐증권은 화폐를 청구할 수 있는 권리를 표시한 유가증권으로서 은행권・어음・수표 등이 있다. ② 상품증권은 상품의 소유권을 표시한 유가증권으로서 선하증권・창고증권 등이 있다. ③ 자본증권은 자본투하(자본조달)의 사실을 표시한 유가증권으로서 주식(주권)・채권(債券) 등이 있다.

둘째, 저당권(抵當權)은 채무자 또는 제3자(=물상보증인)가 점유를 이전하지 아니하고 채무의 담보로 제공한 부동산(또는 부동산물권: 지상권 · 전세권)으로부터 다른 채권자보다 자기 채권의 우선변제를 받는 권리이다. 저당권은 목적물의 소유자가 그 목적물을 그대로 이용하면서 그것을 담보로 활용할 수 있는 점에서 질권에 비해 우수한 것으로 평가된다. 한편, 목적물에 대한 점유의 이전 없이 우선변제권을 인정하므로 그 공시는 점유가 아닌 등기에 의한다.

> **근저당권(根抵當權)**: 당사자 사이의 계속적인 거래관계로부터 발생하는 불특정채권을 어느 시기에 계산하여 잔존하는 채무를 일정한 한도액 범위 내에서 담보하는 저당권으로서, 보통의 저당권과 달리 발생 및 소멸에서 피담보채무에 대한 부종성이 완화되어 있는 점이 특징이다. 근저당권의 설정등기를 신청하는 경우에는 신청서에 채권의 최고액 및 채무자를 기재하여야 한다(부동산등기법 75).

3) 부동산채권의 종류

채권의 발생원인으로 「민법」은 계약 · 사무관리 · 부당이득 · 불법행위의 4가지를 규정한다. 계약은 당사자의 합의에 의해 채권이 발생하는 경우이고, 나머지 3가지는 당사자의 의사와는 무관하게 「민법」이 일정한 이유에서 채권을 발생시키는 것으로 정한 경우이다. 「민법」은 근대시민사회에서 보편적으로 많이 행하여져 왔던 계약유형으로 15가지를 들고 있고 이를 전형계약이라 한다. 계약에는 계약자유의 원칙이 적용되며, 전형계약의 종류 및 내용에 관한 「민법」의 규정은 임의규정이므로 수많은 비전형계약이 출현할 수 있고, 특히 중개계약 · 리스계약 · 할부매매계약 등이 새로운 종류의 계약으로 보편화되고 있다. 전형계약 중에서 부동산을 대상으로 하는 계약에는 증여 · 매매 · 교환 · 임대차 · 사용대차 등이 있다.

〈표 2.1.2〉 전형계약의 비교

구분	목적	대가 유무	내용
증여	재산권의 이전 (소유권 변동)	무상	당사자 일방이 무상으로 재산을 상대방에게 수여하는 의사표시를 하고 상대방이 이를 승낙함으로써 효력이 생기는 계약
매매	재산권의 이전 (소유권 변동)	유상	당사자 일방이 상대방에게 재산권을 이전할 것을 약정하고 상대방이 그 대금을 지급할 것을 약정함으로써 효력이 생기는 계약
교환	재산권의 이전 (소유권 변동)	유상	당사자 쌍방이 금전 이외의 재산권을 상호 이전할 것을 약정함으로써 효력이 생기는 계약
임대차	물건의 이용	유상	당사자 일방이 상대방에게 목적물을 사용·수익하게 할 것을 약정하고 상대방이 이에 대해 차임을 지급할 것을 약정함으로써 효력이 생기는 계약
사용대차	물건의 이용	무상	당사자 일방이 상대방에게 무상으로 목적물을 사용·수익하게 하기 위하여 인도할 것을 약정하고 상대방은 이를 사용·수익한 후 반환할 것을 약정함으로써 효력이 생기는 계약

2. 부동산소유권

1) 부동산소유권의 의의

부동산소유권은 부동산을 전면적으로 지배하여 사용·수익·처분할 수 있는 권리를 말한다. 그런데 부동산소유권은 동산소유권과 다른 특성이 있다. 먼저, 사용의 권능으로 개발권을 가진다. 특히 토지의 개발권은 토지의 가치형성에 크게 영향을 미친다. 둘째, 다양한 제한물권의 활용이 가능하다. 용익물권으로서 지상권·지역권·전세권은 부동산에 한하여 성립하며, 담보물권으로서 저당권은 권리자의 점유를 요하지 않는 등의 장점이 있어 동산을 대상으로 하는 질권보다 활용도가 높다. 셋째, 토지는 영속성이 있으므로 원칙적으로 토지의 소비·변형·파괴 등 사실적 처분이 성립될 수 없다.[8] 따라서 토지는 동산과 달리 소비나 파괴로 소유권이 상실되지 않는다. 넷째, 토지의 소유권은 정당한

8) 이선영(2018), 신감정평가법, 리북스, 215쪽 참조. 건축물의 철거는 사실적 처분의 예이다.

이익이 있는 범위 내에서 토지의 상하에 미친다(민법 212). 따라서 토지의 유용성은 이를 입체적으로 판정하여야 한다.

2) 토지소유권의 범위

(1) 법규의 내용

토지의 소유권은 정당한 이익이 있는 범위 내에서 토지의 상하에 미친다(민법 212). 따라서 지표뿐만 아니라 지상이나 지하에도 소유권이 미친다. 토지소유자는 소유권의 범위 내에서 사용·수익·처분의 권능을 가지며, 타인의 침해나 방해를 배제할 수 있다.

토지소유권은 정당한 이익이 있는 범위로 한정된다. 여기서 정당한 이익의 범위에 관한 구체적인 법률은 없으므로 사례마다 토지의 특성, 이용행위의 내용, 이용에 수반되는 경제적 이익, 당시의 기술수준, 장래의 동향 등을 종합 참작하여 객관적으로 판단하여야 할 것이다.

「국토의 계획 및 이용에 관한 법률」(약어로 국토계획법이라 한다)은 도시·군계획시설을 공중·수중·수상 또는 지하에 설치하는 경우 그 높이나 깊이의 기준과 그 설치로 인하여 토지나 건물의 소유권 행사에 제한을 받는 자에 대한 보상 등에 관하여는 따로 법률로 정하도록 규정하고 있으나, 아직 법률이 제정되지 못했다. 다만, 「도시철도법」의 위임에 따라 서울특별시 등에서 제정한 조례[9]에 의하면 정당한 이익의 범위에 관하여 한계심도의 개념을 활용하고 있다. 여기서 한계심도는 토지소유자의 통상적 이용행위가 예상되지 않으며 지하시설물 설치로 인하여 일반적인 토지이용에 지장이 없는 것으로 판단되는 깊이를 말한다.

(2) 법규의 재검토

과학기술의 발전, 높은 지가, 환경의식의 강화 등의 영향으로 지상 및 지하공간의 활용가능성이 증대되고 있다. 따라서 토지소유권의 입체적 범위에 관한 법적 갈등을 사전에 예방하기 위해서는 한계심도 또는 한계고도에 대한 내용 뿐 아니라 이를 초과하는 공간에

9) 「서울특별시 도시철도의 건설을 위한 지하부분토지의 사용에 따른 보상기준에 관한 조례」 등 참조.

대한 소유권 제한 및 보상 등에 관한 구체적인 입법이 시급한 실정이다.

한편, 한계심도의 범위와 관련하여 다음의 표와 같이 각 공익사업마다 입법의 형식과 내용이 달라 혼란이 많다.

〈표 2.1.3〉 한계심도의 비교

<table>
<tr><th>공익사업</th><th>근거 법률</th><th>입법 형식</th><th>한계심도 내용</th></tr>
<tr><td>도시철도사업</td><td>도시철도법</td><td>조례</td><td rowspan="2">• 고층시가지: 40m • 중층시가지: 35m,
• 저층시가지 및 주택지: 30m
• 농지 및 임지: 20m</td></tr>
<tr><td>철도사업</td><td>철도건설법</td><td>국토교통부 고시</td></tr>
<tr><td>수도사업</td><td>수도법</td><td>환경부 고시</td><td>• 고층지대: 50m • 중층지대: 45m
• 저층지대: 40m, • 농지지대: 30m
• 산지지대: 25m</td></tr>
</table>

현행 한계심도에 관한 내용과 보상은 사회환경의 변화를 반영하여 전면적으로 재검토할 필요가 있다. 이 경우 손실보상의 일반법인 「공익사업을 위한 토지 등의 취득 및 보상에 관한 법률」(약어로 공익사업법이라 한다)에 통일적으로 규정하는 것이 합리적이며, 「민법」 제212조를 '토지의 소유권은 법률의 범위 내에서 토지의 상하에 미친다'로 개정할 필요가 있다.[10)]

3. 부동산소유권의 제한

1) 부동산소유권 제한의 의의

부동산은 지리적 위치가 고정되어 있고 순수한 그 자체의 양을 늘릴 수 없으며 물리적으로 서로 인접하여 있는 등의 특성이 있으므로, 부동산소유권은 동산의 소유권에 비해 사회적 통제가 많은 것이 일반적이다. 헌법은 재산권을 보장하면서도 그 내용과 한계를 법률로 정하도록 하고 있으며(헌법 23), 「민법」에서도 소유자는 그 소유물을 사용·수익·

10) 지하부분 토지사용에 따른 보상제도에 대해서는 국토교통부·한국토지공법학회(2019), 도로건설을 위한 지하부분 토지사용 보상제도 개정방안 연구 참조.

처분할 권리가 있지만 그것은 법률의 범위 내에서만 가능하다(민법 211). 소유권을 제한하더라도 사유재산제도를 부정하거나, 소유권의 본질적인 내용을 침해하는 것은 허용되지 않으며, 공공필요에 의해 소유권을 침해하게 되면 반드시 정당한 보상을 하여야만 한다. 소유권의 제한은 이를 공적제한과 사적제한으로 구분할 수 있다.

2) 공적(公的)제한

헌법 제23조 제3항은 '공공필요에 의한 재산권의 수용·사용 또는 제한 및 그에 대한 보상은 법률로써 하되, 정당한 보상을 지급하여야 한다.'고 규정하고 있다. 따라서 헌법은 공공필요에 의한 재산권의 침해를 허용하고 있으며, 그 유형으로 공용수용, 공용사용, 공용제한을 들고 있다. 공용수용, 공용사용 및 공용제한을 총칭하여 공용침해라고 하는데, 공용침해의 허용요건인 공공필요는 전형적인 불확정개념이나 일반적으로 공익사업을 시행하거나 공익목적을 달성하기 위하여 재산권의 침해가 불가피한 경우를 말한다.

(1) 공용수용(公用收用)과 공용사용(公用使用)

공용수용은 공익사업을 위하여 타인의 재산권을 법률의 힘에 의하여 강제적으로 취득하는 것을 말하며, 공용징수(公用徵收)라고도 한다. 공용수용은 헌법상 보장된 재산권에 대한 제한으로서 반드시 법률에 근거하여야 하며, 정당한 보상을 하여야 한다.

공용사용은 공익사업을 위하여 타인의 재산권을 법률의 힘에 의하여 강제적으로 사용하는 것을 말하며, 사용제한이라고도 한다. 공용사용은 공익사업에 필요하여 한시적으로 사용하는 것으로 상대방인 권리자는 그 사용을 수인해야 할 공법상의 의무를 부담한다.

(2) 공용제한(公用制限)

공용제한은 공공복리나 공익사업을 위하여 또는 일정한 물건의 효용을 확보하기 위하여 개인의 재산권에 가해지는 공법상의 제한을 말한다. 제한의 내용에는 부작위(不作爲)의무·작위(作爲)의무·수인(受忍)의무가 있으며, 제한의 근거나 목적에 따라 계획제한·사업제한·공물제한·보전제한으로 구분할 수 있다.

① 계획제한은 공익목적을 위하여 행정계획에 따라 재산권에 가해지는 공법상의 제한을 말한다. 여기서 행정계획이란 행정주체가 일정한 행정목표를 달성하기 위하여 설정한 활동기준을 말한다. 계획제한의 예로는 도시·군관리계획에 의한 제한(국토계획법), 수도권정비계획에 의한 제한(수도권정비계획법) 등이 있다.

② 사업제한은 공익사업의 효율적 시행 또는 시행 이후 설치된 시설의 안정적 운영을 위해 사업지(사업예정지 포함) 또는 그 인접지역의 재산권에 가해지는 공법상의 제한을 말한다. 택지개발지구의 행위제한(택지개발촉진법 6), 사업인정고시 이후 토지 등의 보전(공익사업법 25), 접도구역의 지정(도로법 40), 철도보호지구(철도안전법 45) 등이 예이다.

③ 공물제한은 사유(私有)의 공물(公物)에 대해 그 소유권에 가해지는 공법상 제한을 말한다. 여기서 공물이란 어떤 물건이 직접 공익상 필요하여 법령이나 행정주체에 의해 공물지정을 받은 것을 말한다.[11] 공물제한의 예로 도로를 구성하는 부지 등에 대한 사권행사의 제한(도로법 4), 국가지정문화재의 현상변경행위에 대한 허가(문화재보호법 35) 등이 있다.

④ 보전제한은 자연환경 또는 자원 등이 그 자체로서 공익상 필요하기 때문에 보호·보전을 위해 당해 지역이나 물건에 대해 가해지는 공법상 제한을 말한다. 자연공원의 지정(자연공원법 4), 산림보호구역의 지정(산림보호법 7), 절대보전지역의 지정(제주특별법 355) 등이 예이다.

(3) 공용환지(公用換地)와 공용환권(公用換權)

공용환지와 공용환권도 재산권의 제한이라 할 수 있다. 공용환지는 일정한 지역 안에서 개발사업을 통해 토지의 효용을 증진시키기 위해 토지에 대한 소유권 등을 강제적으로 교환·분합하는 것을 말하며, 환지방식에 의한 도시개발사업[12]과 환지방식에 의한 농업기반 등 정비사업[13]이 그 예이다. 공용환권이란 일정한 지역 안에서 정비사업을 통해

11) 공물은 공용물, 공공용물, 보존공물로 구분할 수 있다. ① 공용물: 국가나 지방자치단체의 사용을 위하여 제공된 물건(예: 정부종합청사), ② 공공용물: 직접 일반공중의 사용을 위하여 제공된 물건(예: 도로, 하천), ③ 보존공물: 공공목적을 위하여 그 물건 자체의 보존이 필요한 물건(예: 문화재)

12) 「도시개발법」 제28조부터 제49조까지 참조.

13) 「농어촌정비법」 제25조부터 제51조까지 참조.

토지의 입체적 효용을 증진시키기 위해 토지 및 건축물에 대한 소유권 등을 강제적으로 교환·분합하여 입체환지하는 것을 말하며, 정비사업의 관리처분[14)]이 그 예이다.

> ➡ 환지는 소유자의 변동 없이 사업시행 전 토지의 위치·지목·면적·토질·이용상황 및 환경 등을 고려하여 사업시행후의 토지로 배분하는 것을 말한다. 이때, 필요한 사업비 충당을 위한 체비지 및 공공용지에 해당하는 면적을 토지소유자가 일정량씩 부담하는 감보방식을 채택함으로써 매수방식에 비해 저렴한 개발비가 소요되어 공공의 재원부담 없이 체계적인 도시개발과 쾌적한 도시환경의 조성이 가능하다. 또한 입체환지는 환지의 목적인 토지에 갈음하여 토지 또는 건축물소유자의 신청을 받아 건축물의 일부와 그 건축물이 있는 토지의 공유지분을 부여하는 것을 말하며(도시개발법 32), 평면환지에 대응하는 개념이다.
>
> 한편, 관리처분은 도시개발사업에서 소유자의 변동 없이 종전의 토지 또는 건축물의 위치·면적·이용상황·환경 등을 고려하여 사업시행 후의 토지 및 건축물에 균형 있게 배분·조정하는 것을 말한다. 여기에서 입체환지와 관리처분이 동일한 개념이 아니냐는 의문이 있다. 결국 관리처분은 도시개발사업에서 일종의 행정적인 절차를 규정한 것이고 그런 절차를 만족시키는 하나의 방법으로 사용되는 것이 입체환지에 의한 방법이라 할 수 있다.

3) 사적(私的)제한

부동산소유권에는 공적제한 이외에도 소유자의 필요 또는 소유자 상호 간의 이용 조절 등을 위해 사적제한이 가해진다. 사적제한에는 제한물권, 제한특약, 상린관계 등이 있다.

(1) 제한물권

제한물권은 일정한 목적을 위하여 타인의 물건을 제한적으로 지배하는 물권으로, 사용가치의 지배를 목적으로 하는 용익물권과 교환가치의 지배를 목적으로 하는 담보물권으로 구분된다. 부동산물권으로 용익물권에는 지상권·지역권·전세권이 있고, 담보물권에는 유치권·저당권이 있다.

(2) 제한특약

제한특약은 소유권 이전 시 설정하거나 설정되어 있는 부동산의 사용 또는 처분에

---

14) 「도시 및 주거환경정비법」 제72조부터 제81조까지 참조.

관한 제한을 의미하며 당사자 간의 계약에 의해 성립한다. 환매권(還買權)에 대한 제한특약이 그 예이다.

(3) 상린관계(相隣關係)

상린관계는 인접하고 있는 부동산소유자 상호 간의 이용을 조절하기 위해 「민법」에서 규정한 그들 사이의 권리관계를 말한다. 이는 한편에서는 소유권의 제한이지만, 다른 한편에서는 각 소유자가 각자의 소유권 행사를 그 범위 밖에까지 미칠 수 있다는 점에서 소유권의 확장이다. 인지(隣地)사용청구권(민법 216), 생활방해의 금지(민법 217), 수도 등 시설권(민법 218), 주위토지통행권[15](민법 219 및 220), 물에 관한 상린관계(민법 221~236), 경계에 관한 상린관계(민법 237~240), 공작물 설치에 관한 상린관계(민법 241~244)가 있다.

15) 통행의 목적으로 타인의 토지를 이용할 수 있는 경우는 크게 당사자 간의 약정(약정통행권)에 의한 것과 법률의 규정(법정통행권)에 의한 것이 있다. 약정통행권은 채권(예: 임대차)에 의하거나 또는 물권(예: 지역권)에 의해 생기며, 법정통행권은 상린관계로서 주위토지통행권이 있다.

제2장 부동산관련 이론

제1절 지대이론과 지가이론

1. 농지의 지대이론

1) 지대와 지가

지대(地代, land rent)는 일정기간 토지를 사용한 대가로 지불되는 임료를 말하며, 유량의 개념이다. 한편, 지가(地價)는 일정시점의 토지 가격(land price) 또는 토지 가치(land value)를 말하며, 저량의 개념이다.

일반적으로 지가는 매 기간의 지대를 현재가치로 환산한 값이라고 말한다. 매 기간의 지대가 동일하고 이것이 영원히 계속된다면, 지가는 지대를 자본환원율로 환산한 값이 된다. 예를 들어, 쌀을 생산하는 농지에 대한 지대가 연 100만원이라고 하자. 그런데 쌀의 생산량이 감소하지 않고 영원히 계속된다면 자본환원율이 10%일 때 지가는 1,000만원(= 100만원 ÷ 0.1)이 된다.[1)]

2) 지대이론의 쟁점

고전학파 이후 전개된 지대이론에 있어 쟁점은 한마디로 지대가 잉여인지, 아니면 비용

1) 이는 수익환원법의 환원방법으로서 직접환원법 중 직접법의 논리와 같다.

인지 여부에 있다. ① 잉여로서의 지대는 지대가 다른 생산요소에 대한 대가를 지불하고 남은 잉여라는 입장이다. 이 경우 지대는 가격에 의해 결정되어진(price-determined) 소득이지 가격을 결정하는(price-determining) 비용은 아니다.[2] ② 비용으로서의 지대는 지대가 토지에서 생산되는 재화의 가격에 영향을 미치는 생산요소로서의 대가라는 입장이다. 이 경우 지대는 기회비용을 반영하고 재화의 가격을 결정하는 비용이다.

3) 지대이론의 전개

(1) 차액지대설

리카도(D. Ricardo, 1772~1823)는 지대를 우등지와 열등지의 생산력의 차이로 인해 지주에게 지불되는 대가로 파악했다. 이러한 차액지대가 성립하려면 ① 비옥한 토지가 희소해야 하고, ② 수확체감의 법칙이 작용해야 하며, ③ 토지의 비옥도나 위치상의 편의(便宜)가 달라야 한다. 그러나 차액지대설은 토지의 위치문제를 경시하였고, 최소 열등지에서도 토지소유자의 요구가 있으면 지대가 발생한다는 점을 설명하지 못하고 있다.

(2) 입지교차지대설

튜넨(Von Thünen, 1783~1850)은 리카도가 불완전하게 다룬 위치의 문제를 전면적으로 다루었다. 튜넨은 시장으로부터 거리가 멀어질수록 교통비가 증가하여 생산물의 가치가 체감하므로, 위치에 따른 교통비의 차이가 지대화한다고 하였다. 따라서 시장과 가까운 거리에 입지해 있는 지역의 지대가 높고, 시장으로부터 거리가 멀어짐에 따라 지대가 감소한다는 것이다.

(3) 절대지대설

리카도와 튜넨이 지대의 발생원인을 토지의 비옥도와 위치에 따른 생산력의 차이에서 구한 반면, 마르크스(K. Marx, 1818~1883)는 토지의 사유에서 지대 발생의 원인을 찾았다. 지대는 생산력에 관계없이 토지를 소유하고 있다는 사실만으로 강제적으로 요구되며,

2) 노용호 외(2003), 감정평가론, 부연사, 72쪽 참조.

이러한 절대지대는 생산비의 일부가 되므로 생산물 가격상승요인이 된다는 것이다.

(4) 마샬(A. Marshall)의 지대이론

마샬(A. Marshall, 1842~1924)은 1890년 『경제학원리』(The Principles of Economics)를 출판한 이후 1920년(8판)까지 30년 동안 이 책의 개정·증보를 계속했다. 마샬은 리카도의 차액지대설을 토대로 더욱 발전시켰으며, 순수지대와 준지대의 개념을 도입했다. 순수지대는 자연의 무상 공여물로서 토지로부터 발생하는 대가를 말한다. 따라서 순수지대는 토지의 본원적인 가치라 할 수 있다. 준지대는 생산을 위해 사람이 만든 기계기구 등의 자본설비에서 발생하는 대가를 말한다.

2. 택지의 지대·지가이론

1) 지가이론의 대두

18세기 영국에서 시작된 산업혁명은 경제의 중심을 점차적으로 농업에서 공업으로 전환시켰고, 농촌 인구의 도시 유입으로 도시화가 급속하게 진행되었다. 이와 같은 사회환경의 변화에 따라 학문분야에서도 연구의 대상으로서 도시가 더욱 각광받게 되었다. 따라서 지대·지가이론에서도 종래 농지의 지대이론에서 택지의 지가이론으로 연구 주제가 전환되었다.

18세기부터 농지를 대상으로 한 지대이론이 영국의 경제학자들에 의해 처음 제기되었으며, 뒤를 이어 독일의 경제학자들에 의해 논의되었다. 20세기에 들어서는 미국이 중심이 되어 경제학자·지리학자·사회학자 등이 도시의 성장, 도시의 지가 등에 관한 활발한 연구를 하였다.

농촌토지의 지대이론에서는 비옥도가 중시되었으나 도시토지의 지가이론에서는 위치가 중요한 의미를 가진다.

> ➡ 1776년: 역사적으로 1776년은 매우 의미가 있는 해이다. 먼저, 영국에서 A. Smith가 『국부론』(The Wealth of Nations)을 발표하면서 근대경제학의 기초를 마련했다. 둘째, 미국에서 독립선언(7월 4일)을 하였다. 1775년부터 1783년까지 8년간 영국과 북미 식민지 사이의 갈등으로 독립전쟁을 하였는데 1776년 7월 4일 13개 식민지가 독립을 선언하였다. 그 후 프랑스, 스페인 등이 전쟁에 개입하여 확대되었고, 연합군이 승리하여 1783년 맺은 파리조약에서 미국은 독립을 인정받았다.

2) 지대 · 지가이론의 전개

(1) 마샬(A. Marshall)의 지가이론

마샬은 가격의 결정에 있어 공급측면을 강조한 고전학파와 수요측면을 강조한 한계효용학파의 이론을 수요 · 공급의 원리로 통합하였다. 생산비는 생산자가 받고자 하는 가격(즉, 공급가격)을 결정하고, 효용은 소비자가 지불하고자 하는 가격(즉, 수요가격)을 결정하는데 시장가격은 수요자(소비자)와 공급자(생산자)가 서로 조정의 과정을 거쳐 수요가격과 공급가격이 일치할 때 성립한다는 것이다.

한편, 마샬은 지대에 있어 농지에 적용되는 원리가 택지에도 그대로 적용된다고 보고 특히 도시 토지를 상세히 다루었다. 그는 토지에 관한 가치를 자연적 가치와 인공적 가치로 구분하였다. 자연적 가치는 자연의 무상 공여물로서 토지로부터 발생하는 대가를 말하며, 순수지대에 해당한다. 인공적 가치는 인공적으로 토지의 유용성을 높임으로써 발생하는 대가를 말하며, 공적 가치와 사적 가치로 구분된다. 공적 가치는 토지소유자의 노력 없이 공공의 투자에 의해 발생하는 가치를 말하며, 사적 가치는 토지의 유용성을 높이기 위한 토지소유자의 노력과 투자에 따른 가치를 말한다. 또한, 마샬은 도시 토지에 있어 위치의 중요성을 강조하고, 농지를 기준으로 삼아 이와 비교하여 어떤 토지가 누리는 모든 측면의 비교우위를 금전화한 가치를 위치가치(situation value)라고 불렀다. 위치가치의 대부분은 공적 가치일 것이다.[3)]

3) 이정전(2015), 토지경제학(전면개정판), 박영사, 336~337쪽 참조.

(2) 허드(R. M. Hurd)의 지가이론

허드는 1903년 『도시지가의 원리』라는 저서를 발표하여 지가이론의 선구적 역할을 하였다. 그는 도시의 지가는 지대를 자본환원한 결과물이며, 접근성에 의존한다고 설명했다. 즉, 지가의 바탕은 경제적 지대인데, 지대는 위치에 영향을 받고, 위치는 편리성에, 편리성은 접근성에 영향을 받으므로 결국 지가는 접근성에 의존한다고 보았다. 또한, 시가철도(市街鐵道, street railroads)의 출현은 도시구조에 혁명을 가져왔다고 설명했다. 즉, 넓은 지역으로 인구를 확산시키고 새로운 주거지를 편리하게 함으로써 지가를 높였다고 보았다.[4)]

(3) 인간생태학이론

기존 토지경제학자들의 접근방법과는 달리 인간생태학자들은 사회학적 측면에서 지가를 분석하였다. 인간생태학에서는 지가를 잠재적인 토지이용자들의 호가(呼價)과정의 결과물이라고 보고, 그 과정에서 토지이용의 유형이 결정된다고 하였다. 지가는 도시 내 입지선정활동에 영향을 미치지만, 반대로 이러한 입지선정활동의 결과가 지가에 반영된다고 보았다. 즉, 지가를 결정하는 요인으로 경제적 요인 이외에 사회적 요인도 고려하여야 한다는 이론이다.[5)]

인간생태학이론은 파크(R. E. Park), 버제스(E. W. Burgess), 매켄지(R. D. Mckenzie) 등이 체계화하였다.

> **인간생태학(human ecology)**: 인간생태학은 한마디로 인간과 환경의 집단적 상호작용을 연구하는 학문으로 사회학의 한 분야라 할 수 있다. 인간생태학은 파크(R. E. Park, 1864~1944)가 『도시: 도시환경에서의 인간행동연구를 위한 제안』(1916년)이라는 저서에서 인간공동체를 생태학적으로 연구한 것이 토대가 되었으며, 인간생태학이란 용어가 처음으로 등장한 것은 파크가 버제스(E. W. Burgess, 1886~1966)와 함께 1921년 출간한 『사회학개론』에서이다. 버제스의 동심원이론도 인간생태학에 근거하고 있다.

4) 脇田武光 저 / 공대식 외 역(1987), 都市土地經濟論, 경영문화원, 33쪽 참조.
5) 노용호 외(2003), 감정평가론, 부연사, 77쪽 참조.

(4) 마찰비용이론

헤이그(R. M. Haig)는 토지이용자가 공간의 마찰비용으로 교통비와 지대를 함께 지불한다는 마찰비용이론을 주장하였다(1927년). 즉, 마찰비용은 교통비와 지대의 합으로 구성되고, 지대는 교통비의 절약에 의한 이익을 얻게 되는 경우 토지사용자가 지불하는 대가이다. 마찰비용이론에 의하면 교통수단의 발달은 공간의 마찰을 감소시키지만 (교통비 절약분이 커지므로) 지대는 높아진다. 여기서 마찰비용이론을 요약하면 다음과 같다. ① 도심은 도시전역에 대해 물리적 접근성의 이점을 가진다. 모든 활동은 가장 편리한 지점에서 번창하게 되므로 그 지점에서 지대는 최고가 된다. ② 비교적 접근이 편리한 토지의 소유자는 그 장소 사용에 의해 절약할 수 있는 교통비만큼을 사용자에게 지대로 요구할 수 있다. ③ 교통시설의 정비는 도심으로의 접근성을 용이하게 하므로 도심의 접근성 이점은 감소한다. 따라서 도심의 수요는 감소하고 도심을 핵으로 한 위치의 의미가 희박해져 도시의 지가총액은 감소한다. ④ 가장 좋은 계획도시(the best planned city)는 교통체계가 정비되고 지가총액이 적은 도시이다.[6)]

(5) 입찰지대이론

알론소(W. Alonso)는 튜넨의 입지교차지대설을 도시의 토지이용으로 확장하였다(1960년). 알론소는 단위거리당 교통비가 동일하고, 교통비는 거리에 따라 반비례하며, 지대는 기업의 정상이윤과 생산비를 지불하고 남은 잉여라고 보았다. 지대는 해당 토지의 지대입찰과정에서 토지이용자가 지불하고자 하는 최고 지불용의액(支拂用意額)으로서 초과이윤이 0(zero)이 되는 지대를 말한다. 해당 지점의 토지는 최고의 지불능력을 가진 이용자에게 할당된다. 산업별 입찰지대곡선(bid rent curve)의 차이로 인해 도심에 위치하는 산업의 입찰지대곡선 기울기는 가파르고, 교외에 위치하는 산업의 입찰지대곡선 기울기는 완만하다. 이때 어떤 도시의 도심으로부터 교외로 이동하면서 거리에 따라 최고의 지대를 지불할 수 있는 산업의 지대곡선을 연결하면 그 도시의 입찰지대곡선이 된다. [그림 2.2.1]에서 이 도시의 입찰지대곡선은 $\overline{ab}$, $\overline{bc}$, $\overline{cd}$를 연결한 선이 된다.

6) 脇田武光 저 / 공대식 외 역(1987), 앞의 책, 34~35쪽.

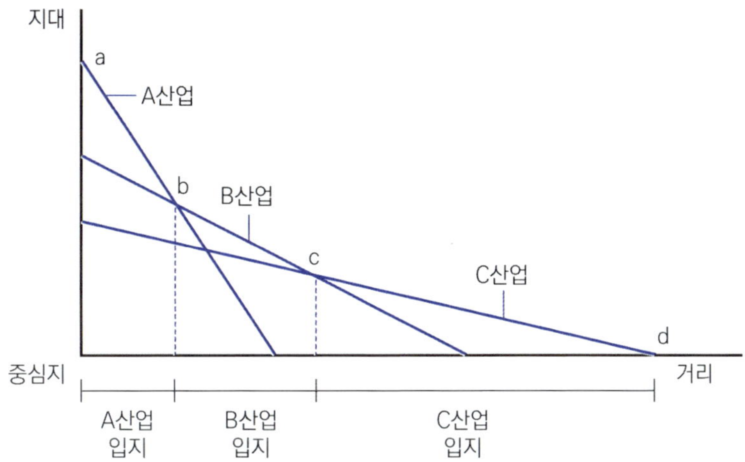

[그림 2.2.1] 입찰지대곡선

(6) 패널티(Penalty)이론

직주분리에 있어서 도심에서 얼마나 먼 곳에 주택을 마련할 것인가의 문제에 있어 중심지에서의 거리함수인 교통비에 의해 지가가 결정된다는 것을 일반화한 것이 패널티이론이다. 즉, 패널티이론은 각종 시설이 중심지에 있는 것으로 가정하고 중심지에서의 거리함수인 교통비에 의해 지가가 결정된다고 보는 이론으로 윙고(L. Wingo), 알론소(W. Alonso) 등이 체계화하였다.

패널티이론은 도심에서 얼마나 먼 곳에 주택을 마련할 것인가의 문제는 도심(또는 중심지)과의 교통상황에 따른 시간 및 비용과 거주하려는 지역의 부동산가격 등의 관계에서 결정된다는 것을 의미한다.

(7) 토페카(Topeka)연구

도시의 지가구조가 도심과의 거리에 따라 어떻게 달라지는가를 미국 캔자스주의 Topeka시를 대상으로 노스(D. S. Knos)가 한 실증적 연구(1962년)를 말한다. 연구 결과 도심의 지가가 가장 높고 도심에서 멀어질수록 지가가 급격히 낮아지는 지가구배현상(地價句配現象)[7]이 나타났다.

7) 구배(句配)란 수평을 기준으로 한 경사도를 말한다.

노스의 연구는 중소도시 또는 상업지대에 있어 중심지에서 조금만 멀어져도 지가가 급격히 낮아질 수 있음을 보여주는 것으로 부동산감정평가활동에서 유의할 필요가 있다.

3. 중소도시의 최고지가부지

1) 연구의 개요

서경규 · 이규태는 우리나라 중소도시를 대상으로 최고지가부지의 다양한 특성을 분석하였다.[8] 여기서 중소도시는 「지방자치법」(제198조) 및 「국토의 계획 및 이용에 관한 법률」(제29조) 등에서 특별시 · 광역시 및 특별자치시를 제외한 인구 50만 이상의 도시를 대도시로 규정하고 있는 점을 고려하여 인구 50만 미만의 도시로 정의하였다. 또한, 최고지가는 개별공시지가를 기준으로 선정하되, 광천지 등 특수토지가 최고지가인 경우에는 이를 제외하고 일반토지 중에서 선정하였다. 이 연구는 감정평가액이 아닌 개별공시지가를 기준으로 최고지가를 선정한 한계가 있으나 중소도시의 공간구조와 지가형성요인을 이해하는 데 기여할 수 있다.

2) 연구의 결과

먼저, 최고지가부지의 입지유형을 〈표 2.2.1〉과 같이 구분하여 분석하였는데 2015년 최고지가부지의 경우 복합형이 61개로 가장 많고, 다음으로 유통중심형(47개), 교통중심형(22개), 행정중심형(5개), 주거중심형(3개), 관광중심형(2개)의 순으로 나타났다. 여기서 복합형을 세부적으로 보면 유통중심형 + 교통중심형이 33개로 가장 많고, 다음으로 교통중심형 + 행정중심형(11개), 교통중심형 + 주거중심형(7개), 교통중심형 + 관광중심형(3개), 유통중심형 + 교통중심형 + 행정중심형(3개)의 순으로 나타났다. 결국 중소도시의 최고지가부지는 유통시설 인근인 경우가 가장 많았고(86개 도시, 61.4%), 그 다음으로 교통시설(79개 도시, 56.4%), 행정시설의 순으로 나타났다. 여기서 유통시설은 대부

8) 서경규 · 이규태(2017), "중소도시 최고지가부지의 특성 분석", 감정평가학논집, 16(2), 한국감정평가학회, 33~53쪽 참조.

분 전통시장이었고, 교통시설은 간선도로 교차로(49개 도시), 버스터미널(35개 도시), 철도역(11개 도시)의 순이었다.

〈표 2.2.1〉 입지유형의 분류

구분	내용
유통중심형	전통시장, 백화점, 상점가[9] 등 유통시설과의 거리가 100m 이내인 경우
교통중심형	버스터미널, 철도역, 여객항 등 교통시설과의 거리가 100m 이내이거나 간선도로의 교차로와 접한 경우
행정중심형	공공청사, 문화시설, 체육시설 등 행정시설과의 거리가 100m 이내인 경우
관광중심형	관광명소, 축제장, 음식테마거리 등 관광시설과의 거리가 100m 이내인 경우
주거중심형	1,000세대 이상 아파트단지와의 거리가 100m 이내인 경우
복합형	유통중심형, 교통중심형, 행정중심형, 관광중심형, 주거중심형 중 2개 이상에 해당하는 경우

자료: 서경규・이규태(2017) 논문

둘째, 최고지가부지의 1층 용도를 기준으로 업종을 분석하였는데 2015년의 경우 약국이 가장 많았고(21개 도시, 15.0%), 그 다음으로 휴대폰판매점(15개 도시, 10.7%), 귀금속판매점(14개 도시, 10.0%)의 순으로 나타났다.

셋째, 2015년의 경우 최고지가부지의 면적은 330.0㎡ 미만이 106개 도시로서 전체의 75.7%를 차지하였고, 건축물의 층수는 3층 이하가 92개 도시로서 전체의 65.7%를 차지하였다. 이는 중소도시의 도심에서는 부지규모가 작은 저층건물이 최유효이용이 될 수 있음을 보여준다.

9) 상점가는 일정 범위의 가로(街路) 또는 지하도에 대통령령으로 정하는 수 이상의 도매점포・소매점포 또는 용역점포가 밀집하여 있는 지구를 말한다(「유통산업발전법」 제2조제7호).

제2절 도시의 공간구조이론

1. 도시의 공간구조

1) 공간과 공간구조

공간(空間)이란 말은 매우 다의적 개념이지만, 땅과 땅의 사이를 주로 일컫는 개념으로 어떤 물체가 존재할 수 있거나 어떤 일이 일어날 수 있는 자리가 된다.

공간구조는 공간 위에 자리 잡고 있는 사물과 현상의 짜임새를 말한다. 사물과 현상의 공간적 분포는 땅을 이용하거나 또는 땅에서 영향을 받는 사람의 선택이 낳은 산물이다.

2) 도시공간구조

도시는 많은 인구와 높은 인구밀도를 유지하고, 2차 및 3차 산업에 종사하는 비율이 높으며, 다양한 삶의 형식이 존재하는 공간이라고 할 수 있다. 도시에서는 인간이 여러 시설을 이용하여 다양한 목적으로 활동한다. 따라서 도시의 구성요소를 인간, 시설, 활동의 3가지로 파악하는 것이 일반적이다.

도시는 다양한 요소들이 상호관련성을 가지며 적절히 조화되어 운영되는 하나의 유기체이다.[10] 따라서 도시의 공간구조는 끊임없이 변화한다. 그동안 도시는 ① 도심의 집중 → ② 외부공간의 확산(교외화) → ③ 내부공간의 쇠퇴 → ④ 도시의 재생 등의 과정을 거치며 변화해 왔다.

---

10) 대한국토・도시계획학회(2008), 도시계획론, 보성각, 35쪽.

2. 도시공간구조이론

1) 동심원이론

동심원이론은 도시는 그 중심지에서 동심원상으로 확대되어 성장하는 경향이 있다는 것으로 버제스(E. W. Burgess, 1923년)가 제안한 이론이다. 이는 도시는 중심지로부터 원을 그리며 성장하고, 중심지에서 멀면 멀수록 접근성, 지대 및 인구밀도가 낮아진다는 것을 말한다.

거주지의 분화과정을 침입(invasion)과 천이(succession)의 과정으로 보고 도시가 성장함에 따라 동심원상으로 그 공간 구조가 확대되어 나간다고 보았다. 제1지대는 중심업무지구(CBD)로 도시의 중심부에 발달하고, 제2지대는 점이지대(漸移地帶, zone in transition)로 상공업 및 주거지역이 혼재한 지역으로서 주거환경이 극히 불량하며 중심업무지구의 침입과 천이가 일어나는 곳이다. 제3지대는 노동자주택지대로 주로 공업 분야에 종사하는 근로계층이 집단적으로 거주하는 지역이고, 제4지대는 주택지대[11)]로 고급 아파트 내지는 단독주택으로 특화된 지역이며, 제5지대는 통근자지대(commuter's zone)로 도시경계를 넘어 CBD에서 60분 이내 정도의 승차시간 거리에 위치하는 교외주거지역 또는 위성도시로서 주로 교통축을 따라 산재해 있다.

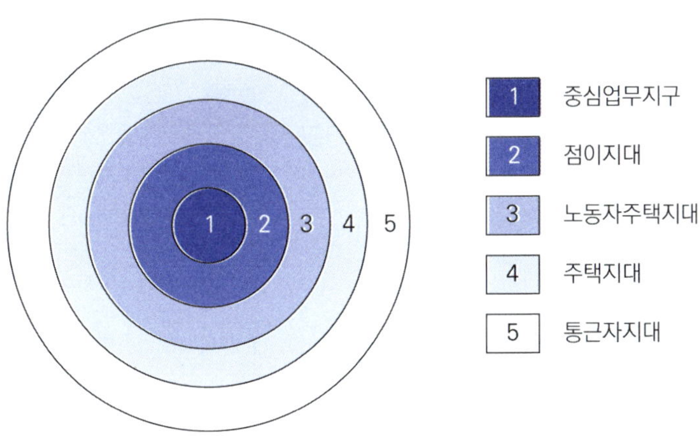

[그림 2.2.2] 동심원이론

11) 버제스는 1927년 논문에서 주택지대를 중급주택지구와 고급주택지구로 수정·세분하였다.

> ■ 버제스(E. W. Burgess): 도시생태학의 초기 연구자로 1886년 5월 캐나다의 온타리오 틸버리에서 태어났다. 오클라호마주의 킹피셔대학을 졸업(1908년)한 후, 시카고대학의 사회학과에서 박사학위를 받고(1913년), 1916년부터 시카고대학에서 교수로 재직했다. 그는 파크(R. E. Park) 및 매켄지(R. D. Mckenzie)와 함께 인간생태학을 최초로 도시연구에 적용하여 도시생태학의 토대를 마련했다. 동심원이론이 상업 및 산업도시의 모델로서 시카고를 택해 설명했는데 대해 동심원 형태의 도시구조는 당시 시카고의 특수한 형태로서 다른 도시에는 적용되지 않는다는 비판이 있다. 즉, 지역지구제·도시재개발·고속도로 건설 등이 도시의 패턴을 변화시킬 수 있으므로 인간의 개입으로 생태적 가정이 약화된다는 사실을 간과했다는 것이다.

2) 선형이론

이는 동심원이론을 수정·보완하여 미국의 도시경제학자인 호이트(H. Hoyt, 1939년)가 전개한 이론이다. 호이트는 미국 142개 도시의 1900년, 1915년, 1936년의 각 임료(rent)를 분석하여 임료 차이를 보이는 패턴을 도면화 하였다.[12] 선형이론은 동질적인 토지이용은 도심에서 교통망을 따라 확장되어 원을 변형한 모양으로 성장한다는 것이다. 즉, 저소득층 주거지구, 중산층 주거지구, 고소득층 주거지구들이 중심업무지구에서 교통노선을 따라 방사형으로 확대되면서 배치된다는 것이다. 결국 선형(扇形)이론은 도시는 하나의 중심지를 가지나 동질적인 토지이용이 동심원을 이루지 않고 부채형상을 이룬다는 것이다.

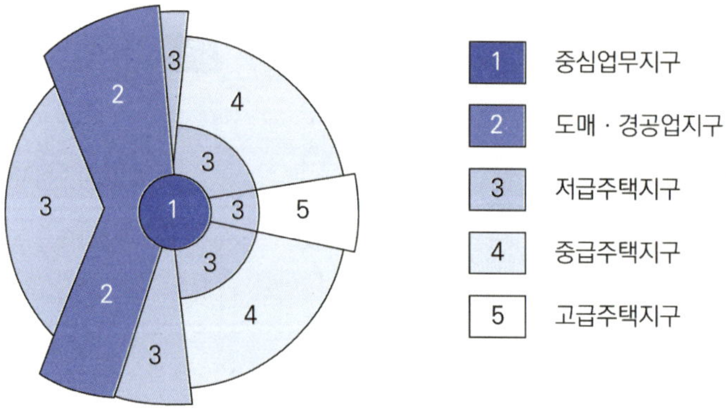

[그림 2.2.3] 선형이론

12) 남영우(2007), 도시공간구조론, 법문사, 349쪽 참조.

3) 다핵심이론

해리스(C. D. Harris)와 울만(E. L. Ullmam)은 도시에 있어서 토지이용의 형태는 단일의 핵심이 아니라 여러 개의 핵심을 중심으로 이루어진다는 이론을 제기하였다(1945년). 도시규모가 크지 않을 경우 하나의 중심지만으로 도시기능을 수행할 수 있으나, 도시규모가 커지면 중심핵에 모든 도시기능이 집중하는 것은 물리적으로 불가능하다. 도시의 핵이 여러 개 형성되는 이유로 해리스와 울만은 ① 중심핵의 지가가 높은 점(예: 높은 지대를 부담할 능력이 없는 업종은 CBD에 입지가 불가능), ② 도시활동의 중심은 시외교통과 토지공간의 형편 등에 따라 좌우되는 경우가 있는 점[13](예: 소매업의 중심은 교통이 가장 편리한 곳에 입지, 항만시설은 해안에 입지, 조망・배수 등이 양호한 고지대에 고급주택지구 입지), ③ 각기 다른 도시활동은 분산되며(예: 공장과 고급주택), 유사한 기능은 한 곳에 집중하는 편이 유리한 점(즉, 집적이익의 발생)을 들었다.

다핵심이론은 종전의 동심원이론이나 선형이론을 보완한 이론으로 특히, 대도시의 경우 더 설득력을 지니고 있다.

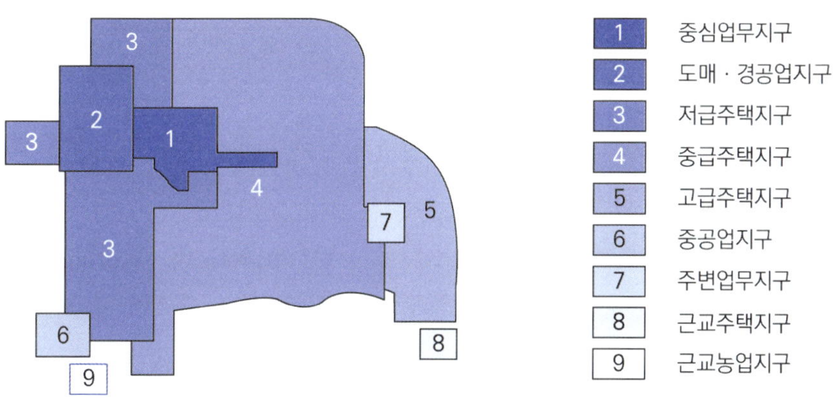

[그림 2.2.4] 다핵심이론

13) 이는 도시의 형성과 성장에 있어 교통조건과 자연조건의 영향이 크다는 것을 보여준다.

제3절 입지이론

1. 입지와 입지이론

1) 입지의 개념

일반적으로 입지(location)란 상가, 주택, 공장 등의 일정한 장소를 말하는 공간적 개념인데, 어떤 것이 자리를 차지하기 위해 장소를 정하는 행위 또는 어떤 것이 장소를 차지하고 있는 상태라는 의미로도 사용된다. 하트숀(Hartshone)은 입지를 '특정의 지점에 위치를 정하는 행위'(the fact that it is placed at a certain point)라고 말한다. 그리고 경제활동주체가 추구하는 입지조건을 갖춘 장소를 찾아내기 위한 활동을 입지선정이라 한다. 여기서는 주어진 제약조건하에서 최대의 효용을 얻을 수 있는 곳에 입지하려 한다고 가정한다.

2) 입지의 중요성

부동산활동(real estate activity)에서 관심의 대상이 되는 것은 용도측면의 입지이다. 사실 부동산의 거래활동에서 용도에 따른 차이는 있으나 입지선정과 무관한 활동은 거의 없다. 토지는 지리적 위치가 고정되어 있으면서 용도가 다양하므로 용도별로 다양한 입지선정이 이루어지고 또 한 가지 용도라 하더라도 목적에 따라 여러 가지 입지가 가능하다. 또한 입지를 한번 선정하면 마음대로 위치를 바꾸기 어려운 비가역성이 있다. 따라서 입지선정은 매우 중요한 작업이다.

3) 입지조건

입지조건(condition of location)이란 토지가 자리잡고 있는 위치의 조건을 말하는 것으로, 여기에는 자연조건과 인문조건이 있다. 자연조건은 지세・지질・지형・기후・온도・경관 등을 말하며, 인문조건은 사회적・경제적・정책적 제조건을 말한다.

입지조건과 부동산감정평가에서 말하는 가치형성요인은 서로 다르다. 우리 주위는 무수한 환경이 둘러싸고 있고, 이러한 환경은 자연적 환경과 인문적 환경으로 구분할 수 있다. 부동산감정평가는 그러한 환경요소가 부동산의 가치에 어떻게 영향을 미쳤는가?라는 관점이고, 입지선정에서는 적합한 환경상태가 무엇인가? 또는 환경이 적합한 곳에 입지하였는가?라는 관점이다.

인자(因子) · 요인(要因) · 조건(條件) · 요건(要件) · 요소(要素)의 구별

① 인자(factor)는 어떤 사물이나 사건의 성립에 관한 개개의 원인을 말하며, 유형적인 것과 무형적인 것을 포함한다. 요인(a primary factor)은 인자 중에서 중요한 인자를 말한다. ② 요인은 분석과정에서 나타난, 있는 그대로의 상태이므로 현실(sein)의 개념이고 사후(事後)적 개념이다(예: 지가형성요인). ③ 조건(condition)은 어떤 사물이나 사건이 성립되기 위해 꼭 갖추어야 할 상태(예: 입지조건)를 말하며, 요건이라고도 한다. 조건은 미리 제시된, 마땅히 있어야 할 상태이므로 당위(sollen)의 개념이고 사전(事前)적 개념이다. 또한, 조건은 인간의 힘으로 극복되거나 통제되지 않는 상태를 말하기도 한다(예: 기상조건). ④ 요소(element)는 어떤 사물이나 사건의 성립(또는 구성)에 필요한 성분 또는 더 이상 구분할 수 없는 최소 부분을 말한다(예: 생산요소, 구성요소). 따라서 이론상으로 입지선정에 있어서는 적합한 환경상태가 무엇인가?라는 관점이 강하므로 '입지조건'이라는 용어가 '입지요소'라는 용어보다 더 적합하며, 부동산감정평가에 있어서는 환경상태를 지가형성요인으로 분석하는 관점이므로 '조건'으로 세분하는 것보다 '요소'로 세분하는 것이 더 적합하다. 그러나 이를 개념은 현실적으로 구분이 어렵고 실무에서도 혼용하는 경우가 많다.

4) 입지이론의 전개

입지론의 연구대상 가운데 2차 산업 곧 공업이 공간발전의 핵심이라는 발상법에 따라 흔히 입지론이라 하면 바로 공업입지론을 일컫는 말이기도 하다. 입지론은 수송비가 산업의 공간적 분포에 미치는 역할을 조명하는 데서 출발한다. 산업주체의 수송비 최소화 노력이 산업분포의 결정적 요인이라 간주한다. 입지론에서의 행위주체는 수송비 최소화를 통해 생산성 극대화를 추구하는 합리적인 경제인(economic man)을 가정한다.

고전적 입지론은 현대에 와서 많은 도전을 받는다. 무엇보다 교통수단의 현대화로 인해 산업주체의 생산 활동에서 수송비가 차지하는 비중이 계속적으로 감소하기 때문이다. 대신 공간 그 자체가 아닌, 단지 공간 위에서 존재와 분포를 파악할 수 있는 각종 사회적 요인, 다시 말해 비공간적 요인을 통해 오히려 산업의 공간적 입지를 설명할 수 있는 가능성이 증대하고 있다.[14]

14) 김형국(1997), 한국공간구조론, 서울대학교출판부, 131쪽.

2. 상업입지

1) 상업입지의 의의

(1) 상업입지의 개념

상업입지는 수익을 목적으로 상업활동에 이용되는 부동산인 상업용부동산(commercial pro-perty)의 입지를 말한다. 상업용부동산은 업태에 따라 다양하게 구분된다. 상업활동의 대상이 일반대중으로 최종소비자일 경우에는 소매시설, 그렇지 않을 경우에는 도매시설로 구분되고, 점포의 집적여부에 따라 개별적으로 입지한 독립점포(free standing store)와 일정지역에 점포가 집적되어 있는 시장 또는 상가(strip commercial) 등으로 구분할 수 있다.

(2) 상업입지의 유형

상업입지의 유형은 다음과 같이 구분할 수 있다.

① 집심성: 배후지의 중심에 입지. 예) 귀금속점, 백화점, 극장

② 집재성: 동종 업종이 모여서 입지. 예) 가구점, 기계점, 음식점

③ 산재성: 동종 업종이 분산 입지. 예) 목욕탕, 할인점, 예식장

상품의 종류

1. 편의품(convenience goods): 소비자가 자주 구입하며 물건을 고르는 데 특별한 노력을 기울이지 아니하고 즉시 구입하는 제품을 말한다. 일상 필수품인 편의품을 판매하는 상점을 편의점(convenience store: CVS)이라 한다.
2. 선매품(shopping goods): 많은 점포에서 다양한 제품을 보고 가격, 품질, 디자인 등을 비교한 후에 구입하게 되는 제품을 말한다. 예를 들면 의류, 가구, 가전제품 등이다.
3. 전문품(specialty goods): 고객이 해당 제품이 갖는 특수한 매력에 집착하기 때문에 시간과 금전의 측면에서 구매를 위한 노력을 아끼지 않고 구매결정에 신중을 기하는 제품을 말한다.

대규모점포의 요건과 구분: 「유통산업발전법」 제2조 및 동법시행령 제3조

1. 요건
   - ① 하나 또는 대통령령으로 정하는 둘 이상의 연접되어 있는 건물 안에 하나 또는 여러 개로 나누어 설치되는 매장일 것
   - ② 상시 운영되는 매장일 것
   - ③ 매장면적의 합계가 3천㎡ 이상일 것
2. 구분
   - ① 대형마트: 용역의 제공장소[15]를 제외한 매장면적의 합계가 3천㎡ 이상인 점포의 집단으로서 식품 · 가전 및 생활용품을 중심으로 점원의 도움 없이 소비자에게 소매하는 점포의 집단
   - ② 전문점: 용역의 제공장소를 제외한 매장면적의 합계가 3천㎡ 이상인 점포의 집단으로서 의류 · 가전 또는 가정용품 등 특정 품목에 특화한 점포의 집단
   - ③ 백화점: 용역의 제공장소를 제외한 매장면적의 합계가 3천㎡ 이상인 점포의 집단으로서 다양한 상품을 구매할 수 있도록 현대적 판매시설과 소비자 편익시설이 설치된 점포로서 직영의 비율이 30% 이상인 점포의 집단
   - ④ 쇼핑센터: 용역의 제공장소를 제외한 매장면적의 합계가 3천㎡ 이상인 점포의 집단으로서 다수의 대규모점포 또는 소매점포와 각종 편의시설이 일체적으로 설치된 점포로서 직영 또는 임대의 형태로 운영되는 점포의 집단
   - ⑤ 복합쇼핑몰: 용역의 제공장소를 제외한 매장면적의 합계가 3천㎡ 이상인 점포의 집단으로서 쇼핑, 오락 및 업무기능 등이 한 곳에 집적되고, 문화 · 관광시설로서의 역할을 하며, 1개의 업체가 개발 · 관리 및 운영하는 점포의 집단
   - ⑥ 그 밖의 대규모점포: 제1호부터 제5호까지의 규정에 해당하지 아니하는 점포의 집단

2) 중심지이론과 상권

(1) 중심지이론

상업(3차산업)의 입지특성을 처음 밝힌 이론은 크리스탈러(Christaller)의 중심지이론(central place theory, 1933년)이다. 이는 모든 물건들은 하나의 핵, 즉 중심을 둘러싸면서 배치된다는 원칙의 존재를 전제로 한다. 상업적 요인에 의해 형성된 도시를 중심지(central place)라 하고, 그 중심지를 이용하는 주변지역을 배후지(hinterland)라 한다.

---

15) 매장은 상품의 판매와 이를 지원하는 용역의 제공에 직접 사용되는 장소를 말한다. 매장에 포함되는 용역의 제공장소는 「건축법시행령」 별표1 중 ① 제3호 나목부터 마목까지의 제1종 근린생활시설, ② 제4호의 제2종 근린생활시설, ③ 제5호의 문화 및 집회시설, ④ 제13호의 운동시설, ⑤ 제14호 나목의 일반업무시설(오피스텔은 제외)의 하나에 해당하는 시설이 설치되는 장소를 말한다.

배후지는 중심지의 시장인 셈인데, 중심지는 배후지의 크기, 소득수준, 구매력 같은 경제적 세력에 따라 달라지는 가변성을 보인다. 배후지가 넓고 거기에 사는 사람들의 구매력이 높으면 높은 계층의 중심지가 형성된다.

중심지이론의 주요 개념에는 중심지, 도달범위, 최소범위가 있다. ① 중심지(central place)는 주변지역에 재화나 서비스를 공급할 수 있는 기능이 집중된 지역을 말한다. ② 도달범위는 소비자(또는 수요자)가 재화나 서비스를 구하기 위해 기꺼이 가고자 하는 최대 범위를 말한다. ③ 최소범위는 공급자가 생존할 수 있는 최소한의 시장범위를 말한다. 도달범위가 최소범위보다 크면 공급자는 초과이윤을 얻을 수 있고, 반대로 도달범위가 최소범위보다 작으면 공급자는 생존할 수 없고, 중심지는 유지될 수 없다.

한편, 중심지가 수행하는 중심성에는 계층(hierarchy)이 있다. 중심성이 낮은 것 즉, 저차위(低次位)재화는 도달범위와 최소범위가 균형을 이룬 범위가 작은 것을 뜻하고, 중심성이 높은 것 즉, 고차위(高次位)재화는 도달범위와 최소범위가 균형을 이룬 범위가 큰 것을 뜻한다.[16] 저차위재화는 자주 소비하는 비교적 저가의 재화이기 쉽고, 고차위재화는 간헐적으로 소비하는 고가의 재화이기 쉽다.

(2) 상권의 개념

상권(trading area)이란 대부분의 고객이 흡인되는 지리적 공간의 범위를 말한다. 상권은 고객의 밀도에 따라 1차 상권, 2차 상권, 3차 상권으로 구분된다. 1차 상권은 상점 고객의 60~70%를 포함하는 상권범위를 말한다. 2차 상권이란 상점 고객의 15~25%를 포함하는 상권 범위이며, 3차 상권이란 1, 2차 상권에 포함되는 고객 이외의 고객을 포함하는 지역을 말한다.

3) 상권의 측정

(1) 레일리의 소매인력법칙

레일리(W. J. Reilly)의 소매인력법칙은 상업지의 상권의 범위를 설명하기 위해서 이론

16) 김형국(1997), 앞의 책, 156쪽.

적으로 법칙화한 것이다.[17)]

가령 도시 A와 도시 B의 중간지점에 C라는 도시가 있는 경우, C에 거주하고 있는 소비자가 어느 정도의 비율로 A, B의 도시에 구매를 위해 출향할 것인가에 대해 이 A, B 두 도시로 유출되는 지역의 소매판매량의 비율은 A와 B도시의 인구의 비율에 비례하고 C로부터 각각 A와 C도시까지 거리의 제곱에 반비례한다는 법칙을 Reilly는 구매지향비율이라는 이론으로 설명하였다.

Reilly 법칙의 공식은 다음과 같다.

$$\left(\frac{B_a}{B_b}\right)=\left(\frac{P_a}{P_b}\right)=\left(\frac{D_b}{D_a}\right)^2$$

B_a = A시가 중간의 도시를 C로부터 흡인하는 소매판매액

B_b = B시가 중간의 도시를 C로부터 흡인하는 소매판매액

P_a = A시의 인구

P_b = B시의 인구

D_a = A시와 C도시까지의 거리

D_b = B시와 C도시까지의 거리

Reilly 법칙에 대해 예를 들어 설명하면 다음과 같다.

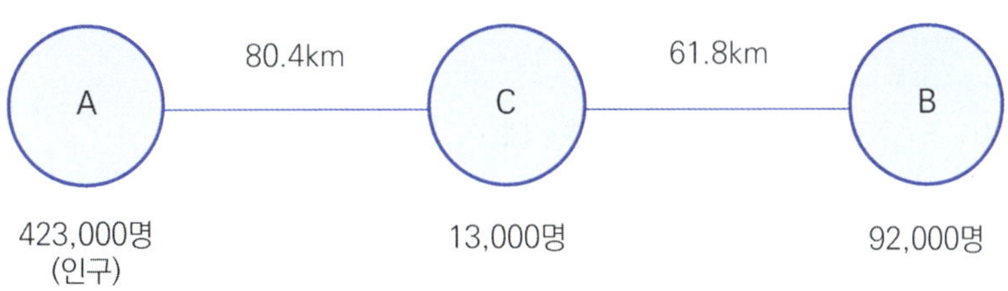

$$\left(\frac{B_a}{B_b}\right)=\frac{42.3}{9.2}\times\left(\frac{61.8}{80.4}\right)^2 \fallingdotseq \frac{25.0}{9.2} \fallingdotseq \frac{2.7}{1}$$

17) 상권의 측정에 관해서는 이래영(2000), 부동산학개론, 법문사, 355쪽 이하 ; 이성근 외(2014), 최신 부동산학, 부연사, 84~87쪽 참조.

또는 $\left(\frac{B_a}{B_b}\right)=\left(\frac{P_a}{P_b}\right)\times\left(\frac{D_a}{D_b}\right)^2=\frac{P_a/(D_a)^2}{P_b/(D_b)^2}$

$$=\frac{42.3\div(80.4)^2}{9.2\div(61.8)^2}\fallingdotseq\frac{6.544}{2.409}\fallingdotseq\frac{2.7}{1}\fallingdotseq\frac{73.1\%}{26.9\%}$$

즉, B시로의 구매지향비율은 A시로의 구매지향비율의 $\frac{1}{2.7}$이 된다.

> **레일리의 소매인력법칙**
> 1) 뉴턴(Isaac Newton)의 중력법칙을 이용하여 상권의 경계를 설정했던 이론이다.
> 2) 중력의 크기는 중심의 크기에 의해 결정되므로 상권의 범위도 중심의 크기에 의해 결정된다는 것이다.
> 3) 상권의 영향력의 크기는 인구수에 비례하고 거리의 제곱에 반비례한다.
> 4) 만약 두 도시의 크기(인구)가 같다면 두 도시간의 상권의 경계는 중간지점이 될 것이다.
> 5) 만약 A도시가 B도시보다 크다면 A도시의 영향력이 크므로 상권의 경계는 작은 쪽인 B도시 쪽에 가깝게 위치하게 된다.

(2) 컨버스의 소매인력법칙

$$D_a=\frac{D_{ab}}{1+\sqrt{\frac{P_b}{P_a}}}\quad\text{또는}\quad D_b=\frac{D_{ab}}{1+\sqrt{\frac{P_a}{P_b}}}$$

D_a = A도시로부터의 상권 분기점까지의 거리

D_b = B도시로부터의 상권 분기점까지의 거리

D_{ab} = A도시와 B도시간의 거리

P_a = A도시의 인구

P_b = B도시의 인구

2개의 경합도시 A와 B 중에 어느 정도로 소비자가 구매행위를 하러 가느냐에 대한 무차별적인 경합경계지점을 나타내는 공식이다. 전체의 상품에 대해서 일괄적으로 적용되는 것이 아니라 선매품과 전문품에 대해 적용될 수 있다.

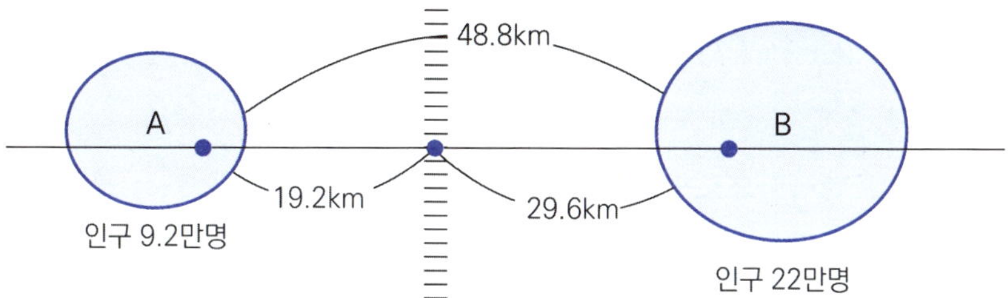

$$D_b = \frac{48.8\text{km}}{1+\sqrt{\frac{9.2}{22}}} = 29.6\text{km}$$

(3) 컨버스의 신소매인력법칙

컨버스(Converse)는 소비자가 소매점포에서 지출하는 금액 가운데 선매품에 대해서 소비자가 거주하는 도시에 잔류하는 부분과 경쟁자 지역에 흡인되는 부분에 대해서 다음과 같은 공식을 발표하였다.

$$\frac{B_a}{B_b} = \left(\frac{P_a}{H_b}\right)\left(\frac{4}{d}\right)^2 \text{ 또는 } B_b = \frac{1}{\left(\frac{P_a}{H_b}\right)\left(\frac{4}{d}\right)^2 + 1}$$

B_a = 외부의 대도시 A로 유출되는 중소도시 B의 유출량

B_b = 중소도시 B에 잔류하는 부분

P_a = 외부 대도시 A의 인구

H_b = 중소도시 B의 인구

d = A, B 도시간의 거리

4 = 관성인자로 적용평균치(4mile ≒ 6.4km)

Reilly의 법칙을 발전시켜 대도시와 중소도시 간의 매물(賣物)에 있어서 중소도시에서 소비되는 부문과 대도시로 유출되는 부문의 관계에 대해 설명하였다.

(4) 허프의 확률모델

상권 범위를 정하는 법칙은 일반적으로 Reilly를 시작으로 하여 Converse의 신소매인력 법칙을 거쳐서 허프(Huff)의 확률모델로 연관시킨 것이다. Huff교수는 Reilly와 Converse가 상권 범위의 산출에 사용한 인구와 거리 이외에도 도시 내외에 있는 상업집적의 소매점포 면적규모를 포함시킴으로써, 각 상업지 간의 흡인력의 강약 또는 물건을 사러가는 비율을 확률모델 이론으로 전개하였다. 즉, 소비자가 특정점포를 이용할 확률은 경쟁점포의 수, 점포와의 거리 및 점포의 면적(크기)에 의해 결정된다고 보았다.

$$P_{ij} = \frac{\dfrac{S_i}{T_{ij}^{\lambda}}}{\displaystyle\sum_{i=1}^{n} \frac{S_i}{T_{ij}^{\lambda}}} = \left(\frac{U_{ij}}{\displaystyle\sum_{i=1}^{n} U_{ij}} \right)$$

P_{ij}= 구매지향확률(i지점의 소비자가 상점가 j에 물건을 사러가는 확률)

U_{ij} = 상점가(매물시설) j가 i지역에 있는 소비자에 대해 갖는 흡인력

S_i = 상점가 j의 매장면적규모(특정의 상품계열에 적합한 매장면적)

Tij = 소비자가 주거지역 i로부터 상점가 j에 쇼핑하러 가기 위해 걸리는 시간거리

λ = 소비자가 거주하고 있는 지점 i에서 상점가 j까지 가는 데 있어서 도로의 폭, 하천폭, 횡단도로, 경사가 급한 언덕, 위험지대 등 매물을 함에 있어서 장애가 되는 저항요인의 Parameter를 의미한다(정확한 지수는 각 상황에 따라 측정하나 보통 2를 적용한다).

허프(Huff)모형 적용의 사례: 감정평가사시험(2018년), 부동산학원론

D도시 인근에 다음과 같은 A, B, C 세 개의 쇼핑센터가 있다. 허프(Huff)의 상권분석모형을 적용할 경우 각 쇼핑센터의 이용객 수는?(단, 거리마찰계수: 2, D도시 인구는 60만명으로서 그 중 40%가 위 쇼핑센터의 이용객이고, A, B, C 중 한 곳에서만 쇼핑함)

구분	쇼핑센터 A	쇼핑센터 B	쇼핑센터 C
쇼핑센터의 매장면적	4,000㎡	10,000㎡	20,000㎡
D도시로부터의 거리	10㎞	5㎞	10㎞

풀이: $P_{DA}=\dfrac{\dfrac{4,000}{10^2}}{\dfrac{4,000}{10^2}+\dfrac{10,000}{5^2}+\dfrac{20,000}{10^2}}=0.0625$(즉, 6.25%). 같은 방법으로 쇼핑센터 B, C에 대해 계산하면 각각 62.5%, 31.25%가 산출된다. 여기서 쇼핑센터의 이용객은 D도시 인구의 40%인 24만명이므로, 각 쇼핑센터의 이용객은 A: 15,000명(즉, 240,000 × 0.0625), B: 150,000명, C: 75,000명이다.

4) 상업지의 입지조건

(1) 사회적 및 경제적 조건

먼저, 상업활동은 고객을 상대로 이루어지므로 배후지에 거주하는 고객의 양과 질이 상업지의 유용성을 좌우한다. 따라서 배후지의 인구밀도가 높고 지역면적이 크며 고객의 생활수준이 높을수록 유리하다(배후지 및 고객의 양과 질). 해당 지역이 지역싸이클로 볼 때 어떤 국면에 있으며 상점가가 현재 얼마나 번영하고 있는지도 중요한 인자이다(번영의 정도). 상업활동이 활발히 이루어지기 위해서는 고객과의 접촉이 필요하므로 상업지는 고객의 교통인구(유동인구)가 많은 지역이어야 한다. 또한 배후지가 발달해 있어도 교통수단이 불편하고 접근성이 떨어지면 고객의 흡인력이 약해진다(고객의 교통수단과 접근성).

(2) 물리적 조건

상점가에서 가로의 구조가 특히 중요하다. 일반적으로 역・정류장을 향한 가로는 통근자의 귀가 시 통행량이 많은 곳이 유리하고,[18] 동서로 된 가로에서는 쇼핑은 오전보다 오후가 많으므로 석양관계로 인해 서쪽이 더 유리하다(가로의 구조). 획지의 형상은 일반적으로 정형을 선호하며, 상품의 전시와 접근성을 위해 가급적 접면너비가 넓을수록 유리하다(형상・접면너비). 또한 상업지는 지하층을 건축하는 경우가 많으므로 이때에는 도

18) 따라서 일반적으로 동일한 노선상가라도 출근 시 통행량이 많은 쪽보다 퇴근(귀가) 시 통행량이 많은 쪽의 상가가격이 더 비싸다.

로보다 낮더라도 크게 문제가 되지 않고, 도로보다 높을 경우 고객의 접근성이 방해되고 상품진열의 광고효과가 저하되는 등 불리한 인자로 작용한다(지반 · 고저).

3. 주거입지

1) 주거입지의 개념

주택은 인간의 생존과 생활에 필수적이며, 주거의 상황이 삶에 미치는 영향이 크므로 주거입지는 매우 중요하다. 주거입지는 거주의 쾌적성과 생활의 편리성 여부에 의해 주로 결정되어왔으며, 점차 주거에 소요되는 비용을 중시하는 경향이 있다.

2) 주거지의 입지조건

(1) 자연적 조건

주거지로는 남쪽이 트이고 완만한 경사를 이루며 북쪽은 차가운 계절풍을 막아주는 산이나 숲이 있는 땅이 좋다(지형 · 지세). 집터는 생땅(新鮮地)이 가장 좋다. 각종 매립지는 지반이 약해 지반의 침하 가능성이 있고 이를 방지하기 위해 추가적으로 파일(pile)공사를 필요로 하는 경우가 있으므로[19] 택지조성 전의 상태와 주변의 지형, 택지조성시기 등을 자세히 조사해야 한다(지질 · 지반). 또한 일조, 기온과 습도, 강수량, 바람 등의 기상상태도 고려하여야 한다(기상상태).

(2) 사회적 및 경제적 조건

먼저, 통근 · 통학 · 쇼핑 · 문화생활 등을 위해 여러 교통수단을 이용해야 하므로 이들 활동공간들과 접근성이 양호한 지역에 위치해야 한다(도로 · 교통조건). 교육시설 · 의료시설 · 문화시설 · 구매시설 등의 생활편의시설과 상수도 · 하수도 · 가스공급처리시설 등

19) 저수지를 매립하여 택지를 조성한 경우 등이 예이다.

의 공공시설의 유무와 정비상태도 중요한 인자이다(공공 및 생활시설의 정비상태). 공해·위험·혐오시설은 주거환경에 부적합하므로 이들의 인접지는 피하는 것이 좋다(공해·위험·혐오시설의 유무). 해당지역 거주자들의 직업, 직장, 소득수준, 재산상태, 연령 등은 지역의 사회적 환경의 질에 상당한 영향을 미친다(사회적 환경). 경제적 조건으로는 물가·임금 및 고용의 수준·부동산가격 등이 있다(경제적 조건).

(3) 정책적 조건

지역지구제 등 토지에 대한 공적 규제는 해당토지의 유용성을 좌우하는 것으로 중요한 고려요소이다(공법상의 규제상태). 또한 일조권문제, 주차문제 등도 고려사항이다(사법상의 규제상태).

1) 살기 좋은 도시 순위: www.eiu.com에서 재작성

영국의 주간지 이코노미스트지의 산하 경제전문조사기관인 Economist Intelligence Unit(EIU)는 세계 140개 도시의 생활여건을 평가한 결과를 발표하고 있다. EIU는 ① 안전성, ② 의료서비스, ③ 문화와 환경, ④ 교육, ⑤ 인프라의 5개 항목에 총 40개의 평가기준을 적용하여 생활불편도를 계량화하여 분석한다. 2005년의 경우 상위권에는 서유럽·북미·호주대륙의 도시들이 대거 포함되었는데 이는 기후여건이 좋고 소득수준이 높은데다 테러와 같은 위협이 낮아서이다. 한편, 2021년 발표에서는 코로나19의 대유행으로 전염병예방이 중요해지면서 순위의 변화가 심했는데, 대체로 아시아·태평양지역의 도시들이 좋은 점수를 받았다.

년 도	순위	1	2	2	2	5	5	5	5	5	10
2005	도시	밴쿠버	멜버른	빈	제네바	퍼스	애들레이드	취리히	토론토	캘거리	프랑크푸르트
	국가	캐나다	호주	오스트리아	스위스	호주	호주	스위스	캐나다	캐나다	독일
년 도	순위	1	2	3	4	4	6	7	8	8	10
2021	도시	오클랜드	오사카	애들레이드	웰링턴	도쿄	퍼스	취리히	제네바	멜버른	브리스베인
	국가	뉴질랜드	일본	호주	뉴질랜드	일본	호주	스위스	스위스	호주	호주

2) 살기 좋은 도시 순위: www.mercer.co.kr에서 재작성

다국적 컨설팅회사인 머서는 매년 세계의 도시에 대해 삶의 질을 평가한 결과를 발표하고 있다. 도시 삶의 질은 ① 정치적 여건(정치적 안정성, 범죄율, 법집행 등), ② 경제적 여건(환전, 은행서비스 등,) ③ 사회와 문화적 여건(검열, 개인자유의 제한 등), ④ 보건과 위생(의료서비스, 전염병, 폐기물처리, 공기오염 등), ⑤ 공공서비스(전기, 물, 대중교통, 교통체증 등), ⑥ 교육(외국인 학교 및 이용도 등), ⑦ 여가(식당, 영화관, 스포츠와 레져 등), ⑧ 소비생활(품질 및 구입 편리성: 식품 및 소비재, 자동차 등), ⑨ 주택(주택임대, 가전제품, 가구, 유지관리 서비스 등), ⑩ 자연환경(기후, 자연재해 등)의 10개 항목에 총 39개의 요소들을 분석하여 결정한다. 2008년과 2014년의 결과는 다음과 같다.

년 도	순 위	1	2	2	4	5	86
2008년	도 시	취리히	빈	제네바	밴쿠버	오클랜드	서울
	국 가	스위스	오스트리아	스위스	캐나다	뉴질랜드	한국
년 도	순 위	1	2	3	4	5	74
2014년	도 시	빈	취리히	오클랜드	뮌헨	밴쿠버	서울
	국 가	오스트리아	스위스	뉴질랜드	독일	캐나다	한국

4. 공업입지

1) 공업입지의 의의

(1) 공업입지의 개념

공업입지는 공업생산활동이 행해질 장소를 정하는 행위를 말한다. 공업생산활동은 원료가 투입되어야 하고, 생산된 제품은 시장으로 반출되어야 한다. 여기서 원료산지와 시장까지의 거리를 극복하려면 교통비용이 소요된다. 따라서 공업지의 최적입지는 원료구득비와 시장반출비를 합한 교통비가 최소화되는 지점이다.[20]

항구 등 주요 교통요지가 공업의 중요 입지로 등장한 것은 바로 교통비를 최소화할 수 있는 지점이기 때문이다. 최근에는 제품의 첨단화로 경박단소(輕薄短小)의 고부가가치 제품이 생산됨에 따라 공항부근이 중요 공업입지로 등장하고 있다.

20) 김형국(1997), 앞의 책, 139쪽.

(2) 공업입지의 유형

공업입지의 유형은 다음과 같이 구분할 수 있다.

① 원료지향형: 시멘트공장, 농산품 가공공장, 맥주공장

② 시장지향형: 석유화학산업, 철강산업, 조선업

③ 자유입지형: 전자산업

2) 공업입지이론

공업입지이론 중 대표적인 것은 베버(A. Weber)의 최소비용이론이다. 이는 주어진 가격에서 수요는 무한하고, 수송비는 거리에 비례하며, 시장가격은 고정되어 있고, 주어진 임금에서 노동력은 무한히 공급된다는 기본 가정하에 공업입지에 영향을 주는 중요한 요소로서 수송비, 노동비 및 집적력(agglomeration)의 3가지를 들고 있다. 수송비와 노동비는 기본 입지형태와 지리적 틀을 결정하는 요소이고, 집적력은 이 일반적인 틀 안에서 분산 정도를 결정하는 요소로서 세 요소를 고려하였을 때 총비용이 제일 적은 곳이 공업지의 적지로 선정된다는 것이다.

따라서 감정평가에 있어 공업지역의 경우 지역요인에서 접근조건이 강조된다. 즉 수송비(판매 및 원료구입시장과의 위치관계), 노동비(노동력확보의 난이) 및 집적력(관련산업과의 관계)이 강조된다.

> ➡ 클러스터(cluster)란 기업 · 대학 · 연구소 등이 특정지역에 모여 네트워크 구축과 상호 작용을 통해 사업 전개와 기술 개발, 부품 조달, 정보 교류 등에서 시너지효과를 내는 것을 의미한다.

3) 공업지의 입지조건

(1) 자연적 조건

공업지는 지질 · 지반 등에서 개발하기 쉽고 개발비용이 적게 들어야 한다. 또한, 일조, 기온과 습도, 강수량, 바람 등의 기상상태도 고려하여야 한다(기상상태).

> ■ 미 남서부 사막에 부동산개발 붐: 미국 남서부 사막에 부동산개발 붐이 일고 있다. 고유가와 녹색성장의 추진으로 태양광 발전이 대체에너지로 각광받으면서 태양광발전소 부지를 찾기 위해 캘리포니아 · 네바다 · 유타 · 애리조나의 4개주에 걸쳐있는 모하비사막으로 기업들이 몰려들고 있다. 남한 면적의 절반이 넘는 57,000㎡의 모하비사막은 비가 거의 오지 않고 일조량이 풍부해 태양광 발전의 최적지로 꼽힌다. 또한, 배후 4개주의 인구가 남한 인구와 맞먹는 4,600만 명에 달하고, 로스앤젤레스 · 샌디에이고 · 라스베이거스 등 대도시가 가까워 미국 최대 전력시장이 형성돼 있다. 이에 따라 종전에 푸른 하늘과 누런 황무지뿐이던 사막이 새로운 기회의 땅으로 변했다. 태양광 발전을 위한 토지 임대신청이 급증하고, 사유지 땅값도 급등해 수년 전에 에이커(1acre = 4046.8㎡)당 500달러에 불과했으나 현재는 1만달러까지 치솟았다(한국경제신문, 2008. 07. 18, 및 조선일보, 2009. 09. 19. 참조).

(2) 사회적 및 경제적 조건

먼저, 원료구입 및 판매시장과의 접근성이 좋고 교통시설의 정비상태가 양호하여 수송비가 적은 지역이어야 한다(도로 · 교통조건). 노동력의 확보에 어려움이 없는 지역이어야 한다(노동력 확보의 난이). 관련산업 · 협력업체 및 연구기관간의 위치관계도 중요한 인자이다(관련산업 및 연구기관과의 관계). 동력자원 · 공업용수 · 공장배수 등의 공공 및 처리시설시설의 유무와 정비상태도 충분히 고려되어야 한다(공공 및 처리시설의 상태). 또한 지가가 저렴한 곳이어야 한다(지가).

(3) 정책적 조건

당해 국가의 정치적 안정이나 노사협력도 매우 중요하다. 그 외에 국가나 지방정부의 정책(협력정도)도 고려하여야 하며, 공장설립에 있어 공법상 규제도 검토하여야 한다. 하나의 지구촌 경제시대가 도래함에 따라 외국자본을 유치하기 위한 각국의 경쟁이 치열하며, 지방화 · 분권화의 시대를 맞이하여 지역경제 활성화를 위해 공장을 유치하려는 지방정부의 노력도 지속되고 있다.

제3장 부동산시장

제1절 부동산시장의 의의

1. 부동산시장의 개념과 기능

1) 부동산시장의 개념

시장(market)이란 재화와 용역에 대한 수요와 공급에 의해 가격이 형성되고 거래가 이루어지는 장소를 말한다. 즉, 상품에 대한 수요와 공급에 관한 정보가 교환되고 그 결과로 상품이 거래되는 매개체라 할 수 있다. 그러나 경제학의 입장에서 보면 시장이란 어떤 특정 장소라기보다는, 특정한 재화나 용역을 사고파는 사람들의 활동이라고 할 수 있다.

부동산시장은 수요와 공급에 의해 부동산권리가 거래되는 장소로 정의할 수 있다. 부동산시장은 유형적인 물건의 거래를 매개로 하는 일반 재화시장과는 달리 부동산권리의 거래를 매개로 하는 곳이므로 추상적 시장이다.

2) 부동산시장의 기능

(1) 교환기능

부동산시장은 자금능력을 가진 사람의 기호에 따라 부동산 또는 공간을 재배분하게 되는데, 여기에서는 부동산과 현금, 부동산과 부동산, 소유권과 임차권 등의 교환이 이루어진다. 교환은 거래 당사자간에 서로 이익이 있다고 생각할 때 이루어진다.

(2) 자원배분기능

부동산시장은 두 가지 배분기능을 한다. 하나는 기존 부동산공간을 수요자에게 배분하는 것이고, 다른 하나는 여타 자원을 건물과 같은 개량물에 배분하는 것이다. 각종 부동산공간에 대한 경쟁과정에서 수급자간의 공간배분 역할을 하는 것으로, 공간과 입지가 상품이고 이익을 목적으로 경쟁을 하게 된다. 또 이러한 경쟁과 가격메카니즘은 기존 건물의 유지와 수선, 개축 등을 통하여 부동산에 대한 분배를 촉진하게 된다.

(3) 가격창조기능

부동산가격은 일물일가의 법칙이 성립되지 않으므로, 동일한 부동산이라고 해도 거래할 때마다 새로운 가격이 창조된다. 부동산시장에서 거래당사자는 가격에 대해 서로 협상을 한다. 이때 시장가격은 매수인이 더 이상 지불할 수 없는 상한가와 매도인이 더 이상 양보할 수 없는 하한가 사이에서 결정된다.

(4) 정보제공기능

부동산시장은 부동산활동주체에게 필요한 정보를 제공해 준다. 예를 들어 투자가, 개발업자, 임대업자, 중개업자, 감정평가업자 및 정부 등은 모두 그들의 업무상 필요에 의해 부동산거래정보를 수집하고 이용한다.

(5) 양과 질의 조절기능

부동산소유자, 개발업자, 건설업자 등은 부동산시장에서 부동산의 유용성을 증가시키기 위해 노력하는데 이 과정에서 부동산의 성격이 변하고 양과 질이 조정된다. 예를 들어 주거수준의 수요변화(교체수요)가 부동산시장에 있으면 주택의 질적 개선에 영향을 준다.

2. 부동산시장의 분류

1) 개요

부동산시장은 다양한 기준에 따라 분류할 수 있다. 부동산시장의 분류기준에는 부동산의 용도, 부동산권리의 유형 등이 있으며, 특히 주택의 경우에는 건설시기, 규모 등에 따라 따로 분류하기도 한다.

2) 부동산의 용도에 따른 분류

이는 거래되는 부동산의 용도에 따른 분류이다. 부동산시장은 부동산의 용도에 따라 크게 주거용 시장, 상업용 시장, 공업용 시장, 농업용 시장, 특수용 시장 등으로 구분할 수 있다. 이들 부동산시장은 다시 세분화된 하위시장으로 분류할 수 있는데, ① 주거용 시장은 공동주택 시장, 단독주택 시장으로, ② 상업용 시장은 매장용 시장, 업무용 시장으로, ③ 공업용 시장은 공장용 시장, 창고용 시장 등으로, ④ 농업용 시장은 밭(田) 시장, 논(畓) 시장 등이 예이다.

3) 부동산권리의 유형에 따른 분류

거래되는 부동산권리의 유형에 따라 매매시장과 임대시장으로 구분할 수 있다. 매매시장은 소유권이 거래되는 시장이고, 임대시장은 사용・수익권이 거래되는 시장이다. 임대시장은 다시 임료의 지급형태에 따라 전세시장, 보증부 월세시장, 월세시장으로 세분할 수 있다.

〈표 2.3.1〉 주택의 점유형태 (단위: %)

시기	합계	자가	전세	보증부 월세	월세	무상
2019년	100.0	58.0	15.1	19.7	3.3	3.9
2010년	100.0	54.3	21.7	18.2	3.3	2.7

자료: 통계청, 주거실태조사

3) 주택의 신축 여부에 따른 분류

주택의 경우 신축 여부에 따라 기존주택(또는 재고주택)시장과 신규주택시장으로 분류할 수 있다. 우리나라의 경우 주택 선분양제가 시행되므로 신규주택시장으로서 분양권시장이 형성된다.

주택의 매매시장에 있어 기존주택과 신규주택은 서로 다른 양상을 보이기도 한다. 기존주택의 경우 매매대금을 일시에 지급하는 반면, 신규주택은 통상 이를 분할하여 지급한다. 또한, 일반적으로 기존주택에 비해 신규주택의 자본이득 가능성이 더 높다. 따라서 입지가 유사한 경우 일반적으로 기존주택보다 신규주택의 거래(또는 분양)가 더 활발하다.

4) 주택의 규모에 따른 분류

주택의 경우 그 면적(공동주택의 경우 전용면적)을 기준으로 소형시장, 중형시장, 대형시장으로 분류하기도 한다. 소형・중형・대형의 법적 분류 기준은 없지만 일반적으로 소형시장은 전용면적 60㎡ 이하, 중형시장은 60㎡ 초과~85㎡ 이하, 대형시장은 85㎡ 초과를 말한다. 한편, 한국부동산원이 발표하는 공동주택 실거래가격지수에서는 초소형: 40㎡ 이하, 소형: 40㎡ 초과~60㎡ 이하, 중소형: 60㎡ 초과~85㎡ 이하, 중대형: 85㎡ 초과~135㎡ 이하, 대형: 135㎡ 초과로 분류하고 있다.

3. 부동산시장의 특성

1) 개요

부동산시장은 일반 재화시장과 비교할 때 다양한 특성이 있다. 이는 부동산이 일반 재화와는 다른 자연적 특성과 인문적 특성이 있기 때문에 야기된다. 여기서 부동산시장의 특성을 한마디로 표현하면 불완전경쟁시장이라는 것이다.

일반적으로 완전경쟁시장의 성립조건으로 ① 수많은 수요자와 공급자, ② 재화의 동질성, ③ 완전한 정보, ④ 자유로운 시장 진입과 탈퇴의 4가지를 들고 있다. 여기서 완전경쟁시장과 부동산시장을 비교하면 다음과 같다.

〈표 2.3.2〉 완전경쟁시장과 부동산시장의 비교

구분		완전경쟁시장	부동산시장: 불완전경쟁시장
조건	시장참여자의 수	수많은 수요자와 공급자	소수의 수요자와 공급자
	재화의 질	재화의 동질성	재화의 비동질성: 개별성
	정보의 유통	완전한 정보	정보의 불완전성 및 비대칭
	시장 진입과 탈퇴	자유로운 시장 진입과 탈퇴	시장 진입과 탈퇴의 곤란
특징	시장참여자의 지위	수요자와 공급자의 가격통제 불가능 → 가격수용자로서의 수요자와 공급자	수요자와 공급자의 가격통제 가능
	일물일가의 법칙	일물일가의 법칙 성립	일물일가의 법칙 불성립

2) 부동산시장의 특성

(1) 시장의 국지성(지역성)

부동산시장은 공간적 작용범위가 한정되는 경향이 있으며 각 지역은 고유한 시장을 형성한다. 이를 시장의 지역성 또는 국지성이라 하며, 이것은 부동산의 지리적 위치의 고정성과 개별성이라는 특성에 기인한다. 부동산의 부동성(지리적 위치의 고정성)과 개별성은 부동산 간의 가격경쟁을 억제시키는데 이로 인해 부동산가격은 지역적 수요에 의존하며 불규칙적이다. 그리고 국지성은 부동산시장이 지역에 따라 여러 개의 부분시장으로 나누어지는 것을 의미하며, 이를 시장의 분화라 한다.

> 시장의 분화는 소비자의 특성을 기초로 나타날 수 있다. 먼저, 소비자의 연령과 성별 등 인구통계학적 특성을 기초로 시장을 세분할 수 있고, 둘째, 소비자의 수입 등 경제적 특성을 이용할 수 있다. 셋째로는 소비자의 사이코그래픽스(psychographics: 심리적 또는 행동적 변수) 특성을 이용할 수도 있다. 예를 들어 소비자의 태도, 기호 및 생활양식 등에 기초하여 소비자를 상호 구별 가능한 몇 개의 하위그룹으로 나눌 수 있는 것이다.

(2) 소수의 수요자와 공급자

부동산시장은 지역성(국지성)의 특성으로 인해 어떤 특정지역에 소수의 수요자와 공급자가 존재한다. 부동산시장에는 수요자에 비해 공급자의 수가 적은 것이 통상적이어서, 수요자 경쟁이 일반적이고 따라서 공급자우위 시장의 성격이 강하다. 그리고 부동산이 다른 재화에 비해 고가(高價)이기 때문에 수요자의 수도 제한되는 경향이 있다.

(3) 재화의 비동질성

부동산의 개별성의 특성 때문에 부동산시장에는 동질적인 재화가 존재하지 않는다. 부동산의 개별성・대체불가능성 등은 부동산시장에서 웃돈의 존재를 자연스럽게 한다. 또한 상품이 다른 상품과 교환 내지 대치할 수 없다면 독자적인 시장으로 발전할 것이고 수요자와 공급자의 수도 감소하게 된다.

(4) 정보의 불완전성 및 비대칭

부동산의 개별성・고가(高價)성・제도적 규제(예: 조세부과, 자금출처조사 등) 등은 부동산 또는 그 거래정보의 공개를 저해하는 요인이 된다. 정보의 비공개성은 정보의 불완전성 및 비대칭을 초래하여 합리적인 가격형성과 자유로운 거래를 저해한다. 예를 들어 소유하고 있는 부동산에 대한 많은 정보를 가진 매도자가 이를 정확하게 제공하지 않고 매도한 경우 시장가치 이상의 고가로 거래될 가능성이 높다.

(5) 시장 진입과 탈퇴의 곤란

먼저, 부동산이 가진 고가(高價)성, 개별성, 다양한 규제 등은 필연적으로 부동산시장의 진입과 탈퇴를 어렵게 한다. 거래대금을 마련할 수 있어야 부동산을 매수할 수 있는데 고가라 매수하는 것이 어렵다. 또한, 특정 부동산을 원하는 매수자가 있어야 이를 매도할 수 있는데 원하는 시기에 원하는 가격으로 매도하는 것이 어렵다. 물건을 팔아서 돈과 바꿀 수 있는 성질을 환금성이라고 하는데 부동산은 일반적으로 환금성이 낮다.

둘째, 거래의 장기성도 부동산시장의 진입과 탈퇴를 어렵게 한다. 부동산시장에서 거래는 다른 시장과는 달리 부동산의 탐색과 선택, 계약체결, 등기 이행 등 여러 절차가 필요하기 때문에 거래에 상당한 기간이 필요하다.

셋째, 높은 거래비용도 부동산시장의 진입과 탈퇴를 어렵게 한다. 부동산거래의 경우 필연적으로 세금이 부과되며 그 외에도 중개수수료, 이사비용 등이 발생하는 경우가 많다. 부동산을 취득하거나 양도할 때 부과되는 세금을 거래세라 한다.

(6) 시장의 비조직성

부동산의 위치의 고정성 및 개별성의 특성으로 인해 부동산시장이 국지적으로 형성됨으로써, 조직적인 시장기구의 형성이 어렵다. 즉, 부동산의 유통구조가 다른 재화의 유통구조와는 달리 조직적이지 못한 것은 부동산시장이 하위시장(sub-market)으로 구성되기 때문이다. 최근 인터넷을 이용한 거래정보망사업 등의 시도는 부동산시장에 대한 부분적인 조직화를 기대할 수 있을 것이다.

(7) 수급조절의 곤란성

부동산의 여러 가지 특성은 부동산시장의 수급조절을 어렵게 만들고 있다. 부동산활동은 장기적 배려성을 갖고 있고, 건축활동에 많게는 수년이 걸리므로 단기공급이 어렵다. 이러한 이유로 부동산시장은 상황이 변해도 수요・공급을 조절하기 쉽지 않고, 조절하는 데도 시간이 많이 걸린다. 따라서 단기적으로 가격의 왜곡이 발생할 가능성이 높다.

(8) 다수의 제도적 규제

부동산은 사회성과 공공성이 큰 자산이므로 그 자체뿐 아니라 부동산시장에도 다른 재화시장에 비해 규제가 많다. 부동산시장에 대한 정부의 개입을 부동산정책이라고 한다.

(9) 공매의 곤란성

공매(空賣, short selling)는 '없는 것을 판다'라는 뜻으로 재화를 소유하지 않고 파는 것을 말한다. 공매는 주로 주식이나 곡물과 같이 대체성이 높은 재화에 대해 제도적인 안정장치가 마련되어 있을 때 가능하다. 그러나 부동산의 경우 개별성의 특성 등으로 인해 공매가 사실상 불가능하다.

제2절 부동산시장의 지역성

1. 지역의 체계

1) 지역의 개념

우리는 일상생활에서 유럽연합(EU), 도시지역, 지방자치, 지역계획 등 다양한 지역의 개념을 사용하고 있다. 감정평가분야에 있어서도 용도지역, 지역요인, 인근지역, 동일수급권 등 지역과 관련된 다양한 용어가 활용되고 있다.

지역(地域)이란 매우 넓고 다의적인 개념이다. 따라서 통일적인 정의를 하는 것이 어렵고 학문적 분야와 관심에 따라 달리 사용한다. 국립국어원의 표준국어대사전에서는 지역을 '일정하게 구획된 어느 범위의 토지'라고 규정한다. 사회과학에서는 일반적으로 지역을 '동질적인 특성을 가진 일정한 지표면의 범위'로 정의한다.

우리가 어떤 곳을 지역이라 부를 때에는 선험적으로 일정한 넓이와 경계를 예상하며 동시에 그 지역이 갖는 여러 가지 특성을 고려한다.[1)] 따라서 지역의 개념에는 다음과 같은 속성을 지니고 있다. 첫째, 지리적으로 연속된 일정한 장소가 필요하다. 둘째, 다른 지역과 구별되는 경계가 있어야 한다. 셋째, 지역 내 공간들은 동일한 특성을 지니고 있어야 한다. 따라서 이 책에서는 지역을 '동일한 특성을 지닌 지리적으로 연속된 일정한 장소의 집단'으로 정의한다.

지역은 산맥, 구릉, 하천 등과 같은 자연환경에 의하여 구분되는 자연적 지역과 정치적·행정적·역사적 영역, 동일한 인종이나 종교, 경제지역 등으로 구분되는 인문적 지역으로 대별된다. 그러나 참다운 지리학적 지역이란 이들 자연·인문의 양 현상이 혼연히 조화된 지역적 유기체로서의 성격을 가진 것이어야 한다.

---

1) 한국지역개발학회 편(1998), 지역개발학원론, 법문사, 42쪽.

2) 지역의 체계

지역은 그 범위에 따라 여러 가지로 분류할 수 있다. 이 책에서는 공간적 크기에 따라 세계, 국가, 지방, 지역사회 그리고 인근지역의 체계로 분류한다.

지방(locality)은 어느 방면의 땅을 말한다. 수도(首都)에 대비되는 개념으로서가 아니라 수도 또한 지방이다.[2] 이 책에서는 추상적으로 국가보다는 작고 지역사회보다는 큰 공간범위를 의미하는 것으로 정의한다. 행정구역과 비교하여 표현하면 2개 이상의 특별시・광역시・도(道)로 구성되거나 또는 하나의 특별시・광역시・도(道)의 권역을 지칭하는 범위로 나타낼 수 있다. 따라서 중부지방, 수도권, 제주지방 등으로 표현할 수 있다.

지역사회(community)는 지역과 사회의 합성어로 일정한 장소 내의 생활공동체를 말한다. 봉건사회에서 지역사회는 영주(領主)의 토지소유 아래에서 토지의 공동이용을 단위로 하여 자연스럽게 형성된 폐쇄적인 자급자족적 생활공동체였다. 그러나 자본주의사회의 등장으로 자본의 단일지배에 의해 지역성은 급속히 상실되어 갔으며, 지역은 정치적 지배의 단위로서만 의미를 가지게 되었다. 따라서 현재의 지역사회는 예전과 같은 자생적・자연적 단위가 아니고 인위적・행정적 단위로 성립되어 있다. 이 책에서는 지역사회를 '지방의 범위 안에서 인문적으로 구분된 생활공동체'라 칭한다. 도시에서 행정구역을 범위로 하는 지역사회가 생활공동체로서의 의미를 잃었다는 비판이 있지만[3], 지방자치제가 실시된 이후 행정구역에 따라 각종 시설의 정비수준, 행정서비스의 수준 및 자치법규의 상태 등에 차이가 있으며, 이에 따라 부동산수요에 영향을 미치고 있다. 따라서 지역사회의 공간적 범위를 행정구역상 시・군・구(자치구를 말한다)와 동일한 범위로 본다.

인근지역이라 함은 감정평가의 대상이 된 부동산이 속한 지역으로서 부동산의 이용이 동질적이고 가치형성요인 중 지역요인을 공유하는 지역을 말한다.

---

2) 예를 들어 열대지방, 영동지방 등으로 쓰이며, 수도가 지방의 의미로 사용되는 예로는 서울지방국토관리청, 서울지방경찰청 등이 있다.

3) 계기석・천현숙(2000), 커뮤니티 중심의 주거환경정비 연구, 국토연구원, 30쪽.

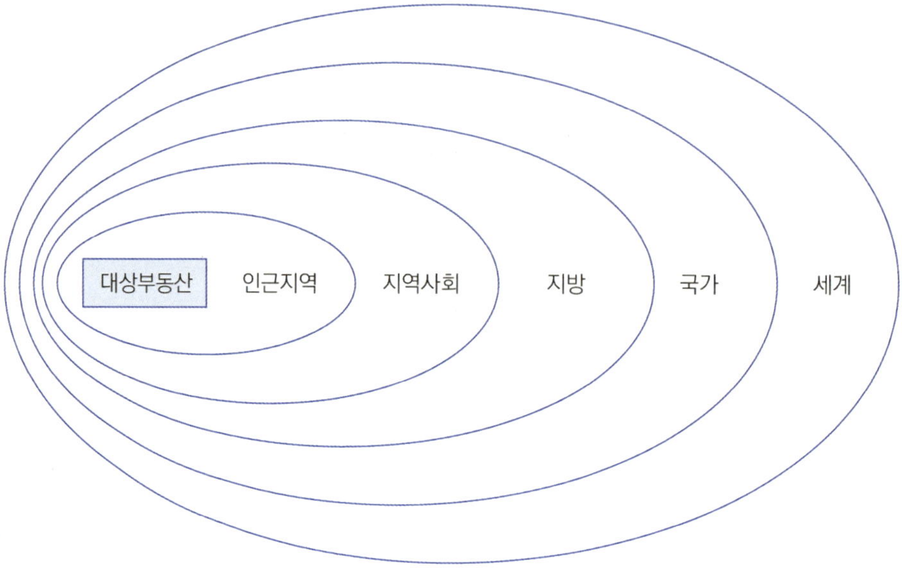

[그림 2.3.1] 감정평가상 지역의 체계

2. 부동산의 종별

1) 부동산 종별의 의의

부동산의 가치는 지역특성에 의해 그 수준이 결정되고, 그 수준 내에서 개별특성에 의해 구체적인 가치가 결정된다. 따라서 지역특성이 어떠하냐에 따라 부동산가치는 크게 좌우된다. 여기서 부동산의 용도에 따라 구분되는 부동산의 분류를 부동산의 종별이라 한다. 즉, 부동산의 종별은 부동산을 용도적 관점에서 분류한 것으로 지역의 종별과 개별토지의 종별로 구분할 수 있다.

지역의 종별은 지역의 용도에 따른 구분으로서 용도지대라고도 한다. 용도지대는 토지의 실제용도에 따른 구분으로서 토지의 지역적 특성이 동일하거나 유사한 지역의 일단[4]을 말한다. 한편, 개별토지의 종별은 용도지대의 제약하에서 이루어진 개별토지의 용도에 따른 구분이다.

4) 「표준지의 선정 및 관리지침」 제2조 참조.

부동산의 종별에 따라 부동산의 가치형성요인이 다르므로 부동산의 종별 판정에 유의하여야 한다. 한편, 감정평가실무의 혼란을 방지하고 감정평가의 신뢰성을 제고하기 위해서는 부동산 종별 판정에 관한 합리적이고 객관적인 기준이 필요하다.

> **용도지대와 용도지역**: 용도지대는 달리 '용도적 지역' 또는 '용도지역'이라고도 한다. 그러나 토지의 실제용도에 따른 구분으로서 토지의 지역적 특성이 동일하거나 유사한 지역의 일단을 '용도적 지역' 또는 '용도지역'으로 부르는 것은 「국토계획법」상 용도지역제의 용도지역(用途地域)과 혼동이 있을 수 있다. 따라서 이를 용도지대로 부르는 것이 더 합리적이다. 용도지대가 토지이용의 실제적인 측면의 지역구분이라면, 용도지역은 계획적인 측면에서의 지역구분이다.

2) 용도지대의 구분

현재 법령에서 용도지대에 관한 개념이 불명확하며 그 구분이 비현실적이고 판정에 관한 구체적 기준이 없는 등 많은 문제가 있다. 또한, 세분된 용도지대별로 가치형성요인을 제시하지 않아 감정평가실무에서 그 판정을 소홀히 하고 있다. 따라서 용도지대의 개념을 명확히 하고 합리적으로 세분하여 구체적인 판정기준을 제시할 필요가 있다. 또한, 용도지대는 지역의 종별로서 개별토지의 종별과 동일한 관점에서 세분함으로써 논리적 일관성을 유지할 필요가 있다.

용도지대를 합리적으로 구분하면 크게 택지지대 · 농지지대 · 산지지대 · 후보지지대 · 기타지대로 구분할 수 있다.[5)]

첫째, 택지지대는 건축물의 부지로 이용 중이거나 이용 가능한 지역을 말하며, 다시 상업지대 · 주거지대 · 공업지대로 세분된다.

둘째, 농지지대는 농작물 경작이나 농축산시설부지로 이용되는 것이 합리적이라고 판단되는 지역을 말한다.

셋째, 산지지대는 수목이 집단적으로 생육하고 있거나 원야(原野)로 형성된 지역을 말한다. 여기서 원야는 수목이 없거나 개간되지 않은 토지로 정의하며, 암석지 · 황무지 · 묘지 등이 예이다.

5) 용도지대의 세분에 관한 자세한 내용은 서경규(2008), "감정평가에 있어 용도지대 세분에 관한 연구", 감정평가연구, 18(2), 한국부동산연구원, 9~26쪽 참조.

넷째, 후보지지대는 택지지대·농지지대·산지지대 상호 간에 다른 지대로 전환되고 있는 지역을 말한다.

다섯째, 기타지대는 택지지대·농지지대·산지지대·후보지지대로 분류하기 어려운 지역에 대한 분류이다.

용도지대는 자연적·인문적 요인의 전부 또는 일부를 공유하는 지역 중에서 용도적 기능성을 중심으로 파악하는 것으로서 그 규모는 지역사회보다 소규모일 것이다.[6] 여기서 용도지대를 합리적으로 세분하여 제시하면 다음의 표와 같다.

〈표 2.3.3〉 용도지대의 구분

<table>
<tr><th colspan="2">대분류
(중분류)</th><th>소분류</th><th>지역의 내용</th></tr>
<tr><td rowspan="8">택지
지대</td><td rowspan="3">상업
지대</td><td>사무실지대</td><td>주로 사무실로 형성된 상업지대</td></tr>
<tr><td>매장용지대</td><td>주로 매장용 건축물로 형성된 상업지대</td></tr>
<tr><td>준상업지대</td><td>상업용과 다른 용도의 건축물이 혼재된 지역으로서 상업용이 강한 지역</td></tr>
<tr><td rowspan="3">주거
지대</td><td>단독주택지대</td><td>주로 단독주택으로 형성된 주거지대</td></tr>
<tr><td>공동주택지대</td><td>주로 공동주택으로 형성된 주거지대</td></tr>
<tr><td>준주거지대</td><td>주거용과 다른 용도의 건축물이 혼재된 지역으로서 주거용이 강한 지역</td></tr>
<tr><td rowspan="2">공업
지대</td><td>공장지대</td><td>주로 공장(창고 포함)으로 형성된 공업지대</td></tr>
<tr><td>준공업지대</td><td>공업용과 다른 용도의 건축물이 혼재된 지역으로서 공업용이 강한 지역</td></tr>
<tr><td colspan="2" rowspan="3">농지지대</td><td>전작지대</td><td>주로 전(과수원 포함)으로 이용 중인 농지지대</td></tr>
<tr><td>답작지대</td><td>주로 답으로 이용 중인 농지지대</td></tr>
<tr><td>농축산시설지대</td><td>주로 농축산시설(예: 고정식온실, 축사 등)의 부지로 이용 중인 지역</td></tr>
<tr><td colspan="2" rowspan="2">산지지대</td><td>산림지대</td><td>주로 수목이 집단적으로 생육하는 지역</td></tr>
<tr><td>원야지대</td><td>주로 수목이 없거나 개간되지 않은 토지로 형성된 지역</td></tr>
<tr><td colspan="2" rowspan="2">후보지지대</td><td>택지후보지지대</td><td>농지지대·산지지대 등이 택지지대로 전환되고 있는 지역</td></tr>
<tr><td>농지후보지지대</td><td>산지지대 등이 농지지대로 전환되고 있는 지역</td></tr>
<tr><td colspan="2">기타지대</td><td>-</td><td>택지지대·농지지대·산지지대·후보지지대로 분류하기 어려운 지역
(예: 골프장, 스키장, 경마장, 하천, 운동장 등)</td></tr>
</table>

6) 李昌錫 외(2002), 不動産鑑定評價論(改訂版), 螢雪出版社, 141쪽.

3) 개별토지의 종별

개별토지의 종별은 용도지대의 제약 하에서 이루어진 개별토지의 용도에 따른 구분으로서 택지(상업용 · 주거용 · 공업용으로 세분) · 농지 · 산지 · 특수토지 및 공공용지 등이 있다.

상업용은 사무실부동산(office property)과 매장용부동산(retail property)으로 세분되며[7], 준상업용도 포함된다. 주거용은 거주를 목적으로 하는 부동산으로 단독주택 · 공동주택 · 준주거용으로 세분되며, 공업용은 제조 · 가공을 목적으로 하는 부동산으로 공장용(창고용 포함)과 준공업용으로 세분된다. 농지는 전(과수원 포함), 답, 농축산시설부지로 세분되며, 산지는 산림과 원야로 세분된다. 특수토지는 온천 · 골프장 · 스키장 · 경마장 등과 같이 비교적 사례가 희소한 용도로 이용 중인 토지를 말하며, 공공용지는 도로 · 하천 · 공원 · 운동장 · 주차장 등의 부지로서 도시 · 군계획시설로 결정 · 고시되어 공공성이 강한 토지를 말한다.

〈표 2.3.4〉 개별토지의 종별

<table>
<tr><th colspan="2">종별</th><th>종별의 세분</th><th>토지의 내용</th></tr>
<tr><td rowspan="8">택지</td><td rowspan="3">상업용</td><td>사무용지</td><td>사무실의 부지</td></tr>
<tr><td>매장용지</td><td>매장용 건축물의 부지</td></tr>
<tr><td>준상업용지</td><td>상업용과 다른 용도가 혼용되나 상업용이 강한 토지</td></tr>
<tr><td rowspan="3">주거용</td><td>단독주택지</td><td>단독주택의 부지</td></tr>
<tr><td>공동주택지</td><td>공동주택의 부지로 다세대주택용지 · 연립주택용지 · 아파트용지로 세분</td></tr>
<tr><td>준주거용지</td><td>주거용과 다른 용도가 혼용되나 주거용이 강한 토지</td></tr>
<tr><td rowspan="2">공업용</td><td>공장용지</td><td>공장(창고 포함)의 부지</td></tr>
<tr><td>준공업용지</td><td>공업용과 다른 용도가 혼용되나 공업용이 강한 토지</td></tr>
<tr><td colspan="2" rowspan="3">농지</td><td>전</td><td>전(과수원 포함)으로 이용 중인 토지</td></tr>
<tr><td>답</td><td>답으로 이용 중인 토지</td></tr>
<tr><td>농축산시설부지</td><td>농축산시설(예: 고정식온실, 축사 등)의 부지로 이용 중인 토지</td></tr>
<tr><td colspan="2" rowspan="2">산지</td><td>산림</td><td>수목이 생육하는 토지</td></tr>
<tr><td>원야</td><td>원야(예: 암석지 · 황무지 · 묘지 등)</td></tr>
<tr><td colspan="2">특수토지</td><td>-</td><td>온천 · 골프장 · 스키장 · 경마장 등 비교적 사례가 희소한 용도로 이용 중인 토지</td></tr>
<tr><td colspan="2">공공용지</td><td>-</td><td>도로 · 하천 · 공원 · 운동장 · 주차장 등의 부지로서 도시 · 군계획시설로 결정 · 고시되어 공공성이 강한 토지</td></tr>
</table>

7) 국토교통부에서 전국 7대 도시에 소재한 상업용빌딩의 투자수익률을 발표할 때, 사무실빌딩과 매장용빌딩으로 구분하여 발표하고 있다.

3. 인근지역 · 유사지역 · 동일수급권

1) 인근지역

(1) 인근지역의 의의

인근지역은 감정평가의 대상이 된 부동산(즉, 대상부동산)이 속한 지역으로서 부동산의 이용이 동질적이고 가치형성요인 중 지역요인을 공유하는 지역을 말한다. 따라서 동일한 용도지대와 지역사회의 일부로서 지역적 특성이 동일한 대상부동산이 속한 지역이다.

한편, 인근지역은 가치수준이 동일한 지역이므로 비교방식의 감정평가에 있어 지역요인을 비교해야 하는 경우는 인근지역에 비교사례가 존재하지 않는 경우에 한정된다. 따라서 대부분의 감정평가에서 중요한 것은 먼저 인근지역의 범위를 판정하는 것이다. 감정평가의 적정성과 신뢰성을 높이기 위해서는 부동산시장의 지역성과 감정평가의 전문성을 고려할 때 인근지역의 범위판정에 대한 최소한의 기준을 설정할 필요가 있다.[8)]

(2) 인근지역의 판정기준

인근지역의 판정기준으로는 동질성(homogeneity)과 인접성(contiguity)을 들 수 있다. 「감정평가기준」에서는 그 판정기준으로 동질성만 들고 있으나(600-1.3 참조), 인접성도 추가하는 것이 합리적이다.

먼저, 동질성에 관한 기준은 자연적 · 인문적으로 지역특성이 동질적이어야 한다는 것을 말한다. ① 지역사회의 내부에 존재할 것. 즉 동일한 시 · 군 · 구(자치구에 한한다) 내에 있어야 한다. ② 용도지대가 동일할 것. 토지의 실제용도에 따른 구분인 용도지대가 동일해야 한다. ③ 용도지역이 동일할 것. 용도지역제의 21개 세부 용도지역과 서로 동일한 지역이어야 한다. 또한 용도구역 중 개발제한구역은 용도지역이 아니나 그 규제내용이 엄격하므로 인근지역의 판정에 있어서는 용도지역과 동일하게 취급한다. ④ 가치수준이 동일할 것. 인근지역 내 표준적인 획지의 가치와 비교하여 개별토지의 가치가 30%

---

8) 자세한 내용은 서경규(2011), "부동산감정평가의 인근지역 분석", 감정평가학논집, 10(2), 한국감정평가학회, 1~12쪽 참조.

범위 내에 있어야 한다.

둘째, 인접성에 관한 기준은 대상부동산이 속한 지역으로 자연적·인문적으로 절단이 없어야 하는 것을 말한다. ① 자연적 절단이 없어야 한다. 따라서 하천·산악 등에 의한 절단 여부를 확인하여야 한다. ② 인문적 절단이 없어야 한다. 따라서 철도·도로·광장 등의 인공지물에 의한 절단 여부를 확인하여야 한다. 도로의 경우 고속도로, 자동차전용도로, 중로이상의 도로[9]에 의한 절단여부를 확인하여야 한다.

결국 인근지역의 범위는 객관적인 지역구분으로서 독립해서 존재하는 것이 아니라 대상부동산과 그 가치형성요인의 분석에 의해 상대적으로 결정된다.[10]

2) 유사지역

인근지역과 구별되는 개념으로 유사지역이 있다. 유사지역은 대상부동산이 속하지 아니하는 지역으로서 인근지역과 유사한 특성을 갖는 지역을 말한다. 즉, 유사지역은 인근지역의 판정기준 중 동질성은 있으나, 인접성을 갖추지 못한 지역이다.

비교방식의 감정평가에 있어 인근지역에 비교사례가 존재하지 않는 경우에는 동일수급권 내 유사지역에서 비교사례를 구해야 한다.

3) 동일수급권

동일수급권은 대상부동산과 대체·경쟁관계가 성립하고 가치형성에 서로 영향을 미치는 관계에 있는 다른 부동산이 존재하는 권역을 말하며, 인근지역과 유사지역을 포함한다. 따라서 당해 부동산과 대체·경쟁관계가 성립하는 부동산의 지리적 범위의 한계를 나타내는 것이다.

미국에서는 대상부동산이 속한 지역으로서 대상부동산과 경쟁관계에 있는 다른 부동산이 존재하는 일정한 지리적 범위를 시장지역(market area)[11]이라 칭하며, 시장지역의

---

9) 감정평가에 있어 도로는 그 폭을 기준으로 세로(폭 8m 미만), 소로(폭 8m 이상 12m 미만), 중로(폭 12m 이상 25m 미만), 광대로(폭 25m 이상) 등으로 구분하고 있다.

10) 日本不動産鑑定協会(1997), 不動産鑑定実務論, 住宅新報社, 14쪽.

11) 우리나라와 일본에서는 시장지역을 수급권이라 번역하고, 대상부동산과 동일한 시장지역을 동일수급권으로 정의하고 있다.

범위를 세계, 국가, 지역, 지역사회, 근린 그리고 지구로 구분한다. 근린(neighborhood)은 상호보완적인 토지이용이 이루어지고 있는 지리적 범위를 말하며, 지구(district)는 동질적인 토지이용을 특징으로 하는 시장지역을 말한다.

한편, 부동산의 종별이나 성격, 규모 등에 따라 수요자의 선호성이 달라지므로 동일수급권의 범위는 이들에 따라 달라진다. 따라서 동일수급권은 이들에 따라 수요자의 선호성을 정확하게 파악한 후 적절하게 판정해야 한다. 일반적으로 주거용부동산의 동일수급권은 통근가능한 지역의 범위와 일치하는 경향이 있으며, 교통시설의 확충·발달에 따라 그 범위가 확대되고 있다. 또한, 지역의 명성에 따른 강한 선호성에 의해 그 범위가 협소해지는 경향도 있으므로 유의해야 한다. 서울 강남지역의 강한 선호성이 그 예이다.

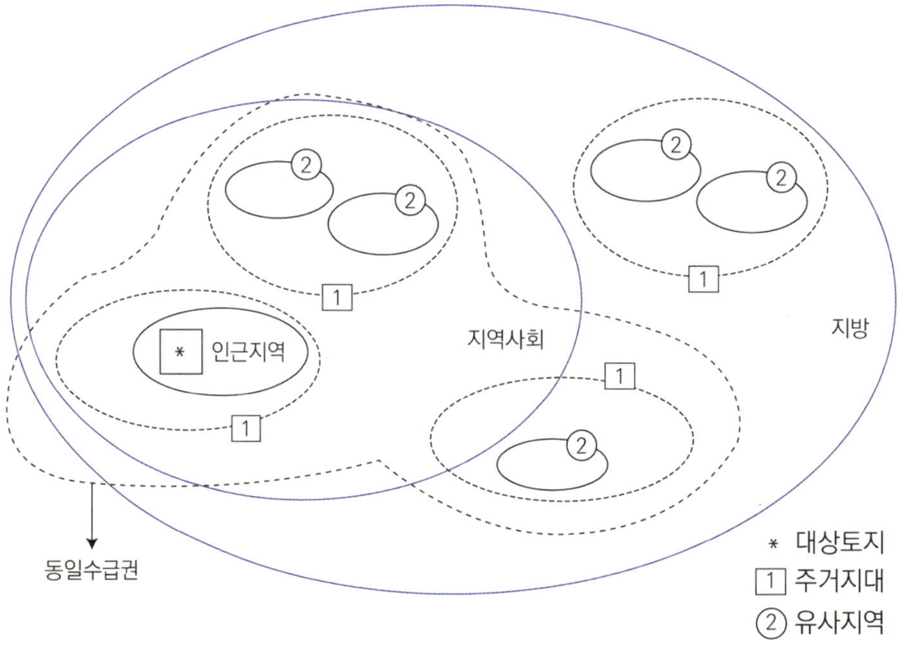

[그림 2.3.2] 용도지대와 각 지역의 관계

제3절 부동산시장의 분석

1. 감정평가와 시장분석

1) 시장분석의 개념

시장분석(market analysis)이란 용어는 다양한 분야에서 널리 사용되고 있다. 따라서 시장분석의 개념을 광의(廣義)로 정의하면 '일정한 시장에서 시장상황을 분석하는 것'이라 할 수 있다. 경제주체는 수요자의 욕구 파악, 재화의 가격변동 예측, 상품의 판매가능성 예측 등 다양한 목적을 가지고 시장분석을 한다.

시장분석의 내용과 수준은 시장분석의 목적, 시장분석의 대상, 의뢰인의 요청 등에 따라 다를 수 있다. 따라서 실제 시장분석에 있어서는 이를 반영하여 조정할 필요가 있다.

한편, 부동산분야에 있어 시장분석은 부동산감정평가뿐 아니라 부동산개발, 부동산투자 등에서도 필수적인 절차에 속한다.

2) 감정평가에 있어 시장분석

「감정평가규칙」에서는 시장가치기준 원칙을 규정하고 있다. 이는 감정평가액을 결정할 때 원칙적으로 시장가치를 기준으로 하여야 함을 의미한다. 시장가치는 통상적인 시장에서의 거래를 전제로 하므로 시장가치를 판정하기 위해서는 반드시 시장분석이 필요하다.

감정평가에 있어 시장분석은 '일정한 시장에서 대상물건의 경제적 가치를 판정하기 위하여 시장상황을 분석하는 것'이라 할 수 있다. 따라서 감정평가에 있어 시장분석은 특정 대상물건에 한정하여 경제적 가치를 판정하기 위해 분석하는 것이므로 협의(狹義)로 쓰인다.

2. 부동산감정평가에 있어 시장분석

1) 개요

(1) 의의

부동산감정평가에 있어 시장분석은 대상부동산에 적합한 시장지역을 설정하고 가치형성요인을 분석하여 최유효이용을 판정하는 것을 말한다. 또한, 시장분석은 감정평가방식의 적용에 필요한 필수적인 정보를 얻는 과정이기도 한다.

(2) 미국 AI의 경우

미국의 Appraisal Institute(약어로 AI라 한다)는 2001년부터 종전의 지역분석과 개별분석을 시장분석으로 통합하여 추가적인 분석을 요구하고 있다.[12)] 미국의 AI는 시장분석의 단계를 ① 생산성분석(productivity analysis): 대상부동산의 법적·물리적·입지적 특성을 분석하여 시장성 있는 용도 선정, ② 시장지역 설정: 대상부동산의 시장범위 설정, ③ 수요분석: 대상부동산의 수요상황 분석, ④ 공급분석: 대상부동산의 공급상황 분석, ⑤ 균형분석(equilibrium analysis): 수요와 공급의 상호작용을 분석하여 초과수요, 초과공급(또는 공실률), 가격의 변화 등 분석, ⑥ 시장성분석: 대상부동산의 경쟁력을 파악하여 예상흡수율 판정, ⑦ 경제적 타당성분석: 판정된 예상흡수율, 현금흐름 등을 통해 수익성 분석의 7단계로 설명하고 있다. 이 중에서 7단계는 선택적인 과정으로 본다.

(3) 우리나라의 경우

감정평가에 있어 우리나라는 시장분석을 소홀히 하고 있다. 「감정평가규칙」에 의하면 감정평가의 절차에 있어 5단계로 '자료검토 및 가치형성요인의 분석'을 규정(제8조)하고 있으나. 인근지역의 판정, 최유효이용의 판정 등 핵심적인 과정에 관한 내용이 없다. 또한, 감정평가서의 필수적 기재사항에 있어서도 포괄적으로 '감정평가액의 산출근거 및

---

12) 안정근(2009), 부동산평가이론(제5판), 양현사, 181쪽; Appraisal Institute(2020), *The Appraisal of Real Estate(15th ed.)*, 273쪽 참조.

결정 의견'으로만 규정하여 시장분석의 자세한 내용을 기재하지 않고 있다. 참고적으로 미국 AI의 경우 부동산감정평가서에 시장분석과 최유효이용의 내용을 기재하여야 하며, 일본의 경우에도 최유효이용의 판정에 관한 내용을 기재하여야 한다.[13)]

한편, 부동산감정평가의 방식으로서 공시지가기준법・거래사례비교법 등 비교방식이 대부분인 현실에서 철저한 시장분석 없이 지역요인과 개별요인의 비교에만 치중하고 있다. 따라서 대부분의 책에서 시장분석의 설명을 소홀히 하거나 시장분석과 지역분석・개별분석의 관계를 명확히 설명하지 못하고 있다.

이제 감정평가의 전문성을 제고하기 위해 우리나라의 실정에 맞는 감정평가의 절차와 내용을 새로 정립하는 것이 시급하다. 이 책에서는 미국의 AI와 같이 지역분석과 개별분석을 시장분석으로 통합하여 서술하고자 한다.

2) 부동산시장분석의 절차

(1) 개요

이 책에서는 부동산시장분석의 절차를 ① 용도분석, ② 시장지역 설정, ③ 지역분석, ④ 수급분석, ⑤ 균형분석, ⑥ 시장성분석, ⑦ 경제적 타당성분석, ⑧ 최유효이용 판정의 8단계로 설명하고자 한다. 여기서 ① ~ ⑤는 좁은 의미의 시장분석으로서 특정 유형의 부동산에 대한 거시적 분석이며, ⑥(즉, 시장성분석)은 대상부동산 자체에 대한 미시적 분석이다.

부동산시장분석의 절차에 있어 분석의 내용과 수준은 대상물건, 감정평가의 목적, 의뢰인의 요청 등에 따라 다를 수 있다. 따라서 실제 시장분석에 있어서는 이를 반영하여 조정할 필요가 있다.

(2) 용도분석

부동산시장분석은 용도분석에서 시작한다. 용도분석은 대상부동산의 법적・물리적・

13) 서경규(2019), "부동산 감정평가서제도의 발전방안", 감정평가학논집, 18(1), 한국감정평가학회, 29~49쪽.

입지적 특성을 분석하여 대상부동산이 제공할 수 있는 시장성 있는 용도를 선정하는 것이다. 대상부동산의 법적·물리적·입지적 특성은 최유효이용에 많은 영향을 미친다. ① 법적 특성에는 용도지역과 같은 공법적 특성 뿐 아니라 제한물권의 설정 등과 같은 사법적 특성도 포함된다. ② 물리적 특성에는 토지의 경우 획지의 모양과 크기, 지형지세, 일조, 토질 등이 있으며, 건축물의 경우 구조와 크기, 층고, 부대설비, 주차 상황 등이 있다. ③ 입지적 특성에는 편익시설과의 접근성, 사회적 환경 등이 포함된다.

한편, 시장성 있는 용도는 부동산의 용도상 유형을 말하는 것으로 예를 들어 주거용(단독주택, 공동주택), 상업용(사무용, 매장용), 공업용, 농지, 산지 등이 있다. 따라서 용도의 선정에 있어서는 앞에서 설명한 개별토지의 종별을 참고할 필요가 있다. 이때 선정되는 용도는 하나의 용도일 수도 있지만 다수의 용도가 선정되는 경우도 있을 것이다.

(3) 시장지역 설정

용도분석을 통해 대상부동산의 용도를 선정하였다면 다음으로 대상부동산의 시장지역(market area)을 설정하여야 한다. 시장지역은 대상부동산과 대체·경쟁관계가 성립하여 거래와 가치형성에 서로 영향을 미치는 지리적 범위를 말하며, 동일수급권이라고도 한다.

시장지역의 공간적 범위는 대상부동산의 종별이나 규모 등에 따라 달라지며, 세계수준·국가수준·지방수준·지역사회수준 등으로 다양하다. 또한, 교통시설의 확충·발달에 따라 그 범위가 확대되고 있다.

시장지역을 설정하는 경우 행정구역, 사회환경(예: 거주자나 사용자의 직업·소득수준·연령 등), 자연적·인문적 경계(예: 하천·산악·철도·도로 등에 의한 절단, 학군 등), 교통접근성 등을 조사하여야 한다.

한편, 시장지역의 설정에 있어서는 인근지역의 설정도 필요하다. 이 책의 앞에서 인근지역의 판정기준으로 동질성과 인접성을 제시한 바 있다.

(4) 지역분석

시장지역을 설정하고 나면 다음은 지역분석을 하여야 한다. 지역분석은 시장지역의 자연적·사회적·경제적·정책적 특성을 분석하는 것을 말한다. 지역분석에서는 지역특성의 현재 상황뿐 아니라 과거 추이 및 장래 동향도 분석하여야 한다. 여기서 지역특성에는 자연환경·기상상태·인구·편익시설의 상태·소득수준·경제성장률·실업률·행정상의 규제정도·부동산가격변동률·부동산거래량 등이 있다.

지역분석에서는 특히 인근지역의 가치수준도 분석하여야 한다.

(5) 수급분석

지역분석을 하고 나면 다음은 수급분석을 하여야 한다. 수급분석은 대상부동산의 수요와 공급에 관한 상황을 조사하여 현재 수급이 균형을 이루고 있는지 또는 만약 수급의 불균형이 있다면 언제 균형을 이룰 수 있는지를 분석하는 것을 말한다. ① 수요요인에는 부동산의 유형에 따라 다르지만 인구와 가구, 소득수준 등 구매력, 이자율, 편익시설 접근성, 정부의 정책 등이 있다. ② 공급요인도 부동산의 유형에 따라 다르지만 경쟁부동산의 양과 질, 공실률, 정부의 정책 등이 있다. 경쟁부동산의 공급에는 기존(또는 재고)부동산 이외에 건축(또는 개발) 중인 부동산, 건축(또는 개발)예정인 부동산이 포함된다. 또한, 기존(또는 재고)부동산의 멸실과 용도변경에 관한 내용도 반영하여야 한다.

(6) 균형분석

부동산시장분석의 5단계는 균형분석이다. 균형분석은 특정 용도에 대한 부동산수요와 공급의 상호작용을 분석하여 초과수요, 초과공급(또는 공실률), 가격의 변화 등을 분석하는 것이다.

균형분석에서는 수급분석의 결과를 종합하여 수급의 균형을 이루고 있는지, 수요가 초과되고 있는지, 공급이 초과되고 있는지, 만약 수급이 불균형상태라면 언제쯤 해소될 수 있는지를 분석한다.

(7) 시장성분석

균형분석이 끝나면 다음은 시장성분석이 필요하다. 시장성분석은 대상부동산의 경쟁력을 파악하여 흡수율이나 시장점유율을 추산하는 것을 말한다. 즉, 시장성분석은 대상부동산 자체에 대한 미시적 분석이다. 시장성분석을 할 때는 주로 흡수율분석을 사용한다. 흡수율(absorption rate)은 특정 유형의 부동산이 일정기간 동안 분양 또는 임대될 수 있는 비율을 말한다. 흡수율을 추산할 때에는 대상부동산의 유용성 이외에 과거의 흡수율, 현재의 공실률 등을 고려하여야 한다. 한편, 시장점유율(market share)은 시장지역에서 대상부동산이 차지할 것으로 예상되는 비율을 말한다.[14)]

(8) 경제적 타당성분석

시장성분석이 끝나면 다음은 경제적 타당성분석이 필요하다. 경제적 타당성분석은 약어로 경제성분석이라고도 하는데 대상부동산의 수익성을 분석하는 것을 말한다. 즉, 대상부동산의 수익이 비용보다 클 가능성을 분석하는 것이다.

경제적 타당성분석의 기법으로 가장 대표적인 것이 순현재가치법이다. 순현재가치법은 미래의 수익을 할인하여 합산한 값과 미래의 비용을 할인하여 합산한 값의 차이인 순현가(NPV: Net Present Value)를 기준으로 경제적 타당성을 판단하는 기법으로 순현가가 0(zero)보다 큰 경우 경제성이 있다고 판단한다.

경제적 타당성을 분석하는 경우 미래의 수익이나 비용 또는 할인율 등은 추산에 의존한다. 그러나 부동산환경은 늘 변화하므로 정확한 예측이 불가능하다. 따라서 상황별로 특정 추산값을 달리 적용했을 때 분석의 결과가 어떻게 달라지는지 확인할 필요가 있다. 이를 민감도분석이라 한다. 민감도분석(sensitivity analysis)은 경제적 타당성분석에 활용된 투입요소의 변화가 그 결과치에 어떠한 영향을 주는가를 분석하는 기법이다.

(9) 최유효이용 판정

부동산시장분석의 마지막 단계는 최유효이용 판정이다. 최유효이용 판정은 대상부동산의 특성을 분석하여 최고의 가치를 창출할 수 있는 이용방법을 판정하는 것을 말한다.

최유효이용의 판정기준에는 법적 허용성, 물리적 가능성, 경제적 타당성, 최고 수익성이 있다. 최유효이용을 판정하는 순서는 다음과 같다. ① 대상부동산에 대해 법적으로 허용되는 이용을 열거하고, ② 각각의 이용에 대해 물리적 가능성을 판단한다. ③ 물리적

---

14) 참고적으로 허프(Huff)는 소비자가 특정점포를 이용할 확률은 경쟁점포의 수, 점포와의 거리 및 점포의 면적(크기)에 의해 결정된다는 이론을 전개하였다.

으로 가능한 여러 이용에 대해 경제적 타당성을 분석한 후, ④ 그 중에서 수익성이 가장 높은 이용을 최유효이용으로 판정한다. 최유효이용의 판정에 대해서는 아래에서 추가적으로 설명한다.

3. 최유효이용

1) 최유효이용의 의의

최유효이용은 통상의 이용능력을 가진 사람에 의한 최고의 가치를 나타낼 수 있는 합법적이고 물리적으로 가능한 이용을 말한다. 따라서 최유효이용은 법적으로 허용되는 이용방법으로서 물리적으로 가능하여야 하며 재정적인 타당성을 갖춘 최고의 수익을 주는 이용이어야 한다.

부동산은 용도의 다양성이라는 특성이 있어 항상 어떤 이용이 가장 효율적인가라는 문제가 제기되므로 최유효이용이 강조된다. 또한, 부동산의 가격은 최유효이용을 전제로 하여 파악되는 가치를 표준으로 하여 형성되므로 감정평가를 할 때에는 항상 최유효이용을 판정하여야 한다.

2) 최유효이용의 판정

(1) 최유효이용 판정의 내용

부동산의 최유효이용은 고정된 개념이 아니고 동적인 개념이다. 따라서 한번 최유효이용이라는 판정을 받았다고 해서 계속 최유효이용 상태에 머물러 있는 것이 아니고 환경의 변화나 시간의 경과에 의해 항상 변화할 수 있다. 따라서 최유효이용의 판정은 내부구성요소에 의한 내부판정과 외부적 요소에 의한 외부판정을 통해 다음의 순서로 신중히 하여야 한다.

① 대상물건의 최유효이용은 무엇인가?

② 현재는 최유효이용상태인가?

③ 최유효로 이용된다면 앞으로도 계속될 것인가?

④ 그렇지 않다면 최유효이용상태로의 전환은 가능한가?

⑤ 전환에 소요되는 비용과 시간은 얼마인가?

(2) 최유효이용 판정의 방법

최유효이용을 판정하는 순서는 다음과 같다. ① 대상부동산에 대해 법적으로 허용되는 이용을 열거하고, ② 각각의 이용에 대해 물리적 가능성을 판단한다. ③ 물리적으로 가능한 여러 이용에 대해 경제적 타당성을 분석한 후, ④ 그 중에서 수익성이 가장 높은 이용(→ 최고 유용성)을 최유효이용으로 판정한다.

최유효이용 판정시 유의사항은 다음과 같다. 먼저, 통상의 이용능력을 가지고 있는 사람이 채택할 것으로 생각되는 이용이어야 한다. 따라서 특별한 능력을 가진 사람에 의한 이용은 고려하지 않는다. 둘째, 편익이 장래 상당 기간 동안 지속될 수 있는 이용이어야 한다. 일시적으로 초과수익을 얻는 상황에 대해 장래 지속될 것이라고 판단해서는 안된다. 셋째, 특히 경제적 타당성 분석 시 당해 이용에 대한 충분한 수요가 있는지 여부를 검토하여야 한다. 만약 기준시점에서 당해 이용에 대한 충분한 수요가 없다면 그 이용은 잠정적으로 연기될 수밖에 없다.

(3) 최유효이용 판정을 위한 경제적 타당성분석

최유효이용을 판정하기 위해서는 경제적 타당성을 분석하는 것이 필수적이다. 여기서 경제적 타당성분석은 나지상태의 최유효이용과 복합부동산 상태의 최유효이용으로 구분하여 분석할 필요가 있다.

먼저, 나지상태의 최유효이용은 지상물이 있더라도 없는 것으로 간주하여 토지의 수익이 최대가 되는 이용을 판정하는 것이다. 이 경우는 나지상태로 둘 것인지 아니면 개발할 것인지를 분석할 필요가 있다. 먼저, 개발을 가정하여 각 잠재적 이용별로 개발 후의 부동산가치에서 개발비용을 공제하여 토지가치를 구한다.[15] 그 다음 나지상태의 토지가치와 비교하여 최유효이용을 판정한다. 이때 개발 후의 토지가치가 나지상태의 토지가치

15) 개발으로 생기는 순수익의 전부가 토지에 귀속한다는 전제가 필요하다.

보다 작다면 나지상태로 두는 것이 최유효이용이 된다.

둘째, 복합부동산 상태의 최유효이용은 지상물이 있는 복합부동산의 수익이 최대가 되는 것을 판정하는 것이다. 즉, 토지와 지상물이 결합하여 최대의 수익을 창출하는 이용을 최유효이용으로 보는 것이다. 이 경우에는 ① 현재의 상태로 두는 방안, ② 용도를 변경하는 방안, ③ 대수선이나 증축하는 방안, ④ 개축이나 신축하는 방안 등에 대한 분석이 필요하다. 따라서 ②~④ 방안에 대해 개발(또는 행위) 후의 부동산가치에서 개발(또는 행위)비용을 공제하여 부동산가치를 구한다. 그 다음 현재상태의 부동산가치와 비교하여 최유효이용을 판정한다. 이 분석의 예로는 구분소유 부동산의 감정평가가 대표적이다.

3) 최유효이용의 재검토

최유효이용의 용어와 그 판정과 관련하여 다음과 같은 문제점이 지적되고 있다.[16] ① 최유효이용의 상정은 재화의 동질성이나 완전한 정보 등을 요건으로 하는 완전경쟁시장에서나 성립 가능하다. 신고전파 경제학의 완전경쟁, 이윤극대 등의 전제가 비판을 받는 현실을 고려할 필요가 있다. ② 최유효이용은 오직 하나의 이용만을 전제하는 것으로 통상의 능력을 가진 시장참여자와 감정평가사가 이를 정확하게 판정하는 것이 현실적으로 불가능하다. ③ 최유효이용은 적극적으로 사익(私益)을 추구하는 논리(즉, 이윤극대화를 추구)로서 공익을 추구하는 부동산정책의 이념으로는 불합리하다. ④ 최유효이용의 판정에 있어 법적 허용성, 물리적 가능성, 경제적 타당성, 최고 수익성의 조건이 충족되더라도 부동산시장의 위험(maket risk)이 고려되어야 하고 이웃의 배려도 참작하여 그들에게 지지를 받는 이용이어야 한다. ⑤ 최고 수익성 판정시 개발을 전제로 자본수익 또는 소득수익을 근거로 하는 것은 개발이 곤란한 부동산의 경우에 적용할 수 없다. ⑥ 적정가격의 성립조건을 종전의 거래가능가액에서 최빈거래가능가액으로 변경한 상태에서 최유효이용을 상정하는 것은 모순이다. ⑦ 최유효이용은 적정가격의 객관성과 신뢰성 제고를 위해서도 재검토가 필요하다. 최유효이용의 판정에 감정평가사의 주관이 개입될 가능성이 높기 때문이다.

---

16) 이하 자세한 내용은 서경규(2021), 앞의 논문, 3~27쪽 참조.

여기서 적정가격이나 시장가치의 평가기준으로서 최유효이용은 이건세(1996)의 주장처럼 최빈가능이용으로 변경하는 것이 합리적이다.[17] 최빈가능이용은 객관적이고 일반적인 이용이라 할 수 있으며, 최유효이용 판정의 문제점을 보완할 수 있다. 최빈가능이용으로 변경하는 것이 어렵다면 그 대안으로 최유효이용의 용어는 그대로 두고 그 뜻을 'highest and best use'에서 'most probable use'로 변경하는 것도 가능할 것이다.

17) 이건세(1996), "정상가격과 최유효사용에 관한 연구", 감정평가논집, 6, 한국감정평가업협회, 165~194쪽.

제4장 부동산의 가치이론

제1절 부동산의 가치형성

1. 부동산가치의 의의

1) 부동산가치의 의의

이 책의 제1편에서 경제적 가치를 '사람의 욕구를 만족시키는 재화나 서비스의 유용성'으로 정의하였다. 따라서 부동산의 가치는 '사람의 욕구를 만족시키는 부동산의 유용성'으로 정의할 수 있다. 그런데 부동산은 영속성의 특성이 있어 내구재(耐久財: durable goods)[1]로서 그 편익이 장기간 나타난다. 따라서 부동산의 가치를 '부동산의 소유에서 비롯되는 장래 편익에 대한 현재가치'로 추산할 수 있다. 즉, 소유하고 있는 부동산으로부터 장래 일정기간까지 얻는 편익이 바로 부동산가치의 원천이 된다. 이 경우 부동산가치는 ① 장래 편익이 그 바탕이 되고, ② 그것을 현재가치로 환원한 것이며, ③ 소유권과 불가분의 관계에 있다.[2]

1) 내구재란 사전적으로는 장기간 사용할 수 있는 재화를 말한다. 내용연수가 1년 이상으로서 거래단위별로 취득가액이 100만원을 초과하는 물건은 유형고정자산으로 분류되며, 내용연수가 1년 미만이거나(소모품비로 처리) 내용연수가 1년 이상으로서 거래단위별 취득가액이 100만원 이하인 물건(비품비로 처리)은 경비로 분류된다(소득세법시행령 제67조 등 참조).

2) 방경식 · 장희순(2002), 부동산학개론, 부연사, 302~303쪽.

부동산의 가치는 부동산의 특성 때문에 일반재화와는 다른 특징이 있다.

먼저, 부동산의 경제적 가치는 소유(또는 교환)의 대가인 가격(협의의 가격)과 용익의 대가인 임료로 표시된다. 여기서 가격은 일정시점에서 소유의 대가이며, 임료는 일정기간 용익의 대가이다. 한편, 가격(협의의 가격)과 임료는 원본과 과실의 상관관계에 있다. 둘째, 부동산은 영속성의 특성이 있으므로 편익은 장기간에 걸쳐 나타나고, 그 가치는 과거・현재・미래의 장기적 배려하에 형성된다. 또한, 부동산의 가치형성요인과 최유효이용은 부단히 변화하므로 특정시점에서 이를 정확하게 분석하도록 노력하여야 하며, 부동산의 가치를 판정하는 것은 특정시점에서만 타당할 수 있다. 셋째, 부동산은 개별성의 특성이 있고, 각 경제주체도 욕구・구매력 등에서 개별성이 있으므로 부동산에 대해 느끼는 가치는 각 경제주체 마다 다르다. 따라서 부동산의 가치를 판정하는 것은 매우 어려운 작업이다.

2) 토지가치의 구조

자산으로서 토지의 가치는 토지로부터 발생하는 장래 수익을 현재가치로 환원하여 추산할 수 있다. 장래 수익에는 첫째, 일정기간의 토지사용에 대한 대가로서 매기 발생하는 지대(임료)가 있다. 이는 '지대의 자본환원액'인 소득수익(income gain)으로서 유량(flow)가치이다. 둘째, 일정시점(보유기간 말)에 매각함으로써 발생하는 시장가격의 상승분이 있다. 이는 장래 지가상승을 예상하여 보유하다가 일정시점에 이를 매각함으로써 얻는 수익으로 '토지의 자본으로서의 수익'인 자본수익(capital gain)으로서 저량(stock)가치이다.[3)]

$$V = r + q \quad \cdots\cdots\cdots\cdots \text{(식 2.4.1)}$$

여기서 V = 지가

r = 소득수익의 현재가치

q = 자본수익의 현재가치

3) 尹昌九(1992), 韓國 都市地域 地價變動에 관한 實證的 硏究, 仁川大學校 大學院, 博士學位論文, 9쪽.

또한, r과 q는 각각 t년 후의 지대 Rt와 n년 후의 지가인 Pn에 따라 다음과 같이 정의할 수 있다.

$$V = \sum_{t=1}^{n} \frac{Rt}{(1+i)^t} + \frac{Pn}{(1+i)^n} \quad \cdots\cdots (식\ 2.4.2)$$

여기서 V = 지가

Rt = t시점의 지대

Pn = n시점의 지가

i = 이자율

따라서 현재의 토지가치는 현재 및 장래의 지대뿐 아니라 장래의 지가에도 영향을 받는다[4]. 특히 우리나라와 같이 급속한 산업화와 도시화과정에서 지가가 큰 폭으로 상승한 나라는 유량가치보다 저량가치의 변동률이 더 크기 때문에 자본수익의 유용성이 보다 중요시된다. 이는 가치형성요인의 분석에 있어 장래의 동향이 중요함을 의미한다.

유량(流量, flow)과 저량(貯量, stock): 이는 경제현상분석에 쓰이는 두 가지 중요한 개념이다. 유량은 일정기간 동안 경제조직 속으로 흐르는 전체의 양을 의미하고, 저량은 비축 또는 존재량으로서 일정시점을 기준으로 파악된 경제조직 등에 존재하는(또는 경제주체가 소유하는) 재화의 양을 말한다. 예를 들어 국민소득은 일정기간(보통 1년)의 재화와 용역의 순생산물의 흐름을 포착하는 것이므로 유량 개념이고, 국부(國富)는 국민소득을 낳는 원본이며 한 국가의 경제재의 존재량이므로 저량 개념이다. 유량으로는 수요, 소득, 임료 등이 있으며, 저량으로는 인구, 가구(家口), 저축, 통화량, 자본, 가격 등이 있다.

한편, 재무상태표(구 대차대조표)는 일정시점(회계년도 말)의 자산·부채·자본에 관한 분석표로서 저량 개념이고, 손익계산서는 일정기간(보통 1년) 동안의 수익과 비용에 관한 분석표로서 유량 개념이다.

4) 앞의 (식 2.4.2)는 수익방식의 하나인 할인현금흐름분석법(discounted cash flow analysis: DCF법)의 산식과 구조가 같다. 이는 매기의 순수익을 현재가치로 할인한 값에다 보유기간말의 복귀가액을 현재가치로 할인한 값을 더한 것이다. 한편, 이 산식과 부동산투자분석기법으로서 수익률법의 산식과는 구별하여야 한다.

2. 부동산의 가치형성요인

1) 부동산 가치형성요인의 개요

(1) 부동산 가치형성요인의 의의

「감정평가규칙」에서는 부동산의 경제적 가치에 영향을 미치는 요인을 가치형성요인이라고 하고, 이를 크게 일반요인, 지역요인, 개별요인으로 구분한다. 여기서 일반요인, 지역요인 및 개별요인은 가치형성의 공간적 범위를 기준으로 한 구분으로서 실제 그 식별이 어려운 경우가 많다. 동산은 이동성이 있으므로 지역요인의 영향이 미미한 경우가 많으나, 부동산은 부동성의 특성으로 인해 지역요인의 영향이 동산에 비해 큰 편이다.

먼저, 일반요인이란 대상물건이 속한 전체 사회에서 대상물건의 이용과 가치수준 형성에 전반적으로 영향을 미치는 일반적인 요인을 말한다(감정평가기준 400).[5] 부동산은 지역성의 특성으로 인해 지역사회나 인근지역마다 표준적 이용과 가치수준이 다르므로 실제 감정평가활동에서 일반요인을 분석하는 경우는 거의 없다.

둘째, 지역요인은 대상물건이 속한 지역의 가치수준 형성에 영향을 미치는 자연적・사회적・경제적・정책적 요인을 말한다. 지역요인은 감정평가활동에서 지역의 표준적 이용・가치수준・인근지역의 범위 판정 등을 위해 세밀하게 분석해야 하므로 그 파악이 매우 중요하다.

셋째, 개별요인은 대상물건의 구체적 가치에 영향을 미치는 대상물건의 고유한 개별적 요인을 말한다.

한편, 지역의 의미를 '동일한 특성을 지닌 지리적으로 연속된 일정한 장소의 집단'으로 정의하고, 지역의 체계를 공간적 크기에 따라 세계, 국가, 지방, 지역사회, 인근지역으로 분류하는 경우 일반요인과 지역요인은 통합하는 것이 바람직하다. 이때의 지역요인에는 세계 수준, 국가 수준, 지방 수준, 지역사회 수준, 인근지역 수준의 지역요인이 있다. 따라서 이 책에서는 일반요인과 지역요인을 통합하여 설명하고자 한다.

---

5) 「감정평가기준」에서는 가격과 가치를 혼용하고 있어 문제가 있다. 예를 들어 일반요인과 지역요인의 개념을 설명하면서 '가격수준 형성'이라고 표현하고 있으나 '가치수준 형성'이라고 표현하는 것이 옳다.

(2) 부동산 가치형성요인의 특성

부동산의 가치형성요인은 각각 독립하여 작용하는 것이 아니라 다수 요인이 유기적으로 관련을 맺고 상호작용하므로(관련성의 특성) 각각의 요인 간의 상호관계를 충분히 고려하여야 한다. 또한 가치형성요인은 끊임없이 변화하는 경향(유동성의 특성)이 있으므로 기준시점을 명확히 하고 가치형성요인의 변화에 유의하여야 한다.

먼저, 가치형성요인이 상호 관련되어 있거나 중복되는 경우가 있어 이중으로 작용하여 과대평가나 과소평가될 우려가 있다. 따라서 가치형성요인을 분류할 때에는 요인간의 복합과 중첩관계가 있는지를 검토하여야하며, 이를 통계처리하는 경우에는 다중공선성(多重共線性, multi-collinearity)의 문제를 조사하여야 한다.

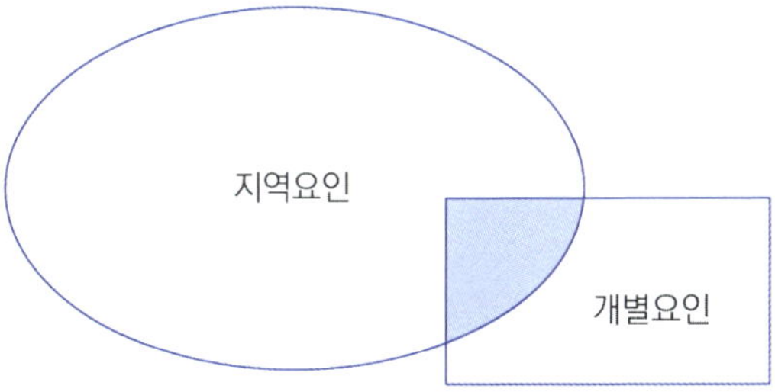

[그림 2.4.1] 가치형성요인의 중복관계

둘째, 가치형성요인은 시간의 경과에 따라 변화하므로 항상 동태적으로 이를 파악하여야 하며, 장래의 동향에 특히 유의하여야 한다. 따라서 과거에서 기준시점까지의 변화를 받아들이고, 가까운 장래에 일어날 수 있는 변화를 생각하면서 가치형성요인을 파악할 필요가 있다.[6)]

6) 지가변동률이 대상 토지 가치형성요인의 변화를 모두 반영하는 데 한계가 있다. 이는 지가변동률은 당해 지역사회인 시·군·구 전체에 분포된 지가변동률 표본지의 평균지가 변동 상황에 대한 자료이지 대상 토지 가치형성요인의 변동 상황에 대한 자료가 아니기 때문이다. 따라서 감정평가시 시점수정(지가변동률에 의한 수정)과 지역요인 및 개별요인 비교에 의해서도 반영되지 않는 사항이 있을 때 이를 그 밖의 요인으로 보정한다.

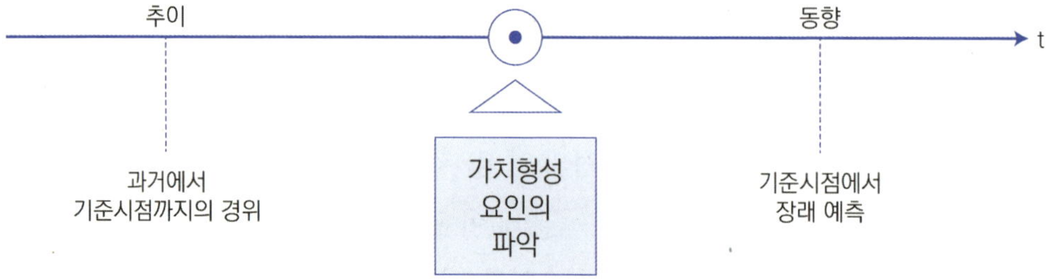

[그림 2.4.2] 가치형성요인의 추이와 동향

자료: 한국감정원 역(1996), 69쪽 참조

〈표 2.4.1〉은 부동산 가치형성요인의 변화가 시장가치에 미치는 영향을 예시적으로 요약한 것이다. 예를 들어 다른 요인들이 일정할 경우 인구가 감소(→ 욕구가 감소)하면 주택의 수요가 감소하여 주택의 가치가 하락하며, 단독주택에 대한 기호(嗜好)가 증가(→ 욕구가 증가)하면 단독주택의 수요가 증가하여 단독주택의 가치가 상승한다. 또한, 용도지역이 녹지지역에서 주거지역으로 변경되거나 도시철도가 신설되면 당해 부동산의 유용성이 증가하므로 당해 부동산의 가치가 상승한다. 한편, 이자율의 경우처럼 시장가치의 상승요인과 하락요인으로 동시에 작용하는 경우도 있다. 이때 시장가치의 변동방향은 더 크게 작용하는 쪽으로 움직일 것이다.

〈표 2.4.1〉 부동산 가치형성요인의 변화가 시장가치에 미치는 영향

가치형성요인			→ 가치형성요인		시장가치의 영향
내용적 범위 기준		변화방향	근원 기준	변화방향	
자연적 요인	지진	빈번	(수요) 욕구	감소	하락요인
	수해	빈번	(수요) 욕구, 유용성	감소	하락요인
	지세(경사도)	절토 · 정지	유용성	증가	상승요인
사회적 요인	인구	감소	(수요) 욕구, 구매력	감소	하락요인
	기호(嗜好)	증가	(수요) 욕구	증가	상승요인
	도시철도	신설	유용성	증가	상승요인
경제적 요인	소득	증가	구매력	증가	상승요인
	물가	상승	(수요) 욕구	증가	상승요인
	이자율	하락	(수요) 욕구, 구매력	증가	상승요인
			공급력	증가[7]	하락요인

가치형성요인		→	가치형성요인		시장가치의 영향
내용적 범위 기준		변화방향	근원 기준	변화방향	
	건축기술	진보	공급력	증가	하락요인
정책적 요인	조세(보유세)	증가	(수요) 욕구	감소	하락요인
			(공급) 욕구	증가[8]	하락요인
	분양권	전매 제한	양도성	감소	하락요인
	토지거래허가구역	지정	양도성	감소	하락요인
	용도지역(일반주거지역)	종 상향[9]	유용성	증가	상승요인

2) 지역요인

(1) 지역요인의 의의

지역요인은 각 지역의 특성을 형성하고 그 지역에 속한 부동산의 가치수준형성에 전반적으로 영향을 주는 요인을 말한다. 지역요인의 작용은 반드시 공간적으로 일률적인 것이 아니고, 또 모든 종별의 부동산에 동질적이고 균등하게 작용하는 것도 아니다.

감정평가에 있어 가치형성요인은 국가나 지방 수준에서 영향을 미치는 요인보다 시장지역 수준에서 영향을 미치는 요인이 더 중시된다. 비교방식의 감정평가에 있어서는 시장지역의 가치수준 판단이 중요하기 때문이다.

지역요인은 크게 자연적 요인과 인문적 요인으로 구분되며, 인문적 요인은 다시 사회적 요인, 경제적 요인, 정책적 요인으로 세분된다. 자연적 요인은 쉽게 변하지 않는 특성이 있는 반면, 인문적 요인은 쉽게 변하는 특성이 있다.

한편, 미국의 AI에서는 부동산 가치영향요인을 사회적 요인・경제적 요인・행정적 요인・환경적 요인으로 구분하고 환경적 요인에 자연환경과 인문환경을 포함하고 있다.

7) 이자율이 하락하면 택지조성, 건축 등의 비용이 감소하여 공급력이 증가한다.
8) 부동산의 보유세가 증가하면 기존 부동산소유자의 매도욕구(즉, 공급욕구)가 증가한다.
9) 종 상향이란 제1종・제2종 일반주거지역을 제2종・제3종 일반주거지역으로 변경하는 것을 말한다. 종(種)이 상향되면 건폐율이나 용적률이 높아져 경제적 가치가 상승한다.

(2) 지역요인의 내용

① 자연적 요인: 토지가 갖는 본원적인 기능(즉, 생산기능)과 관계된 요인으로서 지리적 위치관계, 지질·지반 등의 상태, 기상상태(일조·기온·강우량 등), 경관 등의 자연적 환경, 재해발생의 위험성 등이 포함된다.

> **대지진·쓰나미 공포, 일본 땅값 뒤흔들었다:** 대지진과 쓰나미의 공포가 일본 땅값 판도에 지각변동을 초래했다. 일본 국토교통성이 2012. 01. 01. 기준으로 공시지가를 조사한 결과 해안지역은 땅값이 급락했지만, 고지대는 급등했다. 특히 쓰나미와 원전사고의 피해가 집중된 미야기(宮城), 이와테(岩手), 후쿠시마(福島)의 해안지역은 땅값이 평균 7.5% 추락했다. 하지만 재해지역도 쓰나미에 안전한 고지대 땅값은 급등했다. 쓰나미 피해를 집중적으로 입은 미야기현 이시노마키(石巻)시의 경우 해안지역은 폭락했지만 고지대 택지가격은 전년보다 60.7% 급등해 상승률 전국 1위를 기록했다(조선일보, 2012. 3. 24.참조).

② 사회적 요인: 인간이 사회활동을 하는 장소에서 발생하는 사회적 현상은 부동산가치에 영향을 미친다. 여기에는 인구의 상태, 가족구성 및 가구분리의 상태, 도시형성의 상태, 기반시설의 상태, 생활양식의 상태, 기호(또는 선호도) 등이 있다.

③ 경제적 요인: 부동산도 경제재이기 때문에 경제활동의 대상이며, 전반적인 경제구조와 경제정세의 변화는 부동산가치에 영향을 미친다. 경제적 요인으로는 성장률 및 재정지출의 상태, 금리 및 환율의 상태, 고용·소득 및 물가의 수준, 기술혁신 및 산업구조 상태 등이 있다.

> **기준금리:** 중앙은행인 한국은행 안에 설치된 금융통화위원회에서 결정하는 금리이다. 2008년 2월까지 한국은행은 금융통화위원회에서 콜금리 운용 목표치(정책금리)를 결정하였다. 콜금리 목표치를 낮춘다는 것은 콜시장에 자금을 공급한다는 것이고, 이것은 통화량이 증가하는 것으로 해석할 수 있다. 그러나 2008년 3월부터 정책금리를 기준금리로 바꾸었다. 기준금리는 한국은행의 환매조건부채권 매매, 대기성 여·수신 등 금융기관 간 거래의 기준이 되는 금리를 의미한다. 한국은행은 채권의 매매나 금융기관의 지급준비율 또는 재할인율 등의 통화정책으로 통화량이나 물가, 나아가 금리에 영향을 준다. 따라서 한국은행에서 기준금리를 발표하면 시중 은행을 포함한 금융기관들은 이를 기준으로 하여 각각 금리를 책정하게 된다. 따라서 한국은행이 기준금리를 올리면 시중 금리도 상승하게 되고, 기준금리를 낮추면 시중 금리도 떨어지게 된다(NAVER 지식사전 참조). 2008. 3. 이후 기준금리 최고는 5.25%(2008. 8. 7.~2008. 10. 8.), 최저는 0.50%(2020. 5. 28.~2021. 8. 26.)이다.

④ 정책적 요인: 부동산에 대한 공적 규제 또는 조장은 부동산가치에 영향을 미친다. 여기에는 부동산제도, 토지이용계획, 부동산정책, 부동산조세의 상태, 지역개발정책의 상태, 행정구역 등이 있다.

(3) 용도지대별 지역요인

지역요인은 각 용도지대마다 영향을 미치는 요인이 각각 다르다. 이는 각 용도지대마다 경제주체의 욕구가 다르기 때문이다. 여기서 용도지대별 지역요인을 한마디로 정의하면 각 용도지대에서 요구되는 편의성(便宜性)[10]을 얼마나 갖추고 있는가의 여부라 할 수 있다.

한편, 용도지대의 구분에 따른 용어와 관련하여 통일되지 못해 혼란이 있으나 이 책에서는 부동산활동의 편의를 도모하고 관련 법령의 명칭 등을 고려하여 택지지대·농지지대·산지지대·후보지지대·기타지대로 구분하기로 한다.

① **택지지대**

- 상업지대: 매장용지대는 수익성에 중점을 두고, 사무실지대는 효율성에 중점을 둔다. 따라서 상업시설의 배치상태, 번화성의 정도, 교통수단 및 공공시설과의 접근성 등에 크게 영향을 받는다.
- 주거지대: 쾌적성에 중점을 둔다. 따라서 생활환경의 양부, 도심과의 거리 및 교통시설 상태, 공공시설의 배치상태 등에 크게 영향을 받는다.
- 공업지대: 수익성에 중점을 둔다. 따라서 판매 및 원료구입시장과의 위치관계, 노동력 확보의 난이, 동력자원·공업용수·공장배수 등의 시설상태, 관련산업과의 관계 등에 크게 영향을 받는다.

② **농지지대:** 생산성에 중점을 두며, 택지후보지의 가능성도 중요하다. 따라서 일조·기온·강우량 등의 기상상태, 토양 및 토질, 재해의 위험성, 취락 및 출하집하장과의 접근성 등에 크게 영향을 받는다.

③ **산지지대:** 생산성에 중점을 두며, 택지후보지의 가능성도 중요하다. 따라서 일조·온도·강우량 등의 기상상태, 토양 및 토질, 표고 및 지세, 임도의 정비상태, 취락과

10) 편의란 활동을 하는 데 있어 형편이나 조건 따위가 편하고 좋은 것을 말한다.

의 접근성 등에 크게 영향을 받는다.

④ **후보지지대:** 종별 전환의 시기와 전환 후의 종별에 중점을 둔다. 따라서 도심과의 거리 및 교통시설 상태, 시가화의 정도, 택지조성의 난이, 전환 후의 종별 등에 크게 영향을 받는다. 특히 택지후보지지대 중에서도 상업후보지지대·주거후보지지대·공업후보지지대의 종별에 따라 가치수준이 달라지므로 유의한다.

(4) 실무상 지역요인 항목의 문제

비교방식의 감정평가실무에서 지역요인은 국토교통부훈령인 「표준지공시지가 조사·평가 기준」에서 제시하는 용도지대별 지역요인 비교항목을 기준으로 하고 있다. 이 훈령에서는 지역요인을 조건, 항목, 세항목의 순으로 분류하여 제시하고 있는데, 조건은 다시 가로조건·접근조건·환경조건·획지조건·행정적 조건·기타조건 등으로 구분하고 있다.[11)]

현행 지역요인 항목에는 가치형성요인으로서 욕구·구매력·공급력 등에 관련된 항목이 거의 없어 문제가 많다.

3) 개별요인

(1) 개별요인의 의의

개별요인은 부동산이 개별성을 발휘하여 그 가치를 개별적으로 형성하게 하는 요인, 즉 대상 부동산에 고유한 가치형성요인을 말한다.

부동산의 가치는 그가 속한 지역특성에서 파생되는 지역요인과 동일한 지역특성의 영향권 내라 하더라도 각 부동산 자체가 가진 개별요인에 의해 각각 영향을 받는다.

(2) 개별요인의 구성

개별요인을 내용에 따라 구분하면 다음과 같은 요인으로 구성된다.

① 자연환경: 일조, 조망, 재해의 위험성, 경사도, 고저, 방위, 지반, 지질 등

11) 용도지대별 가치형성요인의 항목에 대해서는 부록 2. 참조(371쪽 이하).

② 사회환경: 기반시설 또는 편익시설 이용의 편의성, 위험 및 혐오시설의 상태 등
③ 경제환경: 고객의 유동성, 관련기업간의 협력관계, 인근토지 용도와의 적합성 등
④ 정책환경: 면적, 형상, 용도지역・지구・구역, 기타 공법 및 사법상의 규제 등

한편, 개별요인은 다시 외부적 요인・내부적 요인으로 세분할 수도 있다. 외부적 요인은 대상물건과 외부 특성과의 관계 속에서 나타나는 요인(예: 고객의 유동성, 교통시설 편의성 등)이고, 내부적 요인은 대상물건 자체가 가진 요인(예: 지적정보 등)이다. 일반적으로 부동산가치는 개별요인에 있어 내부적 요인보다 외부적 요인에 더 크게 의존한다.

(3) 용도별 개별요인

개별요인도 부동산의 용도마다 영향을 미치는 요인에 차이가 있다.

① **택지**

- 상업용지: 매장용지는 수익성에 중점이 있으므로 경제환경(예: 고객의 유동성)이나 사회환경(예: 교통시설 편의성)의 비중이 크며, 사무용지는 효율성에 중점이 있으므로 사회환경(예: 교통시설 편의성)의 비중이 크다.
- 주거용지: 쾌적성에 중점이 있으므로 자연환경(예: 일조, 조망)과 사회환경(예: 교통시설 편의성)의 비중이 크다.
- 공업용지: 수익성에 중점이 있으므로 사회환경(예: 교통시설 편의성)과 경제환경(예: 관련기업 간의 협력관계)의 비중이 크다.

② **농지:** 생산성에 중점이 있으므로 자연환경(예: 일조, 지질)의 비중이 상대적으로 크다.

③ **산지:** 생산성에 중점이 있으므로 자연환경(예: 일조, 지질)의 비중이 상대적으로 크다.

④ **후보지:** 종별 전환의 시기와 전환 후의 종별에 중점이 있으므로 자연환경과 사회환경의 비중이 크다.

〈표 2.4.2〉 지역요인과 개별요인의 비교

구분	지역요인	개별요인
내용	지역특성	개별특성
구분	• 자연적 요인 • 인문적 요인(사회적 · 경제적 · 정책적 요인)	• 외부적 요인 • 내부적 요인
특징	거시적, 포괄적, 추상적	미시적, 한정적, 구체적

(4) 실무상 개별요인 항목의 문제

비교방식의 감정평가실무에서 개별요인은 국토교통부훈령인 「표준지공시지가 조사 · 평가 기준」에서 제시하는 용도지대별 개별요인 비교항목을 기준으로 하고 있다. 이 훈령에서는 개별요인을 지역요인과 같이 조건, 항목, 세항목의 순으로 분류하고 있는데, 지역요인과 비교하여 획지조건을 추가한 점에서 차이가 있다.

여기서 현행 개별요인 항목의 문제점을 분석하면 다음과 같다. 먼저, 개별요인의 체계와 항목이 지역요인과 거의 유사하여 서로 간에 구분적용이 어렵고 중복적용 가능성도 많다. 둘째, 장래의 동향이 상대적으로 무시되고 있다. 장래의 동향은 모든 항목에서 분석되어야 할 중요한 요소이나 이를 기타조건으로 분류함으로써 개별요인 비교에 있어 현재 상황이 중심이 되고 있다. 셋째, 조건(요소)의 분류가 불합리하다. 특히 택지지대에서 접근성과 관련된 요소인 가로조건과 접근조건이 분리되어 있고, 접면도로의 상태는 획지조건(상업지대 또는 주택지대)에 포함되어 혼란이 많다. 넷째, 조건 내 항목의 편차가 심하다. 주택지대에서 획지조건의 항목은 8개이나 행정적 조건 및 기타조건은 2개에 불과하다. 이는 비교치의 산정을 혼합식비율법(즉, 각 조건 내 항목의 비교치를 가감하여 조건의 비교치를 구한 후, 그 다음 각 조건 간의 비교치를 곱하여 총 비교치를 구하는 방식)에 의하므로 불합리하다.[12)]

4) 관련 용어의 재검토

다수의 책과 전문자격시험에서는 여전히 지역분석과 개별분석이란 용어를 사용하고

12) 자세한 내용은 제3편 제2장 참조(221쪽).

있다. 이때 지역분석은 대상부동산이 속한 지역의 가치형성요인으로서 지역요인을 분석하는 것을 말하며, 개별분석은 대상부동산의 가치형성요인으로서 개별요인을 분석하는 것을 말한다.

현재 감정평가활동에 있어 우리나라는 시장분석을 소홀히 하고 있으며, 감정평가서의 필수적 기재사항에 있어서도 시장분석의 내용을 기재하지 않고 있다. 따라서 지역분석과 개별분석이 시장분석을 대신하고 있는 실정이다. 그러나 대상부동산의 경제적 가치를 정확하게 판정하기 위해서는 먼저 철저한 시장분석을 할 필요가 있다. 미국의 AI는 2001년부터 종전의 지역분석과 개별분석을 시장분석으로 통합하여 추가적인 분석을 요구하고 있다. 따라서 우리나라도 감정평가의 절차와 감정평가서의 기재내용 등에 관한 전면적인 재검토가 필요하다.

이 책에서는 앞에서 부동산시장분석의 절차를 ① 용도분석, ② 시장지역 설정, ③ 지역분석, ④ 수급분석, ⑤ 균형분석, ⑥ 시장성분석, ⑦ 경제적 타당성분석, ⑧ 최유효이용 판정의 8단계로 설명하였다. 이는 종전의 지역분석과 개별분석을 시장분석으로 통합한 것이다.

부동산시장분석의 1단계인 용도분석은 대상부동산의 법적 · 물리적 · 입지적 특성을 분석하여 대상부동산이 제공할 수 있는 시장성 있는 용도를 선정하는 것이다. 이는 가치형성요인으로서 개별요인을 분석하는 것이므로 종전의 개별분석에 속한다고 할 수 있다. 또한, 부동산시장분석의 3단계인 지역분석은 시장지역의 자연적 · 사회적 · 경제적 · 정책적 특성을 분석하는 것을 말한다. 이는 종전의 지역분석과 같은 의미라고 할 수 있다.

부동산감정평가에 있어 감정평가의 정확성을 제고하기 위해서는 그 절차에서 시장분석을 의무화하고 시장분석 후 감정평가방법을 선정 및 적용하도록 하는 것이 합리적이다. 이때 지역분석은 시장분석의 3단계를 의미한다. 한편, 비교방식의 감정평가에 있어 수행하는 지역요인 비교 및 개별요인 비교를 지역분석 및 개별분석으로 혼동하지 말아야 할 것이다.

제2절 부동산가치의 원리

1. 개요

1) 필요성

부동산학은 부동산현상과 부동산활동을 연구하여 일반적인 원리(原理)를 도출하고, 그에 따라 부동산문제를 해결하는 방법을 찾고자 하는 학문이다. 여기서 부동산시장에서의 다양한 문제를 해결하기 위해서는 부동산가격에 관한 일반적인 법칙성을 분석하여 부동산가격의 원리로 도출할 필요가 있다. 부동산가격의 원리는 부동산시장에서 부동산가격이 발생·형성·결정되는 과정에서 작용하는 근본적인 이치를 말한다.

한편, 부동산시장에서 부동산가격은 그 가치를 반영하여 형성되며, 반대로 시장참여자는 부동산가격을 참고하여 그 가치를 판단한다. 부동산감정평가는 부동산의 경제적 가치를 판정하는 활동이다. 따라서 시장에서 작용하는 부동산가격의 원리를 찾아 반대로 부동산의 가치를 감정평가할 때 이를 활용할 필요가 있다. 즉, 감정평가는 가치형성과정을 분석하는 것이 본질인 활동이므로 부동산의 감정평가에 있어 적정한 가치판정을 위해서는 부동산가격의 원리를 충분히 이해하고 이를 활용할 필요가 있다.

2) 용어의 정의

시장가치를 기준가치로 하여 감정평가하는 경우 시장가격과는 달리 부동산의 최유효이용을 전제로 한다. 이는 시장가치가 통상적인 시장에서의 정상적인 거래를 전제로 판정한 최빈거래가능가액이기 때문이다. 따라서 부동산가격의 원리를 그대로 부동산감정평가에 활용할 수 없다. 부동산감정평가활동에서는 기본적으로 시장가치의 원리를 이해하고 분석하여야 한다. 다만, 부동산에 있어 시장가치의 원리는 부동산가격의 원리를 응용하여 도출하는 것이 합리적이다.

이 책에서는 부동산의 시장가치가 발생·형성·결정되는 과정에서 작용하는 근본적인 이치를 부동산가치의 원리(原理)라 칭한다. 부동산가치의 원리는 부동산가격의 원리를 응용한 것으로 '부동산가격의 응용원리'라 할 수 있다. 그런데 부동산가치의 원리는 그 명칭과 내용에 있어 시대나 국가 또는 학자에 따라 다양하게 제시되고 있다.

〈표 2.4.3〉 부동산가치의 원리 비교

구분	미국 (Appraisal Institute)	일본 (부동산감정평가기준)	우리나라	
			안정근	경응수
명칭	없음	부동산가격의 제원칙	부동산평가원리	부동산 경제원칙
내용	예상의 원리, 변동의 원리, 수요·공급의 원리, 대체의 원리, 균형(수익체감, 기여, 잉여생산성, 적합 포함)의 원리, 외부성의 원리(6개)	수요·공급의 원칙, 변동의 원칙, 대체의 원칙, 최유효이용의 원칙, 균형의 원칙, 수익체증 및 체감의 원칙, 수익배분의 원칙, 기여의 원칙, 적합의 원칙, 경쟁의 원칙, 예측의 원칙(11개)	예상의 원리, 변동의 원리, 수요·공급의 원리, 경쟁의 원리, 대체의 원리, 기회비용의 원리, 균형의 원리, 기여의 원리, 잉여생산성의 원리, 적합의 원리, 외부성의 원리 (11개)	수요·공급의 원칙, 변동의 원칙, 대체의 원칙, 최유효이용의 원칙, 균형의 원칙, 수익체증 및 체감의 원칙, 수익배분의 원칙, 기여의 원칙, 적합의 원칙, 경쟁의 원칙, 예측의 원칙, 기회비용의 원칙, 외부성의 원칙(13개)

「감정규칙」을 전부개정(2012. 8)하면서 종전의 정상가격을 시장가치로 대체하였음에도 아직도 여전히 감정평가활동과 책에서 가격과 가치의 용어를 혼용하고 있어 혼란이 많다. 특히 다수의 책과 전문자격시험에서 아직도 '부동산가격의 제원칙'이란 용어를 쓰고 있고, 그 내용으로 최유효이용의 원칙도 포함하고 있어 문제가 있다. 하루빨리 용어가 정비되기를 기대한다.[13)]

3) 내용

앞의 표에서와 같이 부동산가치의 원리는 국가 또는 학자에 따라 다양하게 제시되고 있다. 이 책에서는 〈표 2.4.3〉을 참고하여 부동산가치의 원리로 10개를 선정하되 이를 기본원리, 내부원리, 외부원리로 구분하고자 한다.

---

13) 서경규(2012b), "「감정평가에 관한 규칙」 전부개정의 의의와 과제", 감정평가학논집, 11(2), 한국감정평가학회, 21~36쪽 참조.

2. 내용

1) 기본원리

(1) 최유효이용의 원리

최유효이용(hight and best use)은 학문적·이론적 용어로서 감정평가의 기본적 전제가 되어 왔다. 시장가치는 최유효이용을 전제로 한 가치이다. 그동안 최유효이용에 대한 법적 정의가 없었으나, 경제적 가치를 판정하는 과정에서 매우 중요한 개념이므로 2013. 10. 「감정평가 실무기준」(국토교통부 고시, 약어로 감정평가기준이라 한다) 제정 시 그 정의를 두었다.

최유효이용이란 객관적으로 보아 양식과 통상의 이용능력을 가진 사람이 부동산을 합법적이고 합리적이며 최고·최선의 방법으로 이용하는 것을 말하며, 최유효이용의 원리란 부동산의 가치는 최유효이용을 전제로 형성된다는 원리이다. 여기서 최유효이용은 용도 이외에 규모도 함께 고려하여야 한다.

최유효이용의 판정기준은 ① 법적 허용성, ② 물리적 가능성, ③ 경제적 타당성, ④ 최대 수익성의 4가지이다.[14] 먼저, 법적 허용성은 당해 이용이 각종 법령에 적합하여야 한다는 것이다. 여기에는 공법뿐 아니라 사법도 포함된다. 둘째, 물리적 가능성은 당해 이용이 토양·지형·지세 등에 적합하고 기술적으로 가능해야 한다는 것이다. 또한, 전기·상수도 등과 같은 공공편익시설의 상태도 고려하여야 한다. 셋째, 경제적 타당성은 개발 후의 가치증가(또는 수익)가 개발비용(또는 비용)보다 커야 한다는 것이다. 넷째, 최대 수익성은 앞의 3조건을 충족하는 여러 대안 중에서 최고의 수익을 창출하는 이용이어야 한다는 것이다.

(2) 수요·공급의 원리

부동산의 가치형성에 영향을 주는 자연적·사회적·경제적·정책적 요인이 변화하면 욕구·구매력·유용성 등을 통해 부동산시장의 수요와 공급에 영향을 미친다. 일반적으

14) 한국감정평가협회·한국감정원(2014a), 앞의 책, 22~24쪽 참조.

로 부동산의 수요가 공급을 초과하면 가격이 상승하고, 반대로 공급이 수요를 초과하면 가격이 하락한다.

수요는 일정기간 동안 정해진 시장에서 다양한 가격으로 구매하려는 욕구를 말하며, 공급은 일정기간 동안 정해진 시장에서 다양한 가격으로 판매하려는 욕구를 말한다. 일반적으로 재화의 수요와 공급은 균형을 향해 움직이는 경향이 있다. 여기서 재화의 가격이 상승하면 공급은 늘고 수요는 감소하며, 가격이 하락하면 공급이 줄고 수요가 증가한다. 다만, 일반재화와는 달리 부동산의 수요와 공급은 비탄력적인 편이다. 부동산의 수요가 비탄력적인 것은 부동산이 가진 기반성과 소유권의 특수성 등에 기인하며, 부동산의 공급이 비탄력적인 것은 부증성 등에 기인한다.

수요자와 공급자의 상호작용이 시장을 구성하며, 감정평가사는 대상물건에 대한 수요와 공급의 관계를 확인하기 위하여 시장의 행동을 분석해야 한다. 왜냐하면 감정평가는 원칙적으로 시장에서 거래될 때 가장 가능성이 높은 가격을 추정하는 활동이기 때문이다.

(3) 대체의 원리

여러 개의 유사한 재화나 용역이 있는 경우 가장 가격이 낮은 것이 가장 큰 수요를 유발한다는 원리이다. 이는 부동산의 매수자(또는 임차인)가 유용성이 비슷한 다른 부동산을 선택할 수 있다는 것을 의미하며, 이때 부동산의 가치는 동일한 유용성을 갖는 대체 부동산의 가격에 영향을 받는다.

대체의 원리는 감정평가 3방식의 성립근거가 된다. 먼저, 거래사례비교법은 유사성이 있는 물건의 거래사례와 비교하여 대상물건의 가액을 산정하는 방법으로 대체의 원리를 기본으로 하고 있다. 둘째, 원가법에서 재조달원가를 구하는 경우 대체가능한 물건의 사례를 기준으로 구할 수 있다. 셋째, 수익환원법에서 환원율이나 할인율을 시장을 분석하여 도출하는 것은 대체의 원리에 근거하고 있다.

(4) 변동의 원리

부동산의 가치는 여러 가지 가치형성요인이 부단히 변화하는 과정에서 형성된다. 즉, 부동산의 자연적 · 사회적 · 경제적 · 정책적 위치는 가변적이므로 그 가치도 부단히 변동한다. 따라서 가치형성요인을 분석하는 경우 현재의 상황뿐 아니라 미래의 동향도 반영하여야 한다.

한편, 가치형성요인은 늘 변화하는데 그 변화를 모두 예측하는 것은 불가능하다. 따라서 대상물건의 경제적 가치를 판정하는 것은 특정시점에서만 타당할 수 있다. 이를 기준시점이라 한다. 즉, 기준시점은 대상물건의 감정평가액을 결정하는 기준이 되는 일자를 말한다.

(5) 예측의 원리

부동산의 가치는 장래에 발생할 것으로 기대되는 편익을 현재가치로 환원한 값으로 추산할 수 있다. 즉, 부동산의 현재가치는 예측되는 미래의 편익에 의존한다. 그런데 부동산에 대한 욕구가 다양하고 그 용도도 다양하며 부동산의 자연적 · 사회적 · 경제적 · 정책적 위치는 가변적이므로 장래에 발생할 것으로 기대되는 편익을 예측하는 것은 매우 어려운 작업이다. 따라서 부동산의 가치를 정확하게 판정하기 위해서는 과거의 추이를 파악한 후 미래의 동향을 예측하는 것이 필요하다.

2) 내부원리

(1) 균형의 원리

부동산의 가치가 최고로 되기 위해서는 부동산의 구성요소들이 상호 균형을 이루어야 한다는 원리이다. 토지의 경우 면적 · 형상 · 접면너비 · 획지의 깊이 등의 관계에 균형이 있어야 하고, 건축물의 경우에는 구조 · 층수 · 건축면적 · 연면적 등의 관계에 균형이 있어야 한다. 또한, 복합부동산의 경우 건축물의 규모 · 형상 · 배치상태 등에서 토지와 건축물 간에 균형을 이루어야 한다.

부동산의 구성요소 간에 균형을 이루지 못하면 기능적 감가의 원인이 된다.

(2) 기여의 원리

부동산의 가치는 각 구성요소가 전체에 기여하는 정도에 따라 결정된다는 원리이다.

따라서 특정 구성요소의 가치는 전체의 가치에 그가 기여하는 금액이나 그것의 부재시 전체의 가치가 떨어지는 금액으로 정해진다. 기여의 원리는 추가투자의 적정성을 판단하는 데 도움을 준다. 예를 들어 설치에 7천만원이 들어간 승강기의 경우 단독주택의 가치를 반드시 7천만원 상승시키는 것은 아니다. ① 만일 시장에서 승강기가 딸린 주택의 수요가 많은 경우 비용보다 더 많이 상승시킬 수 있다. ② 투입된 비용과 상승된 가치가 동일할 수 있다. ③ 가치에 긍정적으로 기여하지만 비용보다 상승된 가치가 더 낮을 수 있다. ④ 가치에 어떤 기여도 하지 않을 수 있다. ⑤ 가치에 도리어 부정적인 기여를 할 수 있다. 편익보다 운영비용이 더 큰 경우로서 이때는 추가비용을 들여 승강기를 철거할 필요가 있다.

또한, 기여의 원리는 인접한 다른 토지를 구입하여 합병함으로써 전체 가치의 증가를 기대하는 경우에 유용하다. 따라서 한정가치를 판정하는 경우에는 특히 대상물건의 기여가치를 충분히 고려하여야 한다.

(3) 수익배분의 원리

부동산의 가치는 부동산의 전체 수익에서 노동·자본과 같은 다른 생산요소의 비용을 다 지불한 후 남은 순수익이라는 원리이다. 여러 생산요소들의 비용을 지불한 후 남은 순수익을 잉여생산성이라고 하므로, 수익배분의 원리는 잉여생산성의 원리라고도 한다.

수익배분의 원리는 토지수익의 잔여개념과 잔여환원법에 대한 기초를 제공한다. 잔여환원법에는 토지잔여법·건물잔여법·부동산잔여법이 있다.[15] 먼저, 토지잔여법은 부동산에서 발생하는 전체 순수익에서 건물에 귀속되는 순수익을 공제한 후 남은 토지분 순수익을 토지환원율로 환원하여 토지의 가액을 구하는 방법이다. 둘째, 건물잔여법은 부동산에서 발생하는 전체 순수익에서 토지에 귀속되는 순수익을 공제한 후 남은 건물분 순수익을 건물환원율로 환원하여 건물의 가액을 구하는 방법이다. 셋째, 부동산잔여법은 수익이 건물의 경제적 내용연수 동안 나오는 것으로 간주하고 전체 순수익을 잔존내용연수 동안 현가화한 값과 기간 말 토지가치를 현가화한 값을 합산하여 대상 부동산의 가액을 구하는 방법이다.

15) 잔여환원법에 대한 자세한 내용은 제3편 제4장 참조(283쪽).

3) 외부원리

(1) 적합의 원리

부동산의 가치가 최고로 되기 위해서는 부동산이 주위환경이나 시장의 수요에 적합하여야 한다는 원리이다. 먼저, 부동산은 주위환경에 적합하여야 한다. 부동산은 그가 가진 부동성의 특성으로 인해 지역마다 고유한 시장을 형성하는데 이를 지역성이라 한다. 부동산시장의 지역성으로 인해 그 지역 내의 부동산은 용도나 가치수준 등이 유사해지는 경향이 있다. 여기서 토지이용계획은 일정 지역의 부동산의 이용을 유사하게 유도하는 기능을 한다. 다음으로 부동산은 시장의 수요에 적합하여야 한다. 수요자의 기호(嗜好)는 환경의 변화에 따라 달라진다. 도시화되면서 아파트의 선호도가 높아졌으며, 소득의 증가로 고급주택의 선호도가 높아졌다. 반면, 세대원 수의 감소는 대형면적의 주택수요를 감소시키고 있다.

적합의 여부는 대상부동산이 속한 부동산시장에서 정해지므로 지역적 상황(즉, 지역성)과 시장상황에 따라 달라질 수 있다. 부동산이 주위환경이나 시장의 수요에 적합하지 못하면 경제적(외부적) 감가의 원인이 된다.

(2) 외부성의 원리

부동산의 가치는 부동산을 둘러싸고 있는 외부환경에 의해 영향을 받는다는 원리이다. 즉, 부동산의 외부요인은 부동산 가치에 정(+)의 영향 또는 부(−)의 영향을 미칠 수 있다. 부동산의 가치에 긍정적인 영향을 미칠 경우 외부경제라 하고, 반대로 부정적인 영향을 미칠 경우 외부불경제라고 한다. 부동산의 가치는 내부특성보다 외부특성에 더 많은 영향을 받으므로 외부환경의 파악과 분석에 많은 노력을 하여야 한다. 외부불경제가 발생하는 경우 경제적(외부적) 감가의 원인이 된다.

적합의 원리는 부동산과 외부환경과의 양방향적인 영향관계 뿐 아니라 수요자와의 영향관계도 반영한 원리인 반면, 외부성의 원리는 외부환경이 부동산에 영향을 미치는 일방적인 관계를 반영한 원리로 차이가 있다.

〈표 2.4.4〉 부동산가치의 원리 요약

구분		감정평가 적용	관련 원리	관련된 부동산 특성
기본	최유효이용의 원리	시장가치의 전제	모두 관련	영속성, 용도의 다양성, 상대적 위치의 가변성
	수요 · 공급의 원리	가치형성요인의 분석	대체의 원리, 적합의 원리	부증성, 기반성, 소유권의 특수성
	대체의 원리	감정평가 3방식의 성립근거	수요 · 공급의 원리	개별성, 용도의 다양성
	변동의 원리	기준시점의 근거, 시점수정 필요	예측의 원리, 외부성의 원리	영속성, 용도의 다양성, 상대적 위치의 가변성
	예측의 원리	장래의 동향 분석, 수익환원법의 근거	변동의 원리	영속성, 용도의 다양성, 상대적 위치의 가변성
내부	균형의 원리	개별분석의 필요, 기능적 감가의 근거	기여의 원리	개별성, 용도의 다양성, 상대적 위치의 가변성
	기여의 원리	한정가치의 판단	균형의 원리, 수익배분의 원리	용도의 다양성, 소유권의 특수성
	수익배분의 원리	잔여환원법의 근거	기여의 원리	영속성, 소유권의 특수성 상대적 위치의 가변성
외부	적합의 원리	경제적 감가의 근거	외부성의 원리, 수요 · 공급의 원리, 변동의 원리	부동성, 용도의 다양성, 상대적 위치의 가변성
	외부성의 원리	지역분석의 필요 경제적 감가의 근거	적합의 원리, 변동의 원리	부동성, 인접성, 상대적 위치의 가변성

제3편

감정평가방식

제1장 감정평가방식의 개요

제1절 감정평가방식의 의의

1. 가치의 3면성

1) 개념

일반적으로 경제주체는 대상물건의 경제적 가치를 판정할 때 시장에서의 가격(즉, 시장성), 대상물건의 생산원가(즉, 비용성), 대상물건에서 얻는 수익(즉, 수익성), 욕구 만족을 위해 지불할 용의가 있는 금액 등 다양한 측면을 고려할 수 있다. 여기서 경제적 가치를 판정할 때 시장성·비용성·수익성의 3가지 측면을 고려하는 것을 가치의 3면성이라 한다.

먼저, 시장성은 대상물건이 시장에서 어느 정도의 가격으로 거래 되는가? 라는 측면을 고려하는 것이다. 시장성은 수요측면과 공급측면을 모두 고려하는 것으로 비교방식의 근거가 된다.

둘째, 비용성은 대상물건을 만드는 데 어느 정도의 비용이 드는가? 라는 측면을 고려하는 것이다. 비용성은 공급측면을 강조한 것으로 원가방식의 근거가 된다.

셋째, 수익성은 대상물건을 통해 어느 정도의 수익을 얻을 수 있는가? 라는 측면을 고려하는 것이다. 수익성은 수요측면을 강조한 것으로 수익방식의 근거가 된다.

2) 가치의 3면성과 감정평가방식

감정평가방식이란 대상물건의 경제적 가치를 판정하기 위해 적용하는 방식(方式)을 말하는데, 감정평가방식은 기본적으로 가치의 3면성에 근거하고 있다.

한편, 대상물건의 경제적 가치는 매매가치의 표현인 가격(협의의 가격)과 임대가치의 표현인 임료로 표시된다. 따라서 감정평가에서 구하는 경제적 가치는 크게 매매가치와 임대가치로 구분할 수 있으며, 각각 가치의 3면성에 근거한 감정평가방식이 있다.

「감정평가규칙」에서는 감정평가방식을 〈표 3.1.1〉과 같이 규정하고 있다. 여기서 공시지가기준법은 우리나라에 특유한 방법으로서, 강학(講學)상[1] 별도의 감정평가방법으로 인정하지 않고 있다. 따라서 일반적으로 감정평가방식의 분류에 있어 3방식 6방법이라 한다.

한편, 비교방식, 원가방식, 수익방식을 감정평가방식이라 하며, 각 방식을 적용한 구체적인 방법을 감정평가방법이라 한다.

〈표 3.1.1〉 감정평가방식의 분류

감정평가 방식의 원리	3방식	감정평가방법		시산가액	
		매매가치	임대가치	가액[2]	임료
시장성	비교방식	거래사례비교법	임대사례비교법	비준가액	비준임료
		공시지가기준법	-	(비준지가)	-
비용성	원가방식	원가법	적산법	적산가액	적산임료
수익성	수익방식	수익환원법	수익분석법	수익가액	수익임료

1) '강학상'이란 '학문상'의 뜻이다. 이는 '실정법상'에 대비되는 용어이다.
2) 이 책에서는 혼란을 방지하기 위해 '가액'을 '광의의 가액'(화폐액 또는 금액의 의미)과 '협의의 가액'(매매가치를 산정한 금액의 의미)으로 구분하고자 한다. 따라서 여기서의 가액은 매매가치를 판정하여 표시한 금액으로서 협의의 가액에 속한다.

2. 감정평가방식의 내용

1) 감정평가 3방식

(1) 비교방식

비교방식은 시장성 즉, 시장에서의 거래사례, 임대사례에 착안하여 대상물건의 매매가치나 임대가치를 구하는 방식으로, 이 중에서 매매가치를 구하는 방식을 거래사례비교법이라 하고, 임대가치를 구하는 방식을 임대사례비교법이라 한다.

한편, 토지의 감정평가방식인 공시지가기준법도 표준지와 대상토지를 비교하여 매매가치를 구하므로 비교방식의 일종이다.

(2) 원가방식

원가방식은 비용성 즉, 대상물건의 재조달(재생산)에 소요되는 원가에 착안하여 매매가치나 임대가치를 구하는 방식으로, 이 중에서 매매가치를 구하는 방식을 원가법이라 하고, 임대가치를 구하는 방식을 적산법이라 한다.

(3) 수익방식

수익방식은 수익성 즉, 대상물건의 수익에 착안하여 매매가치나 임대가치를 구하는 방식으로, 이 중에서 매매가치를 구하는 방식을 수익환원법이라 하고, 임대가치를 구하는 방식을 수익분석법이라 한다. 수익방식에서 유의할 것은 순수익의 산정은 과거의 순수익이 아니고 장래 산출할 것으로 기대되는 순수익이므로, 과거의 순수익을 기초로 장래의 예상 순수익을 산정하여야 한다는 것이다.

2) 감정평가 3방식의 비교

먼저, 비교방식은 감정평가의 3방식 중 가장 객관적이고 설득력이 높아 많은 물건의 감정평가에 활용하고 있다. 다만, 시장에서 거래사례를 구할 수 없는 경우 적용할 수 없으며, 사정보정의 내용을 확인하기가 매우 어렵다는 것이 단점이다.

둘째, 원가방식은 시장성이 없는 물건의 경우에도 적용할 수 있다는 것이 장점이다. 다만, 생산에 투입된 비용과 경제적 가치가 비례한다는 전제가 성립되어야 하는 방식으로 한계가 있다. 즉, 공급자 측면의 가치로서 시장성이나 수익성을 반영할 수 없는 것이 단점이다.

셋째, 수익방식은 논리적이고 과학적이라는 것이 장점이다. 그러나 수익이 없는 물건에 적용할 수 없고, 순수익과 환원이율의 파악과 예측이 어렵다는 것이 단점이다. 또한, 소득수익보다 자본수익이 높은 경우 비교방식에 의한 시산가액과 괴리되는 경우가 많다는 점에 유의하여야 한다. 예를 들어 대도시 인근의 농지는 임료는 낮지만 시장가격은 높은 경우가 많다.

〈표 3.1.2〉 감정평가방식의 비교

구분	장점	단점
비교방식	• 시장가격이 있는 경우 적용 가능 • 현실성과 설득력이 높음 • 시장가치의 개념에 가장 적합 • 복합부동산의 경우 일괄감정평가 용이	• 시장가격이 없는 경우 적용 불가능 • 거래당사자의 거래사정 파악이 곤란 • 사정보정이나 가치형성요인 비교에 주관 개입 • 복합부동산의 경우 구성요소별 가치구분 곤란
원가방식	• 시장가격이 없는 경우에도 적용 가능(재생산이 가능한 모든 물건에 적용 가능) • 상각자산의 감정평가에 유용 • 감정평가사의 주관 개입 여지가 적음	• 시산가액이 시장가격과 괴리될 가능성(시장성 · 수익성을 반영할 수 없어 설득력 낮음) • 토지와 같이 재조달이 불가능한 자산에 적용 불가 • 복합부동산의 경우 일괄감정평가 곤란
수익방식	• 논리적이고 과학적임 • 수익용 자산의 감정평가에 유용 • 복합부동산의 경우 일괄감정평가 용이	• 비수익용 자산에는 적용 불가 • 순수익과 환원이율의 파악이 곤란 • 시장이 불안정한 경우 적용 곤란 • 복합부동산의 경우 구성요소별 가치구분 곤란

3) 그 밖의 감정평가방식

(1) 회귀분석법

회귀분석법은 서로 간에 관련성을 가진 여러 변수들 간에 있어서 독립변수가 종속변수에 미치는 영향력의 크기를 측정하여 독립변수의 일정한 값에 대응되는 종속변수의 값을 예측 또는 추산하기 위한 방법이다. 이는 거래사례비교법의 과학화의 일환으로 감정평가방식의 공정성과 합리성을 제고시키기 위해 등장했다.[3]

(2) 노선가식평가법

노선가식평가법은 접근성이 유사한 가로별로 획지의 표준깊이에 따른 평균단가를 구해 노선가(가로계수 + 접근계수 + 획지계수)로 설정하고, 노선가에 대상 부동산의 깊이, 접면너비, 형상 등에 따른 보정을 가하여 대상 부동산의 매매가치를 구하는 방법이다. 이는 택지의 매매가치는 가로에서 멀어짐에 따라, 즉 깊이가 깊어짐에 따라 체감한다는 것을 전제로 하고 있으며, 환지방식의 도시개발사업에 있어 환지처분가액의 평가 등에 적용가능하다.

(3) 조건부가치평가법

조건부가치평가법(CVM: Contingent Valuation Method)은 특정 재화나 서비스의 구매(또는 소비)를 위해 지불할 용의가 있는 금액(WTP: Willingness To Pay)을 조사하여 가치를 평가하는 방법이다. 이 방법은 시장에서 거래되지 않는 재화나 서비스의 가치를 추산할 수 있는 기법으로, 자연경관·문화재·교통서비스 등 뿐 아니라 개발 중에 있는 상품에도 적용할 수 있다.

---

3) 강해규 외(2003), 부동산감정평가실무, 형설출판사, 134쪽.

제2절 시산가액의 조정

1. 시산가액 조정의 의의

1) 시산가액의 개념

시산가액(試算價額)이란 대상물건의 감정평가액을 결정하기 위하여 감정평가방법의 어느 하나를 적용하여 산정(算定)한 가액을 말한다. 즉, 감정평가액 결정에 참고하기 위하여 산정한 가액이다.

「감정평가규칙」에서는 대상물건별로 감정평가에 적용할 감정평가방법을 구체적으로 규정하고 있다. 따라서 감정평가시에는 먼저 대상물건별로 정한 감정평가방법(즉, 주된 방법)을 적용하여 시산가액을 산정하여야 한다. 다만, 주된 방법을 적용하는 것이 곤란하거나 부적절한 경우에는 다른 감정평가방법을 적용할 수 있다(제12조).

2) 시산가액의 조정

감정평가 3방식을 적용한 시산가액은 이론상 서로 일치하여야 한다. 그러나 현실적으로 불완전경쟁시장으로서의 특성, 각 감정평가방식의 한계 등으로 인해 각 시산가액이 불일치하고 있다. 여기서 과연 어느 방법으로 산정한 시산가액을 기준으로 감정평가액을 결정하여야 하는지의 문제가 대두된다. 예를 들어 최근 신축된 3층 건물인 상가를 감정평가할 때 비준가액은 30억원, 적산가액은 25억원, 수익가액은 20억원으로 각각 시산가액이 산정되었다고 하자. 이 경우 각 시산가액 간 차이가 커 어느 것이 시장가치를 정확하게 반영한 것인지 판단하기 어렵다.

시산가액의 조정이란 각 시산가액을 비교하여 그 합리성을 검토한 후 시산가액을 조정하여 감정평가액을 결정하는 것을 말한다. 시산가액을 조정하는 이유는 보다 정확하고 객관적인 감정평가액을 결정하기 위함이다. 「감정평가규칙」에서는 원칙적으로 둘 이상의 감정평가방법을 적용하여 시산가액을 산정한 후 그 합리성을 검토하도록 규정하고 있으며, 합리성이 없다고 판단되는 경우에는 시산가액을 조정하여 감정평가액을 결정할 수 있도록 규정하고 있다(제12조).

2. 시산가액 조정의 내용

1) 시산가액 조정의 절차

(1) 주된 감정평가방법의 적용

감정평가업자는 「감정평가규칙」 제14조부터 제26조까지의 규정에서 대상물건별로 정한 감정평가방법(즉, 주된 방법)을 적용하여 감정평가하여야 한다. 다만, 주된 방법을 적용하는 것이 곤란하거나 부적절한 경우에는 다른 감정평가방법을 적용할 수 있다(제12조제1항). 제12조제1항 단서에 해당하는 경우에는 그 이유를 감정평가서에 기재하여야 한다.

(2) 합리성 검토

감정평가업자는 대상물건의 감정평가액을 결정하기 위하여 「감정평가규칙」 제12조제1항에 따라 산정한 시산가액을 「감정평가규칙」 제11조 각 호의 감정평가방식 중 다른 감정평가방식에 속하는 하나 이상의 감정평가방법(이 경우 공시지가기준법과 그 밖의 비교방식에 속한 감정평가방법은 서로 다른 감정평가방식에 속한 것으로 본다)으로 산출한 시산가액과 비교하여 합리성을 검토하여야 한다. 다만, 대상물건의 특성 등으로 인하여 다른 감정평가방법을 적용하는 것이 곤란하거나 불필요한 경우에는 그러하지 아니하다(제12조제2항). 제12조제2항 단서에 해당하는 경우에도 그 이유를 감정평가서에 기재하여야 한다.

(3) 시산가액의 조정

감정평가업자는 「감정평가규칙」 제12조제2항에 따른 검토 결과 제12조제1항에 따라 산출한 시산가액의 합리성이 없다고 판단되는 경우에는 주된 방법 및 다른 감정평가방법으로 산출한 시산가액을 조정하여 감정평가액을 결정할 수 있다(제12조제3항).

한편, 적용한 감정평가방법 및 시산가액의 조정 등 감정평가액 결정과정은 감정평가서에 필수적으로 기재하여야 한다. 다만, 부득이한 경우에는 그 이유를 적고 일부를 포함하지 아니할 수 있다(제13조제3항).

2) 시산가액 조정의 방법

시산가액을 조정하는 경우 단순히 산술평균으로 적용해서는 안 된다. 감정평가 목적, 대상물건의 특성, 수집한 자료의 신뢰성, 시장상황 등을 판단의 기준으로 삼아야 한다. 즉, 대상물건의 특성이나 시장상황을 기초로 감정평가 목적에 부합하는 감정평가방법은 어떤 것인지, 수집한 자료 중 어떠한 것이 더 신뢰성이 높은지 등을 세밀하게 검토하여야 한다.

최종적으로 감정평가액을 결정하는 방법은 정량적인 방법, 정성적인 방법 등 다양한 방법이 있으나, 행정규칙인 「감정평가 실무기준」(약어로 감정평가기준이라 한다)에서는 정량적인 방법 중 각 시산가액에 적절한 가중치를 부여하는 방법을 채택하고 있다. 그러나 가중치의 결정은 전문가적인 경험과 지식에 근거한 판단이 중요하게 작용하므로 정성적인 방법 또한 중요한 고려사항이다.[4)]

제3절 임료와 임료감정평가

1. 임료의 의의

1) 임료의 개념

임료는 대상물건의 사용대가로서 임대차계약에 기초하여 지급되는 금액을 말한다. 즉, 대상물건을 일정기간 점유하고 사용한 대가이다. 따라서 임료는 유량(流量, flow)에 속한다.

한편, 임대차(賃貸借)는 당사자 일방(= 임대인)이 상대방(= 임차인)에게 목적물을 사용・수익하게 할 것을 약정하고 상대방이 이에 대하여 차임을 지급할 것을 약정함으로써 성립하는 계약이다. 원칙적으로 차임은 매기(통상 매월)[5)]에 지급하는 것이 원칙이나 일시에 보증금으로 지급하는 채권적 전세의 경우도 포함한다.

---

4) 한국감정평가협회・한국감정원(2014a), 앞의 책, 187쪽 참조.

5) 「민법」 제633조(차임지급의 시기) 차임은 동산, 건물이나 대지에 대하여는 매월 말에, 기타 토지에 대하여는 매년 말에 지급하여야 한다. 그러나 수확기 있는 것에 대하여는 그 수확 후 지체없이 지급하여야 한다.

2) 유사용어의 구별

법령에서 물건 대여(나중에 돌려받기로 하고 일정한 대가를 받고 얼마 동안 쓰게 하는 것)에 대한 대가를 의미하는 용어로 지료, 차임, 임대료, 사용료, 대부료 등 다양한 용어가 혼용되고 있다. ① 지료(地料)는 토지에만 해당하는 용어로 대상이 가장 좁다고 할 수 있다(민법 제286조 등). 지대(地代)라고도 한다. ② 차임(借賃)은 임대차에서 목적물 대여의 대가로 매기마다 임차인이 임대인에게 지급하는 것(금전 이외에 물건도 가능)을 말하며(민법 제618조 참조). 대가가 금전인 경우 임차료라고도 한다. ③ 임대료(賃貸料)는 임대차에서 빌려준 대가로 받는 금전이라 할 수 있다. 여기서 임차료와 임대료는 주고받는 주체에 따른 상대적인 용어이다. 한편, 임대료와 임차료의 형태로는 차임 이외에 보증금도 가능하다. ④ 사용료・대여료(貸與料)・대여비는 일시적 대여의 대가라 할 수 있다(소득세법 제21조 참조). 흔히 장소나 물품의 일시적 대여의 대가로 쓰인다(반면, 국유재산법에서는 행정재산의 사용・수익의 대가를 사용료라 한다). ⑤ 대부료(貸付料)는 「국유재산법」에서 일반재산의 사용・수익의 대가를 말한다(제47조).

한편, 2012년 「감정평가규칙」 전부개정 시 종전의 임료를 임대료로 용어를 변경하였는데 그 이유는 불분명하다. 임대료는 소유자(즉, 공급자)측 용어이므로 소유자와 사용자(즉, 수요자)를 포괄하는 개념인 임료로 표현하는 것이 합리적이다.

3) 임대차의 유형

(1) 신규계약의 여부에 따른 분류

신규계약의 여부에 따라 신규임대차와 계속임대차로 구분할 수 있다. 먼저, 신규임대차는 임대인이 새로운 임차인과 처음으로 계약하는 것을 말한다. 둘째, 계속임대차는 계약기간 만료 후 기존의 임차인과 다시 계약하는 것을 말한다. 계속임대차는 다시 갱신임대차와 재임대차로 세분할 수 있다. ① 갱신임대차는 법령에 의거 기존 임차인이 계약갱신요구권을 행사하여 계약하는 것을 말한다. 갱신임대차의 경우 법령에 의거 임료(즉, 차임과 보증금) 증감의 제한을 받는다. ② 재임대차는 기존 임차인의 계약갱신요구권 행사 없이 당사자의 합의에 의해 다시 계약하는 것을 말한다.

일반적으로 동일한 물건에 대한 임료수준은 신규임대차가 계속임대차에 비해 높다.

> **임대차법이 부른 '삼중' 전세가격:** 같은 단지, 같은 평수의 아파트지만 전세가격은 두 배씩 차이가 나는 곳이 허다하다. 임대차 3법 시행 직후에 신규전세냐 갱신이냐 2가지 종류로 나뉘었다가 최근에는 3가지 전세가격으로 더 복잡해졌다. 학군 1번지로서 서울에서 가장 전세수요가 많은 대치동 은마아파트의 경우 전용면적 84㎡는 지난달(21년 7월) 중순 보증금 10억 5천만원에 전세가 나갔다. 하지만, 비슷한 시기 똑같은 규모의 다른 집은 각각 5억 7천만원과 7억 3천만원에 전세계약이 체결되었다. 신규계약은 급등한 주변 시세가 그대로 반영돼 가장 비싸고, 갱신계약의 경우 2년 전 시세에서 5% 수준만 올라 가장 싸다. 여기에 임차인이 갱신청구권 행사를 포기하고 시세의 70~80% 수준에 재계약을 맺는 중간가격까지 생겨났기 때문이다(MBN뉴스, 2021. 8. 9).

(2) 임료의 지불형태에 따른 분류

임료의 지불형태는 보증금, 차임 등으로 구분할 수 있다. 먼저, 보증금은 임차인의 채무불이행(예: 차임지급의 불능・지체, 목적물의 훼손에 따른 손해배상 등)으로 인한 위험을 담보하기 위하여 미리 받는 금전을 말한다. 보증금은 계약기간 종료 시 임차인이 이행하지 아니한 채무액을 충당하고 나머지는 반환하여야 한다. 둘째, 차임은 임대차에서 목적물 대여의 대가로 매기마다 임차인이 임대인에게 지급하는 것(금전 이외에 물건도 가능)을 말한다. 일반적으로 차임은 매월 지급하는데 이를 시장에서는 월세(月貰)라고 한다.[6)]

한편, 전세권 또는 채권적 전세에 있어 부동산의 사용・수익의 대가로 일시에 받는 금전을 전세금이라고 한다. 전세권 또는 채권적 전세에 있어서는 전세금 이외에 따로 사용・수익의 대가를 받지 않으며, 전세권자의 귀책사유로 목적물의 전부 또는 일부가 멸실된 경우에 전세금으로써 그 손해의 배상에 충당할 수 있으므로 전세금은 보증금의 성질도 가진다.

부동산의 임대차에 있어 임료의 지불형태는 ① 전세금만을 지급하는 전세방식, ② 일정한 보증금과 월세를 병행하는 보증부 월세방식, ③ 보증금 없이 월세로만 지급하는 월세방식 등이 있다. 월세방식의 경우 임대차기간의 월세를 미리 선납하는 사글세방식이 대부분이다. 사글세란 빌리는 값인 삯을 월세로 낸다는 뜻의 '삯월세'에서 변한 말이다.

---

6) 세(貰)란 대가를 받고 물건을 일정기간 빌려주는 것을 말한다.

(3) 관리비의 지불방법에 따른 분류

임대차에 있어 관리비의 지불방법에 따라 총임대차, 순임대차, 비율임대차 등으로 구분할 수 있다. 먼저, 총임대차(gross lease)는 임차인이 총임료를 지불하면 소유자(임대인)가 부동산의 유지·관리에 관한 모든 비용(개별사용료 포함)을 부담하는 형태이다. 외국인을 대상으로 한 주택임대차에 주로 활용된다. 여기서 개별사용료란 임차인이 개별로 사용하는 시설인 전기, 수도, 도시가스, 방송·통신시설 등의 사용료를 말한다. 이를 통상 부가사용료라고 부르고 있으나 용어의 뜻을 고려할 때 개별사용료라는 용어가 더 적절하다고 본다.

둘째, 순임대차(net lease)는 임차인이 부동산 사용·수익의 대가로 기본적인 임료를 지불하고 부동산의 관리비나 개별사용료의 전부 또는 일부를 추가로 지불하는 형태이다. 우리나라 임대차의 대부분은 순임대차에 속한다. 순임대차는 다시 ① 관리비와 개별사용료 전부를 임대인에게 지불하는 방식, ② 관리비는 임대인에게 지불하고, 개별사용료는 임차인이 자신의 사용내용에 따라 각각의 시설설치자에게 직접 지불하는 방식, ③ 관리비와 일부의 개별사용료(예: 수도료, TV수신료 등)는 임대인에게 지불하고, 일부의 개별사용료(예: 전기료, 도시가스료 등)만 시설설치자에게 지불하는 방식 등으로 세분된다.

셋째, 비율임대차(percentage lease)는 백화점·쇼핑센터 등 상업용 부동산에서 주로 활용되는 방식으로서, 임차인이 임차물에서 얻는 매출액의 일정 비율로 임료와 관리비 등을 지불하는 형태이다.

이외에도 순임대차와 비율임대차를 혼합하여 기본임료 이외에 사전에 결정한 최소 매출액을 초과한 매출액의 일정 비율을 추가임료로 지불하는 형태 등이 있다.

> **관련 법령상 용어**
>
> 1) 관리비: 의무관리대상 공동주택의 입주자등은 그 공동주택의 유지관리를 위하여 필요한 관리비를 관리주체에게 납부하여야 한다(공동주택관리법 23 ①). 관리비에는 일반관리비, 청소비, 경비비, 소독비, 승강기유지비, 지능형 홈네트워크설비 유지비, 난방비, 급탕비, 수선유지비, 위탁관리수수료가 포함된다.
> 2) 건축물 관리: 관리자가 해당 건축물이 멸실될 때까지 유지·점검·보수·보강 또는 해체하는 행위를 말한다(건축물관리법 제2조).

2. 임료의 유형

1) 계약임료, 시장임료

계약임료는 당해 임대차계약에 의해 실제 정해진 임료를 말한다. 계약임료는 기준시점에서 보면 과거의 계약에 의한 임료이므로 현재의 시장상황을 정확하게 반영하지 못하는 수가 있다. 반면 시장임료는 기준시점 현재 시장에서 정상적으로 결정되는 임료를 말한다. 용어의 혼란을 피하기 위해서는 이는 정상임료로 표현하는 것이 더 합리적이라고 본다. 시장가격(협의의 시장가격)을 '시장에서 매매의 대가로 수수된 금액'으로 정의한다면 시장임료는 '시장에서 임대차의 대가로 수수된 금액'으로 정의할 수 있다. 여기서 시장에서 결정되는 가격이나 임료 중 정상적으로 결정된 것에 대해서는 따로 정상가격이나 정상임료로 표현하는 것이 필요하기 때문이다.

한편, 임료를 감정평가하는 경우 원칙적으로 시장임료를 기준으로 하고, 당해 임대권의 가치를 감정평가하는 경우에는 임대인이 실질적으로 받는 계약임료를 기준으로 한다.

2) 총임료, 순임료

총임료는 명칭 여하를 불문하고 임대인이 받는 모든 경제적 대가를 말한다. 총임료는 ① 순수한 의미에서 대상물건의 사용대가인 순임료, ② 관리비 또는 개별사용료의 명목으로 받는 비용으로 구성된다. 여기서 관리비는 대상물건을 유지·관리하는 데 드는 모든 비용을 말하며, 일반관리비(인건비, 소모품비, 통신비 등), 용역비(경비, 청소, 소득 등), 수선유지비, 공동사용료(공동전기료, 공동수도료 등)[7] 등이 포함된다.

한편, 순임료는 순수한 의미에서의 임료를 말한다. 순임료에는 ① 보증금 성격을 갖는 일시금의 운용이익, ② 선불금 성격을 갖는 일시금의 상각액, ③ 선불금 성격을 갖는 일시금의 미상각액에 대한 운용이익, ④ 각 지불시기에 받는 차임, ⑤ 관리비나 개별사용료 중 실비를 초과하는 금액이 포함된다.

7) 공동사용료는 대상물건 중 공용부분의 시설에 대한 사용료를 말하며, 공익비라고도 한다. 용어의 뜻을 고려할 때 공동사용료라는 용어가 더 적절하다고 본다.

> ▶ 월세 25만원인데 관리비가 20만원. 집주인이 왜 이럴까?: 서울 관악구 신림동에서 월세 32만원짜리 원룸에 살던 김모씨는 6월 말 월세를 28만원으로 낮추는 조건으로 재계약을 했다. 그런데 집주인이 월세를 내린 대신 8만원이던 관리비를 16만원으로 올리겠다고 통보했다. 월세가 30만원을 넘으면 계약 내용을 신고해야 하는 전·월세 신고제를 피하려는 집주인의 '꼼수'였다. 사실상 월세 지출이 늘게 된 김씨는 항의했지만, 새 월셋집을 찾는 불편함과 이사비용 등을 고려해 관리비를 15만원 내기로 하고 도장을 찍었다. … 이런 상황이 벌어진 것은 관리비는 임대차 신고 항목에서 빠져 있기 때문이다. 국토교통부는 "집주인이 과다한 관리비를 요구하면 주택임대차분쟁조정위원회를 통해 해결할 수 있다"는 입장이다. 하지만 세입자가 분쟁조정을 신청해도 집주인이 응하지 않으면 뾰족한 방법이 없다(조선일보, 2021. 7. 8).

3) 신규임료, 계속임료

앞에서 설명한 임대차의 유형에서 신규계약의 여부에 따라 신규임대차와 계속임대차로 구분하였다. 여기서 신규임대차에서의 임료를 신규임료라 하고, 계속임대차에서의 임료를 계속임료라 한다.

일반적으로 동일한 물건에 대한 임료수준은 신규임료가 계속임료에 비해 높다.

4) 실질임료, 지불임료

일본에서는 실질임료와 지불임료라는 용어를 쓰고 있는데, 일본의 영향을 받은 우리나라도 여전히 이들 용어를 쓰고 있다. 먼저, 실질임료는 명칭 여하를 불문하고 임대인이 받는 모든 경제적 대가를 말한다. 그런데 대부분의 책에서는 실질임료가 순임료와 필요제경비의 합으로 구성되며, 필요제경비에는 감가상각비, 유지관리비, 조세·공과금, 손해보험료, 공실손실상당액, 대손준비금, 정상운영자금이자가 포함된다고 설명하고 있다. 그러나 필요제경비 중 공실손실상당액, 대손충당금, 감가상각비는 임차인으로부터 징수하지 않으므로 문제가 있다. 생각건대 임료는 대상물건의 사용대가로서 임대차계약에 기초하여 임대인이 받는 금액을 말하는데 일반적으로 시장에서는 보증금(전세금 포함)과 차임 이외에 관리비와 개별사용료만을 받고 있어 필요제경비의 용어와 내용에 대한 전면적인 재검토가 필요하다고 본다. 이 책에서는 유지관리비를 인건비·용역비·수선유지비 등으로 세분하고, 정상운영자금이자를 필요제경비에서 제외하였다. 또한, 용어를 합

리적으로 정비하여 〈표 3.1.3〉에서처럼 필요제경비를 규정하고자 한다.[8)]

둘째, 지불임료는 임대인에게 매 기간마다 지불하는 임료를 말한다. 따라서 임료 중 보증금 성격을 갖는 일시금이나 선불금 성격을 갖는 일시금은 제외된다.

〈표 3.1.3〉 임료의 구성

<table>
<tr><td rowspan="2">실질임료</td><td></td><td>A</td><td>• 보증금 성격을 갖는 일시금의 운용이익
• 선불금 성격을 갖는 일시금의 상각액
• 선불금 성격을 갖는 일시금의 미상각액에 대한 운용이익</td><td colspan="2">[해설]
• 실질임료 = A + B + C
• 지불임료 = B + C
• 순임료 = A + B</td></tr>
<tr><td>지불임료</td><td>B</td><td>• 각 지불시기에 일정액씩 받는 차임
• 관리비와 개별사용료 중 실비를 초과하는 금액</td><td>C</td><td>• 공실손실상당액 • 대손충당금
• 감가상각비 • 인건비
• 용역비 • 수선유지비
• 세금·공과금 • 보험료 등</td></tr>
<tr><td colspan="2">구 분</td><td colspan="2">순임료</td><td colspan="2">필요제경비</td></tr>
</table>

3. 임료의 감정평가

1) 감정평가방법

임료의 감정평가는 임대사례비교법을 주된 방법으로 한다(감정평가규칙 제22조). 다만, 임대사례비교법을 적용하는 것이 곤란하거나 부적절한 경우에는 다른 감정평가방법(예: 적산법, 수익분석법)을 적용할 수 있다(감정평가규칙 제12조 ①). 또한, 「감정평가규칙」 제12조제1항에 따라 어느 하나의 감정평가방법을 적용하여 산정한 시산가액을 다른 감정평가방식에 속하는 하나 이상의 감정평가방법으로 산정한 시산가액과 비교하여 합리성을 검토하여야 한다. 다만, 대상물건의 특성 등으로 인하여 다른 감정평가방법을 적용하는 것이 곤란하거나 불필요한 경우에는 이를 생략할 수 있다(감정평가규칙 제12조 ②). 여기서 유의할 것은 감정평가에 있어 주된 방법을 적용하지 않거나 시산가액의 합리성 검토를 생략하는 경우에는 그 이유를 감정평가서에 기재하여야 한다(감정평가규칙 제13조 ③).

8) 자세한 내용은 제3편 제3장 참조(258쪽).

2) 감정평가기준

먼저, 임료의 감정평가는 원칙적으로 실질임료를 기준으로 한다(감정평가기준 660-3.3). 다만, 의뢰인이 요청하는 경우에는 지불임료를 기준으로 할 수 있으며, 이 경우 그 내용을 감정평가서에 기재하여야 한다. 그러나 실질임료를 기준으로 임료를 감정평가하는 것은 문제가 있다. 다음의 4.에서 설명한다.

둘째, 임료의 감정평가는 신규임료를 기준으로 한다. 다만, 의뢰인이 요청하는 경우에는 계속임료를 기준으로 할 수 있으며, 이 경우 그 내용을 감정평가서에 기재하여야 한다.

셋째, 임료의 감정평가는 1월 또는 1년 단위를 기준으로 한다. 다만, 의뢰인이 요청하는 경우에는 그 기간을 단위로 할 수 있으며, 이 경우 그 내용을 감정평가서에 기재하여야 한다. 감정평가실무에서는 일반적으로 1년을 기준으로 한다.

3) 일본의 사례

일본에서는 부동산임료를 구하는 방법을 ① 신규임료를 구하는 방법인 임대사례비교법, 적산법, 수익분석법과, ② 계속임료를 구하는 방법인 임대사례비교법, 차액배분법, 이율법, 슬라이드법으로 구분하고 있다.[9] 즉, 우리나라와 달리 계속임료를 구하는 방법을 따로 두고 있다. 여기서 계속임료를 구하는 방법은 부동산의 임대차 등을 계속하는 경우 현행 임료를 개정하고자 할 때 쓰는 방법으로 대상부동산의 내용에 따라 사용가능한 다수의 방법을 병용하고 종합적으로 판정하는 것이 합리적이다. 계속임료를 구하는 방법을 개략적으로 설명하면 다음과 같다.

먼저, 계속임료를 구하는 방법으로서 임대사례비교법은 신규임료를 구하는 방법으로서 임대사례비교법에 준하여 시산임료를 구하는 방법이다. 차이점은 여기서는 임대사례로 임대차 등을 계속하는 사례를 수집·선정한다는 점이다. 이 방법은 임대차시장이 성숙되어 계속임대차의 사례가 많은 지역에서 유용하다.

둘째, 차액배분법은 대상부동산의 경제적 가치에 상응하는 적정한 실질임료를 임대사례비교법이나 적산법으로 구하고, 이를 실제 계약임료와 비교하여 차액을 구한 다음 차액 중 임대인에게 귀속하는 몫을 판정하여 이를 실제 계약임료에 가감하여 시산임료를 구하

9) 이하 자세한 내용은 장희순·방경식 공역(2007), 해설 부동산감정평가기준, 부연사, 216쪽 이하 참조.

는 방법이다. 여기서 임대인에게 귀속하는 몫을 판정할 때에는 계약상의 경과기간과 잔존기간, 계약체결 및 그 후 현재까지의 경위 등을 종합적으로 고려하여야 한다. 이 방법은 임대차에 제공되는 부동산의 용익 증감분을 반영하는 점에서 설득력이 있으나, 그 배분비율을 구하는 것이 어려운 문제가 있다.

셋째, 이율법은 기초가격에 계속임료이율을 곱하여 얻은 금액에 필요제경비를 가산하여 시산임료를 구하는 방법이다. 기초가격 및 필요제경비를 구하는 방법은 적산법에 준한다. 여기서 계속임료이율은 현행 임료를 정한 시점의 기초가격에 대한 순임료의 비율을 표준으로 하고, 계약체결 시 및 그 이후의 각 임료 개정 시 이율, 기초가격 변동의 정도, 인근지역 유사부동산의 임대차 사례의 이율 등을 종합적으로 고려하여 구한다.

넷째, 슬라이드(slide)법은 현행 임료를 정한 시점의 순임료(즉, 직전 기간의 순임료)에 변동률을 곱하여 얻은 금액에 기준시점의 필요제경비를 가산하여 시산임료를 구하는 방법이다. 또한, 현행 임료를 정한 시점의 실질임료에 따라 적정한 변동률을 구할 수 있는 경우에는 당해 변동률을 곱한 금액을 시산임료로 할 수도 있다. 즉, 필요제경비를 포함하는 임료에 상응하는 적정한 변동률을 구할 수 있는 경우에는 당해 임료에 변동률을 곱하여 임료를 직접 구할 수도 있다. 이 방법은 객관적인 부동산시장의 변화를 계속임료에 반영시키는 것으로, 변동률은 부동산가격의 변동 정도, 물가나 소득수준의 변동 정도 등을 나타내는 각종 지수 등을 종합적으로 고려하여 구한다.

4. 임료감정평가방법의 재검토

1) 유의사항

먼저, 대상물건이 구분건물인 경우 임대면적 산정에 유의하여야 한다. 부동산 임대차 계약서를 보면 임대면적에 ① 전용면적을 기재하는 경우, ② 전용면적과 해당 층의 공용면적을 기재하는 경우, ③ 전용면적과 해당 층의 공용면적 이외에 다른 층 또는 다른 건물의 공용면적을 기재하는 경우 등 다양하기 때문이다.

둘째, 대상물건이 구분건물인 경우 층 및 위치에 따라 임료의 차이가 클 수 있어 유의하여야 한다. 특히, 임대사례비교법의 적용에 있어 임대사례와 대상물건의 층별 · 위치별 격차율 비교에 유의하여야 한다.

2) 쟁점과 과제

먼저, 임료의 감정평가기준으로 「감정평가기준」에서는 원칙적으로 실질임료를 구하도록 규정하고 있다(660-3.3 참조). 그러나 ① 임료는 대상물건의 사용대가인 점, ② 일반적으로 임대차계약에서 임료는 일시금인 보증금과 매월 지불하는 차임으로 구성되는 점 등을 고려할 때 실질임료를 기준으로 하는 것은 문제가 있다. 따라서 순임료를 기준으로 산정하는 것이 합리적이라고 본다.

둘째, 적산임료 산정에 있어 필요제경비를 가산하는 것은 재검토가 필요하다. 적산법 적용에 있어 ① 기대이율 산정시 자본수익률을 반영하거나, ② 필요제경비를 가산하는 경우 비준임료에 비해 감정평가액이 과다해지는 문제가 있다. 따라서 적산임료의 산식을 기초가액 × 기대이율로 단순화하여 순임료만을 산정하는 것이 합리적이라고 본다.[10)]

10) 자세한 내용은 제3편 제3장 참조(262쪽).

제2장 비교방식

제1절 비교방식의 개요

1. 비교방식의 의의

1) 비교방식의 내용

비교방식은 시장성의 원리에 기초한 감정평가방식으로서 대상물건의 매매가치를 구하는 거래사례비교법, 공시지가기준법과 대상물건의 임대가치를 구하는 임대사례비교법으로 구분할 수 있다.

비교방식은 수요와 공급의 상호작용에 따른 재화의 가치를 파악한 신고전학파의 균형가치설과도 관련된다.

2) 적용대상

비교방식은 충분한 거래사례(또는 임대사례)가 있는 경우 모든 종류의 물건에 적용할 수 있다. 「감정평가규칙」에서 비교방식의 적용을 규정한 경우는 다음과 같다.

〈표 3.2.1〉 비교방식을 적용하는 경우

대상물건	가치의 유형	감정평가방법	비 고
토지	매매가치	공시지가기준법	주된 방법
	매매가치	거래사례비교법	(적정한 실거래가가 있는 경우)
구분건물	매매가치	거래사례비교법	주된 방법, 일괄감정평가
산림 중 입목	매매가치	거래사례비교법	주된 방법, 소경목림[1]은 원가법 가능
산림	매매가치	거래사례비교법	주된 방법, 일괄감정평가
과수원	매매가치	거래사례비교법	주된 방법
자동차	매매가치	거래사례비교법	주된 방법
동산	매매가치	거래사례비교법	주된 방법, 효용가치가 없는 물건은 해체처분가액 가능
상장주식	매매가치	거래사례비교법	주된 방법
상장채권	매매가치	거래사례비교법	주된 방법
(모든 대상물건)	임대가치	임대사례비교법	주된 방법

2. 비교방식의 종류

1) 거래사례비교법

(1) 의의 및 산식

대상물건과 가치형성요인이 같거나 비슷한 물건의 거래사례와 비교하여 대상물건의 현황에 맞게 사정보정(事情補正), 시점수정, 가치형성요인 비교 등의 과정을 거쳐 대상물건의 매매가치를 산정하는 감정평가방법을 말한다.

비준가액 = 거래사례 × 사정보정 × 시점수정 × 지역요인 비교 × 개별요인 비교로 구한다.

(2) 거래사례의 선정

위치(지역요인)의 유사성, 물적(개별요인) 유사성, 사정보정 가능성, 시점수정 가능성 여부를 검토하여 비교가능성이 높은 다수의 거래사례를 수집하여 분석한다.

1) 소경목림(小徑木林)은 지름이 작은 나무 · 숲을 말한다.

(3) 사정보정

각각의 거래사례에 내재하는 거래당사자의 특수한 사정이나 개별적인 동기 등의 특수성을 정상화하는 작업을 말한다.

(4) 시점수정

거래사례의 시점과 기준시점 간의 가격변동 정도를 반영하는 것으로 그 방법에는 지수법(생산자물가지수, 건축비지수, 임료지수 등)과 변동률법(지가변동률)이 있다.

먼저, 지수법에서의 시점수정치는 (기준시점의 지수)/(거래시점의 지수)로 구하며, 다음으로 변동률법에서의 시점수정치는 [1 + 변동률 × (경과일수)/(기준일수)]로 구한다.

(5) 지역요인 비교

지역요인은 그 지역에 속한 부동산의 가치수준에 영향을 미치는 자연적 · 사회적 · 경제적 · 정책적 요인으로서, 그 지역에 속한 부동산의 가치형성에 전반적인 영향을 미치므로 이를 분석하여 비교해야 한다.

(6) 개별요인 비교

개별요인은 당해 부동산의 가치에 직접 영향을 미치는 개별적인 요인을 말하며, 부동산의 개별성으로 인해 그 가치를 개별적으로 형성하는 가치형성요인이다. 따라서 거래사례와 평가대상 부동산의 개별요인을 분석하여 비교해야 한다.

2) 공시지가기준법

(1) 의의 및 산식

대상토지와 가치형성요인이 같거나 비슷하여 유사한 이용가치를 지닌다고 인정되는 표준지의 공시지가를 기준으로 대상토지의 현황에 맞게 시점수정, 지역요인 및 개별요인 비교, 그 밖의 요인의 보정을 거쳐 대상토지의 매매가치를 산정하는 감정평가방법을 말한다.

대상토지의 가액(비준지가)= 표준지 공시지가×시점수정×지역요인 비교×개별요인 비교×그 밖의 요인보정으로 구한다.

따라서 공시지가기준법은 비교방식의 일종이다. 다만, 여기에서는 사정보정이 필요 없다. 왜냐하면 표준지 공시지가 자체가 이미 사정보정을 거친 적정가격이기 때문이다.

(2) 비교표준지의 선정

대상토지와 가치형성요인이 같거나 비슷하여 유사한 이용가치를 가진다고 인정되는 표준지를 비교표준지로 선정한다. 따라서 비교표준지의 선정기준은 ① 용도지역이 동일할 것, ② 이용상황이 동일 또는 유사할 것, ③ 주위환경이 동일 또는 유사할 것, ④ 지리적으로 근접하여 있을 것 등이다.

한편, 인근지역에 적절한 표준지가 없는 경우에는 인근지역과 유사한 지역적 특성을 갖는 동일수급권 안의 유사지역에 있는 비교표준지를 선정할 수 있다.

(3) 시점수정

공시지가의 공시기준일(매년의 1월 1일)과 기준시점간의 가치변동 정도를 반영하는 것으로 주로 표준지가 있는 시·군·구의 용도지역별 지가변동률을 적용한다.

(4) 지역요인 비교

비교표준지를 인근지역 내에서 선정하는 경우에는 지역요인이 동일하므로 격차가 없다. 인근지역에 적정한 비교표준지가 없어 유사지역에서 비교표준지를 선정하는 경우에는 상호 지역요인을 비교하여야 한다.

(5) 개별요인 비교

비교표준지와 대상토지의 개별요인을 각 요소별로 비교한다. 비교치는 각 요소별 격차율을 곱하여 산출한다.

(6) 그 밖의 요인보정

공시지가기준법에 따라 토지를 감정평가할 때 시점수정, 지역요인 및 개별요인 비교 과정을 거쳤음에도 불구하고 시장가치와 괴리되는 경우가 있을 수 있다. 이를 보정하는 과정이 그 밖의 요인보정이다. 감정평가실무에서 공시지가가 시장가치를 적정하게 반영하지 못하고 공시된 경우가 많고, 시점수정 시 적용하는 지가변동률이 비교표준지가 있는 시・군・구 전체의 용도지역별 지가변동률을 적용하므로 대상토지가 소재하는 지역의 지가변동상황을 적정하게 반영하지 못하는 경우가 많아 그 밖의 요인보정이 자주 활용되고 있다.

> **공시지가기준법의 사례**
> - 표준지공시지가: 900,000원/㎡
> - 시점수정: 공시기준일 이후 기준시점까지 지가변동률 5% 상승
> - 대상토지는 비교표준지의 인근지역에 소재
> - 개별요인 비교: 대상토지는 비교표준지에 비해 환경조건 10% 우세
> - 그 밖의 요인보정: 표준지공시지가가 시장가치보다 낮게 공시되어 15% 상향 보정 필요
> - 대상토지의 감정평가액: 900,000 × 1.05 × 1.0 × 1.10 × 1.15 = 1,195,000원/㎡

3) 임대사례비교법

대상물건과 가치형성요인이 같거나 비슷한 물건의 임대사례와 비교하여 대상물건의 현황에 맞게 사정보정, 시점수정, 가치형성요인의 비교 등의 과정을 거쳐 대상물건의 임대가치를 산정하는 감정평가방법을 말한다.

비준임료 = 임대사례 × 사정보정 × 시점수정 × 지역요인 비교 × 개별요인 비교로 구한다.

제2절 거래사례비교법

1. 개요

1) 의의

거래사례비교법은 시장성의 원리에 기초한 감정평가방식으로서 대상물건의 매매가치를 구하는 방법이다. 즉, 거래사례비교법은 대상물건과 가치형성요인이 같거나 비슷한 물건의 거래사례와 비교하여 대상물건의 현황에 맞게 사정보정(事情補正), 시점수정, 가치형성요인 비교 등의 과정을 거쳐 대상물건의 매매가치를 산정하는 감정평가방법이다.

거래사례비교법에 따라 산정된 가액을 비준가액이라 하며, 거래사례비교법의 산식은 다음과 같다.

- 비준가액 = 거래사례 × 사정보정치 × 시점수정치 × 지역요인 비교치 × 개별요인 비교치

2) 특징

합리적인 경제인이라면 대상물건의 경제적 가치를 판정할 때 시장가격을 참작할 것이므로 거래사례비교법은 이해관계인에게 매우 설득력이 있는 방법이다. 따라서 다수의 대상물건에서 거래사례비교법을 주된 방법으로 활용하고 있다. 그러나 다수의 거래사례가 있는 경우 일반인도 개략적인 시장가치를 판정할 수 있어 비전문적이라는 비판도 자주 받는다.

한편, 거래사례비교법은 과도한 호황기나 불황기에는 그 적용이 곤란하다. 즉, 시장이 비교적 안정되어 있을 때 유용한 방법이다. 예를 들어 극단적인 호·불황기에는 물건의 경제적 가치와 시장가격과의 차이가 커 정확한 시장가치를 판정하기 곤란하다.

2. 내용

1) 거래사례의 선정

(1) 거래사례의 중요성

거래사례는 거래사례비교법에서 결정적으로 작용하는 기초자료이므로 매우 중요하다. 즉, 적정한 거래사례를 다수 확보하는 것은 비준가액의 정확성과 신뢰성을 담보할 수 있는 주요 요인이다.

거래사례비교법으로 감정평가할 때에는 거래사례를 수집하여 적정성 여부를 검토한 후 거래사례의 요건을 모두 갖춘 하나 또는 둘 이상의 적절한 사례를 선택하여야 한다.

(2) 사례자료의 요건

「감정평가기준」에서는 토지의 감정평가항목에서 사례자료의 요건을 규정하고 이를 토지가 아닌 다른 물건의 감정평가에 준용하도록 하고 있다(610-1.2). 이 규정에 의하면 사례자료의 요건은 ① 인근지역에 존재하는 사례일 것. 다만, 인근지역에 적절한 사례가 없는 경우에는 동일수급권 안의 유사지역에 존재하는 사례를 사용할 수 있다. ② 정상적이거나 정상적인 것으로 보정할 수 있는 사례일 것. ③ 시점수정이 가능한 사례일 것. ④ 대상토지와 지역요인·개별요인 비교가 가능한 사례일 것. ⑤ 토지 및 그 지상 건물이 일체로 거래된 경우에는 합리적으로 가액을 배분할 수 있을 것의 5개이다. 이때 대상토지에 대한 감정평가를 하기 위해 토지이용의 동질성을 기준으로 인근지역의 범위를 확정하도록 규정하고 있다. 즉, 인근지역 범위판정의 기준으로 동질성을 규정한 것으로 해석된다.

(3) 거래사례의 요건

「감정평가기준」에서는 거래사례비교법의 항목에서 거래사례의 요건으로 ① 거래사정이 정상이라고 인정되는 사례나 정상적인 것으로 보정이 가능한 사례, ② 기준시점으로 시점수정이 가능한 사례, ③ 대상물건과 위치적 유사성이나 물적 유사성이 있어 지역요인·

개별요인 등 가치형성요인의 비교가 가능한 사례로 규정하고 있다(400-3.3.1.2). 즉, 사정보정 가능성, 시점수정 가능성, 지역요인비교 가능성, 개별요인비교 가능성의 요건을 모두 충족하여야 한다.

첫째, 사정보정 가능성이다. 사정보정은 거래사례가 시장가치의 요건을 충족하지 못한 경우 이를 정상화하는 것을 말한다. 따라서 사정보정이 가능하려면 거래의 구체적 내용뿐 아니라 당사자의 사정에 대해서도 알 수 있어야 한다.

둘째, 시점수정 가능성이다. 시점수정이 가능하려면 거래시점이 분명하여야 하며, 시점수정에 필요한 정보(예: 지가변동률, 물가변동률, 매매가격지수 등)를 구할 수 있어야 한다.

셋째, 지역요인비교 가능성이다. 이는 인근지역 또는 동일수급권 내의 유사지역에서 거래사례를 수립하여야 한다는 것이다. 특히, 유사지역에서 거래사례를 수집하는 경우 지역요인의 격차를 계량화할 수 있어야 한다.

넷째, 개별요인비교 가능성이다. 이는 거래사례와 대상물건이 그 유형, 용도, 상태 등이 유사하여야 한다는 것이다. 예를 들어 대상물건이 나지인 경우 거래사례도 가급적 나지를 수집하여야 할 것이다.

한편, 토지를 거래사례비교법으로 감정평가하는 경우에는 「부동산 거래신고 등에 관한 법률」에 따라 신고된 실제 거래가격으로서 거래시점이 도시지역(「국토의 계획 및 이용에 관한 법률」 제36조제1항제1호에 따른 도시지역을 말한다)은 3년 이내, 그 밖의 지역은 5년 이내인 거래가격 중에서 감정평가업자가 인근지역의 지가수준 등을 고려하여 감정평가의 기준으로 적용하기에 적정하다고 판단하는 거래가격을 기준으로 하여야 한다(감정평가규칙 제2조 12의2).

2) 특수한 경우의 거래사례 선정

(1) 개요

대상물건이 나지상태의 토지일 경우 거래사례도 동일한 유형의 토지를 선정하는 것이 원칙이다. 그러나 거래사례의 요건을 갖춘 충분한 사례를 수집하는 것이 어려운 경우가 많다. 예를 들어 고밀도로 개발된 도시의 경우 인근지역에 나지상태의 토지가 거의 없기 때문에, 한적한 농촌의 경우 거래가 뜸하기 때문에 나지상태의 토지 거래사례를 찾기가 어렵다. 상황이 이러한 경우 복합부동산의 거래사례를 수집하여 토지정착물에 귀속하는 가격을 분리한 후 토지부문(部門)만의 가격을 산정하여 이를 거래사례로 활용할 수도 있다.

일반적으로 복합부동산의 가격에서 토지부문에 귀속하는 가격을 추계하는 방법으로 공제법, 배분법, 토지잔여법 등이 있다.

(2) 공제법[2)]

공제법은 토지정착물의 가치를 산정한 후 거래사례의 총액에서 이를 공제하여 토지부문에 귀속하는 가격을 추계하는 방법이다. 공제법은 토지정착물의 가치가 상대적으로 낮고 쉽게 추산할 수 있는 경우에 유용하다. 예를 들어 농가주택으로서 건물의 가치가 낮은 경우, 산림으로서 입목의 가치가 낮은 경우 등에 활용할 수 있다.

(3) 배분법

배분법은 거래사례의 총액에 토지가치의 비율을 곱하여 토지부문에 귀속하는 가격을 추계하는 방법이다. 배분법은 특정위치에 있는 특정유형 부동산의 경우 일반적으로 거래사례 총액에 대해 토지가치가 일정한 비율을 갖는다고 가정한다.

배분법은 택지규모가 유사하고 건축물의 용도와 건축시기 등이 유사한 경우에 유용하다. 예를 들어 신규 택지개발지구내의 단독주택 등에 활용할 수 있다.

(4) 토지잔여법

토지잔여법은 복합부동산의 순수익에서 건물에 귀속되는 순수익을 공제한 후 도출된

2) 복합부동산의 거래사례로부터 토지부문만의 가격을 산정하는 방법에 대해 대부분의 책에서는 일본의 영향으로 배분법이라 칭하고 세부방법에 따라 공제방식과 비율방식으로 구분하고 있다. 그러나 미국의 AI에서는 이를 공제법과 배분법으로 구분하고 있다(즉, 공제법과 배분법을 다른 방식으로 다루고 있다). 이는 토지정착물의 가치를 금액으로 산정하느냐 아니면 비율로 산정하느냐의 문제로 그 내용이 달라 서로 구분하는 것이 합리적이라고 본다.

토지에 귀속되는 순수익을 토지환원율로 환원하여 토지부문의 매매가치를 구하는 방법이다. 즉, 토지잔여법은 수익방식에 속한다. 토지잔여법을 적용하기 위해서는 ① 부동산의 순수익을 산정할 수 있어야 하고, ② 건물가액을 정확하게 추계할 수 있어야 하며, ③ 토지환원율과 건물환원율을 시장에서 구할 수 있어야 한다.

토지잔여법은 건축비용을 정확히 추계할 수 있는 신규건물, 감가상각이 거의 없는 물건, 건물가치가 토지가치에 비해 상대적으로 적은 부동산인 주차장·자동차운전교습장, 작은 건물이 있는 공장부지 등에 활용할 수 있다.

- 토지의 수익가액= $\dfrac{\text{대상부동산의 순수익} - (\text{건물가액} \times \text{건물환원율})}{\text{토지환원율}}$

3) 사정보정

(1) 의의

사정보정은 거래사례가 시장가치의 요건을 충족하지 못한 경우 이를 정상화하는 것을 말한다. 즉, 거래사례에 특수한 사정이나 개별적 동기가 반영되어 있거나 거래 당사자가 시장에 정통하지 않은 등 수집된 거래사례의 가격이 적절하지 못한 경우에는 사정보정을 통해 그러한 사정이 없었을 경우의 적절한 가격수준(즉, 시장가치 수준)으로 정상화하여야 한다.

(2) 내용

사정보정의 필요성 유무를 판단하기 위해서는 먼저, 다수의 거래사례를 종합적으로 비교·분석하여야 한다. 그 다음 사정보정이 필요하다고 판단한 경우에는 거래의 구체적 내용과 당사자의 사정 등에 대해 면밀히 조사하여야 한다. 그러나 현실적으로 거래사례에 대해 이를 정확하게 조사·분석하는 것은 매우 어렵다. 그럼에도 불구하고 감정평가사는 관련자료의 열람·징구, 현장조사·탐문조사 등을 통해 이를 성실히 수행하여야 한다.

사정보정이 필요한 비정상적인 사정은 시장가치의 조건을 기준으로 분석할 수 있으며, 이를 예시하면 다음과 같다. ① 시장조건의 미비: 경매에서의 낙찰사례, 특수한 목적(예:

합병)을 전제로 한 거래, 특수관계인(예: 법인과 법인의 대표이사, 가족) 사이의 비정상적인 거래, 이민이나 전근 등으로 인한 급매, ② 당사자조건의 미비: 가치형성요인(예: 장래의 동향)에 관한 정확한 정보를 모르는 상태에서의 거래, 강요에 의한 거래, ③ 거래조건의 미비: 특수한 대금지불조건(예: 고액의 일시불)의 거래, 기존 임대차계약의 해지를 조건으로 한 거래 등

(3) 사정보정치 산정

사정보정치 산정은 감정평가사의 풍부한 전문지식과 경험을 바탕으로 정확한 판단이 요구되는 작업이다. 사정보정은 거래사례가격을 시장가치 수준으로 보정하는 과정이므로 사정보정치는 시장가치 수준을 거래사례가격으로 나누어 산정한다. 한편, 사정의 정도를 나타내는 비율(즉, 고가 또는 저가의 정도를 나타내는 비율)을 추계하여 구할 수도 있다. 이 경우 분자(分子)는 항상 100이고 보정요인에 따라 분모(分母)만 증감된다. 예를 들어 분모의 수치는 거래사례가격이 시장가치 수준보다 5% 고가인 경우는 105를 적용하고, 10% 저가인 경우는 90을 적용한다. 이를 산식으로 표시하면 다음과 같다.

- 사정보정치= $\dfrac{\text{시장가치 수준}}{\text{거래사례가격}} = \dfrac{100}{\text{사정의 정도를 나타내는 비율}}$

4) 시점수정

(1) 의의

시점수정은 거래사례의 거래시점과 대상물건의 기준시점이 불일치하여 가격수준의 변동이 있을 경우에는 거래사례의 가격을 기준시점의 가격수준으로 수정하는 것을 말한다.

시점수정이 가능하려면 거래시점이 분명하여야 하며, 시점수정에 필요한 정보를 구할 수 있어야 한다. 거래시점과 기준시점의 차이가 심한 경우에는 시점수정의 정확성을 기하기 어려우므로 가급적 시점의 차이가 작은 거래사례를 구하는 것이 좋다.

(2) 내용

시점수정은 사례물건의 가격변동률로 한다. 다만, 사례물건의 가격변동률을 구할 수 없거나 사례물건의 가격변동률로 시점수정하는 것이 적절하지 않은 경우에는 지가변동률·건축비지수·임대료지수·생산자물가지수·주택가격동향지수 등을 고려하여 가격변동률을 구할 수 있다(감정평가기준 400-3.3.1.4).

시점수정은 원칙적으로 사례물건의 가격변동률로 하여야 하나 현실적으로 사례물건의 가격변동률을 파악하는 것이 매우 어려워 실무적으로 공식적인 각종 통계자료를 활용하고 있다.

> **변동률과 지수**
>
> 1) 변동률: 어떤 수치의 기준시점(즉, 변화 전의 시점)에 대한 비교시점(즉, 변화 후의 시점)에서의 증감률을 의미한다. 즉, 시간의 경과에 따라 변하는 정도를 나타내는 비율로서, 단위는 %이다. 따라서 변동률은 일정기간의 값이다. 한편, 변동률은 지수를 활용하여 산정할 수 있으며 그 산식은 [(비교시점 지수 / 기준시점 지수) -1] × 100이다. 예를 들어 월별 지가변동률은 [(당월의 지가지수 / 전월의 지가지수) -1] × 100으로 산정한다.
> 2) 지수(指數): 어떤 현상에 대한 추이를 분석하기 위해 기준이 되는 특정시점(이를 여기서는 기준시점이라 함)의 수치를 100으로 하여 비교시점을 나타낸 수치를 말한다. 따라서 지수는 일정시점의 값이다. 참고적으로 지가지수(표본지의 가격을 기준으로 산정)의 기준시점은 2020년 9월 1일이고, 종합주가지수(시가총액을 기준으로 산정)의 기준시점은 1980년 1월 4일이다.

(3) 시점수정치 산정

시점수정치를 산정하는 방법으로 변동률법과 지수법이 있다. ① 변동률법은 거래시점과 기준시점 사이의 가격변동률을 산출하는 방법이고, ② 지수법은 기준시점의 지수를 거래시점의 지수로 나누어 산출하는 방법이다. 시점수정치를 적용하여 거래사례가격을 수정하는 산식은 다음과 같다.

- 거래사례가격 × 가격변동률 = 수정된(즉, 기준시점의) 거래사례가격
- 거래사례가격 × $\frac{\text{기준시점의 지수}}{\text{거래시점의 지수}}$ = 수정된(즉, 기준시점의) 거래사례가격

5) 가치형성요인의 비교

(1) 의의

가치형성요인의 비교는 거래사례와 대상물건의 지역요인과 개별요인을 비교하여 거래사례가격을 대상물건 차원으로 수정하는 작업이다.

가치형성요인을 비교·수정하는 방법에는 비율수정법, 금액수정법, 연속수정법 등이 있다. ① 비율수정법은 거래사례와 대상물건의 가치형성요인 항목별 차이를 비율로 표시하여 수정하는 방법이다. 우리나라의 경우 가치형성요인을 각 조건으로 구분하고 각 조건은 다시 세항목으로 세분하여 각 세항목별로 그 격차를 비율로 표시하여 수정하고 있다. 비율수정법은 다시 비교치 산정의 산식에 따라 가감식, 상승식, 혼합식으로 세분할 수 있고, 각 항목별 가중치 부여 여부에 따라 가중비율수정법과 평균비율수정법으로 세분할 수 있다. ② 금액수정법은 거래사례와 대상물건의 가치형성요인 항목별 차이를 금액으로 표시하여 수정하는 방법이다. 금액수정법은 각 항목별 차이를 금액으로 환산하기 어려워 실무적으로 잘 활용되지 않는다. ③ 연속수정법(또는 혼합법)은 비율수정법과 금액수정법의 장점을 혼합한 것으로 비율과 금액을 모두 사용하여 각 항목별 차이를 표시한 후 이를 연속적으로 합산하는 방법이다. 이때 각 항목 중 금액으로 표시하기 쉬운 항목(예: 금융조건)은 금액으로 표시하고, 비율로 표시된 항목은 각 과정의 수정금액에 곱하여 금액으로 환산하여 적용한다.[3] 연속수정법은 미국에서 가장 많이 활용하는 방법이다.

(2) 비율수정법의 비교

비율수정법은 다시 비교치 산정의 산식에 따라 가감식, 상승식, 혼합식으로 세분할 수 있다. ① 가감식은 각 항목의 비율을 더하거나 빼는 방식이고, ② 상승식은 이를 곱하는 방식이며, ③ 혼합식은 가감식과 상승식을 혼용하는 방식이다. 우리나라의 경우 각 조건의 세항목에 대해 먼저 가감식을 적용한 후 그 다음 각 조건에 대해 상승식을 적용하여 최종 비교치를 산정하고 있다. 즉, 혼합식을 활용하고 있다.

---

3) 예를 들어 전 단계까지의 수정금액이 356,000,000원인 상태에서 그 다음 수정항목인 이용상황에서 2% 우세하다면 7,120,000원(즉, 356,000,000 × 0.02 = 7,120,000)으로 금액을 산정하여 적용한다.

여기서 비율수정법의 세부방식을 비교하여 예시하면 다음의 표와 같다.

〈표 3.2.2〉 비율수정법의 비교

조건	항목	세항목	격차율
가로조건	가로의 폭, 구조 등의 상태	폭	동일
		포장	동일
		계통 및 연속성	10% 우세
접근조건	교통시설과의 접근성	인근대중교통시설과의 거리 및 접근성	5% 우세
	상가와의 접근성	인근상가와의 거리 및 편의성	동일
	공공 및 편익시설과의 접근성	유치원, 초등학교, 공원, 병원, 관공서 등과의 거리 및 편의성	동일
환경조건	일조 등	일조, 통풍 등	동일
	자연환경	조망, 경관, 지반, 지질 등	10% 우세
	인근환경	인근토지의 이용상황	동일
		인근토지의 이용상황과의 적합성	동일
	공급시설 및 처리 시설의 상태	상수도, 하수도	동일
		도시가스	동일
	위험 및 혐오시설 등	변전소, 가스탱크, 오수처리장 등의 유무	5% 열세
		특별고압선 등과의 거리	동일
획지조건	면적, 접면너비, 깊이, 형상 등	면적	동일
		접면너비, 깊이	동일
		형상	5% 우세
	방위, 고저 등	방위	동일
		고저, 경사지	10% 열세
	접면도로 상태	각지	10% 열세
		2면획지, 3면획지	동일
행정적 조건	행정상의 규제정도	용도지역, 지구, 구역 등	동일
		기타규제(입체이용제한 등)	5% 열세
기타조건	기타	장래의 동향	동일
		기타	동일

이때 이들 3가지 방식으로 총 비교치를 구하면,

- 상승식: $1.10 \times 1.05 \times 1.10 \times 0.95 \times 1.05 \times 0.90 \times 0.90 \times 0.95 \fallingdotseq 0.975$
- 가감식: $(0.10 + 0.05 + 0.10 - 0.05 + 0.05 - 0.10 - 0.10 - 0.05) + 1.00$
  $= 1.000$
- 혼합식: $1.10 \times 1.05 \times 1.05$[4] $\times\ 0.85$[5] $\times\ 0.95 \fallingdotseq 0.979$

즉, 서로간의 비교치에 차이가 발생한다.

상승식은 우세항목보다는 열세항목을 과도하게 반영하는 경향이 있다는 비판이 있다.[6] 한편, 혼합식은 각 조건의 세항목을 어떻게 구성하느냐에 따라 비교치가 달라지는 문제가 있다. 앞의 예시에서 획지조건으로 구성된 접면도로의 상태를 가로조건으로 구성한다면 비교치는 0.995[7]가 된다. 따라서 혼합식에서는 각 조건의 합리적인 구성이 중요하다.

한편, 각 조건의 항목을 왜 곱해야 하는지에 대한 구체적인 근거는 없다. 대법원 판례도 가감식보다 상승식이 더 정당하다고 판시했으나, 구체적인 근거는 제시하지 않았다.

> … 이 사건 토지를 그 표준지와의 개별요인을 분석, 비교함에 있어서 각 품등비교요소의 평가치는 이를 더하는 것보다는 이를 곱하는 편이 보다 정당하다 … (대법원 1994.09.09 선고, 93구7466판결)

(3) 지역요인비교치 산정

지역요인은 그 지역에 속한 대상물건의 가치수준에 영향을 미치는 자연적·사회적·경제적·정책적 요인을 말한다. 즉, 지역요인은 그 지역에 속한 부동산의 가치형성에 전반적인 영향을 미치므로 이를 분석하여 비교해야 한다.

---

4) $(0.10-0.05)+1.00$.
5) $(0.05-0.10-0.10)+1.00$.
6) 안정근(2009), 부동산평가이론(제5판), 양현사, 278쪽.
7) $1.00(0.10-0.10+1.00)\times1.05\times1.05(0.10-0.05+1.00)\times0.95(0.05-0.10+1.00)\times0.95 \fallingdotseq 0.995$.

부동산의 감정평가에 있어 인근지역에서 거래사례를 구하는 경우에는 지역요인이 동일하므로 지역요인비교치를 따로 구하지 않고 1.00으로 적용하면 된다.

(4) 개별요인비교치 산정

개별요인은 당해 부동산의 가치에 직접 영향을 미치는 개별적인 요인을 말하며, 부동산의 개별성으로 인해 그 가치를 개별적으로 형성하는 가치형성요인이다. 따라서 거래사례와 대상부동산의 개별요인을 분석하여 비교치를 산정하여야 한다.

6) 비준가액의 산정

앞에서 설명한 각 과정의 수정치를 적용하여 최종적으로 비준가액을 산정한다. 산식은 각 과정의 수정치를 곱하는 상승식에 의한다.

- 비준가액 = 거래사례 × 사정보정치 × 시점수정치 × 지역요인 비교치 × 개별요인 비교치

3. 거래사례비교법의 재검토

1) 현황과 한계

비교방식의 감정평가방법인 거래사례비교법과 공시지가기준법은 우리나라에서 가장 많이 활용되는 방법이다. 그러나 비교방식을 적용하는 데 있어 한계도 많다.

첫째, 부동산의 거래에는 당사자의 다양한 사정이나 계약 조건이 반영되는데 이를 정확하게 조사·분석하는 것이 어렵다. 실무적으로 부동산거래신고제에 의해 신고된 거래사례를 수집하는 것이 일반적이나 이를 통해서는 당사자의 거래동기, 대금지불조건, 계약의 특약사항 등 감정평가에 필요한 주요 정보를 파악할 수 없다. 실무적으로 다수의 거래사례를 수집하여 그 적정성을 판단한 후 적정한 거래사례를 선정하여 적용하고 있어 실제 사정보정치를 산정하는 경우는 거의 없는 현실이다.

둘째, 거래사례의 가격변동률을 구하는 것이 매우 어렵다. 따라서 실무적으로 시점수정치는 통계자료를 활용하고 있다. 그러나 통계자료는 거래사례 자체의 가격변동률이 아니라 시・군・구의 평균통계(예: 지가변동률)이거나 전국 평균통계(예: 생산자물가변동률)로서 한계가 있다. 따라서 거래사례의 가격변동률을 산정하지 않는 한 시점수정치는 오차가 있을 수밖에 없다.

셋째, 가치형성요인 비교에 대한 합리적이고 구체적인 기준이 있어야 한다. 감정평가 관련 법규[8]를 분석하면 인근지역 판정의 구체적 기준이 미흡하며, 지역요인이나 개별요인의 비교표가 항목구성이나 분류체계에 있어 불합리하고, 비교치 산정의 방식으로서 혼합식비율법도 문제가 있다.[9] 혼합식비율법은 ① 가치형성요인으로서 각 조건의 세항목을 어떻게 구성하느냐에 따라 비교치가 달라지며, ② 각 조건간의 수치를 곱하므로 비교치를 왜곡시킬 수 있는 문제가 있다. 즉, 각 수치가 (+) 또는 (−)로 방향이 동일할 경우에는 이를 곱하면 서로간에 보강현상이 나타나 (+)는 더 반영하고 (−)는 덜 반영하는 경향이 있으며, 각 수치가 (+)와 (−)로 서로 다른 경우에는 이를 곱하면 (−)수치를 더 반영하는 경향이 있다.

2) 과제

거래사례비교법이 합리성・정확성・객관성을 가지려면 ① 사정보정이 가능한 거래사례를 다수 수집할 수 있어야 하고, ② 적용 산식이 합리적이어야 하며, ③ 지역요인과 개별요인의 구성과 체계가 합리적이어야 한다. 그러나 관련 제도나 이론상 이들 내용이 미비하거나 불합리한 경우가 많아 향후 지속적인 개선노력이 필요하다.

여기서 거래사례비교법의 과제를 요약하면 다음과 같다. ① 거래사례를 수집하여 그 적정성을 판단하는 경우 그 내용을 감정평가서에 상세하게 기술하는 것이 필요하다. 현재 대부분의 감정평가서에서는 그 적정성에 대한 상세한 기술 없이 적정하다고 판단된다고만 기재하고 있다. ② 거래사례를 2개 이상 선정하는 것이 필요하다. 이는 거래사례에 대해 사정보정에 필요한 정보를 수집・분석하는 것이 현실적으로 어려운 상태를 반영한

8) 여기서 법규는 법률, 명령, 행정규칙을 포함하는 개념이다.

9) 자세한 내용은 서경규(2007), 비교방식에 의한 주거지대의 지가평가요인과 지가평가방법에 관한 연구, 영남대학교 박사학위논문 참조.

보완책이다. 중국의 「부동산평가규범」에서는 거래사례 중 거래사례비교법 적용의 요건을 충족하는 사례를 따로 비교사례라 하고 이를 3개 이상 선정하도록 규정하고 있다.[10) ③ 거래시점과 기준시점의 기간차이에 대해 한도를 합리적으로 규정할 필요가 있다. 현재 토지의 경우 도시지역은 3년 이내, 그 밖의 지역은 5년 이내로 그 한도를 규정하고 있다. 거래사례비교법은 시장이 비교적 안정되어 있을 때 유용한 방법으로 거래시점과 기준시점의 기간차이가 심한 경우 이를 시점수정으로 반영하는 데 한계가 있다. 따라서 도시지역은 2년 이내, 그 밖의 지역은 3년 이내로 그 한도를 강화할 필요가 있다. 중국의 「부동산평가규범」에서는 거래시점과 기준시점의 차이가 2년을 초과하지 못하도록 규정하고 있다. ④ 인근지역의 판정에 관한 구체적인 기준설정이 필요하다. 이 책에서는 인근지역 판정의 기준으로 크게 동질성과 인접성을 제시하였다.[11)] ⑤ 지역요인과 개별요인비교치의 한도를 설정할 필요가 있다. 연구결과 그 한도로 지역요인의 경우 0.50~1.50, 개별요인의 경우 0.50~1.90이 합리적이라고 본다.[12)] 중국의 「부동산평가규범」에서는 각 과정에서 수치의 한도를 규정하고 있는데, 각 상황별[13)]로 비교치가 30%를 초과하지 못하며, 비교사례간 시산가액을 비교하여 최고가액이 최저가액의 1.2배를 초과하지 못한다. ⑥ 가치형성요인의 비교치 산정에 있어 가감식비율법이 합리적이며, 항목별로 가중치를 부여할 필요가 있다. 현행의 혼합식비율법은 지역요인이나 개별요인 비교표의 항목구성이나 분류체계가 불합리한 상태에서 정확성을 담보할 수 없다. 또한, 용도지대별로 가치형성요인의 중요도가 다른 상태에서 비교치를 평균비율로 산정하는 것은 불합리하다.

한편, 거래사례비교법이란 용어는 매매사례비교법으로 변경하는 것이 합리적이다.[14)]

---

10) 중국의 「부동산평가규범」에 관한 자세한 내용은 왕 호(2021), 중국과 한국의 부동산감정평가 실무기준에 관한 비교연구, 대구가톨릭대학교 박사학위논문 참조.

11) 자세한 내용은 제2편 제3장 참조(152쪽).

12) 자세한 내용은 서경규(2011), 앞의 논문 참조.

13) 중국에서는 각 과정을 상황으로 구분하여 산정하는데, 각 상황은 거래상황(거래상황의 경우 비교사례가 3개 미만인 예외적인 경우에만 적용. 우리나라의 사정보정), 시장상황(우리나라의 시점수정), 부동산상황(다시 위치상황, 실물상황, 권익상황으로 세분)으로 구성된다.

14) 자세한 내용은 제1편 제2장 참조(69쪽).

제3절 공시지가기준법

1. 개요

1) 의의

공시지가기준법은 대상토지와 가치형성요인이 같거나 비슷하여 유사한 이용가치를 지닌다고 인정되는 표준지의 공시지가를 기준으로 대상토지의 현황에 맞게 시점수정, 지역요인 및 개별요인 비교, 그 밖의 요인의 보정(補正)을 거쳐 대상토지의 매매가치를 산정하는 감정평가방법을 말한다. 공시지가기준법도 대상토지와 표준지를 비교한다는 측면에서 비교방식의 일종이라 할 수 있다. 공시지가기준법의 산식은 다음과 같다.

- 토지단가 = 표준지공시지가 × 시점수정치 × 지역요인 비교치 × 개별요인 비교치 × 그 밖의 요인 보정치

2) 특징

공시지가기준법은 토지의 감정평가방법으로 관계 법령에서 그 적용을 강제하고 있다. 따라서 우리나라의 특유한 법정감정평가방법이다. 1989년 4월 제정된 (구)「지가공시 및 토지 등의 평가에 관한 법률」에서는 토지의 감정평가방법으로 공시지가기준법만을 규정하였으나, 200년 1월 개정시에 경매·담보 등의 목적으로 토지를 평가하는 경우에는 공시지가를 주된 평가기준으로 하되, 당해 토지의 임대료·조성비용 등을 고려하여 평가할 수 있도록 완화하였고, 2016년 1월 「감정평가 및 감정평가사에 관한 법률」을 제정하면서(시행일: 2016. 9. 1) 적정한 실거래가가 있는 경우에는 이를 기준으로 할 수 있도록 더욱 완화하였다. 하지만 여전히 공시지가기준법은 우리나라 토지의 감정평가에 있어 주된 방법으로서 널리 활용되고 있다.

2. 내용

1) 비교표준지의 선정

(1) 선정기준

비교표준지는 선정기준을 충족하는 표준지 중에서 대상토지의 감정평가에 가장 적절하다고 인정되는 표준지를 선정한다. 다만, 한 필지의 토지가 둘 이상의 용도로 이용되고 있거나 적절한 감정평가액의 산정을 위하여 필요하다고 인정되는 경우에는 둘 이상의 비교표준지를 선정할 수 있다(감정평가기준 610-1.5.2.1). 선정기준은 다음과 같다. ① 용도지역·지구·구역 등 공법상 제한사항이 같거나 비슷할 것. ② 이용상황이 같거나 비슷할 것. ③ 주변환경 등이 같거나 비슷할 것. ④ 인근지역에 위치하여 지리적으로 가능한 한 가까이 있을 것이다.

한편, 선정기준을 충족하는 표준지가 없는 경우에는 인근지역과 유사한 지역적 특성을 갖는 동일수급권 안의 유사지역에 위치하고 선정기준에서 ①부터 ③까지를 충족하는 표준지 중 가장 적절하다고 인정되는 표준지를 비교표준지로 선정할 수 있다.

(2) 적용공시지가의 선택

공시지가기준법으로 토지를 감정평가할 때 적용할 공시지가는 기준시점에 공시되어 있는 표준지 공시지가 중에서 기준시점에 가장 가까운 시점의 것을 선택한다. 이는 감정평가의 적정성을 확보하기 위해 가장 최근에 공시된 공시지가를 적용하기 위함이다. 다만, 감정평가시점이 공시지가 공고일 이후이고 기준시점이 공시기준일과 공시지가 공고일 사이인 경우에는 기준시점 해당 연도의 공시지가를 기준으로 한다.

2) 시점수정

(1) 의의

여기서 시점수정은 표준지공시지가의 공시기준일(즉, 매년 1월 1일)과 대상물건의 기준시점이 불일치하여 가치수준의 변동이 있을 경우에 공시지가를 기준시점의 가치수준으로 수정하는 것을 말한다.

시점수정치를 산정할 경우 비교표준지 자체의 가치변동률을 기준으로 하는 것이 원칙이나 현실적으로 이를 구하는 것이 곤란하여 그 대안으로 비교표준지가 소재하는 지역의 지가변동률을 활용하고 있다(감정평가기준 610-1.5.2.3).

(2) 지가변동률의 적용

시점수정은 원칙적으로 「국토의 계획 및 이용에 관한 법률」(약어로 국토계획법이라 한다)에 따라 국토교통부장관이 조사·발표하는 비교표준지가 있는 시·군·구의 같은 용도지역 지가변동률을 적용한다. 다만, 다음 각 목의 경우에는 그러하지 아니하다. 이 경우에는 감정평가서에 그 내용을 기재하여야 한다. ① 비교표준지와 같은 용도지역의 지가변동률이 조사·발표되지 아니한 경우: 공법상 제한이 비슷한 용도지역의 지가변동률, 이용상황별 지가변동률(지가변동률의 조사·평가기준일이 1998년 1월 1일 이전인 경우에는 지목별 지가변동률을 말한다. 이하 같다)이나 해당 시·군·구의 평균지가변동률을 적용할 수 있다. ② 비교표준지가 도시지역의 개발제한구역 안에 있는 경우 또는 도시지역 안에서 용도지역이 미지정된 경우: 녹지지역의 지가변동률을 적용한다. 다만, 녹지지역의 지가변동률이 조사·발표되지 아니한 경우에는 비교표준지와 비슷한 이용상황의 지가변동률이나 해당 시·군·구의 평균지가변동률을 적용할 수 있다. ③ 표준지공시지가의 공시기준일이 1997년 1월 1일 이전인 경우로서 비교표준지가 도시지역 밖에 있는 경우, 도시지역의 개발제한구역 안에 있는 경우나 도시지역 안의 용도지역이 미지정된 경우: 이용상황별 지가변동률을 적용한다. 다만, 비교표준지와 같은 이용상황의 지가변동률이 조사·발표되지 아니한 경우에는 비교표준지와 비슷한 이용상황의 지가변동률 또는 해당 시·군·구의 평균지가변동률을 적용할 수 있다.

(3) 생산자물가변동률의 적용

다음 각 호의 어느 하나에 해당하는 경우에는 지가변동률을 적용하는 대신 「한국은행법」에 따라 한국은행이 조사·발표하는 생산자물가지수에 따라 산정된 생산자물가변동률[15)]을 적용하여 시점수정할 수 있다. ① 조성비용 등을 기준으로 감정평가하는 경우.

② 그 밖에 특별한 이유가 있다고 인정되는 경우.

생산자물가변동률을 적용하는 경우 변동률은 공시기준일과 기준시점의 각 직전 달의 생산자물가지수를 비교하여 산정한다. 다만, 기준시점이 그 달의 15일 이후이고, 감정평가시점 당시에 기준시점이 속한 달의 생산자물가지수가 조사・발표된 경우에는 기준시점이 속한 달의 지수로 비교한다.

(4) 시점수정치의 산정: 지가변동률 적용의 경우

지가변동률의 산정은 기준시점 직전 월까지의 지가변동률 누계에 기준시점 해당 월의 경과일수(해당 월의 첫날과 기준시점일을 포함한다. 이하 같다) 상당의 지가변동률을 곱하는 방법으로 구하되, 백분율로서 소수점 이하 셋째 자리까지 표시하고 넷째 자리 이하는 반올림한다. 이때 해당 월의 경과일수 상당의 지가변동률 산정은 해당 월의 지가변동률이 조사・발표된 경우에는 해당 월의 총일수를 기준으로 하고, 해당 월의 지가변동률이 조사・발표되지 아니하여 지가변동률을 추정하는 경우에는 추정의 기준이 되는 월의 총일수를 기준으로 한다.

한편, 조사・발표되지 아니한 월의 지가변동률 추정은 조사・발표된 월별 지가변동률 중 기준시점에 가장 가까운 월의 지가변동률을 기준으로 하되, 월 단위로 구분하지 아니하고 일괄 추정방식에 따른다. 다만, 지가변동 추이로 보아 조사・발표된 월별 지가변동률 중 기준시점에 가장 가까운 월의 지가변동률로 추정하는 것이 적절하지 않다고 인정되는 경우에는 조사・발표된 최근 3개월의 지가변동률을 기준으로 추정하거나 조사・발표되지 아니한 월의 지가변동 추이를 분석・검토한 후 지가변동률을 따로 추정할 수 있다.

3) 가치형성요인의 비교

(1) 의의

가치형성요인의 비교는 비교표준지와 대상토지의 지역요인과 개별요인을 비교하여 표준지공시지가를 대상토지 차원으로 수정하는 작업이다. 여기서 가치형성요인의 비교는

15) 「감정평가기준」에서는 이를 생산자물가상승률로 부르고 있으나, 물가가 하락하는 경우도 상정할 필요가 있으므로 이를 생산자물가변동률로 부르는 것이 합리적이다.

각각 최유효이용을 기준으로 하므로 먼저 최유효이용의 판정이 선행되어야 한다.

가치형성요인을 비교·수정하는 방법에 대해서는 앞에서 설명한 거래사례비교법의 내용을 참고하면 된다. 공시지가기준법에서는 혼합식비율법을 활용하고 있다. 즉, 각 용도지대별로 비교항목을 조건·항목·세항목의 순으로 분류·구성하고 있는데, 먼저 각 항목·세항목 단위의 격차율을 더하여 각 조건의 격차율을 구한 후 그 다음 각 조건 단위의 격차율을 곱하여 비교치를 산정하고 있다.[16] 이때 격차율은 백분율로서 소수점 이하 첫째 자리까지 표시하고 둘째 자리에서 반올림한다.[17]

(2) 지역요인비교치의 산정

지역요인 비교는 비교표준지가 있는 지역의 표준적인 획지의 최유효이용과 대상토지가 있는 지역의 표준적인 획지의 최유효이용을 판정·비교하여 산정한 격차율을 적용하되, 비교표준지가 있는 지역과 대상토지가 있는 지역 모두 기준시점을 기준으로 한다.

(3) 개별요인비교치의 산정

개별요인 비교는 비교표준지의 최유효이용과 대상토지의 최유효이용을 판정·비교하여 산정한 격차율을 적용하되, 비교표준지의 개별요인은 공시기준일을 기준으로 하고 대상토지의 개별요인은 기준시점을 기준으로 한다.

한편, 공시지가기준법에서의 가치형성요인 비교에 대해 요약하면 다음과 같다.

〈표 3.2.3〉 공시지가기준법에서 가치형성요인의 비교

구 분	지역요인의 비교	개별요인의 비교
비교 대상	비교표준지가 있는 지역의 표준적인 획지 vs[18] 대상토지가 있는 지역의 표준적인 획지	비교표준지 vs 대상토지
비교 시점	• 비교표준지가 있는 지역: 기준시점 기준 • 대상토지가 있는 지역: 기준시점 기준	• 비교표준지: 공시기준일 기준 • 대상토지: 기준시점 기준
최유효이용	최유효이용 기준	최유효이용 기준

16) 각 용도지대별 지역요인 및 개별요인의 분류·구성에 대해서는 부록 참조(371쪽 이하).

17) 한국감정평가협회·한국감정원(2014a), 앞의 책, 251쪽.

18) vs는 versus의 약어로 "~ 대(對)"의 뜻이다.

4) 그 밖의 요인 보정

(1) 의의

그 밖의 요인 보정은 공시지가기준법에서 시점수정, 지역요인 및 개별요인 비교의 과정을 거쳤음에도 불구하고 대상토지의 가치에 영향을 미치는 사항이 있는 경우에 이를 추가로 반영하기 위한 과정이다.

그 밖의 요인 보정은 「감정평가규칙」 제14조제2항에 법적근거를 두고 있으며, 그 밖의 요인 보정을 한 경우에는 그 근거를 감정평가서의 '감정평가액의 산출근거 및 결정 의견'에 구체적이고 명확하게 기재하여야 한다.

(2) 내용

「감정평가기준」에서는 "그 밖의 요인을 보정하는 경우에는 대상토지의 인근지역 또는 동일수급권 안의 유사지역의 정상적인 거래사례나 평가사례 등을 참작할 수 있다"고 규정하고 있다. 따라서 일반적으로 그 밖의 요인보정치의 산정에 있어서는 거래사례 또는 평가사례를 활용하고 있다. 이를 산식으로 표시하면 다음과 같다.

- 그 밖의 요인보정치 $= \dfrac{\text{사례기준 대상토지의 감정평가액}}{\text{표준지기준 대상토지의 감정평가액}}$

$$= \frac{\text{사례가격} \times \text{시점수정} \times \text{지역요인비교} \times \text{개별요인비교}}{\text{공시지가} \times \text{시점수정} \times \text{지역요인비교} \times \text{개별요인비교}}$$

3. 공시지가기준법의 재검토

1) 현황과 쟁점

(1) 현황

먼저, 「부동산 가격공시에 관한 법률」(약어로 부동산가격공시법이라 한다)은 표준지공시지가를 적정가격으로 공시하도록 규정하고 있지만 그동안 표준지공시지가가 실제의 적정가격[19]과 괴리되는 문제가 있었다. 표준지공시지가가 실제의 적정가격과 괴리되면 당연히 공시지가기준법의 적용에 있어 그 밖의 요인보정치가 커진다. 이는 공시지가기준법의 신뢰성을 떨어뜨리는 요인이다.

둘째, 표준지공시지가는 「부동산가격공시법」상의 평가기준을 반영한 가치로서 법정감정평가의 결과이다. 표준지공시지가의 평가기준으로는 최유효이용 상정, 나지 상정, 공법상 제한 반영, 사법상 제한 배제, 개발이익 반영 등이 있다. 이는 「감정평가법」상의 시장가치 평가기준과 비교하여 나지 미상정, 사법상 제한 반영 등에서 차이가 있다. 예를 들어 공작물 소유를 목적으로 한 지상권이 설정된 토지에 대해 기준시점을 1월 1일로 동일하게 하여 감정평가하더라도 지가공시 목적과 일반거래 목적의 감정평가액이 달라진다. 이로 인해 공시지가기준법으로 대상토지의 시장가치를 감정평가하는 경우 그 사정을 반영하여야 하는 문제가 발생한다.

셋째, 가치형성요인의 비교는 지역의 표준적인 획지나 비교표준지·대상토지의 최유효이용을 기준으로 비교하여야 한다. 그러나 최유효이용에 관한 내용을 관련 보고서(즉, 표준지조사·평가보고서 또는 감정평가서)에 구체적으로 기재하지 않아 실무적으로 최유효이용의 분석을 소홀히 하고 있다.

넷째, 공시지가기준법도 거래사례비교법과 같이 비교방식의 일종이다. 따라서 거래사례비교법에서 설명한 현황과 한계는 대부분 공시지가기준법에도 관련이 있다. 즉, 인근지역 판정의 구체적 기준이 미흡하며, 지역요인·개별요인의 비교표가 항목구성이나 분류체계에 있어 불합리하고, 비교치 산정의 방식으로서 혼합식비율법도 문제가 있다. 서경규의 논문(2011)에 의하면 감정평가사를 대상으로 공시지가기준법의 적용실태에 대해 설문조사한 결과 ① 인근지역이 아닌 유사지역에서 비교표준지를 선정한 비율은 평균 5.0%로 나타났고, ② 인근지역에서 비교표준지를 선정한 경우 개별요인비교치의 최대값은 평균 3.59로 나타났다.[20] 이 결과는 그동안 인근지역의 범위를 지나치게 넓게 판정하였으며, 개별요인비교치가 과도하다는 것을 보여준다.[21]

19) 적정가격과 시장가치의 개념이 동일한지에 대한 논쟁이 있다. 구체적인 감정평가기준에 있어 차이가 있어 동일한 개념으로 볼 수 없다고 본다. 가치다원론의 입장에서 부동산공시가격제도상 적정가격의 용어는 공시가치로 변경하는 것이 합리적일 것이다.

20) 자세한 내용은 서경규(2011), “부동산감정평가의 인근지역 분석”, 감정평가학논집, 10(2), 한국감정평가학회, 1~12쪽 참조.

(2) 쟁점

먼저, 가치형성요인의 비교에 있어 비교시점과 관련하여 논란이 있다. [그림 3.2.1]을 보면 Ⅰ의 방법은 표준지와 대상토지의 지역요인을 공시기준일 기준으로 비교하고, 공시기준일과 기준시점 간의 가치수준 변동은 대상지역을 기준으로 시점수정으로 처리하는 방법이다. Ⅱ의 방법은 공시기준일과 기준시점 간의 가치수준 변동은 사례지역을 기준으로 시점수정하고, 표준지와 대상토지의 지역요인은 기준시점 기준으로 비교하는 방법이다. 여기서 Ⅰ의 방법은 종전 「감정평가규칙」상 제도이고, Ⅱ의 방법은 2012년 전부개정된 「감정평가규칙」상 제도(시행일: 2013. 1. 1)로서 현행 방법이다.[22] 어느 경우에도 개별요인은 표준지의 공시기준일과 대상토지의 기준시점을 기준으로 비교한다(즉, Ⅲ의 방법이다).

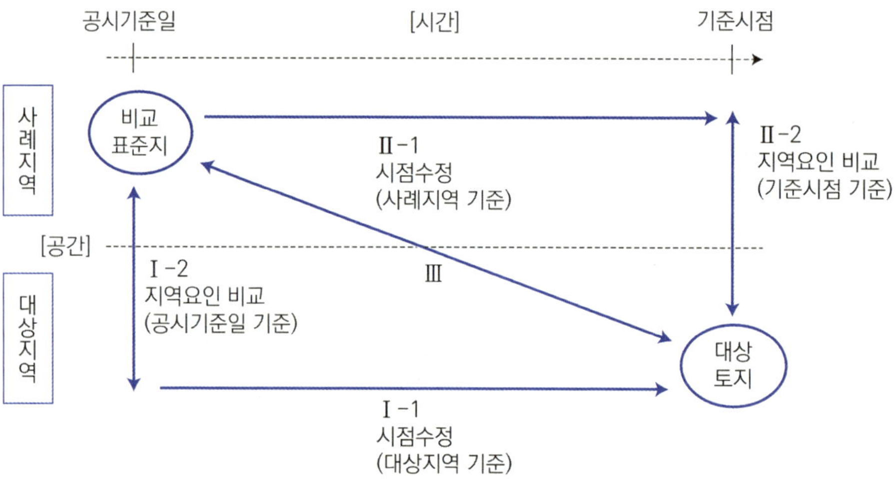

[그림 3.2.1] 가치형성요인의 비교시점

21) 인근지역은 지역요인을 공유하므로 가치수준이 동일하다. 여기서 가치수준의 동일성을 30% 격차로 보는 경우 인근지역 내에서 개별요인이 가장 열세한 토지와 가장 우수한 토지의 개별요인비교치는 계산상 0.54(즉, 0.7/1.3 경우)~1.86(즉, 1.3/0.7 경우)으로 나타난다. 따라서 인근지역 내에서 개별요인비교치의 한도를 설정하는 경우 0.50~1.90으로 하는 것이 합리적이라고 본다.

22) 「감정평가규칙」의 전부개정을 반영하여 2013. 5. 28. 「공익사업을 위한 토지 등의 취득 및 보상에 관한 법률 시행령」상 시점수정을 위한 지가변동률의 적용방법도 개정하였다. 즉, 종전 평가대상토지가 소재하는 시·군·구의 지가변동률에서 표준지가 소재하는 시·군·구의 지가변동률로 변경하였다.

둘째, 나지의 개념과 관련하여 혼란이 있다. 행정규칙인 「표준지공시지가 조사·평가기준」에서는 나지를 '토지에 건물이나 그 밖의 정착물이 없고 지상권 등 토지의 사용·수익을 제한하는 사법상의 권리가 설정되어 있지 아니한 토지'로 규정하여(제2조 참조) 나지의 개념이 매우 제한적이다. 이는 토지의 정착물이나 사법상의 제한에 의한 토지가치의 영향을 배제할 목적으로 설정한 기준이라 할 수 있다. 한편, 「공익사업을 위한 토지 등의 취득 및 보상에 관한 법률」(약어로 공익사업법이라 한다)에서는 나지를 '토지에 건축물이나 그 밖의 정착물이 없는 토지'로 보고 있다(공익사업법시행규칙 제22조제2항 참조). 즉, 사법상의 제한은 고려하지 않는다.

2) 과제

먼저, 공시가격(공시가치)[23]은 정확한 시장가치가 반영되어 공시되어야 한다. 공시가격이 시장가치를 정확하게 반영할 때 지역별·유형별 불균형의 문제가 해소되고 국민의 신뢰를 얻을 것이다. 공시가격(공시가치)은 시장가치 그대로 공시하고 각종 행정목적이나 과세표준 등으로 활용할 경우에는 그 목적에 따라 이를 가감조정하여 적용하면 된다.[24]

둘째, 「부동산가격공시법」상 적정가격의 용어를 「감정평가규칙」상의 용어인 시장가치로 통일하여야 한다. 특히 표준지공시지가가 「부동산가격공시법」에 규정된 효력인 ① 토지시장에 지가정보를 제공하고, ② 일반적인 토지거래의 지표가 되며, ③ 국가·지방자치단체 등이 그 업무와 관련하여 지가를 산정하거나 감정평가법인 등이 개별적으로 토지를 감정평가하는 경우에 기준이 되기 위해서는 더욱 시장가치를 기준으로 공시하여야 한다. 적정가격의 용어를 시장가치로 통일하는 경우 표준지공시지가의 평가기준으로서 나지 상정도 폐지된다. 따라서 시장가치와 같이 나지를 상정하지 않으며, 사법상 제한은 반영하게 된다.

셋째, 최유효이용 기준의 재검토가 필요하다. 최유효이용은 오직 하나의 이용만을 전제하는 것으로 통상의 능력을 가진 시장참여자와 감정평가사가 이를 정확하게 판정하는 것이 현실적으로 불가능하다. 여기서 공시가격(공시가치)이나 시장가치의 평가기준으로

---

23) 여기서의 공시가격은 공시지가와 공시주택가격을 통틀어서 부르는 말이다.
24) 「부동산가격공시법」에서도 이를 규정하고 있다(제8조).

서 최유효이용은 최빈가능이용으로 변경하는 것이 합리적이다. 최빈가능이용은 객관적이고 일반적인 이용이라 할 수 있으며, 최유효이용 판정의 문제점을 보완할 수 있다. 또한, 최빈가능이용의 판단에 관한 구체적인 내용을 감정평가서에 필수적으로 기재하도록 개선하여야 한다.

넷째, 사정보정의 과정이 필요하다. ① 현실적으로 표준지공시지가가 시장가치를 정확하게 반영하지 못해 그 격차를 보정하기 위해 그 밖의 요인보정의 과정을 추가하고 있고, ② 나지 상정 평가기준에 의해 표준지에 건부감가 있거나 지상권 등 사법상 제한이 있는 경우 이를 반영하지 않아 일반감정평가에 있어서는 그 감가액 만큼 공시지가를 수정하여야 하며, ③ 반대로 표준지가 도시·군계획시설에 저촉되어 제한 정도를 반영하여 공시된 표준지에 대해 보상목적의 감정평가에서 이를 비교표준지로 선정하는 경우 제한받지 않는 상태로 정상화하는 과정이 필요하다. 이와 같이 다양한 이유로 표준지공시지가를 정상화하는 과정이 필요한데, 이를 거래사례비교법과 같이 사정보정으로 처리하자는 입장이다. 이 경우 비교방식으로서 비정상적인 과정인 그 밖의 요인보정의 과정은 생략할 수 있다.

다섯째, 비교표준지와 대상토지의 가치형성요인 비교시점은 표준지는 공시기준일, 대상토지는 기준시점으로 통일하는 것이 합리적이라고 본다. 앞의 [그림 3.2.1]에서 Ⅲ의 방법이다. 이 경우 인근지역에서 비교표준지를 선정하더라도 시점의 차이에 따른 지역요인의 변화를 분석하여 이를 지역요인 비교치로 산정하여야 한다. 시간의 흐름에 따른 가치수준의 변화를 지역요인 비교치로 산정하므로 별도로 시점수정을 할 필요가 없다. 공시지가기준법에서 시점수정은 지역요인의 변화로 인한 지가수준의 변동을 반영하는 과정이다. 지역요인 비교치 산정에 있어 지역요인(즉, 자연적·사회적·경제적·정책적 요인)의 변화를 분석하고, 시·군·구의 평균지가변동률, 표준지공시지가의 변동률 등을 참작하여야 할 것이다.

여섯째, 공시지가기준법도 거래사례비교법과 같이 비교방식의 일종이다. 따라서 거래사례비교법에서 설명한 과제가 대부분 공시지가기준법에도 관련이 있다. 즉, ① 비교표준지를 2개 이상 선정하는 것이 필요하고, ② 인근지역의 판정에 관한 구체적인 기준설정이 필요하며, ③ 개별요인비교치의 한도를 설정할 필요가 있으며, ④ 가치형성요인의 비교치 산정에 있어 가감식비율법이 합리적이며, 항목별로 가중치를 부여할 필요가 있다.

일곱째, 공시지가기준법의 용어를 비교방식의 일종인 점을 고려하고 거래사례비교법과의 일관성을 유지하기 위해 표준지비교법이라 하는 것이 더 적합하다고 본다.[25] 공시지가기준법(표준지비교법)에 따라 산정된 가액도 비준가액이라 할 수 있다.

설명 내용을 종합하여 공시지가기준법(표준지비교법)의 산식을 표시하면 다음과 같다.

- 토지단가 = 표준지공시지가 × 사정보정치 × 지역요인 비교치 × 개별요인 비교치

위의 산식은 다음과 같은 논리를 가진다. ① 먼저, 비교표준지의 공시지가를 정상적인 공시지가로 (즉, 시장가치의 요건에 맞게) 수정한 다음, ② 정상적으로 수정된 금액에 비교표준지가 있는 지역의 표준적인 획지의 최유효이용과 대상토지가 있는 지역의 표준적인 획지의 최유효이용을 판정・비교하여 지역요인 비교치를 가감식으로 구해 곱하고, ③ 마지막으로, 지역요인의 비교치가 반영된 금액에 비교표준지의 최유효이용과 대상토지의 최유효이용을 판정・비교하여 개별요인 비교치를 가감식으로 구해 곱한다. 이는 앞 단계의 수치를 반영하여 수정된 금액에 다음 단계의 수치를 곱하는 방식으로 연속수정법의 논리를 가진다.

제4절 임대사례비교법

1. 개요

1) 의의

임대사례비교법은 대상물건과 가치형성요인이 같거나 비슷한 물건의 임대사례와 비교하여 대상물건의 현황에 맞게 사정보정, 시점수정, 가치형성요인 비교 등의 과정을 거쳐 대상물건의 임대가치를 산정하는 감정평가방법을 말한다. 이 방법은 인근지역 또는 동일

25) 앞의 설명에 관한 자세한 내용은 서경규(2012a), "표준지비교법에 의한 지가평가의 재검토", 감정평가학논집, 11(1), 한국감정평가학회, 1～12쪽 참조.

수급권 내의 유사지역에서 대상부동산과 유사한 임대차가 이루어지는 경우에 유효하며, 임대차 등의 사례가 적은 종교용 건물 등 특수목적 부동산인 경우에는 적용이 곤란하다.

임대사례비교법에 따라 산정된 가액을 비준임료라 하며, 임대사례비교법의 산식은 다음과 같다.

- 비준임료 = 임대사례 × 사정보정치 × 시점수정치 × 지역요인 비교치 × 개별요인 비교치

2) 특징

임대사례비교법도 거래사례비교법과 마찬가지로 비교방식이므로 적용원리나 장・단점이 같다. 그러나 임대사례비교법은 신규계약 여부, 임료의 지불형태, 관리비의 지불방법 등에 따라 실질임료가 달라질 수 있으므로 임대사례의 수집과 내용 분석에 유의하여야 한다.

한편, 일본에서는 부동산임료를 구하는 방법을 ① 신규임료를 구하는 방법인 임대사례비교법, 적산법, 수익분석법과, ② 계속임료를 구하는 방법인 임대사례비교법, 차액배분법, 이율법, 슬라이드법으로 구분하고 있다.

2. 내용

1) 임대사례의 선정

임대사례비교법으로 감정평가할 때에는 임대사례를 수집하여 적정성 여부를 검토한 후 다음 각 호의 요건을 모두 갖춘 하나 또는 둘 이상의 적절한 임대사례를 선택하여야 한다(감정평가기준 400-3.3.2.2). ① 임대차 등의 계약내용이 같거나 비슷한 사례, ② 임대차 사정이 정상이라고 인정되는 사례나 정상적인 것으로 보정이 가능한 사례, ③ 기준시점으로 시점수정이 가능한 사례, ④ 대상물건과 위치적 유사성이나 물적 유사성이 있어 지역요인・개별요인 등 가치형성요인의 비교가 가능한 사례. 임대사례의 요건을 구체적

으로 설명하면 다음과 같다.[26)]

첫째, 임대차 등의 계약내용이 같거나 비슷하여야 한다. 임대사례는 대상부동산과 사례부동산의 임대차 계약내용이나 조건이 유사하여야 하는데, 이는 임대차계약의 내용이나 조건이 임대차기간 동안 계약임료 수준에 계속적으로 영향을 미치기 때문이다. 임대차계약의 내용이나 조건이 다른 사례는 대상부동산의 임료와 근본적으로 차이가 발생한다.

둘째, 임대차 사정이 정상이라고 인정되거나 정상적인 것으로 보정이 가능하여야 한다. 부동산의 임대차에서 거래의 자연성을 해치는 특수한 사정 또는 동기가 개입된 사례는 임대사례로 선정하기 어렵다. 여기서 정상적인 것으로 보정이 가능하다는 것은 사정이 개입된 임료가 정상적인 임료로부터 괴리된 정도에 대한 계량적인 파악이 가능하다는 것을 의미한다.

셋째, 기준시점으로 시점수정이 가능하여야 한다. 부동산의 가치는 가치형성요인에 따라 늘 변동하므로 임대시점과 기준시점의 임료가 차이가 나는 것이 일반적이다. 따라서 임대시점의 임료를 기준시점의 임료로 수정할 수 있어야 임대사례로 선정할 수 있다. 여기서 시점수정이 가능한 임대사례란 임대시점과 기준시점의 임료에 대한 임료지수 또는 임료변동률의 파악이 가능한 사례를 말한다.

넷째, 가치형성요인의 비교가 가능하여야 한다. 여기서 가치형성요인의 비교가 가능한 요건으로 위치적 유사성과 물적 유사성을 들고 있다. 위치적 유사성은 인근지역과 동일수급권 내의 유사지역에 위치하여 비교가능성 있는 것을 의미하며, 물적 유사성은 부동산의 물리적·기능적 상태, 용도·구조, 경과연수, 설비·규모 등의 유사성을 의미한다.

2) 사정보정

임대사례비교법에서도 거래사례비교법에서와 같이 수집된 임대사례에 관계자의 특수한 사정이나 개별적인 동기 등이 개재되어 있는 경우에는 이를 정상화하는 과정을 거쳐야 한다. 즉, 임대사례에 특수한 사정이나 개별적 동기가 반영되어 있거나 임대차 당사자가 시장에 정통하지 않은 등 수집된 임대사례의 임료가 적절하지 못한 경우에는 사정보정을

26) 한국감정평가협회·한국감정원(2014a), 앞의 책, 151~155쪽 참조.

통해 그러한 사정이 없었을 경우의 적절한 임료 수준으로 정상화하여야 한다.

3) 시점수정

임대사례의 임대시점과 대상물건의 기준시점이 불일치하여 임대료 수준의 변동이 있을 경우에는 임대사례의 임료를 기준시점의 임료 수준으로 시점수정하여야 한다. 이때 시점수정은 사례물건의 임료변동률로 한다. 다만, 사례물건의 임료변동률을 구할 수 없거나 사례물건의 임료변동률로 시점수정하는 것이 적절하지 않은 경우에는 사례물건의 가격변동률 · 임료지수 · 생산자물가지수 등을 고려하여 임료변동률을 구할 수 있다.

4) 가치형성요인의 비교

(1) 지역요인의 비교

부동산의 임료는 지역성이라는 고유한 특성으로 인해 우선적으로 지역차원에서 임료 수준이 형성되고, 그에 영향을 받아 개개 부동산의 임료가 구체화되는 특성을 가진다. 임대사례비교법에서는 이러한 지역적 격차에 의한 임료 수준의 차이를 지역요인 비교를 통해 수정해야 한다. 임대사례를 인근지역에서 구했을 경우에는 대상부동산과 같은 지역이므로 지역요인의 비교가 필요하지 않다. 그러나 사례를 동일수급권 내의 유사지역에서 구한 경우에는 대상지역과 인근지역의 지역요인을 비교하여 지역격차를 수정해야 한다.

(2) 개별요인의 비교

임대사례비교 시 토지의 개별요인 비교는 거래사례비교법에 준용하여 비교가 가능하다. 건물의 개별요인 비교 시에는 건물의 구조, 부대설비, 경제적 잔존내용연수, 관리상태 등에 의해서도 임료의 차이가 발생하므로, 대상건물과 임대사례 건물의 차이가 있는 경우에는 이에 대한 비교를 하여야 한다.

제3장 원가방식

제1절 원가방식의 개요

1. 원가방식의 의의

1) 원가방식의 개념

원가방식은 비용성의 원리에 기초한 감정평가방식으로서 기본적으로 가치의 본질을 원가의 집합(pool)으로 보고 있다. 즉, 원가방식은 비용과 가치간의 상관관계를 파악하는 것으로 비용에서 재화의 가치를 파악한 고전학파의 비용가치설과도 관련된다.

원가방식에는 대상물건의 매매가치를 구하는 원가법과 대상물건의 임대가치를 구하는 적산법이 있다.

2) 적용대상

원가방식은 재생산이 가능한 모든 종류의 물건에 적용할 수 있으며, 일반적으로 상각자산의 감정평가에 적용된다. 「감정평가규칙」에서 원가방식의 적용을 규정한 경우는 다음과 같다.

〈표 3.3.1〉 원가방식을 적용하는 경우

대상물건	가치의 유형	감정평가방법	비 고
토지	매매가치	원가법	대통령령으로 정하는 감정평가를 할 때
건물	매매가치	원가법	주된 방법
산림 중 입목	매매가치	원가법	소경목림인 경우
건설기계	매매가치	원가법	주된 방법
선박	매매가치	원가법	주된 방법, 선체 · 기관 · 의장별로 구분하여 각각 적용
항공기	매매가치	원가법	주된 방법

2. 원가방식의 내용

1) 원가법

원가법은 대상물건의 기준시점 당시 재조달원가에서 감가수정액을 공제하여 대상물건의 매매가치를 산정하는 방법으로 재생산이 가능한 건물, 기계기구 등의 상각자산에 널리 적용된다. 원가법에 의해 산정된 가액은 대상물건의 구성부분의 가치를 합산하여 구한 가액이라는 의미로 '적산가액(積算價額)'이라고 한다. 원가법의 산식은 다음과 같다.

- 적산가액 = 재조달원가 - 감가수정액

2) 적산법

적산법은 기준시점에 있어서 대상물건의 기초가액에 기대이율을 곱하여 산정한 기대수익에 대상물건을 계속하여 임대차하는 데 필요한 경비를 더하여 임대가치를 산정하는 방법으로 이는 임대사례가 적거나 수익분석법의 적용이 곤란한 경우에 유용하게 활용할 수 있다. 적산법에 의해 산정된 가액을 '적산임료'라 하며, 적산법의 산식은 다음과 같다.

- 적산임료 = 기초가액 × 기대이율 + 필요제경비

제2절 원가법

1. 개요

1) 의의

원가법은 비용성의 원리에 기초하여 대상물건의 매매가치를 구하는 방법이다. 즉, 원가법은 대상물건의 기준시점 당시 재조달원가에서 감가수정액을 공제하여 대상물건의 매매가치를 산정하는 방법으로 재생산이 가능한 건물, 기계기구 등의 상각자산에 널리 적용된다.

원가법에 의해 산정된 가액은 대상물건의 구성부분의 가치를 합산하여 구한 가액이라는 의미로 적산가액(積算價額)이라고 한다.

2) 산식

원가법의 산식은 다음과 같다.

- 적산가액 = 재조달원가 - 감가수정액

2. 재조달원가

1) 의의

재조달원가는 대상물건을 기준시점에서 원시적으로 재생산 또는 재취득할 것을 상정할 경우 필요한 적정원가의 총액이다. 재조달원가는 대상물건을 일반적인 방법으로 생산하거나 취득하는 데 드는 비용으로 하되, 세금・공과금[1] 등과 같은 일반적인 부대비용을

1) 세금・공과금은 여러 세금과 공과금을 합쳐서 부르는 말이다. 제세공과금, 세금과공과, 조세공과금이라고도 한다.

포함한다.

한편, 감정평가는 기준시점에서의 가액을 도출하는 과정이므로 재조달원가는 기준시점을 기준으로 한다.

2) 유형

재조달원가는 생산개념에 입각한 재생산원가와 취득개념에 입각한 재취득원가로 구분된다. 전자(前者)는 건축물과 같이 생산(건축)이 가능한 경우에 적용되며, 후자(後者)는 도입기계 등과 같이 현실적으로 직접 생산이 불가능한 경우에 구매하여 취득하는 경우에 적용된다.

한편, 재조달원가는 복제원가(Reproduction Cost)[2)]와 대체원가(Replacement Cost)[3)]로 구분할 수도 있다. ① 복제원가는 대상물건과 같은 모양, 구조, 노동의 질, 원자재를 가지고 있는 복제품(replica)을 기준시점 현재 만드는 데 소요되는 원가로서 일반적으로 재조달원가는 복제원가로 구한다. ② 대체원가는 대상물건과 같은 유용성을 가진 물건을 기준시점 현재 만드는 데 소요되는 원가이다. 즉, 대체원가란 대상물건과 같은 유용성을 가지고 있는 물건을 기준시점 현재의 원자재, 제작공법, 배치계획, 디자인 등에 따라 제작할 때 소요되는 원가를 말한다. 대체원가는 건설자재, 공법, 기술 등의 변천으로 대상물건의 복제원가를 구하는 것이 곤란한 경우에 기능적으로 동일성을 갖는 것으로 치환하여 구한 원가이다. 대체원가 개념 자체에 기능적 퇴화에 따른 가치손실을 내포하고 있으므로 따로 기능적 감가수정을 할 필요가 거의 없다.[4)]

3) 산정기준 및 구성요소

(1) 산정기준

재조달원가는 해당 물건의 생산이나 취득에 실제로 들어간 원가가 아니라 일반적인

2) 복조원가라고도 한다.
3) 대치원가라고도 한다.
4) 안정근(2009), 부동산평가이론(제5판), 양현사, 296쪽 참조.

방법으로 생산하거나 취득한 생산비 또는 취득비를 기준으로 한다. 실제 들어간 생산비나 취득비는 소유자 등이 주관적으로 부여하는 가치나 협상력에 따른 차이가 반영될 수 있기 때문에 일반적인 도급방식[5]에 의해 생산 또는 취득된 원가로 산정하는 것이 원칙이다.

(2) 재생산원가

표준적인 건설비에 통상의 부대비용을 더하여 산정한다. ① 표준적인 건설비는 공사원가(재료비 + 노무비 + 경비)에 일반관리비와 이윤을 더한 것이다. ② 통상의 부대비용은 도급인이 별도로 지불한 비용으로 인허가비용, 설계감리비, 건설자금이자, 세금・공과금, 등기수수료 등이 있다.

한편, 용지(用地)[6]의 경우 당초 부지의 표준적인 취득비 + 표준적인 조성비 + 통상의 부대비용으로 산정한다.

(3) 재취득원가

표준적인 취득비에 통상의 부대비용을 더하여 산정한다. 한편, 외국에서 수입하는 기계의 경우 일반적으로 수입 당시의 외화가격을 원산국 CIF가격으로 환산한 후 가격보정지수와 외화환산율을 곱한 금액에 통상의 부대비용을 더하여 산정한다. 이를 산식으로 표시하면 다음과 같다.

- 수입기계의 재조달원가 = (CIF가격 × 가격보정지수 × 외화환산율) + 통상의 부대비용

여기서 ① CIF가격은 수입 당시의 외화가격을 원산국 CIF가격으로 환산한 것이다. 여기서 CIF가격은 수입면장에서 CIF$를 확인하여 원산국 화폐액으로 환산한다. 이때 적용

5) 도급(都給)은 당사자 일방(즉, 수급인)이 어느 일을 완성하고 상대방(즉, 도급인)은 그 일의 결과에 대해 보수를 지급할 것을 약정함으로써 성립하는 계약이다(민법 664).

6) 용지는 일정용도로 이용할 수 있도록 조성 중(조성계획 중인 경우도 포함)이거나 조성한 토지를 말한다. 따라서 용지는 조성을 전제로 한다.

할 환율은 수입시점(통상 수입면장의 신고일자)의 1$당 원산국 환율이다. ② 가격보정지수는 수입시점과 기준시점간의 가격변동을 보정하기 위한 것으로 원산국의 기계가격지수를 활용한다. ③ 외화환산율은 기준시점에서 원산국 화폐의 원화환산율을 말한다. 즉, 원산국 화폐액으로 산정된 금액을 원화로 환산하는 과정이다. ④ 통상의 부대비용에는 L/C개설비[7], 하역료, 창고료, 육상운송비, 설치비, 관세 등이 포함된다. 감정평가실무에서는 통상의 부대비용 산정에 있어 일반적으로 L/C개설비 + 하역료 + 창고료 + 육상운송비 등은 수입가격의 3.0% 이내, 설치비는 수입가격의 1.5% 이내를 적용하며, 관세는 기준시점의 관세율을 적용한다.

> CIF와 FOB: 무역거래에 있어 가격조건에 따라 분류한 것이다. 먼저, CIF(Cost, Insurance & Freight)는 판매자(수출업자)가 도착항까지의 운임과 보험료를 부담하는 가격조건으로, 운임 보험료 포함가격이라고도 한다. 다음으로 FOB(Free On Board)는 판매자가 선적항에 정박해 있는 본선에 상품을 적재할 때까지의 비용을 부담하는 가격조건으로, 본선 인도 가격이라고도 한다. 수입기계의 감정평가에 있어 기준시점의 운임과 보험료를 파악할 수 있다면 재조달원가는 FOB가격을 기준으로 산정하는 것이 원칙이지만 현실적으로 이를 파악하는 것이 어려워 통상 CIF가격을 기준으로 산정하고 있다.

(4) 쟁점

재조달원가의 산정과 관련하여 다음과 같은 쟁점이 있다. 먼저, 기업이윤의 포함여부이다. 일부의 책에서 이를 포함해야 한다고 설명하고 있으나[8], 감정평가실무에서는 대부분 이를 제외하고 있다. 기업이윤(entrepreneurial profit)은 완성된 물건의 가치에서 개발비용을 뺀 차액을 말하며, 개발이윤이라고도 한다. 기업이윤을 재조달원가에 포함해야 한다는 입장에서는 이를 생산의 4요소인 경영의 대가로 본다. 그러나 원가법은 비용성 원리에 근거한 방식임을 고려할 때 이를 포함하는 것은 문제가 있다. 또한, 건축물 이외에 동산에도 적용되고, 기업이윤의 산정에 감정평가사의 주관이 개입될 가능성이 크다는 점에서도 문제가 있다. 둘째, 부가가치세의 포함여부이다. 도급방식에 의해 해당 물건을

7) L/C는 Letter of Credit의 약자로 신용장(특정 은행이 수입업자의 지불능력을 보증하는 증서)을 말한다.
8) 한국감정평가협회 · 한국감정원(2014a), 앞의 책, 187쪽.; 안정근(2009), 부동산평가이론(제5판), 양현사, 298쪽.; 경응수(2020), 감정평가론(제6판), 나무미디어, 429쪽.

공급하는 경우 수급인은 원칙적으로 공급가액과 부가가치세액 등을 기재한 세금계산서를 발급하여야 한다(부가가치세법 32). 다만, 면세사업의 경우는 부가가치세가 면제된다. 따라서 도급인의 입장에서 부가가치세는 부대비용에 속한다. 그런데 도급인이 사업자(면세사업자는 제외)인 경우 매입세액 공제를 하므로 부가가치세를 비용으로 볼 수 있는지가 문제된다. 생각건대 도급인의 입장에서 해당 물건의 조달에 투입된 비용은 모두 원가로 인식하는 점을 고려할 때 부가가치세 중 매입세액 공제가 불가능한 경우에는 이를 재조달원가에 포함하는 것이 합리적이라고 본다. 비사업자가 공급받은 국민주택규모를 초과하는 주택이나 면세사업자가 공급받은 건축물이나 기계기구 등이 예이다.

부동산관련 부가가치세 면제

1) 「부가가치세법」 제26조 ① 다음 각 호의 재화 또는 용역의 공급에 대하여는 부가가치세를 면제한다. …

 14. 토지

2) 「조세특례제한법」 제106조 ① 다음 각 호의 어느 하나에 해당하는 재화 또는 용역의 공급에 대해서는 부가가치세를 면제한다. …

 4. 대통령령으로 정하는 국민주택 및 그 주택의 건설용역(대통령령으로 정하는 리모델링용역을 포함한다)

 따라서 국민주택규모(주거전용면적이 1호 또는 1세대당 85㎡ 이하인 주택. 단, 수도권을 제외한 도시지역이 아닌 읍 또는 면지역은 100㎡ 이하인 주택)를 초과하거나 주택이 아닌 건축물 등은 부가가치세가 과세된다.

4) 산정방법

(1) 산정방법의 개요

재조달원가의 산정방법은 먼저, 대상물건으로부터 직접 구하는 직접법과 유사물건으로부터 간접적으로 구하는 간접법으로 구분할 수 있다. 원가법이 합리성을 가지려면 우선적으로 정확한 재조달원가의 산정이 필수적이다. 따라서 기본적으로 직접법과 간접법을 병용하여 최종적인 재조달원가를 산정하는 것이 필요하다. 다음으로 구체적인 산정방법에 대해서는 다음에서 구분하여 설명한다.

(2) 구체적인 방법

먼저, 총량조사법이다. 이는 대상물건 전반에 대해 재료비, 노무비, 경비 등을 세밀하게 구한 후 이를 적산하여 산정하는 방법이다. 이 방법은 신축 건축물이나 신제품인 경우 유용한 방법으로서 정확도가 높은 반면 많은 노력과 시간이 소요되는 단점이 있다.

둘째, 구성단위법(또는 부분별 단가적용법)이다. 이는 대상물건에 대해 주요 구성부분별로 표준단가를 구한 후 여기에 구성부분별 수량을 곱하여 산정하는 방법이다. 총량조사법의 단점을 보완하여 이를 간편하게 적용한 방법이라 할 수 있다.

셋째, 단위비교법이다. 이는 m, ㎡, ㎥ 등과 같은 총량적 단위를 기준으로 단위당 원가를 산정한 후 단위를 곱하여 총액을 산정하는 방법이다. 이 방법은 비교적 노력과 시간이 적게 들어 감정평가실무에서 자주 활용하고 있다.

넷째, 변동률법이다. 이는 대상물건 또는 유사물건의 최초 조달원가를 알 수 있을 때 활용하는 방법으로 최초 조달원가에 변동률로 시점수정을 하여 재조달원가를 산정하는 방법이다. 이 방법은 비교적 간편하다는 장점이 있으나, 정확한 변동률을 구하는 데 어려움이 있다.

3. 감가수정

1) 의의

(1) 감가수정의 개념

감가수정은 대상물건에 대한 재조달원가를 감액하여야 할 요인이 있는 경우에 물리적 감가, 기능적 감가 또는 경제적(외부적) 감가 등을 고려하여 그에 해당하는 금액을 재조달원가에서 공제하여 기준시점에 있어서의 대상물건의 가액을 적정화하는 작업을 말한다(감정평가규칙 제2조). 적산가액은 기준시점에서의 정상적인 시장을 전제로 한 물건의 현존가치이므로, 재조달원가로부터 어느 정도 감가되었는지 판단하여야 한다.

한편, 감정평가에 있어 감가수정은 원래 회계학에서 활용하는 수익과 비용의 적절한 대응을 위한 방법인 감가상각에서 도출된 개념이라 할 수 있으며, 이를 비교하면 다음의 표와 같다.

〈표 3.3.2〉 감가수정과 감가상각의 비교

구분	감가수정	감가상각
적용	감정평가	회계
목적	적정한 적산가액 산정을 위한 감가액 공제	적정한 손익을 산출하기 위한 비용의 배분
감가요인	물리적 감가, 기능적 감가, 경제적 감가	물리적 감가, 기능적 감가
대상	상각자산 및 비상각자산(예: 토지) 포함	상각자산만 가능
기초금액	재조달원가	취득가격
산정 방법	내용연수법 (관찰감가법 인정)	내용연수법 (관찰감가법 미인정)
특징	• 경제적 내용연수 중점 • 장래보존연수 중점	• 법정내용연수 기준 • 경과연수 중점

(2) 감가요인

감가요인은 크게 물리적・기능적・경제적(외부적) 감가요인으로 구분한다. ① 물리적 감가: 대상물건의 물리적 상태 변화에 따른 감가를 말한다. 마모・훼손・시간의 경과에 따른 노후화 등이 예이다. ② 기능적 감가: 대상물건의 기능적 유용성의 변화에 따른 감가를 말한다. 기술진보 및 시대적 감각의 변화에 따른 구식화, 설계불량, 건물과 부지의 부적합, 설비의 과소・과잉 등이 예이다. ③ 경제적(외부적) 감가: 외부환경의 변화에 따른 감가를 말한다. 시장성의 감퇴(예: 인근지역에 혐오시설 신설), 인근지역의 쇠퇴, 주위환경과의 부적합 등이 예이다. 경제적 감가의 경우 외부환경에 의한 감가이므로 용어의 혼동을 피하기 위해 외부적 감가로 표현하는 것이 합리적일 것이다.

여기에서 물리적 감가 및 기능적 감가는 부동산의 내부요인에 의해 발생하는 감가로서 치유 가능한 감가와 치유 불가능한 감가로 구분할 수 있으나, 경제적(외부적) 감가는 부동산의 외부요인에 의해 발생하는 감가로서 모두 치유 불가능한 감가이다.

〈표 3.3.3〉 감가수정의 구분

구분	물리적 감가	기능적 감가	경제적 감가 (외부적 감가)
발생원인	내부요인	내부요인	외부요인
	시간의 경과	기능적 유용성의 변화	외부환경의 변화
부동산가치의 원리	변동의 원리	균형의 원리	적합의 원리 외부성의 원리
치유가능여부	치유가능한 감가 있음	치유가능한 감가 있음	모두 치유 불가능한 감가
감가수정방법	주로 내용연수법	주로 관찰감가법	주로 관찰감가법

한편, 감가요인과 관련하여 법적 감가를 포함해야 한다는 견해가 있다. 이는 대상물건에 대한 공법적·사법적 하자에 대해 감가수정을 하자는 입장이다. 생각건대 감정평가액은 시장가치를 기준으로 결정하는 것이 원칙이고, 시장가치에 반영되는 대상물건의 내용에는 대상물건의 물리적·기능적·경제적(외부적) 상황뿐 아니라 법적 상황도 포함되므로 이를 감가요인으로 포함할 필요가 있다고 본다. 유치권이 성립하는 건축물 등이 그 예이다.

2) 감가수정방법

(1) 개요

「감정평가 실무기준」에 의하면 감가수정을 할 때에는 경제적 내용연수를 기준으로 한 정액법, 정률법 또는 상환기금법 중에서 대상물건에 가장 적합한 방법을 적용하여야 하며, 이 방법에 의한 감가수정이 적절하지 아니한 경우에는 물리적·기능적·경제적(외부적) 감가요인을 고려하여 관찰감가 등으로 조정하거나 다른 방법에 따라 감가수정할 수 있다. 따라서 감가수정방법은 크게 내용연수법, 관찰감가법, 그 밖의 방법으로 구분할 수 있으며, 그 밖의 방법에는 구체적으로 분해법, 시장추출법, 임료손실환원법 등이 있다.

한편, 감가의 근거를 어디에서 구하는가에 따라 직접법과 간접법으로 구분할 수도 있다. 즉, 감가의 근거를 대상물건에서 구하는 것이 직접법이며, 유사물건에서 구하는 것이 간접법이다. 시장추출법은 간접법에 속한다.

〈표 3.3.4〉 감가수정방법의 구분

<table>
<tr><th>감가의 근거</th><th colspan="2">감가의 방법</th><th>내 용</th><th>주요 적용대상</th></tr>
<tr><td rowspan="6">직접법</td><td rowspan="3">내용 연수법</td><td>정액법</td><td>매년 일정액씩 감가</td><td>건축물, 구축물</td></tr>
<tr><td>정률법</td><td>매년 일정률로 감가</td><td>기계기구, 건설기계</td></tr>
<tr><td>상환 기금법</td><td>상환기금계수를 이용하여 매년 감가액(매년 일정액) 산정</td><td>광산</td></tr>
<tr><td colspan="2">관찰감가법</td><td>직접 관찰하여 감가액 산정</td><td>제한 없음</td></tr>
<tr><td rowspan="3">그 밖의 방법</td><td>분해법</td><td>물리적 · 기능적 · 경제적(외부적) 요인으로 구분하여 감가액 산정 후 합산</td><td>(거의 활용하지 않음)</td></tr>
<tr><td>임료손실 환원법</td><td>감가요인으로 발생한 임료손실분을 환원하여 감가액 산정</td><td>(거의 활용하지 않음)</td></tr>
<tr><td>간접법</td><td>시장 추출법</td><td>유사물건의 매매사례에서 감가율 추계</td><td>(거의 활용하지 않음)</td></tr>
</table>

(2) 내용연수

① 내용연수의 개념

내용연수(耐用年數, life)란 일반적으로 감가상각자산의 수명을 말한다. 즉, 감가상각자산이 그 본래의 용도・용법에 따라 예정된 효과를 올릴 수 있는 연수를 말한다. 내용연수는 보통 물리적 내용연수(physical life)와 경제적 내용연수(economic life)로 구분한다. 물리적 내용연수는 정상적인 관리하에서 물리적으로 존속 가능할 것으로 기대되는 기간을 말하며, 경제적 내용연수는 자산의 유용성이 지속되어 다른 경쟁 자산과 동등한 유용성을 창출할 것으로 기대되는 기간을 말한다. 따라서 경제적 내용연수는 물리적 내용연수보다 짧다. 감정평가에 있어 내용연수는 경제적 내용연수를 의미한다(감정평가규칙 15).

한편, 「법인세법」 등 법률의 규정에 의한 내용연수를 법정내용연수라 한다.

② 내용연수의 현황

내용연수는 자산의 종류・구조・용도 등에 따라 차이가 있으며, 건물의 내용연수는 다음의 표와 같다.

〈표 3.3.5〉 건물의 내용연수 (단위: 년)

구조 \ 용도	주택	사무실 등	점포 등	공장 · 창고
철근콘크리트조, 철골철근콘크리트조	50(45~55)	55(50~60)	50(45~55)	45(40~50)
철골조, 벽돌조, 석조	45(40~50)	50(45~55)	45(40~50)	40(35~45)
목조(통나무구조)	45(40~50)	40(35~45)	40(35~45)	-
블럭조	40(35~45)	45(40~50)	40(35~45)	35(30~40)
경량철골조	35(30~40)	35(30~40)	35(30~40)	30(25~35)
토조	20(15~25)	-	20(15~25)	15(10~20)

자료: 한국감정원(1999), 유형고정자산 내용연수표.

한편, 「법인세법」상 감가상각과 관련한 내용연수는 다음과 같다(법인세법규칙 별표5).

〈표 3.3.6〉 건축물 등의 법정내용연수

구분	기준내용연수 및 내용연수 범위	구조 또는 자산명
1	5년 (4년~6년)	차량 및 운반구[운수업, 임대업(부동산 제외)에 사용되는 차량 및 운반구를 제외한다], 공구, 기구 및 비품
2	12년 (9년~15년)	선박 및 항공기[어업, 운수업, 임대업(부동산 제외)에 사용되는 선박 및 항공기를 제외한다]
3	20년 (15년~25년)	연와조, 블록조, 콘크리트조, 토조, 토벽조, 목조, 목골 모르타르조, 기타 조의 모든 건물(부속설비를 포함한다)과 구축물
4	40년 (30년~50년)	철골 · 철근콘크리트조, 철근콘크리트조, 석조, 연와석조, 철골조의 모든 건물(부속설비를 포함한다)과 구축물

(3) 내용연수법

① 정액법: 대상물건이 경제적 내용연수 기간 동안 매년 일정액의 가치가 감소한다는 논리하에 대상물건의 감가상당액(C - S)을 경제적 내용연수(N)로 평분하여 매년의 감가액(D)으로 정하는 방법으로 주로 건축물 · 구축물 감정평가에 적용한다. 감정평가실무에서는 일반적으로 내용연수 말 잔존가치를 0(zero)으로 본다.

- 연간감가액(D) = (C - S)/N = C(1 - R)/N
- 감가누계액(Dn) = C[(1 - R) × n/N]
- 적산가액(Pn) = C[1 - (1 - R)] × n/N = C × (N - n)/N

  C: 재조달원가

  S: 내용연수 말 잔존가치

  R: 내용연수 만료시의 잔가율(S/C)

  N: 경제적 내용연수

  n: 경과연수

  N−n: 잔존연수

② 정률법: 매년 감소하는 대상물건의 잔존가액에 일정한 감가율(k)을 곱하여 매년의 감가액을 정하는 방법이다. 즉, 매년 말의 미상각잔액에 정률(k)을 곱하여 연간 감가액을 산출하는 것이므로 감가가 진행됨에 따라 잔존가액은 감소하고 감가율은 일정한데도 감가액은 점차 감소한다. 정률법은 주로 기계기구·건설기계·선박·항공기의 감정평가에 적용한다. 감정평가실무에서는 일반적으로 내용연수 말 잔존가치를 10%로 본다.

- 1차연도 감가액(D_1) = C × k
- 감가누계액(Dn) = $C[1 - (1 - k)^n] = C(1 - r^n)$
- 적산가액(Pn) = $C - C[1 - (1 - k)^n] = C(1 - k)^n = C \times r^n$

  C: 재조달원가

  k: 감가율 $= 1 - \sqrt[N]{\frac{S}{C}}$

  n: 경과연수

  r: 전년대비 잔가율(1 − k)

③ 상환기금법: 감가액에 해당하는 금액을 내부에 유보하지 않고 예금 등의 방식으로 외부에 투자한다고 가정한다. 즉, 매년의 감가액이 복리로 이자를 발생한다는 것을 전제로 하여 계산된 원리금의 합계를 내용연수 만료 시의 총감가액과 일치시키는

방식으로 감가수정하는 방법이다. 감가액이 정액법보다 적고 따라서 적산가액은 정액법보다 크다. 감채기금법이라고도 하며, 광산의 감정평가에 적용한다.

- 연간감가액$(D) = C(1-R)\times\frac{i}{(1+i)^N-1}$
- 감가누계액$(D_n) = n\cdot C(1-R)\times\frac{i}{(1+i)^N-1}$
- 적산가액$(P_n) = C\left\{1-n(1-R)\times\frac{i}{(1+i)^N-1}\right\}$

C: 재조달원가

R: 잔가율 = $\frac{S}{C}$

i: 축적이율

N: 내용연수

n: 경과연수

내용연수법에서는 내용연수의 조정이 필요한 경우가 있다. 즉 내용연수법을 일률적으로 적용하면 적산가액의 타당성이 의심받게 되는 경우가 많다. 왜냐하면 내용연수, 경과연수, 잔존내용연수는 추가투자의 유무, 관리와 보수의 정도 등에 의해 단축 또는 연장되기 때문이다. 따라서 감가의 개별적 현상을 반영하기 위하여 실제 경과연수에 상관없이 경과연수와 잔존내용연수의 조정이 필요하다.

(4) 관찰감가법

관찰감가법은 감정평가 주체가 대상물건의 전체 또는 구성부분을 면밀히 관찰하여 물리적・기능적・경제적 감가요인을 분석하여 감가액을 직접 구하는 방법이다. 즉, 감가의 기준을 직접적으로 경과연수에 두지 않고, 대상건물의 전체 또는 구성부분별로 물리적・기능적・경제적(외부적) 감가요인에 의한 감가액을 직접 관찰함으로써 감가액을 구하는 방법이다.[9]

관찰감가법은 내용연수나 감가율 등 산식을 사용함이 없이 대상물건의 각 구성부분

9) 한국감정평가협회・한국감정원(2014a), 앞의 책, 129쪽.

또는 전체에 대하여 그 실태를 조사하여 감가요인과 감가액을 직접 구하는 방법으로, 내용연수법으로 산정한 감가누계액이 대상물건의 적정한 감가액이 되지 아니하는 경우 관찰감가법을 적용하여 경과연수 또는 장래 보존연수 등을 조정함으로써 감가누계액이 적정한 것이 되도록 하는 것이다.

관찰감가법을 적용하는 경우에는 대상물건에 대하여 각 구성부분별 또는 전체적으로 사용자재, 설계의 양부, 규모, 이용상태, 시공의 질과 양, 보수 및 관리상태 등을 세밀히 조사·분석하여 물리적·기능적·경제적(외부적) 감가요인을 파악하여야 한다. 관찰감가법은 대상물건의 개별 상태가 감가수정에 반영된다는 장점이 있으나, 감정평가사의 능력이나 주관에 좌우되기 쉬운 단점이 있다.

(5) 분해법

분해법은 대상물건에 대한 감가요인을 물리적·기능적·경제적(외부적) 요인으로 구분하고 각 감가요인별로 경제적 타당성을 기초로 치유 가능, 치유 불가능으로 세분하여 이에 대한 감가액을 각각 별도로 산정한 후 이를 전부 합산하여 감가누계액을 구하는 방법이다. 이 방법은 시장에서 합리적인 매수자는 대상물건에 하자가 있을 경우 그것이 치유 가능한 것이라면 치유비용을 차감하고, 치유 불가능한 것이라면 그로 인한 손실만큼 감가한 가격으로 매수할 것이라는 데 이론적 근거를 둔다.

한편, 분해법은 감가요인을 물리적·기능적·경제적(외부적) 요인으로 구분하는 점에서 관찰감가법과 같으나, 감가요인을 치유 가능과 치유 불가능으로 세분하는 점에서 관찰감가법과 차이가 있다.

(6) 임료손실환원법

임료손실환원법은 특정한 감가요인으로 발생한 임료손실을 직접환원법으로 환원하여 감가수정액을 산정하는 방법이다. 이 방법은 감가요인이 있는 물건은 그렇지 않은 물건에 비해 임료가 상대적으로 저렴할 것이라고 전제하며, 경제적(외부적) 요인에 의한 감가수정액을 구하는 데 유용하다. 임료손실환원법은 독립적인 감가수정방법이지만, 관찰감가법이나 분해법 적용 시 일부 과정에 사용되기도 한다.

순수익의 감소가 영구적인 것으로 판단되는 경우 산식은 다음과 같다.

- $감가수정액 = \frac{감가요인으로\ 인한\ 순수익의\ 감소분}{환원율}$

(7) 시장추출법

시장추출법은 시장에서 추출한 유사물건의 거래사례를 분석하여 대상물건의 감가수정액을 구하는 방법이다. 이 방법은 기본적으로 토지에는 발생감가가 없고, 정착물에만 감가가 발생한다고 전제한다. 따라서 복합부동산의 감가수정액은 토지가액과 최유효이용상태의 재조달원가를 합한 금액에 미달하는 금액으로 산정한다. 즉, 유사물건의 감가율을 기초로 대상물건의 감가액을 추계하므로 유사물건의 물리적・기능적・경제적(외부적) 감가상태가 대상물건과 비교가능성이 있어야 한다.

시장추출법에 의한 복합부동산의 감가수정액 산정절차는 다음과 같다. ① 대상부동산과 유사한 부동산의 매매사례를 수집하고 분석한다. 이때 사례부동산과 대상부동산의 차이를 반영하여 매매가격을 수정한다. 매매사정 등에 관한 사항은 수정을 해야 하지만 감가의 주요 근거가 되는 물리적・기능적・경제적(외부적) 감가사항에 대해서는 수정하면 안 된다. 또한, 시장추출법에서 감가율은 사례부동산의 매매시점을 기준으로 추계하므로 시점수정도 해서는 안 된다. ② 사례부동산의 토지가치를 판정한다. 그 다음 매매가격에서 토지가액을 차감하여 건물가액을 추계한다. ③ 기준시점을 기준으로 사례건물의 재조달원가를 추계한다. 그 다음 ②에서 추계한 건물가액을 차감하여 사례부동산의 감가액을 구한다. ④ 감가액을 재조달원가의 백분율로 표시(즉, 감가액 / 재조달원가 × 100)하여 감가율을 구한다. 그 다음 이 비율을 서로 비교・조정하여 대상부동산의 총감가율을 추계한다. ⑤ 사례부동산에서 추계된 감가율이 사례간 차이가 심한 경우에는 사례부동산의 경과연수를 적용하여 연평균감가율을 구한다. 그 다음 이 비율을 서로 비교・조정하여 대상부동산에 적합한 연평균감가율을 구한 후 경과연수를 곱하여 총감가율을 추계한다. ⑥ 마지막으로 대상부동산의 재조달원가에 ④ 또는 ⑤에서 추계한 총감가율을 곱하여 최종적인 감가수정액을 산정한다.[10]

---

10) 안정근(2009), 부동산평가이론(제5판), 양현사, 341~343쪽 참조.

제3절 적산법

1. 개요

1) 의의

적산법은 기준시점에 있어서 대상물건의 기초가액에 기대이율을 곱하여 산정한 기대수익에 대상물건을 계속하여 임대차하는 데 필요한 경비를 더하여 임대가치를 산정하는 방법이다. 즉, 적산법은 임대인이 재산을 취득하여 임대하는 경우 투자에 대한 보수로서의 임대수익과 임대를 위한 관리에 필요한 제경비로 구성되어 있다.

- 적산임료 = 기초가액 × 기대이율 + 필요제경비

적산법은 임대사례가 적거나 수익분석법의 적용이 곤란한 경우에 유용하게 활용할 수 있다. 감정평가실무에서는 주로 토지의 부당이득금 산정에 활용하고 있다. 즉, 적정한 임대사례를 구하기 어려운 토지의 임료를 감정평가할 때 주로 활용하고 있다.

2) 쟁점

적산법은 우리나라와 일본에서 주로 사용하는 방법으로서 국제감정평가기준(International Valuation Standards)에는 없는 방법이다. 또한, 원가방식보다는 비교방식이나 수익방식에 더 가깝다고 볼 수 있어 이론적으로 취약하다는 비판이 있다.[11] 즉, 기초가액을 주로 비교방식에 의해 산정하고 있고, 기대이율은 투자자의 요구수익률 성격이 있어 수익방식의 논리라는 것이다.

감정평가실무에 있어 적산법은 기초가액의 성격, 기대이율의 산정, 필요제경비의 내용 등에 논란이 있다. 따라서 대상물건에 대해 적산법으로만 감정평가하는 경우 그 적정성에 유의하여야하며, 적산법의 개선방안에 대한 지속적인 연구가 필요하다.

11) 경응수(2020), 감정평가론(제6판), 나무미디어, 449쪽.

2. 기초가액

1) 의의

(1) 개념

기초가액은 적산법을 적용하여 적산임료를 구할 때 기초가 되는 대상물건의 원본가치를 말한다. 적산법은 대상물건의 임료를 소요된 원가를 통해 간접적으로 추계할 수 있다는 논리에 따른 것으로, 그 투하된 가치인 기초가액이 중요한 의미를 갖는다.

(2) 성격

기초가액의 성격과 관련하여 논란이 있다. 이를 시장가치로 보는 견해, 임대차조건 등에 부응하는 사용가치로 보는 견해, 자본이득으로 인한 가치를 공제한 가치로 보는 견해 등이 대표적이다.

기초가액을 대상물건의 최유효이용을 전제로 한 시장가치로 본다면, 자본이득으로 인한 가치는 기대이율에 반영하여야 하며, 기초가액을 대상물건의 사용조건 등에 따른 한정된 가액으로 본다면 기대이율은 통상적인 투자수익률이 되어야 할 것이다.

생각건대 감정평가액은 시장가치를 기준으로 결정하는 것이 원칙(감정평가규칙 제5조)인 점을 고려할 때 기초가액을 시장가치로 보는 것이 합리적이다. 또한, 현실적으로 대부분의 기초가액을 비교방식 또는 원가방식으로 산정하는데 이 경우 표준지 공시지가, 정상적인 거래사례 또는 표준적인 원가 등을 기준으로 산정하는 점을 고려하여야 한다. 실무적으로도 대상물건의 시장가치에서 자본이득으로 인한 가치를 공제하는 것은 현실적으로 불가능하다.

한편, 다수의 도서에서 기초가액의 성격을 임대차조건 등에 부응하는 사용가치로 보는 견해를 취하고 있으나, 이는 「감정평가규칙」에서 시장가치기준 원칙을 규정하고 있는 점을 고려할 때 문제가 있다. 기초가액에 임대차조건 등을 반영하는 것은 시장가치 외의 가치를 기준으로 하는 것이기 때문이다.

2) 산정방법

기초가액은 비교방식이나 원가방식으로 산정한다. 따라서 거래사례비교법, 공시지가기준법, 원가법 등을 적용한다. 기초가액은 수익방식으로 산정할 수 없는데, 이는 순환논리상 임료 개념을 기초로 구한 가액으로 다시 임료를 구하는 모순에 빠지게 되기 때문이다.

한편, 기초가액은 임료의 기준시점인 임료산정기간의 기수(期首, 개시일)를 기준으로 산정한다.

3. 기대이율

1) 의의

기대이율이란 임대차에 제공되는 대상물건을 취득하는 데에 투입된 자본에 대하여 기대되는 임대수익의 비율을 말한다. 즉, 투자자의 입장에서 대상물건이 아닌 다른 투자대상에 투자하였을 경우의 기회비용을 포함하여 대상물건으로부터 얻고자 하는 요구수익률의 성격을 가진다.

기대이율은 기초가액과 밀접하게 연관된 개념으로, 기초가액의 성격을 무엇으로 보느냐에 따라 그 적용 형태가 달라질 수가 있다. 이 책에서는 기초가액의 성격을 시장가치로 보는 입장에서 서술하고자 한다.

한편, 부동산의 투자수익에는 소득수익과 자본수익이 포함되는데 부동산을 임차하더라도 자본수익을 소유자가 향유하므로 요구수익률의 성격을 가지는 기대이율의 산정에 있어서는 소득수익률만을 고려하는 것이 합리적이다. 즉, 기초가액이 산정에 있어 시장가치를 기준으로 산정한다면 기대이율은 투자자가 요구하는 소득수익률을 기준으로 산정하여야 할 것이다. 이 경우 기대이율은 부동산의 지역별, 유형별, 이용형태별로 상이하게 나타난다.

2) 산정방법

기대이율은 시장추출법, 요소구성법, 투자결합법, 그 밖의 대체 · 경쟁 자산의 수익률 등을 고려한 방법 등으로 산정한다. 기대이율에서 투자자가 요구하는 소득수익률을 반영하기 위해서는 대상물건의 상황, 국공채이율, 은행의 장기대출금리, 일반시중금리, 정상적인 부동산거래이윤율, 「국유재산법」과 「공유재산 및 물품관리법」이 정하는 대부료율 등을 종합참작하여 산정하여야 할 것이다.

4. 필요제경비

1) 의의

필요제경비는 임차인이 사용·수익할 수 있도록 임대인이 대상물건을 적절하게 유지·관리하는 데 필요한 비용을 말한다. 즉, 임대차 관계를 계속적으로 유지하기 위하여 필요한 모든 경비를 말한다. 「민법」에 의하면 임대인은 목적물을 임차인에게 인도하고 계약존속 중 그 사용·수익에 필요한 상태를 유지하게 할 의무를 부담한다(제623조).

적산임료 산정에 있어 필요제경비를 가산하는 것은 임대인 부담인 경비를 모두 임차인에게 전가시킨다는 것을 전제로 한 것이라 할 수 있다.

한편, 시장에서는 대상물건을 유지·관리하는 데 드는 모든 비용을 관리비라고 한다.[12] 관리비의 항목은 다양하게 분류할 수 있으나, 「공동주택관리법」 에서는 일반관리비(인건비, 제사무비, 제세공과금, 피복비, 교육훈련비, 차량유지비, 그 밖의 부대비용), 청소비, 경비비, 소독비, 승강기유지비, 지능형 홈네트워크설비 유지비, 난방비, 수선유지비, 위탁관리수수료 등으로 구분하고 있다.

2) 내용

필요제경비에는 공실손실상당액, 대손충당금, 감가상각비, 인건비, 수선유지비, 세금·공과금, 보험료 등이 포함된다.

12) 「공동주택관리법」 제23조 ① 의무관리대상 공동주택의 입주자등은 그 공동주택의 유지관리를 위하여 필요한 관리비를 관리주체에게 납부하여야 한다.

(1) 공실손실상당액

공실손실상당액은 공실로 인하여 발생하는 손실분을 계상하는 것으로, 공실(空室)은 부동산이 임차인 없이 비어있는 것을 말한다. 공실은 경기 침체로 인한 미임대, 임대차계약의 중도해지나 계약만료 후 공백 등의 사유로 발생한다. 기준시점 현재 공실이 없더라도 최소한의 공실률은 계상하여야 한다. 왜냐하면 기존 임차인의 계약해지나 계약만료 후 새로운 임차인이 사용·수익할 때까지 공백이 있을 수 있기 때문이다. 공실손실상당액은 과거의 경험과 사례 등에 의하여 시대·지역마다 표준적인 금액으로 산정하지만, 장래의 동향도 고려하여 적정하게 산정하여야 한다.

(2) 대손충당금

대손충당금은 임대료를 받지 못할 것을 예상하여 장부상으로 처리하는 추산액을 말한다. 대손충당금은 일반 경제상황, 임차인의 신용, 과거의 경험 등을 참작하여 일정액을 계상하여야 한다. 그러나 보증금 등 일시금을 받는 경우에는 대손(貸損)의 위험이 없거나 낮으므로 이를 반영하여야 한다.

감정평가실무에서는 일반적으로 공실손실상당액과 대손충당금을 가능총소득의 일정 비율로 계상하고 있다.

용어의 구별

1) 대손충당금: 자산에 해당하는 채권에 대해 받지 못할 것을 예상하여 장부상으로 처리하는 추산액을 말한다. 재무상태표상 자산 중 각 채권의 차감계정에 속한다.
2) 대손준비금: 한국채택국제회계기준(K-IFRS)에 의해 적립한 대손충당금이 금융업감독규정에 따른 대손충당금에 미달하는 경우 그 차액 이상을 추가로 적립하는 것을 말한다. 재무상태표상 자본 중 이익잉여금의 차감계정에 속한다.
3) 대손상각비: 채권의 회수 불능이 발생함에 따라 인식하는 비용을 말한다. 손익계산서상 비용계정에 속한다. 영업활동에서 발생한 매출채권에 대한 대손의 경우 판매비와 관리비에 속하고, 그 밖의 채권(예: 미수금, 대여금)에 대해 발생한 대손의 경우 영업 외 비용에 속한다.

한편, 적산법상 필요제경비의 항목 또는 수익환원법상 가능총수익의 공제 항목으로서 대손준비금과 대손충당금의 용어가 혼용되어 혼란이 있다. 제도의 취지와 회계학적 용어의 의미 등을 참작할 때 대손충당금이 더 적합하다고 본다. 따라서 이 책에서는 이를 대손충당금으로 표현하고자 한다.

(3) 감가상각비

감가상각비는 대상물건이 물리적·기능적 원인에 의해 가치가 감소하는 정도를 비용으로 산정한 것을 말한다. 일반적으로 감가상각은 그 발생원인에 따라 물리적 감가와 기능적 감가로 구분할 수 있다. 물리적 감가는 상각자산의 사용이나 시간의 경과에 따라 마모·훼손·노후화 등으로 가치가 감소하는 것을 말하며, 기능적 감가는 대상물건의 설계불량이나 구식화 등으로 가치가 감소하는 것을 말한다. 일반적으로 감가상각비는 대상물건의 유형에 따라 정액법, 정률법, 상환기금법 등을 이용하여 구한다.

한편, 감가상각비를 기대이율과 관련하여 생각할 때 감가상각비가 필요제경비에 포함되므로 기대이율은 '상각후 기대이율'을 적용해야 한다.

(4) 인건비

인건비는 대상물건의 관리업무에 종사하는 직원의 근로제공에 대하여 지급하는 일체의 대가를 말한다. 명목에 관계없이 근로의 대가로 지급하는 것은 모두 인건비가 될 수 있다. 예를 들어 월 급여, 상여금, 퇴직급여, 국민연금부담금, 건강보험료, 고용보험료, 산재보험료, 휴가비, 그 밖의 복리후생비 등이 해당된다.

(5) 수선유지비

수선유지비는 대상물건을 사용·수익할 수 있도록 수선하고 유지하는 데 드는 비용을 말한다. 대상물건의 보유 중에 지출된 비용은 자본적 지출과 수익적 지출로 구분하여 회계처리한다. ① 자본적 지출은 대상물건의 내용연수를 연장시키거나 가치를 실질적으로 증가시키는 지출을 말하며, 대상물건의 취득원가에 가산한다. 개량·증설을 위한 비용(예: 승강기 설치비·교체비, 발코니 확장비), 용도변경을 위한 비용 등이 예이다. ② 수익적 지출은 원상을 회복시키거나 현상 유지를 위한 지출(예: 승강기 수리비)을 말하며, 지출한 연도의 비용으로 처리한다. 따라서 수선유지비는 수익적 지출에 해당하는 비용이며, 자본적 지출에 해당하는 비용은 포함되지 않는다.

(6) 세금 · 공과금

세금・공과금은 대상물건의 보유와 관련된 각종 세금과 공과금을 통틀어서 말한다. 세금으로는 재산세, 종합부동산세, 지역자원시설세, 지방교육세 등이 있으며, 공과금으로는 도로점용료, 교통유발부담금 등이 있다.

세금・공과금과 관련하여 유의할 점은 대상물건의 취득이나 양도와 관련하여 부과되거나 대상물건의 임대차에 따른 소득에 부과되는 것은 제외된다는 것이다. 따라서 부동산 취득 관련 세금(예: 취득세, 등록면허세, 상속세, 증여세 등)이나 공과금(예: 개발부담금, 농지보전부담금), 부동산 양도 관련 세금(예: 양도소득세, 법인세 등) 및 부동산임대소득에 대해 부과되는 세금(예: 부동산임대소득세, 법인세 등)은 세금・공과금에 포함되지 않는다.

(7) 보험료

보험료는 각종 위험에 대비하여 미리 보험에 가입하면서 지불하는 돈을 말한다. 보험료의 예로는 화재보험료, 승강기보험료 등이 있다. 보험료는 계약조건에 따라 소멸성과 비소멸성으로 구분할 수 있으며, 필요제경비에는 원칙적으로 소멸성보험의 보험료만 계상하여야 한다. 그러나 만기일에 원금을 회수하는 비소멸성 보험일 경우에도 연간불입액 중 회수금을 현가화하여 그 차액(소멸성)만큼만을 경비로 계상해야 한다.

3) 재검토

적산임료 산정에 있어 필요제경비를 가산하는 것은 임대인 부담인 경비를 모두 임차인에게 전가시킨다는 것을 전제로 한 것이라 할 수 있다. 그런데 일반적으로 임대차계약에 있어 대상물건의 사용대가로는 일시금으로서 보증금(또는 전세금)과 매기 지불하는 차임이 전부이다. 추가로 임차인이 관리비를 부담하고 있으나, 이는 사용・수익에 따른 실비의 성격이라 이를 임료라 하기 어렵다.

적산법 적용에 있어 ① 기대이율 산정시 자본수익률을 반영하거나, ② 필요제경비를 가산하는 경우 비준임료에 비해 감정평가액이 과다해지는 문제가 있다. 따라서 적산임료의 산식을 기초가액 × 기대이율로 단순화하여 순임료만을 산정하는 것이 합리적이라고 본다.

한편, 적산법의 산식에서 필요제경비를 가산하더라도 필요제경비에 대한 구체적인 기준이 미비하거나 불합리하고, 수익환원법상 운영경비의 규정과 상충되어 많은 혼란이 있다. ① 「감정평가기준」의 적산법 관련 규정(400-3.2.2.4)에서는 필요제경비 항목으로 유지관리비를 들고 있으나, 수익환원법 관련 규정(400-3.4.1.3)에서는 운영경비 항목으로 용역인건비·직영인건비와 수선유지비로 구분하여 들고 있다. 여기서 제도의 취지상 유지관리비에는 인건비와 수선유지비가 포함되는 것으로 해석되나, 실무기준 해설서에는 인건비를 제외하고 설명하고 있어 문제가 있다.[13] ② 정상운영(운전)자금이자의 경우 「감정평가기준」 또는 실무기준해설서에서 적산법상 필요제경비 또는 수익환원법상 운영경비의 항목으로 포함하고 있다. 그러나 우리나라의 회계실무에서 이를 인정하지 않고 있으며, 미국의 경우에도 수익환원법에서 이를 운영경비로 인정하지 않는다. 또한, 설령 운영경비로 인정한다고 하더라도 그 금액이 미미하고 정확히 산정하는 것도 거의 불가능하여 제외하는 것이 합리적이다.

13) 한국감정평가협회·한국감정원(2014a), 앞의 책, 138쪽.

제4장 수익방식

제1절 수익방식의 개요

1. 수익방식의 의의

1) 수익방식의 개념

수익방식은 수익성의 원리에 기초한 감정평가방식으로서 대상물건의 매매가치를 구하는 수익환원법과 대상물건의 임대가치를 구하는 수익분석법으로 구분할 수 있다.

첫째, 수익환원법은 대상물건이 장래 산출할 것으로 기대되는 순수익이나 미래의 현금흐름을 환원하거나 할인하여 대상물건의 매매가치를 산정하는 방법이다. 수익환원법에서 환원방법에는 직접환원법과 할인현금흐름분석법이 있으며, 둘 중에서 감정평가 목적이나 대상물건에 적절한 방법을 선택하여 적용한다.

둘째, 수익분석법은 일반기업경영에 의해 산출된 총수익을 분석하여 대상물건이 일정한 기간에 산출할 것으로 기대되는 순수익을 구한 후 대상물건을 계속하여 임대차하는데 필요한 경비를 가산하여 임대가치를 산정하는 방법이다.

수익방식은 수익과 가치간의 상관관계를 고려하는 것으로 재화의 가치는 수요자의 주관적 효용에 의해 결정된다는 한계효용학파의 효용가치설과도 관련된다.

2) 적용대상

수익방식은 수익을 발생시키는 물건이면 부동산이나 동산에 상관없이 적용할 수 있다. 그러나 수익분석법은 주거용 부동산과 같은 비기업용 부동산에는 적용할 수 없다. 「감정평가규칙」에서 수익방식의 적용을 규정한 경우는 다음과 같다.

〈표 3.4.1〉 수익방식을 적용하는 경우

대상물건	가치의 유형	감정평가방법	비 고
토지	매매가치	수익환원법	대통령령으로 정하는 감정평가를 할 때
공장재단	매매가치	수익환원법	단, 일괄감정평가하는 경우
광업재단	매매가치	수익환원법	주된 방법
어업권	매매가치	(수익환원법)	어장 전체 수익환원법을 적용한 감정평가액 - 어장의 현존시설가액
영업권, 특허권, 실용신안권, 디자인권, 상표권, 저작권, 전용측선이용권, 그 밖의 무형자산	매매가치	수익환원법	주된 방법
비상장채권	매매가치	수익환원법	주된 방법
기업가치	매매가치	수익환원법	주된 방법

3) 특징과 장 · 단점

수익방식의 이론적 근거는 대상물건이 어느 정도의 수익을 얻을 수 있는가?이다. 여기서 수익은 임대용 물건인지 아니면 임대 이외의 사업용에 제공되는 물건인지에 따라 달라진다. 즉, 순수익은 ① 임대용 물건의 경우 임대수익에 근거한 총수익에서 총비용을 공제하여 산정하고, ② 임대 이외의 사업용에 제공되는 물건의 경우 사업수익에 근거한 매출액에서 매출원가, 판매비 및 일반관리비를 공제하여 산정한다.

2. 수익방식의 내용

1) 수익환원법

수익환원법은 대상물건이 장래 산출할 것으로 기대되는 순수익이나 미래의 현금흐름을 환원하거나 할인하여 대상물건의 매매가치를 산정하는 방법이다. 수익환원법은 수익성부동산의 매매가치를 구하는 경우에 유용하나, ① 순수익과 미래의 현금흐름을 산정하는 것이 어렵고, ② 환원율과 할인율을 추정하는 것이 곤란하여 실제 적용이 어려운 면이 있다.

수익환원법은 환원방법에 따라 직접환원법과 할인현금흐름분석법으로 세분된다. 첫째, 직접환원법은 한 해를 기준으로 한 안정소득(→ 순수익)을 환원하는 방법으로 전통적 수익환원방식이며, 대상 부동산의 복귀가치를 고려하지 못한다. 또한, 보유기간 동안의 순수익의 변화를 반영하지 못한다는 비판이 있다. 둘째, 할인현금흐름분석법(DCF법)은 여러 해의 미래소득을 현가화하여 부동산의 가치를 구하는 방법이며, 대상부동산의 복귀가치를 명시적으로 고려한다. 그러나 여러 해의 순수익을 산정하거나 할인율 또는 복귀가액을 산정할 때 예측과 추정에 크게 의존하는 문제가 있다.

〈표 3.4.2〉 직접환원법과 할인현금흐름분석법의 비교

직접환원법	할인현금흐름분석법
1년 동안의 순수익을 환원율로 환원하여 대상물건의 수익가액을 구하는 방법	보유기간(여러 해) 동안의 현금흐름(현금수지)을 할인한 값과 보유기간 말의 복귀가액을 할인한 값을 합하여 대상물건의 수익가액을 구하는 방법
한 해의 안정된 순수익만을 고려	여러 해의 순수익과 보유기간 말의 복귀가액을 고려
상각자산(예: 건물)의 가치가 시간이 지남에 따라 하락한다고 가정	상각자산의 가치가 시간이 지남에 따라 하락한다고 가정하지 않음
부동산을 경제적 내용연수 동안 보유한다고 가정	일정기간 보유하다가 처분한다고 가정
경제적 내용연수 동안 자본을 회수한다고 가정(환원율에 자본회수율을 반영)	보유기간 말에 부동산을 처분하여 자본을 회수한다고 가정(할인율이나 최종환원율에 자본회수율 미반영)
환원율은 소득률	할인율은 수익률
저당대출이나 세금(영업소득세, 자본이득세)을 고려하지 않음	저당대출이나 세금을 고려하는 경우도 있음 (→ 세전현금흐름모형, 세후현금흐름모형)
순수익의 변화가 일정할 때 적합	순수익의 변화가 불규칙일 때도 사용 가능
수익가액이 조사된 시장결과에 크게 의존	수익가액이 예측과 추정에 크게 의존

2) 수익분석법

수익분석법은 일반기업경영에 의해 산출된 총수익을 분석하여 대상물건이 일정한 기간에 산출할 것으로 기대되는 순수익을 구한 후 대상물건을 계속하여 임대차하는 데 필요한 경비를 가산하여 임대가치를 산정하는 방법이다.

제2절 수익환원법

1. 개요

1) 의의

수익환원법은 대상물건이 장래 산출할 것으로 기대되는 순수익이나 미래의 현금흐름을 환원하거나 할인하여 대상물건의 매매가치를 산정하는 방법이다.

수익환원법은 환원방법에 따라 직접환원법과 할인현금흐름분석법(DCF법)으로 세분되므로 수익환원법을 적용하기 위해서는 먼저 직접환원법과 할인현금흐름분석법(DCF법) 중에서 감정평가 목적이나 대상물건의 특성을 고려하여 적절한 방법을 선택하여야 한다. 이후 순수익과 미래의 현금흐름을 산정하고 환원율과 할인율을 추정하여 수익가액을 산정하게 된다. 수익가액의 적정성은 순수익과 미래의 현금흐름, 환원율과 할인율 등의 정확성에 크게 의존한다.

2) 유의사항

감정평가의 기준가치는 시장가치가 원칙이고, 시장가치는 최유효이용을 전제로 한 가치이므로 순수익 또는 현금흐름도 최유효이용의 요건을 충족해야 한다. 즉, 수익가액의 기초가 되는 순수익이나 현금흐름은 대상물건에서 얻는 현재의 금액을 기준으로 하는 것이 아니고 장래에 얻을 수 있는 금액을 기초로 하기 때문에 산정 시에는 단순히 과거의 순수익이나 수익사례를 그대로 적용하여서는 안 된다.

특히, 부동산의 가치는 그 부동산의 현재 상황뿐 아니라 장래에 예상되는 상황도 반영되어 형성된다. 따라서 대상부동산이나 수익사례 등을 참조하여 장래 동향을 면밀히 분석하여 순수익이나 현금흐름을 산정하여야 한다. 장래 동향을 분석하는 경우 인구의 상태, 도시 형성의 상태, 기반시설의 상태 등 부동산의 사용·수익에 미치는 변화를 충분히 분석하여야 한다.

2. 직접환원법

1) 개요

직접환원법은 단일 기간의 순수익을 적절한 환원율로 환원하는 방법으로 전통적 직접환원법과 잔여환원법으로 구분한다. 전통적 직접환원법은 직접법, 직선법, 연금법, 상환기금법으로 세분되며, 잔여환원법은 토지잔여법, 건물잔여법, 부동산잔여법 등으로 세분된다.

2) 순수익의 산정

(1) 순수익의 개념

순수익은 대상물건을 통하여 일정기간에 얻을 수 있는 총수익에서 그 수익을 발생시키는 데 소요되는 총비용을 공제한 금액을 의미한다. 이때 순수익 산정기간은 일반적으로 1년으로 한다. 이는 국가·지방자치단체 등의 회계기간[1)]이나 소득세·법인세 등의 과세기간이 1년인 점을 반영한 것이라 할 수 있다.

대상물건이 부동산인 경우 순수익(NOI: Net Operating Income)은 유효총수익에서 운영경비를 공제하여 산정한다. 유효총수익(EGI: Effective Gross Income)은 가능총수익(PGI: Potential Gross Income)에서 공실손실상당액 및 대손충당금을 공제하여 산정한다.

1) 「국가회계법」 제5조 및 「지방회계법」 제6조 참조.

즉, 임대되지 않은 공간·임차인 변경 시 준비기간 등의 임대료상당액과 임대료 미지급위험에 따른 일정액을 공제한다. 유효총수익에 대상부동산을 운영하는 데 필요한 운영경비를 공제하면 순수익이 산정된다.

(2) 가능총수익

가능총수익(PGI: Potential Gross Income)은 대상부동산이 100% 임대되는 경우 얻을 수 있는 잠재적 총수익을 말한다. 가능총수익은 보증금(전세금) 운용수익, 차임 수입, 관리비 수입과 그 밖의 수입(예: 주차수입, 광고시설수입 등)을 합산하여 구한다.

가능총수익의 항목을 구체적으로 설명하면 다음과 같다.

① 보증금(전세금) 운용수익: 임대인이 일시금으로 받는 보증금(전세금)의 운용수익을 말한다. 보증금(전세금)은 임대료의 연체 또는 미지불 등을 대비하기 위해 임대인이 일시불로 받는 금액으로서 전세계약의 경우 전세보증금을 의미하며, 보증부 월세의 경우 보증금을 의미한다. 이러한 보증금(전세금)에 보증금운용이율을 곱하여 보증금(전세금) 운용수익을 산정한다. 보증금운용이율의 적용과 관련하여 보증금은 임대차기간 만료 시 임차인에게 반환하여야 할 반환채무이므로 적극적인 운용이 곤란하기 때문에 국·공채수익률이나 정기예금이자율을 적용해야 한다는 견해와 요구수익률, 환원율 등을 적용해야 한다는 견해가 있다.[2] 전자가 타당하다고 본다.

② 차임 수입: 매기 받는 차임의 연간 합계를 말한다. 여기서 차임은 임차인이 부동산 임차의 대가로 매기마다 임대인에게 지불하는 것을 말한다. 수익환원법의 적용에 있어 기간은 일반적으로 연간을 기준으로 하므로, 차임의 지불이 월간 단위로 이루어지는 경우에는 매월 지불되는 차임을 합산하여 연간 차임을 산정해야 한다.

> ➡ **차임과 임료**: 차임과 임료는 다른 개념이므로 구분이 필요하다. 임료의 형태로 일시금으로 받는 보증금과 매기 받는 차임이 있을 수 있다. 차임은 임료의 형태 중 매기(주로 매월) 받는 것을 말한다. 일반적으로 차임은 매월 받는데 이를 시장에서는 월세(月貰)라고 하며, 임료의 형태로 보증금과 월세가 모두 있는 경우를 보증부 월세라 한다.

2) 한국감정평가협회·한국감정원(2014a), 앞의 책, 169쪽.

③ 관리비 수입: 임차인으로부터 징수하는 관리비의 연간 합계를 말한다. 여기서 관리비는 인건비, 수선유지비, 수도광열비 등과 같이 부동산을 관리하는 데 드는 모든 비용을 말한다. 일반적으로 관리비는 임대인이 임차인에게 전가하며, 실제 발생한 비용보다 더 많이 부과하는 경우도 있다. 특히, 정부가 임대료 인상을 통제하는 경우 임대료 인상 대신 관리비를 인상하는 경우가 있다.[3] 관리비 수입은 부동산을 운영함에 따라 발생하는 비용의 지출에 사용되는 경우가 대부분으로 운영경비를 포함하고 있다. 따라서 관리비 수입을 가능총수익에 포함하고 부동산관리를 위해 실제 지출한 비용은 운영경비에 계상한다.

④ 그 밖의 수입: 보증금(전세금) 운용수익, 차임 수입 및 관리비 수입 이외에 다른 수입이 있는 경우 이를 가능총수익에 포함한다. 그 밖의 수입에는 주차수입, 광고시설수입, 송신탑수입, 공중전화·자동판매기 장소임대료, 행사장 대여임대료 등이 있을 수 있다. 여기서 주차수입과 관련하여 유의할 것은 부동산마다 주차장의 구체적인 운영방식에 차이가 있다는 점이다. 일반적으로 일정부분의 임대면적에 대하여는 무료주차가 제공되고, 초과분에 대하여는 유료로 운영되고 있다. 초과분에 대하여 월정액방식으로 주차료를 징수하거나 방문차량에 대하여 이용시간을 기준으로 하여 주차료를 징수하는 경우 이를 주차수입으로 계상한다.

(3) 유효총수익

유효총수익(EGI: Effective Gross Income)은 가능총수익에서 공실손실상당액과 대손충당금을 공제하여 산정한다. 이를 구체적으로 설명하면 다음과 같다.

① 공실손실상당액: 공실로 인하여 발생하는 손실분을 계상하는 것으로, 공실(空室)은 부동산이 임차인 없이 비어있는 것을 말한다. 공실은 경기 침체로 인한 미임대, 임대차계약의 중도해지나 계약만료 후 공백 등의 사유로 발생한다. 기준시점 현재 공실이 없더라도 최소한의 공실률은 계상하여야 한다. 왜냐하면 기존 임차인의 계약해지나 계약만료 후 새로운 임차인이 사용·수익할 때까지 공백이 있을 수 있기 때문이다. 공실손실상당액은 과거의 경험과 사례 등에 의하여 시대·지역마다 표준

3) 이데일리(2022. 1. 7), “원룸 관리비만 27만원”… 월세 인상 막자 판치는 꼼수

적인 금액으로 산정하지만, 장래의 동향도 고려하여 적정하게 산정하여야 한다.

② 대손충당금: 대손충당금은 임대료를 받지 못할 것을 예상하여 장부상으로 처리하는 추산액을 말한다. 대손충당금은 일반 경제상황, 임차인의 신용, 과거의 경험 등을 참작하여 일정액을 계상하여야 한다. 그러나 보증금 등 일시금을 받는 경우에는 대손(貸損)의 위험이 없거나 낮으므로 이를 반영하여야 한다.

한편, 감정평가실무에서는 일반적으로 공실손실상당액과 대손충당금을 가능총소득의 일정비율로 계상하고 있다.

한국부동산원이 분기별로 조사·발표하는 상업용부동산 임대동향조사에 의하면 코로나19의 영향으로 서울시 주요 상권의 공실률이 2021년 3분기 기준으로 통계 집계 이후 최고를 기록했다. 특히 중대형상가의 경우 명동상권의 공실률은 2019년 4분기 8.9%에서 2020년 4분기 22.3%, 2021년 3분기 47.2%로 대폭 증가했다. 이는 중대형상가의 절반 가까이 공실이라는 의미로 명동상권 침체가 심각함을 보여준다.

〈표 3.4.3〉 서울의 공실률 현황

시기	유형	전국(평균)	서울				
			전체(평균)	도심지역(평균)	명동상권	강남지역(평균)	강남대로상권
2021년 3분기	오피스	10.9	7.9	10.5	13.8	6.9	7.7
	중대형상가	13.3	9.7	17.4	47.2	10.6	9.7
2020년 4분기	오피스	11.0	8.6	10.7	12.6	7.2	6.4
	중대형상가	12.7	8.8	12.6	22.3	10.1	8.7
2019년 4분기	오피스	11.5	9.1	10.4	9.2	7.4	9.5
	중대형상가	11.7	8.0	6.5	8.9	8.0	4.0

단위: %
자료: 한국부동산원

(4) 운영경비

운영경비(OE: Operating Expenses)는 부동산의 유지 또는 가능총수익의 창출을 위하여 지출되는 경비를 말한다. 운영경비는 크게 고정경비와 변동경비로 구분할 수 있다.

고정경비는 공실률 등에 상관없이 일정하게 지출되는 경비로서 보험료가 대표적이며, 변동경비는 공실률이나 서비스의 양 등에 따라 변동하는 경비로서 수도광열비가 대표적이다.

대상물건이 부동산인 경우 운영경비로는 인건비, 용역비, 수선유지비, 수도광열비, 세금·공과금, 보험료, 광고선전비 등이 있다.

> **대체충당금**: 「감정평가기준」에서는 운영경비의 하나로 대체충당금을 열거하고 있다(400-3.4.1.3). 대체충당금은 건물 자체보다 빠르게 마모되고 건물의 경제적 내용연수 동안 대체되어야 하는 건물 구성요소의 정기적인 대체를 위해 매기 적립하는 준비금을 말한다. 우리나라의 회계실무에서는 일반적으로 대체충당금을 적립하지 않고 있다. 대체충당금으로 지출해야 할 항목의 경우 자본적 지출에 대해서는 건물의 취득원가에 가산하고(따라서 이 금액은 건물의 내용연수 동안 감가상각비로 비용처리 한다), 수익적 지출에 대해서는 수선유지비로 주로 처리하고 있다. 또한, 감정평가 실무기준 해설서[한국감정평가협회 · 한국감정원(2014a), 173쪽 참조]에서 설명하고 있는 냉장고나 가구 등은 주로 유형자산 계정인 비품으로 처리하고 있다(따라서 비품의 내용연수 동안 감가상각비로 비용처리 한다). 한편, 공동주택의 경우에는 「공동주택관리법」 제30조에 따라 의무적으로 장기수선충당금을 주택의 소유자로부터 징수하여 적립하여야 한다. 장기수선충당금은 건물 외부(예: 지붕, 외부 마감재 등) · 건물의 부대설비(예: 변전설비, 소화설비, 난방설비, 승강기 등) · 옥외 부대시설 및 복리시설(예: 아스팔트 포장, 어린이놀이터등) 등의 교체나 수리에 사용한다.
>
> 이 책에서는 공동주택의 장기수선충당금 이외에 대체충당금 성격의 충당금이 현실적으로 거의 없는 점을 고려하여 대체충당금을 운영경비에 포함하지 않았다.

운영경비와 관련하여 유의할 점은 감가상각비는 고려하지 않는다는 것이다. 감가상각비는 고정경비이지만, 수익방식을 적용할 경우에는 실제 경비의 지출이 아니기 때문에 운영경비에 포함시키지 않는다. 이는 시간의 경과에 따라 감가상각의 정도가 심한 부동산의 경우, 총수익이 감소하게 되는데 이에 감가상각비를 운영경비에 포함시켜 다시 총수익에서 공제하게 되면 이중계산이 되기 때문이다. 수익방식에서는 감가상각비의 처리를 총수익에서 공제하는 방법보다는 자본회수율을 감안한 환원율로 처리하는 것이 일반적이다.[4] 또한, 지출된 비용이더라도 판매비와 관리비[5] 계정과목이 아닌 영업 외 비용에

4) 한국감정평가협회 · 한국감정원(2014a), 앞의 책, 171쪽.

5) 손익계산서상 판매비와 관리비는 영업활동에서 발생하는 비용으로서 매출원가에 속하지 아니하는 모든 비용을 포함한다.

속하는 항목(예: 이자비용, 기타대손상각비)은 제외하여야 한다.[6] 운영경비의 항목을 구체적으로 설명하면 다음과 같다.

① 인건비: 부동산의 관리업무에 종사하는 직원의 근로제공에 대하여 지급하는 일체의 대가를 말한다. 명목에 관계없이 근로의 대가로 지급하는 것은 모두 인건비가 될 수 있다. 예를 들어 월 급여, 상여금, 퇴직급여, 국민연금부담금, 건강보험료, 고용보험료, 산재보험료, 휴가비, 그 밖의 복리후생비 등이 해당된다.

② 용역비: 일정한 업무를 외부의 기업에 위탁하는 경우 용역의 대가로 지불하는 경비를 말한다. 부동산관리업무의 전문화・효율화 등을 위해 관리업무를 외부의 전문기업에 위탁하는 경우가 늘고 있다. 관리업무 전체를 위탁하는 경우도 있지만, 설비관리(예: 전기설비관리, 소방설비관리, 주차설비관리, 승강기관리 등)・위생관리(예: 청소관리, 소독방역관리 등)・안전관리(예: 경비 등) 등 전문분야별로 위탁하는 경우도 많다. 한편, 부동산의 보유 중 임대차를 위해 지불하는 중개수수료도 이를 용역비로 계상할 수 있다. 다만, 부동산의 취득 시 또는 양도 시에 지불하는 중개수수료는 운영경비로 계상할 수 없다. 이들 비용은 취득가액에 포함되거나 양도비에 포함된다.

③ 수선유지비: 부동산을 사용・수익할 수 있도록 수선하고 유지하는 데 드는 비용을 말한다. 부동산의 보유 중에 지출된 비용은 자본적 지출과 수익적 지출로 구분하여 회계처리한다. 첫째, 자본적 지출은 부동산의 내용연수를 연장시키거나 가치를 실질적으로 증가시키는 지출을 말하며, 부동산의 취득원가에 가산한다. 개량・증설을 위한 비용(예: 승강기 설치비・교체비, 발코니 확장비), 용도변경을 위한 비용 등이 예이다. 둘째, 수익적 지출은 원상을 회복시키거나 현상 유지를 위한 지출(예: 승강기 수리비)을 말하며, 지출한 연도의 비용으로 처리한다. 따라서 수선유지비는 수익적 지출에 해당하는 비용이며, 자본적 지출에 해당하는 비용은 포함되지 않는다.

④ 수도광열비: 수도(水道)와 광열(光熱)을 위해 지출한 비용을 통틀어서 말한다. 전기요금, 수도요금, 가스요금, 연료비 등이 예이다. 수도광열비는 공용면적분과 전용면적분으로 구분할 수 있는데, 일반적으로 공용면적분(예: 복도 전기요금, 승강기 전

6) 장희순・방경식 공역(2007), 해설 부동산감정평가기준, 부연사, 182쪽.

기요금, 공용화장실 전기요금·수도요금)은 임대인이 임차인의 전용면적비율에 따라 배분하여 징수하며, 전용면적분은 임차인이 개별로 직접 각 시설사업자에게 납부하고 있다. 따라서 임차인이 직접 각 시설사업자에게 납부하는 비용은 수도광열비에 포함되지 않는다.

⑤ 세금·공과금: 부동산의 보유와 관련된 각종 세금과 공과금을 통틀어서 말한다. 세금으로는 재산세, 종합부동산세, 지역자원시설세, 지방교육세 등이 있으며, 공과금으로는 도로점용료, 교통유발부담금 등이 있다. 세금·공과금과 관련하여 유의할 점은 부동산의 취득이나 양도와 관련하여 부과되거나 부동산의 임대차에 따른 소득에 부과되는 것은 제외된다는 것이다. 따라서 부동산 취득 관련 세금(예: 취득세, 등록면허세, 상속세, 증여세 등)이나 공과금(예: 개발부담금, 농지보전부담금), 부동산 양도 관련 세금(예: 양도소득세, 법인세 등) 및 부동산임대소득에 대해 부과되는 세금(예: 부동산임대소득세, 법인세 등)은 세금·공과금에 포함되지 않는다.

⑥ 보험료: 각종 위험에 대비하여 미리 보험에 가입하면서 지불하는 돈을 말한다. 보험료의 예로는 화재보험료, 승강기보험료 등이 있다. 보험료는 계약조건에 따라 소멸성과 비소멸성으로 구분할 수 있으며, 운영경비에는 원칙적으로 소멸성보험의 보험료만 계상하여야 한다. 그러나 만기일에 원금을 회수하는 비소멸성 보험일 경우에도 연간불입액 중 회수금을 현가화하여 그 차액(소멸성)만큼만을 경비로 계상해야 한다.

⑦ 광고선전비: 해당 부동산을 광고하고 선전하는 데 드는 비용을 말한다. 신문광고비, 홍보물 제작비 등이 예이다.

한편, 수익환원법의 운영경비와 적산법의 필요제경비를 비교하면 다음과 같다.

〈표 3.4.4〉 운영경비와 필요제경비의 비교

구분	운영경비	필요제경비
적용 분야	수익환원법	적산법
산정 목적	순수익 산정	적산임료 산정
이론적 근거	순수익 = 총수익 - 총비용	임대차에 수반되는 모든 비용의 전가
범 위	현금유출을 수반하는 비용만 계상	현금유출과 상관없는 비용도 포함
	공실손실상당액, 대손충당금, 감가상각비 제외	공실손실상당액, 대손충당금, 감가상각비 포함

(5) 순수익

순수익(Net income)은 대상물건을 통하여 일정기간에 얻을 수 있는 총수익에서 그 수익을 발생시키는 데 소요되는 총비용을 공제한 금액을 의미한다. 순영업소득(NOI: Net Operating Income)이라고도 한다.

수익환원법상 순수익은 유효총수익에서 운영경비를 공제하여 산정한다.

- 가능총수익 = 보증금(전세금) 운용수익 + 차임 수입 + 관리비 수입 + 그 밖의 수입
- 유효총수익 = 가능총수익 - (공실손실상당액 + 대손충당금)
- 운영경비 = 인건비 + 용역비 + 수선유지비 + 수도광열비 + 세금·공과금 + 보험료 + 광고선전비 등
- 순수익 = 유효총수익 - 운영경비

3) 환원율

(1) 의의

수익방식에서 사용하는 자본환원율은 크게 환원율(Capitzalization Rate)과 할인율(Discount Rate)로 구분할 수 있는데, 환원율은 순수익을 기준시점의 경제적 가치로 환산하기 위하여 적용하는 적정한 율이고, 할인율이란 미래의 현금흐름을 현재가치로 환산하기 위하여 적용하는 수익률로 투자자가 어떤 투자안에 투자를 하기 위한 최소한의 요구수익률이다.

환원율은 대상물건의 내용연수 동안 최유효이용을 전제로 한 장기적인 활동에 대한 이율이며, 투자에 대한 일종의 수익률이다. 즉, 환원율은 대상물건이 창출하는 순수익을 대상물건의 가액으로 변환시키는 비율이라 할 수 있으며, 자본수익률과 자본회수율로 구성되어 있다.

- 상각전 환원율 = 자본수익률 + 자본회수율
- 상각후 환원율 = 자본수익률

환원율과 자본회수

투자자들은 투자결과 최종적으로 돌아오는 몫이 원래의 투자자본을 능가하기를 바란다.[7] 즉, 투자자들이 바라는 대가는 '투자자본의 회수'와 '투자자본에 대한 수익'으로 구성된다. 여기서 부동산에 투자하는 경우 투자자본의 회수형태는 ① 경제적 내용연수 동안 보유하는 경우, ② 일정기간 보유하다가 중간에 처분하는 경우로 나누어 볼 수 있다. 먼저, 투자자가 부동산을 경제적 내용연수 동안 보유한다고 가정해 보자. 투자자는 매 기간마다 부동산으로부터 순수익을 얻을 수 있지만, 경제적 내용연수가 끝나는 경우에는 건물가치가 없어지므로 토지가치만 가진다. 만약 토지가치가 불변이라면 건물가치는 내용연수 동안 회수해야 한다. 반대로 부동산의 전체가치가 불변이거나 도리어 상승한다면 순수익의 일부를 자본회수분으로 간주할 필요가 없다. 직접환원법에서는 토지가치는 불변이지만 건물가치는 시간이 지남에 따라 하락한다고 가정한다. 따라서 매 기간의 순수익은 건물가치에 대한 자본회수분을 포함하여야 한다. 이를 반영하여 직접환원법에서는 감가상각 전의 순수익을 감가상각률(자본회수율)을 포함한 자본환원율로 환원하여 수익가액을 산정한다(투자자본에 대한 회수가 필요 없는 직접법은 제외). 다음으로 투자자가 경제적 내용연수 동안 보유하지 않고 일정기간만 보유하다가 중간에 이를 처분한다고 가정해 보자. 이 경우 부동산을 처분하여 투자자본을 회수하면 되므로 만약 처분가격(즉, 기간 말 매도가격)이 매수가격과 같거나 더 크다면 기간 중에 자본회수를 할 필요가 없다. 할인현금흐름분석법은 보유기간 말에 부동산을 처분하여 투자자본을 회수하는 것으로 가정한다. 따라서 별도로 자본회수율을 고려하지 않는다.

한편, 환원율과 기대이율을 비교하면 다음의 표와 같다.

〈표 3.4.5〉 환원율과 기대이율의 비교

환원율	기대이율
수익환원법에 적용	적산법에 적용
대상물건의 가액에 대한 순수익의 비율	투하자본(기초가액)에 대한 수익의 비율
내용연수 만료 시까지 적용되는 장기적인 이율	임대차기간에만 적용되는 단기적인 이율
가격상승에 따른 매매차익을 고려한다.	임대차기간의 사용 또는 수익으로 인한 가치만 고려한다.
부동산의 최유효이용을 전제로 한다.	부동산 임대차 등의 계약조건을 전제로 한다.
물건의 종별에 따라 상이하다.	차이가 거의 없다.
시장의 거래사례에서 추출하거나 무위험률 + 위험할증률로 산출	금융기관의 정기예금이율 등이 기초
상각전 · 후, 세공제전 · 후의 구별이 있다.	항상 상각후 세공제전이다.[8]
복합부동산에 대해 종합환원율을 적용할 수 있다.	종합기대이율이라는 개념이 없다.

7) 이하 내용은 안정근(2009), 부동산평가이론(제5판), 양현사, 469쪽 참조.

(2) 종류

환원율은 대상물건의 종류, 소득발생 시기 등에 따라 달라질 수 있으며, 다음과 같이 구분할 수 있다.[9)]

① 개별환원율과 종합환원율: 개별환원율은 토지와 건물이 각각 다른 환원율인 경우에 그 각각의 환원율을 말하며, 종합환원율은 각각의 개별환원율을 토지와 건물의 가치구성비율에 따라 가중평균한 환원율을 말한다.

- 종합환원율 = (토지가치구성비 × 토지환원율) + (건물가치구성비 × 건물환원율)

② 상각전 환원율과 상각후 환원율: 환원율에서 상각률(회수율), 즉 감가상각부분을 배제하지 않은 경우를 상각전 환원율이라 하고 감가상각부분을 배제한 환원율을 상각후 환원율이라 한다.

- 상각전 환원율 = 상각후 환원율 + 상각률(회수율)
- 상각후 환원율 = 상각전 환원율 - 상각률(회수율)

③ 세전 환원율과 세후 환원율: 세금의 공제여부에 따라 구분되는 경우로 세금(소득세, 법인세)으로 수익의 변동을 반영하지 않은 경우를 세전 환원율이라 하고 세금을 반영한 경우를 세후 환원율이라 한다.

- 세전 환원율 = 세후 환원율 + 세율

④ 토지환원율과 건물환원율: 부동산의 물리적 구성요소에 따라 구분한 것으로 토지의 순수익에 적용하는 환원율을 토지환원율이라 하고, 건물의 순수익에 적용하는 환원율을 건물환원율이라 한다.

⑤ 지분환원율과 저당환원율: 부동산에 대한 투자자본의 원천에 따라 구분한 것으로

8) 기대이율의 경우 감가상각비는 필요제경비에 반드시 포함되지만, 세금・공과금에는 법인세, 소득세 등 임대인의 소득에 부과되는 세액은 포함될 수 없기 때문이다.

9) 경응수(2020), 감정평가론(제6판), 나무미디어, 468쪽.

지분(지분투자자)의 순수익에 적용하는 환원율을 지분환원율이라 하고, 저당(저당투자자)의 순수익에 적용하는 환원율을 저당환원율이라 한다.

(3) 산정방법

직접환원법에서 사용할 환원율은 시장추출법으로 구하는 것을 원칙으로 한다. 다만, 시장추출법의 적용이 적절하지 않은 때에는 요소구성법, 투자결합법, 유효총수익승수에 의한 결정방법, 시장에서 발표된 환원율 등을 검토하여 조정할 수 있다(감정평가기준 400-3.4.1.4).[10]

① 시장추출법: 시장추출법은 시장으로부터 직접 환원율을 추출하는 방법으로서 대상부동산과 유사한 최근의 거래사례로부터 환원율을 찾아내는 방법이다. 시장에서 환원율을 추출하는 경우 사례부동산의 선정 시 위치나 지역이 유사해야 하며, 내용연수 및 상태나 질 등 물적인 유사성이 있어야 할 것이다. 우리나라 부동산시장은 거래정보의 비공개성으로 매매사례의 포착이 어렵고 부동산관리의 개념 미정립으로 수익·경비의 분석작업이 용이하지 않아 시장추출법을 적용하기 어려우므로 현장조사에 충실을 기해야 한다.

- 환원율 = 사례부동산의 순수익 / 사례부동산의 매매가격

② 요소구성법: 요소구성법이란 무위험률을 바탕으로 대상부동산에 관한 위험을 여러 가지 구성요소로 분해하고, 개별적인 위험에 따라 위험할증률을 더해감으로써 환원율을 구하는 방법이다. 무위험률로는 일반적으로 은행의 정기예금이자율, 3년·5년 만기 국채수익률 등을 사용할 수 있으며, 다양한 위험요소를 고려한 위험할증률은 시장에서의 표준적인 것을 적용하되, 대상물건의 지역적, 개별적 상태를 고려하여 결정해야 할 것이다. 위험할증률은 대상물건의 환금성(유동성), 자금의 안전성, 관리의 편리성 등을 참작한 것이라고 할 수 있다.

- 환원율 = 무위험률 + 위험할증률

10) 이하 내용은 한국감정평가협회·한국감정원(2014a), 앞의 책, 178~180쪽.

③ 투자결합법: 투자결합법은 대상부동산에 대한 투자자본과 그것의 구성비율을 결합하여 환원율을 구하는 방법으로서, 물리적 투자결합법과 금융적 투자결합법으로 구분할 수 있다. 첫째, 물리적 투자결합법은 토지와 건물의 가치구성비율에 각각 토지환원율과 건물환원율을 곱하고, 이들을 합산하여 환원율을 구한다. 물리적 투자결합법은 수익을 창출하는 능력이 토지와 건물이 서로 다르며, 부동산의 순수익은 토지분과 건물분으로 분리할 수 있다고 가정한다.

- 환원율= $\dfrac{\text{토지가치}}{\text{전체가치}} \times \text{토지환원율} + \dfrac{\text{건물가치}}{\text{전체가치}} \times \text{건물환원율}$

둘째, 금융적 투자결합법은 지분투자자의 요구수익률과 저당투자자의 요구수익률이 서로 다르다는 점에 착안한 것으로, 환원율은 지분비율에 지분환원율을 곱하고, 저당비율에 저당상수를 곱한 후 이들을 합산하여 구한다. 금융적 투자결합법은 지분환원율로 지분배당률을, 저당환원율로 저당상수를 사용한다. 여기서 지분배당률이란 지분투자액에 대한 세전현금흐름의 비율이다.

- 환원율= $\dfrac{\text{지분액}}{\text{지분액} + \text{저당액}} \times \text{지분환원율} + \dfrac{\text{저당액}}{\text{지분액} + \text{저당액}} \times \text{저당상수}$

④ 유효총수익승수에 의한 결정방법: 환원율은 거래사례와 유효총수익을 바탕으로 한 유효총수익승수를 이용하여 구할 수도 있다. 여기서 유효총수익승수는 시장의 거래사례를 유효총수익으로 나눈 값으로, 거래사례가 활발하게 이루어지고 수익의 내역을 정확하게 파악할 수 있는 경우에 유용한 방법이다.

- 환원율= $\dfrac{1 - \text{운영경비율}}{\text{유효총수익승수}} = \dfrac{1 - \text{운영경비율}}{\text{거래사례가격}/\text{유효총수익}}$
  $= \dfrac{\text{유효총수익}(1 - \text{운영경비율})}{\text{거래사례가격}} = \dfrac{\text{순수익}}{\text{거래사례가격}}$

⑤ 시장에서 발표된 환원율: 감정평가를 수행할 때 환원율을 직접 산정하지 않고 시장에서 발표된 환원율이 있는 경우 이를 활용할 수 있다. 시장에서 발표된 환원율은

대상이 되는 부동산 및 기간 등이 통일되어 있지 않은 경우가 많다. 따라서 환원율의 발표 주체, 적용 대상, 적용 기간 등에 대한 면밀한 검토가 선행되어야 한다. 또한, 시장에서 발표된 환원율은 대부분 과거시점으로부터 작성시점까지의 자료에 기반한 것으로, 장래 기대편익의 현재가치를 산정하는 감정평가에 적용하기 위해서는 세심한 주의를 기울여야 한다. 지역적인 격차가 발생하는 경우에는 적절한 보정이 이루어져야 하며, 현실적인 상황을 반영할 수 있도록 금융자산 등 대체·경쟁관계에 있는 자산들과의 비교도 필요하다. 그리고 시장에서 발표된 환원율은 일반적인 시장의 표준적인 수준을 나타내는 경우가 많으므로, 대상물건의 개별성을 반영할 수 있도록 추가적인 조정이 요구된다.

4) 환원방법

(1) 개요

직접환원법에서의 환원방법은 크게 전통적 직접환원법과 잔여환원법으로 구분할 수 있다. 전통적 직접환원법은 다시 직접법, 직선법, 상환기금법, 연금법으로 세분되며, 잔여환원법은 다시 토지잔여법, 건물잔여법, 부동산잔여법 등으로 세분된다.

(2) 직접법

토지와 같이 순수익이 영속적인 경우는 내용연수가 무한하여 투하자본에 대한 회수도 불필요하므로 순수익을 환원율로 직접 환원하여 수익가액을 구한다. 이 경우 상각률은 고려되지 않는다. 즉, 직접법은 일정한 순수익이 영속적으로 발생하거나 투하자본에 대한 회수가 불필요한 자산에 적용할 수 있는 방법이다.

- $P = \frac{a}{r}$

  P: 수익가액, r: 환원율, a: 순수익

(3) 직선법

직선법은 상각전 순수익을 상각후 환원율에 상각률을 가산한 상각전 환원율로 환원하여 수익가액을 구하는 방법이다. 직선법은 순수익과 상각자산의 가치가 동일한 비율로 일정액씩 감소하고 투자자는 내용연수 말까지 자산을 보유하며, 회수자본은 재투자하지 않는다는 것을 전제한다. 따라서 직선법은 건물・구축물・기계기구 등과 같이 내용연수가 유한하여 투하자본 회수가 고려되어야 하는 경우에 적용한다.

- $P = \dfrac{a'}{r + \dfrac{1}{n}}$

P: 수익가액, a´: 상각전 순수익, r: 상각후 환원율,

n: 잔존내용연수, $\dfrac{1}{n}$: 상각률(d), $r + \dfrac{1}{n}$: 상각전 환원율

(4) 상환기금법(Hoskold 방식)

상환기금법은 상각전 순수익을 상각후 환원율에 상환기금계수를 가산한 상각전 환원율로 환원하여 수익가액을 구하는 방법이다. 여기서 상환기금계수에는 상각후 환원율보다 낮은 축적이율을 적용한다. 상환기금계수에서의 축적이율은 투하된 자본총액을 확실하게 회수하는 것을 목적으로 하기 때문에 안전성이 높은 이율을 채택하는 것이 합리적이기 때문이다.

상환기금법은 매 기간마다 순수익이 일정하고 매년 회수되는 상각액은 재투자되는 것으로 가정한다. 매년 회수되는 상각액은 본래의 투자사업에 재투자하지 않고 원금을 안전하게 회수할 수 있는 곳에 투자해야 한다. 따라서 매년 회수되는 상각액(= 자본회수액)에 대한 재투자율(= 축적이율)은 투기율이 아니라 안전율이 되어야 한다.

상환기금법은 내용연수 만료 시 재투자로서 대상부동산의 수익을 연장시킬 수 없는 광산, 산림 등의 소모성 자산에 유용하다.

$$\bullet\ P = \frac{a'}{r + \dfrac{i}{(1+i)^n - 1}}$$

P: 수익가액, a′: 상각 전 순수익, r: 상각 후 종합환원율,

i: 축적이율, n: 잔존내용연수, $\dfrac{i}{(1+i)^n - 1}$: 상환기금계수

> **상환기금계수(감채기금계수)**
>
> 일정 누적액을 기간 말에 만들기 위해 매 기간 불입해야 할 액수를 구하는 계수이다. 일정 누적액이 미래의 금액이란 측면에서 미래가치 계산을 위한 계수이다. 미래의 일정액을 상환하기 위해 기금을 적립한다는 의미에서 상환기금이라 하고, 채권 발행 후 만기에 상환하기 위해 기금을 적립한다는 의미에서 감채기금이라 한다. 여기서 기금의 용도측면에서 상환기금은 제한이 없으므로 감채기금보다 더 넓은 개념이다. 따라서 상환기금계수라는 용어가 더 적합하다.
>
> 한편, 매 기간의 자본회수액을 재투자한다면, 그에 대한 이자는 복리로 계산되어야 한다. 매 기간의 일정한 자본회수액을 무위험률로 재투자한다고 할 때 기간말의 원리금 합계가 건물가치와 동일하다면 건물에 투자된 금액이 무사히 회수되는 셈이다. 이것이 바로 상환기금계수의 개념에 속한다.

(5) 연금법(Inwood 방식)

연금법은 상각전 순수익을 상각후 환원율에 상환기금계수를 가산한 상각전 환원율로 환원하여 수익가액을 구하는 방법이다. 여기서 상환기금계수에는 상각후 환원율과 동일한 이율을 적용한다. 즉, 매년의 상각액을 상각후 환원율과 동일한 이율로 적립하는 것으로 가정한다.

한편, 상각후 환원율(즉, 자본수익률)에 상각후 환원율과 동일한 이율을 적용한 상환기금계수를 가산하면 이는 저당상수가 된다. 즉, 연금법에서의 환원율은 잔존 내용연수를 저당기간으로 하고 자본수익률을 이율로 하는 저당상수가 된다. 여기서 저당상수는 연금의 현가계수(=복리연금현가율)의 역수이므로 상각전 순수익에 연금의 현가계수(=복리연금현가율)를 곱하면 바로 수익가액이 산정된다. 따라서 연금법은 상각전 순수익에 상각후 환원율과 잔존내용연수를 기초로 한 복리연금현가율(複利年金現價率)을 곱하여 수익가액을 구하는 방법이라 할 수 있다.

연금법은 내용연수기간 중에 매년 발생하는 수익을 복리로 현가화하여 합한 것이 부동산가액이라는 수익환원법의 원리와 가장 관련 있는 방법이라고 할 수 있으며,[11] 매년의 순수익이 일정하거나 상대적으로 안정적일 것으로 예측되는 물건의 평가에 적용하는 것이 합리적이다. 임대용 부동산 중 장기임대차에 제공되고 있는 부동산이나 어업권 등이 연금법으로 평가하는 대표적인 예이다.

$$\bullet\ P = \frac{a'}{r + \frac{r}{(1+r)^n - 1}} = \frac{a'}{\frac{r(1+r)^n}{(1+r)^n - 1}} = a' \times \frac{(1+r)^n - 1}{r(1+r)^n}$$

P: 수익가액, r: 상각 후 종합환원율,
a′: 상각 전 순수익, n: 잔존내용연수

앞에서의 설명을 토대로 전통적 직접환원법을 비교하면 다음의 표와 같다.

〈표 3.4.6〉 전통적 직접환원법의 비교

구분	직선법	상환기금법	연금법
건물가치	시간의 경과에 따라 감가	시간의 경과에 따라 감가	시간의 경과에 따라 감가
순수익	시간의 경과에 따라 감소	매년 일정	매년 일정
자본 회수액	경제적 내용연수 동안 회수	좌 동	좌 동
	재투자 않음 (즉, 이자발생 없음)	안전율(즉, 축적이율)로 재투자	상각 후 환원율과 동일한 이율로 재투자
적용사례	건물	광산, 산림	어업권
	단기임대차에 제공되는 복합부동산	고정임료로 장기임대차에 제공되는 복합부동산	장기임대차에 제공되는 복합부동산
비 고	시간의 경과에 따라 순수익이 감소할 것으로 예상되는 경우에 적합	재투자로 수익성을 연장시킬 수 없는 경우에 적합	재투자로 수익성을 연장시킬 수 있는 경우에 적합

11) 방경식 · 장희순(2002), 앞의 책, 356쪽.

(6) 잔여환원법

잔여환원법은 전체 순수익에서 알고 있는 투자요소의 순수익을 공제하여 모르고 있는 투자요소에 배분될 순수익을 구한 후, 이를 환원율로 나누어 수익가액을 산정하는 방식이다. 즉, 부동산을 물리적 구성요소와 금융적 구성요소 등으로 구분하여 수익가액을 산정하는 방식이다. 여기서 잔여환원법은 물리적 측면의 잔여환원법과 금융적 측면의 잔여환원법으로 구분할 수 있다.

첫째, 물리적 측면의 잔여환원법에는 토지잔여법, 건물잔여법, 부동산잔여법이 있다. 물리적 측면의 잔여환원법은 부동산가치는 시간이 경과함에 따라 언제나 감소한다는 것과 대상부동산을 경제적 수명까지 보유한다는 가정을 전제로 한다.[12]

① 토지잔여법: 토지잔여법은 복합부동산의 순수익에서 건물에 귀속되는 순수익을 공제한 후 도출된 토지에 귀속되는 순수익을 토지환원율로 환원하여 토지의 매매가치를 구하는 방법이다. 토지잔여법은 건축비용을 정확히 추계할 수 있는 신규건물, 감가상각이 거의 없는 물건, 토지가치를 독립적으로 추계할 수 없는 부동산, 건물이 최유효이용상태에 있는 부동산, 건물가치가 토지가치에 비해 상대적으로 적은 부동산인 주차장・자동차운전교습장, 작은 건물이 있는 공장부지 등에 적용할 수 있다.

- 토지의 수익가액 $= \dfrac{\text{대상부동산의 순수익} - (\text{건물가액} \times \text{건물환원율})}{\text{토지환원율}}$

② 건물잔여법: 건물잔여법은 복합부동산의 순수익에서 토지에 귀속되는 순수익을 공제한 후 도출된 건물에 귀속되는 순수익을 건물환원율로 환원하여 건물의 가액을 구하는 방법이다. 건물잔여법은 감가의 정도가 심한 부동산, 토지가치를 정확히 추계할 수 있는 부동산, 상대적으로 토지가치 비율이 적은 부동산, 추가투자의 적정성 판단이 요구되는 경우 등에 적용할 수 있다.

- 건물의 수익가액 $= \dfrac{\text{대상부동산의 순수익} - (\text{토지가액} \times \text{토지환원율})}{\text{건물환원율}}$

---

12) 이하 내용은 한국감정평가협회・한국감정원(2014a), 앞의 책, 162~163쪽.

③ 부동산잔여법: 부동산잔여법은 토지・건물잔여법이 수익과 환원율을 분리하여 적용한다는 단점을 극복하기 위하여 개량된 방법이다. 부동산잔여법은 토지・건물 일괄감정평가에서 유용하게 사용될 수 있으며, 특히 토지와 건물의 수익과 환원율을 따로 분리하지 않고 있는 점에서 그 유용성이 있다. 부동산잔여법에서는 수익은 토지・건물이 복합적으로 작용하여 창출하는 것을 보고 부동산의 매매가치를 구한다. 부동산잔여법은 수익이 건물의 경제적 잔존내용연수 동안 전체부동산으로부터 나오는 것으로 간주하고 기간 말 건물가치는 없다고 보며, 토지가치는 일정하다고 전제한다. 이러한 전제하에 부동산잔여법에서는 부동산의 전체순수익을 잔존내용연수 동안 현가화하고, 여기에 기간 말 토지가치를 현재가치로 현가하여 더한 값으로 대상부동산의 매매가치를 결정한다. 부동산잔여법은 토지가치의 추계가 상대적으로 용이한 부동산, 토지가치 비율이 높은 부동산, 건물가치만을 주로 평가하는 경우, 적용할 순수익이 연금 성격을 강하게 가지는 부동산 등에 적용할 수 있다.

- 대상부동산의 가액=대상부동산의 순수익$\times \dfrac{(1+r)^n-1}{r(1+r)^n}+\dfrac{\text{기간 말 토지가치}}{(1+r)^n}$

둘째, 금융적 측면의 잔여환원법에는 지분잔여법, 저당잔여법이 있다. 금융적 측면의 잔여환원법은 부동산의 가치를 금융적 구성요소인 지분과 저당으로 구분한 방법이다. 즉, 금융적 측면의 잔여환원법은 전체 순수익을 지분투자자에게 귀속되는 순수익과 저당투자자에게 귀속되는 순수익으로 구분한다.

① 지분잔여법: 지분잔여법은 시장에서 저당조건과 저당대부액(대출금액)을 산정할 수 있다는 가정하에 전체 순수익에서 연간 저당지불액을 공제하여 지분의 순수익을 구한 후, 지분환원율로 환원한 값과 저당대부액을 합하여 대상부동산의 가치를 산정한다. 즉, 전체 순수익 중 저당투자자에게 귀속되는 순수익은 저당지불액으로 본다. 여기서 저당지불액은 부채서비스액 또는 원리금상환액이라고도 하며, 저당대부액 × 저당상수로 산정한다.

- 대상부동산의 가액$=\dfrac{\text{대상부동산의 순수익}-\text{저당지불액}}{\text{지분환원율}}+\text{저당대부액}$

> **용어의 구분**: 저당대출에 있어 근저당권설정비용(등록면허세, 국민주택채권매입비, 법무사수수료 등), 감정평가수수료, 인지대, 화재보험료, 중도상환수수료 등의 비용이 발생한다. 이들 비용 중에는 차입자가 부담하는 항목이 많다, 저당대출과 관련하여 차입자가 지불하는 모든 금액을 부채서비스액(debt service)이라 한다. 따라서 원리금상환액을 의미하는 저당지불액(mortgage paymenr)보다 넓은 개념이다. 그러나 대부분의 책에서는 이를 혼용하고 있다. 즉, 부채서비스액, 저당지불액, 원리금상환액을 같은 의미로 사용하고 있다. 생각건대 부동산활동의 편의를 위해서는 정확한 용어를 통일하여 사용하는 것이 합리적인 바, 원리금상환액으로 통일하는 것이 필요하다고 본다.

② 저당잔여법: 저당가치를 추계하는 저당잔여법은 시장에서 지분액은 알려져 있으나 저당조건이나 저당대부액을 모르는 경우에 적용한다. 저당잔여법은 전체 순수익에서 지분의 순수익을 공제하여 저당의 순수익을 구한 후, 저당환원율로 환원한 값과 지분가치를 합하여 대상부동산의 가치를 산정한다. 여기서 지분가치란 투자자가 동원할 수 있는 금액을 말한다. 저당잔여법은 순수익에서 지분의 순수익을 공제하고 남은 저당의 순수익은 그것이 얼마이든 항상 저당대부가 가능하다는 것을 가정한다. 그러나 현실적으로 금융회사들은 순수익이 저당지불액을 충분히 감당할 수 있는 범위 이상으로 저당대부를 해 주지 않는 경향이 있어 가정에 문제가 있다.[13]

- 대상부동산의 가액

$$= \frac{\text{대상부동산의 순수익} - (\text{지분가치} \times \text{지분환원율})}{\text{저당환원율}} + \text{지분가치}$$

3. 할인현금흐름분석법

1) 개요

(1) 의의

감정평가방법으로서 할인현금흐름분석법(DCF: Discounted Cash Flow Analysis)은 매

13) 안정근(2009), 부동산평가이론(제5판), 양현사, 512쪽.

기간 기대되는 현금흐름을 현재가치로 할인하여 대상물건의 매매가치를 구하는 방법이다. 대상물건의 경제적 가치를 그 수익성에 근거하여 구하는 경우 장래에 얻을 수 있다고 기대되는 매 기간의 순수익을 합산하여 파악하여야 한다. 이때 순수익이 산출되는 시점이 각각 다르므로 기준시점의 현재가치로 할인하여 합산하여야 한다. 즉, 여러 해에 걸쳐 순수익을 산출하는 부동산의 현재가치는 이러한 시점이 다른 매해의 순수익을 현재가치로 할인한 값의 합계가 된다.

한편, 현금흐름(Cash Flow)은 부동산 투자로 인한 현금유입과 현금유출을 일컫는 말이지만, 실무상 그 차이를 지칭하는 의미로 사용된다. 따라서 현금수지(現金收支)라는 용어가 더 적합하다고 본다.

(2) 유형

할인현금흐름분석법은 할인의 대상이 되는 현금흐름의 유형에 따라 ① 순수익모형, ② 세전현금흐름모형, ③ 세후현금흐름모형으로 구분할 수 있다. 여기서 ②와 ③의 경우 매매가치는 지분가치와 저당가치의 합으로 표시된다는 논리이며, 저당대출이나 세금을 반영하여 수익가액을 산정한다.

첫째, 순수익모형은 매 기간의 순수익과 보유기간 말의 복귀가액을 현재가치로 할인하여 대상물건의 수익가액을 산정한다. 순수익모형의 경우 저당대출이나 세금(영업소득세, 자본이득세)이 부동산의 가치에 미치는 영향을 간과하고 있다는 비판이 있다.

둘째, 세전현금흐름모형은 매 기간의 세전현금흐름과 기간 말의 세전지분복귀액을 현재가치로 할인하여 지분가치를 구하고, 여기에 저당가치를 더하여 대상물건의 수익가액을 산정한다. 매 기간의 세전현금흐름은 매 기간의 순수익에서 부채서비스액을 공제하여 구하고, 기간말의 세전지분복귀액은 대상물건의 복귀가액에서 미상환저당잔금을 공제하여 구한다. 세전현금흐름모형의 경우 세금이 부동산의 가치에 미치는 영향을 간과하고 있다는 비판이 있다.

셋째, 세후현금흐름모형은 매 기간의 세후현금흐름과 기간말의 세후지분복귀액을 현재가치로 할인하여 지분가치를 구하고, 여기에 저당가치를 더하여 대상물건의 수익가액을 산정한다. 매 기간의 세후현금흐름은 매 기간의 세전현금흐름에서 영업소득세를 공제하여 구하고, 기간말의 세후지분복귀액은 세전지분복귀액에서 자본이득세를 공제하여 구한다.

일반적으로 할인현금흐름분석법이라고 하면 세후현금흐름모형을 말한다. 그러나 미국과 달리 우리나라에서는 주로 순수익모형을 적용하고 있다. 이는 저당대출이나 세금에 관한 정보를 구하기 어렵고 특히, 투자자산의 구성내용에 따라 부동산의 가치가 달라지는 문제가 있기 때문으로 풀이된다.

〈표 3.4.7〉 현금흐름과 각 모형의 관계

구분		산정내용	비고
가능총소득		• 보증금(전세금) 운영수익 • 차임 수입, • 관리비 수입 • 그 밖의 수입	최유효이용상태에서의 완전 임대조건
(-)	공제항목	• 공실손실상당액 • 대손충당금	통상 가능총소득의 일정 비율 계상
유효총소득			
(-)	운영경비	• 인건비, 용역비, 수선유지비 • 수도광열비, 세금·공과금 • 보험료, 광고선전비 등	감가상각비는 포함되지 않음
순수익			순수익모형
(-)	금융비용	• 부채서비스액(저당지불액)	저당투자에 대한 수익
세전현금흐름			세전현금흐름모형
(-)	세금	• 영업소득에 대한 세금 • 자본이득에 대한 세금	
세후현금흐름			세후현금흐름모형

(3) 적용절차

할인현금흐름분석법의 적용절차를 요약하면 다음과 같다. ① 보유기간의 결정: 투자자의 일반적인 보유기간을 참작하여 결정한다. ② 현금흐름의 추계: 모형에 따라 매기 순수익, 세전현금흐름, 세후현금흐름, 기간말의 복귀가액을 추계한다. ③ 할인율 및 최종환원율의 산출: 매기 현금흐름을 현재가치로 환산하기 위한 할인율과 복귀가액의 환산을 위한 최종환원율을 산출한다. ④ 수익가액의 산정: 모형에 따라 부채서비스액(저당지불액), 보유기간 말의 복귀가액(즉, 재매도가치 − 매도비용), 보유기간 말의 지분복귀액(즉, 복귀가액 − 미상환저당잔금), 영업소득세 · 자본이득세 등을 추가로 추계한 후 최종적으로 수익가액을 산정한다.

할인현금흐름분석법을 적용하기 위해서는 ① 적정한 보유기간의 결정, ② 보유기간동안 현금흐름의 정확한 추계, ③ 적정한 할인율의 산출, ④ 보유기간 말 복귀가액의 합리적 추계가 가능해야 하므로 어려움이 많다.[14)]

(4) 보유기간의 문제

할인현금흐름분석법을 적용하기 위해서는 먼저, 부동산의 보유기간을 결정하여야 한다. 보유기간에 따라 부동산의 가치가 영향을 받기 때문이다. 순수익이 조금이라도 발생한다면 보유기간이 길수록 수익가액은 증가한다.

할인현금흐름분석법에서 부동산의 보유기간이 매우 중요함에도 이에 대한 구체적인 실무기준이 없는 상태이다. 보유기간은 투자자의 일반적인 보유기간을 참작하여 결정하는 것이 합리적이나 「감정평가기준」에서 통일적으로 규정할 필요가 있다.

2) 순수익모형의 적용

(1) 현금흐름의 추계

먼저, 순수익모형에서 순수익을 구하는 방법은 앞의 직접환원법에서 설명한 내용과 같다. 다만, 매기 순수익을 추계하여야 한다.

둘째, 기간 말의 복귀가액을 추계하여야 한다. 기간 말의 복귀가액은 대상물건의 보유기간 말 재매도가치에서 매도비용을 공제하여 산정하는데, 「감정평가기준」에서는 보유기간 경과 후 초년도(즉, n + 1)의 순수익을 추정하여 최종환원율로 환원한 후 매도비용을 공제하여 산정하도록 규정하고 있다(400-3.4.1.3). 매도비용(예: 중개수수료)은 통상 재매도가치의 일정비율(예: 3.0%)로 산정한다. 한편, 복귀가액은 보유기간이 길수록 위험

14) 노용호 외(2005), 감정평가론(증보판), 부연사, 265쪽 참조.

이 커지므로 최종환원율은 할인율보다 일반적으로 높게 결정한다. 「감정평가기준」에서는 최종환원율을 환원율에 장기위험프리미엄·성장률·소비자물가상승률 등을 고려하여 산출하도록 규정하고 있다(400-3.4.1.4).

- 복귀가액 = 재매도가치 − 매도비용 = $\dfrac{\text{순수익}_{n+1}}{\text{최종환원율}}$ − 매도비용

(2) 할인율 및 최종환원율의 산출

먼저, 할인율을 산출하여야 한다. 할인율은 미래가치를 현재가치로 환산하기 위하여 적용하는 율로서 수익률(yield rate)에 속하며, 투자자가 어떤 투자를 하기 위한 최소한의 요구수익률이다. 반면, 환원율(capitalization rate)은 순수익을 기준시점의 경제적 가치로 환산하기 위하여 적용하는 적정한 율로서 소득률(income rate)에 속한다.

> **수익률(受益率)의 구분**: 수익률(受益率, rate of return)을 소득률(所得率, income rate)과 수익률(收益率, yield rate)로 구분하기도 한다. 소득률은 한 해의 소득이나 여러 해의 평균소득을 대상물건의 가치와 비교한 비율(즉, 소득을 가치로 전환하는 비율)이며, 수익률은 여러 해의 소득을 현재가치로 전환시키는 비율(즉, 미래가치를 현재가치로 전환하는 비율)이다. 즉, 소득률(所得率)은 단기(單期, single period)에 적용되는 수익률(受益率)이며, 수익률(收益率)은 복기(複期, multiple periods)에 적용되는 수익률(受益率)이다.[15]

「감정평가기준」에서는 할인율을 투자자조사법(지분할인율), 투자결합법(종합할인율), 시장에서 발표된 할인율 등을 고려하여 대상물건의 위험이 적절히 반영되도록 산출하되 추정된 현금흐름에 맞는 할인율을 적용하도록 규정하고 있다(400-3.4.1.4).

① 투자자조사법(지분할인율): 이 방법은 시장에 참가하고 있는 투자자 또는 잠재적 투자자를 대상으로 하여 할인율을 추정하는 방법이다.[16] 이때 투자자를 대상으로 한 설문조사 등을 토대로 공표된 자료가 있는 경우 이를 활용할 수 있으며, 감정평가업자가 개별적으로 투자자 또는 잠재적 투자자를 대상으로 의견을 청취하여 구할

15) 안정근(2007), 부동산평가강의, 법문사, 330~331쪽.
16) 이하 내용은 한국감정평가협회·한국감정원(2014a), 앞의 책, 180~181쪽 참조.

수도 있다. 공표된 자료의 경우에는 조사시점과 공표시점 간의 괴리로 인하여 할인율의 변동이 생길 수도 있으므로 변동요인과 그 영향력 등에 대해 주의해야 하며, 의미 있는 변화요인이 포착될 경우에는 적절한 수정절차가 있어야 한다. 또한, 감정평가업자가 개별적으로 투자자 또는 잠재적 투자자를 대상으로 의견을 청취하는 경우에는 청취 대상의 선정에 주의를 기울어야 한다. 특정 집단을 대상으로 하는 경우 편의(bias)가 발생하여 감정평가의 결과가 왜곡될 수 있으므로, 시장참가자들의 행태를 정확하게 반영할 수 있는 표본의 선정이 특히 중요하다.

② 투자결합법(종합할인율): 이 방법은 대상부동산에 대한 투자자본과 그것의 구성비율을 결합하여 할인율을 구하는 방법으로서, 물리적 투자결합법과 금융적 투자결합법으로 나눈다. 먼저, 물리적 투자결합법은 토지와 건물의 구성비율에 각각 토지할인율과 건물할인율을 곱하고, 이들을 합산하여 할인율을 구한다.

- 할인율$= \frac{\text{토지가치}}{\text{전체가치}} \times \text{토지할인율} + \frac{\text{건물가치}}{\text{전체가치}} \times \text{건물할인율}$

다음으로, 금융적 투자결합법은 저당투자자의 요구수익률과 지분투자자의 요구수익률이 서로 다르다는 점에 착안한 것으로, 할인율은 저당비율에 저당상수를 곱하고, 지분비율에 지분할인율을 곱한 후 이들을 합하여 구한다.

- 할인율$= \frac{\text{지분액}}{\text{지분액} + \text{저당액}} \times \text{지분할인율} + \frac{\text{저당액}}{\text{지분액} + \text{저당액}} \times \text{저당할인율}$

③ 시장에서 발표된 할인율: 이 방법은 환원율과 마찬가지로 할인율을 직접 산정하지 않고 시장에서 발표된 할인율이 있는 경우 이를 활용할 수 있다. 시장에서 발표된 할인율은 대상이 되는 부동산 및 기간 등이 통일되어 있지 않은 경우가 많으므로, 발표 주체, 적용 대상, 적용 기간 등에 주의해야 한다. 또한 시장에서 발표된 할인율은 대부분 과거의 자료에 기반하여 산정되기 때문에 장래 편익의 현재가치를 산정하는 감정평가에 적용하기 위해서는 세심한 주의를 기울여야 한다. 지역적인 격차가 발생하는 경우에는 적절한 보정이 이루어져야 하며, 현실적인 상황을 반영할

수 있도록 금융자산 등 대체·경쟁관계에 있는 자산들과의 비교도 필요하다. 그리고 시장에서 발표된 할인율은 일반적인 시장의 표준적인 수준을 나타내는 경우가 많으므로, 대상물건의 개별성을 반영할 수 있도록 추가적인 조정이 요구된다.

둘째, 최종환원율을 산출하여야 한다. 최종환원율의 산출에 대해서는 앞의 기간말의 복귀가액 추계에서 설명하였다.

(3) 수익가액의 산정

순수익모형에서 수익가액은 보유기간 동안 매기 순수익의 현재가치와 보유기간 말 복귀가액의 현재가치를 합산하여 구한다.

- $P = \sum_{t=1}^{n} \frac{NOI_t}{(1+Y)^t} + \frac{\text{복귀가액}}{(1+R)^n}$

P: 수익가액, NOI_t: t년도의 순수익,
Y: 할인율, R: 최종환원율, n: 보유기간

3) 세전현금흐름모형의 적용

(1) 모형의 의의

부동산투자자는 자기자본 이외에 타인자본을 이용하여 투자하는 경우가 많다. 즉, 타인자본을 이용하여 자기자본수익률을 극대화하는 레버리지효과(leverage effect)를 활용하는 것이 보편적이다. 이 경우 부동산투자자는 부동산의 전체 수익률이 아니라 지분투자자가 가지는 지분수익률(equity yield rate)에 더 많은 관심을 가진다. 여기서 지분수익은 보유기간 동안 매 기간마다 창출되는 지분소득과 기간 말에 실현되는 지분복귀액을 통틀어서 부르는 말이다.[17)]

세전현금흐름모형에서는 부동산의 가치를 지분가치와 저당가치의 합으로 가정한다.

17) 안정근(2009), 부동산평가이론(제5판), 양현사, 525쪽.

이 경우 지분가치는 매 기간 기대되는 세전현금흐름과 보유기간 말의 지분복귀액을 현재가치로 할인하여 구한다. 또한, 저당가치는 저당투자자인 대출자가 향유하는 모든 금전적 이익을 현재가치로 환원한 것을 말하는데, 저당가치는 일반적으로 기간 초의 저당대부액(대출금액)과 같다고 본다.

- 부동산의 가치 = 지분가치 + 저당가치

- $P = \sum_{t=1}^{n} \frac{BTCF_t}{(1+Y)^t} + \frac{\text{지분복귀액}}{(1+R)^n} + \text{저당가치}$

  P: 수익가액, $BTCF_t$: t년도의 세전현금흐름, Y: 할인율,
  R: 최종환원율, n: 보유기간

> **저당가치의 추계**: 대출기관은 매기 원금과 이자를 받고, 기간 말에는 미상환저당잔금을 받는다. 따라서 저당가치는 이들을 모두 현재가치로 할인하여 구할 수 있다. 이때 할인율로는 저당수익률이 사용된다. 저당수익률은 기간 초의 저당대부액(대출금액)과 기간 중과 기간 말의 현금유입의 현가합을 같게 만드는 내부수익률이다. 이 경우 저당가치는 당초의 저당대부액과 일치한다. 그러나 현실적으로 기간 중 원금의 일부가 추가상환되거나 대출이자율이 변하면 저당가치와 저당대부액은 일치하지 않는다.
>
> 저당가치를 정확하게 추계하기 위해서는 저당대부액과 저당조건 등에 관한 정보가 정확하여야 하나 현실적으로 쉽지 않다. 따라서 실무적으로 저당가치가 당초의 저당대부액과 같다고 가정하고 이를 사용하고 있다. 상대적으로 시장에서 부동산의 가치와 대부비율은 쉽게 구할 수 있기 때문이다. 여기서 저당대부액(대출금액) = 부동산의 가치 × 대부비율(대출비율)이다.

(2) 현금흐름의 추계

먼저, 세전현금흐름을 추계하여야 한다. 세전현금흐름은 순수익모형에서의 순수익에서 부채서비스액(저당지불액, 원리금상환액)을 공제하여 산정한다. 부동산은 일반재화와 달리 고가성 등으로 인하여 자기자본뿐만 아니라 타인자본을 필요로 한다. 타인자본에 대한 상환금을 부채서비스액(저당지불액)이라고 하는데, 시장상황이나 채무자의 상황 등에 따라 원금균등분할상환, 원리금균등분할상환, 점증식 상환, 거치식 상환 등의 상환방식이 결정된다. 일반적으로는 원리금균등분할상환방식으로 매기 부채서비스액(저당지불

액)을 산정하고 있다. 이 경우 부채서비스액(저당지불액)은 대출금액에 저당상수를 곱하여 산정하면 된다.

- 세전현금흐름 = 순수익 - 부채서비스액(저당지불액)
- 부채서비스액(저당지불액) = 대출금액 × 저당상수

둘째, 보유기간 말의 지분복귀액을 추계하여야 한다. 지분복귀액은 복귀가액에서 미상환저당잔금을 공제하여 산정한다. 여기서 미상환저당잔금은 대출금액 × (1 − 상환비율)의 산식으로 구한다.

- 지분복귀액 = 복귀가액 - 미상환저당잔금
- 미상환저당잔금 = 대출금액 × (1 - 상환비율)

(3) 수익가액의 산정

마지막으로 세전현금흐름모형의 산식을 적용하여 수익가액을 산정한다.

4) 세후현금흐름모형의 적용

(1) 모형의 의의

세후현금흐름모형은 세전현금흐름모형에서 세금을 반영하는 모형이다. 부동산투자 시 고려해야 할 중요한 세금으로는 보유기간 중의 소득에 대해 과세하는 영업소득세와 보유기간 말 처분에 따른 자본이득에 대해 과세하는 자본이득세가 있다. 여기서 유의할 점은 운영경비에 포함된 부동산의 보유와 관련된 각종 세금(예: 재산세, 종합부동산세, 지역자원시설세, 지방교육세 등)은 제외된다는 점이다.

세후현금흐름모형에서 지분가치는 매 기간 기대되는 세후현금흐름과 보유기간 말의 세후지분복귀액을 현재가치로 할인하여 구하고, 저당가치는 일반적으로 기간 초의 저당대부액(대출금액)과 같다고 본다.

- 세후현금흐름 = 세전현금흐름 − 영업소득세
- 세후지분복귀액 = 지분복귀액 − 자본이득세
- $P = \sum_{t=1}^{n} \frac{ATCF_t}{(1+Y)^t} + \frac{\text{세후지분복귀액}}{(1+R)^n} + \text{저당가치}$

P: 수익가액, $ATCF_t$: t년도의 세후현금흐름, Y: 할인율,
R: 최종환원율, n: 보유기간

(2) 세금의 산출

첫째, 영업소득세를 산출하여야 한다. 개인의 소득에 대해서는 「소득세법」이 적용되는데, 부동산업에서 발생하는 소득 등은 사업소득에 속한다. 또한, 법인의 소득에 대해서는 「법인세법」이 적용된다. 영업소득세와 관련하여 우선 소득공제 여부를 검토하여야 한다. 이때 운영경비나 부채서비스액의 항목 중 세법상 소득공제 여부를 재검토하여 이를 과세대상소득에 추가하거나 제외하여야 한다. 예를 들어 감가상각비의 경우 운영경비에 포함되지 않으나 세법상 소득공제 항목이므로 세전현금흐름에서 추가로 공제한다. 반대로 부채서비스액 중 원금상환분은 부동산의 지분가치를 상승시키는 요소로 소득공제 항목이 아니므로 세전현금흐름에서 추가로 가산한다. 최종적으로 과세대상소득을 산출한 후 세율을 곱하면 영업소득세가 된다.

둘째, 자본이득세를 산출하여야 한다. 자산의 양도에 따른 소득에 대해 개인은 「소득세법」상 양도소득세가 과세되고, 법인은 「법인세법」상 법인세가 과세된다. 자본이득세 산출을 위한 과세대상소득은 지분복귀액(즉, 복귀가액 − 미상환저당잔금)으로 하는 것이 합리적이다. 여기에 세율을 곱하면 자본이득세가 된다.

(3) 수익가액의 산정

마지막으로 세후현금흐름모형의 산식을 적용하여 수익가액을 산정한다. 우리나라에서는 실무적으로 할인현금흐름분석법의 경우 대부분 순수익모형을 활용한다. 따라서 세전현금흐름모형과 세후현금흐름모형은 거의 활용하지 않는다.

제3절 수익분석법

1. 수익분석법의 의의

1) 의의

수익분석법은 일반기업경영에 의해 산출된 총수익을 분석하여 대상물건이 일정한 기간에 산출할 것으로 기대되는 순수익을 구한 후 대상물건을 계속하여 임대차하는 데 필요한 경비를 가산하여 임대가치를 산정하는 방법이다. 수익분석법에 의해 산정한 가액을 수익임료라 한다.

수익분석법은 부동산에서 발생하는 수익이 그 기업수익의 대부분을 차지하는 경우와 경영주체의 능력 등이 기업수익에 미치는 영향이 적은 경우 등에 유효하며, 순수익을 발생시키는 부동산의 상태가 반드시 최유효이용일 필요는 없다.

한편, 임차인의 입장에서 대상물건을 임차하여 일반기업경영하는 경우 얻을 수 있는 총수익을 분석함으로써 임료로서 지급 가능한 금액을 판정하는 데도 활용할 수 있다.

2) 성립근거

수익분석법의 대상이 되는 물건은 기업용 부동산으로서 기업 전체의 순수익을 생산요소인 노동, 자본, 경영, 부동산에 그 공헌도에 따라 배분한 뒤 부동산에 귀속되는 순수익을 기준으로 임료를 산정한다. 따라서 수익분석법은 수익배분의 원칙에서 그 이론적 근거를 찾을 수 있다.

3) 적용사례

부동산의 순수익은 ① 부동산 임대사업에 기초한 것, ② 임대 이외의 사업 즉 일반기업경영에 기초한 것이 있다. 전자는 바로 감정평가로 구하려는 임료인데 부동산임료를 기초로 한 순수익에서 임료를 구하는 식이 되어 이른바 순환논법에 빠진다. 따라서 수익분석법 적용에 있어 기초가 되는 순수익은 부동산임대 순수익이 아니라 일반기업경영에 기초한 순수익을 구해야 한다.[18] 수익분석법은 부동산에서 발생하는 수익이 그 기업수익의 대부분을 차지하는 경우 등 대상 부동산에 귀속하는 순수익과 필요제경비를 적절하게 구할 수 있는 경우에 유효하다. 따라서 수익분석법의 적용이 가능한 경우가 매우 제한되어 감정평가실무에서 수익분석법은 잘 활용되지 않고 있다. 임대사례가 많은 부동산의 경우 주로 임대사례비교법을 적용한다. 따라서 수익분석법은 국·공유의 수익부동산(예: 주차장)을 민간에 임대하기 위해 시장임료 외의 임료를 결정하고자 할 때 등에 적용할 수 있다.

2. 수익분석법의 내용

1) 적용방법

(1) 순수익

순수익은 먼저, 일반기업경영에 의해 산출된 총수익에서 그 수익을 발생시키는 데 드는 총비용(예: 매출원가, 판매비 및 일반관리비)을 차감하여 기업전체의 순수익을 산정한 후, 다음으로 수익배분의 원칙에 따라 노동, 자본, 경영의 생산요소에 귀속하는 순수익을 차감하여 대상부동산에 귀속하는 순수익을 산정한다.

한편, 수익분석법에서 순수익을 산정하는 경우에는 수익환원법과 달리 상각 후 순수익을 구해야 한다. 왜냐하면 필요제경비에 감가상각비가 포함되어 가산되기 때문이다.

(2) 필요제경비

적산법의 필요제경비와 내용이 같다.

18) 장희순·방경식 공역(2007), 해설 부동산감정평가기준, 부연사, 215쪽.

2) 유의사항

일반기업용 부동산의 총수익이 해당 부동산 자체 이외에 우수한 조직이나 인력, 자본력 등에 의해 창출되고 있다면 이를 공제한 부동산의 귀속 순수익을 기준으로 하여야 한다. 즉, 생산구성요소 중 부동산 이외에 노동, 자본, 경영에 의한 요인이 수익에 기여하는 부분을 공제하여 순수익을 산정하여야 한다.

제4편

감정평가활동

제1장 감정평가의 절차

제1절 감정평가절차의 의의

1. 개요

감정평가의 절차(Appraisal Process)는 감정평가활동의 능률성과 공정성을 높이기 위해 정한 순서를 말한다. 「감정평가규칙」에서는 이를 7단계로 구분하여 규정하고 있다. 그러나 이런 절차의 규정은 경직적인 것이 아니며, 합리적이고 능률적인 감정평가를 위하여 필요할 때에는 순서를 융통성있게 조정할 수 있다.

감정평가의 절차를 법령으로 규정한 취지는 한마디로 감정평가활동의 능률성과 공정성을 높이기 위함이라 할 수 있다. 여기서 능률성은 감정평가활동이 능률적으로 전개되어야 한다는 것이며, 공정성은 감정평가활동이 공정해야 한다는 것이다.

감정평가의 절차에는 감정평가주체(즉, 감정평가사), 감정평가의뢰인(약어로 의뢰인이라 한다), 이해관계인(예: 물건의 소유자, 매수예정자 등)의 관계가 형성된다.

2. 내용

「감정평가규칙」에서는 ① 기본적 사항의 확정, ② 처리계획의 수립, ③ 대상물건의 확인, ④ 자료수집 및 정리, ⑤ 자료검토 및 가치형성요인의 분석, ⑥ 감정평가방법의 선정 및 적용, ⑦ 감정평가액의 결정 및 표시 등 7단계로 규정하고 있다.

이 책에서는 이를 준비・계획단계, 조사・판정단계, 결정・표시단계로 구분하여 설명하고자 한다. 준비・계획단계에는 ① 기본적 사항의 확정, ② 처리계획의 수립이 포함되고, 조사・판정단계에는 ③ 대상물건의 확인, ④ 자료수집 및 정리, ⑤ 자료검토 및 가치형성요인의 분석이 포함되며, 결정・표시단계에는 ⑥ 감정평가방법의 선정 및 적용, ⑦ 감정평가액의 결정 및 표시가 포함된다.

제2절 준비・계획단계

1. 기본적 사항의 확정

1) 개요

감정평가절차는 감정평가계약으로부터 시작된다. 즉, 감정평가의 절차는 의뢰인의 청약과 감정평가주체의 승낙으로 시작된다. 감정평가계약의 내용에 기본적 사항의 확정이 포함된다. 감정평가의뢰는 일정한 목적을 위하여 대상물건의 가치 정보가 필요한 자가 감정평가업자(감정평가법인 등)에게 감정평가를 요청하는 행위를 말한다. 감정평가업자가 감정평가를 의뢰받았을 때에는 의뢰인과 협의하여 기본적 사항을 확정하여야 한다.

> **감정평가법인 등**: 1989. 4. 제정된 (구)「지가공시법」 이후 감정평가업을 수행하는 자를 '감정평가업자'라 칭했다. 그 후 2020. 4. 「감정평가법」을 개정하여 종전의 '감정평가업자'를 감정평가사에 대한 이미지를 향상하고 위상을 제고할 수 있도록 '감정평가법인 등'으로 변경하였다. 그러나 '감정평가법인 등'의 용어는 감정평가사사무소에 비해 감정평가법인을 더 강조하는 용어로서 문제가 있다. 「부가가치세법」에서는 사업 목적이 영리이든 비영리이든 관계없이 사업상 독립적으로 재화 또는 용역을 공급하는 자를 '사업자'라 한다(제2조 참조). '감정평가업자'의 용어를 '감정평가법인 등'으로 변경하였다고 감정평가사의 위상이 제고된다고 보기 어렵다. 대안으로 '감정평가기업'이 더 타당할 것이다. 우선 이 책에서는 종전의 용어를 그대로 쓰기로 한다. 법령에서 '…업자'의 용어는 금융투자업자(자본시장과 금융투자업에 관한 법률 제8조), 농림수산업자(농림수산업자 신용보증법 제2조) 등으로 쓰고 있다.

감정평가 의뢰의 방식에 관해 법령에 특별한 규정이 없다. 다만, 행정규칙인 「감정평가기준」에서는 감정평가업자는 의뢰인으로부터 업무 수행에 관한 구체적 사항과 보수에 관한 사항 등이 기재된 감정평가 의뢰서(전자문서를 포함한다. 약어로 의뢰서라 한다)를 제출받도록 규정하고 있다(300-1).

감정평가계약은 ① 당사자로 하여금 의사표시를 하는 데 신중을 기하도록 하고, ② 계약의 성립이나 내용에 관한 증거자료로 활용할 필요가 있는 점 등을 고려할 때 문서로 할 필요가 있다. 따라서 감정평가 의뢰는 문서로 받는 것이 원칙이며, 사정상 전화 또는 구두로 의뢰받은 경우에는 이를 문서로 대리 작성하여 추가적으로 의뢰인으로부터 재확인 받을 필요가 있다.[1)]

한편, 기본적 사항의 확정 단계는 감정평가의 시작 단계부터 완료 이후에까지 영향을 미칠 수 있는 사항들을 정하는 단계이므로 의뢰인과 협의하여 사전에 확정하되, 업무의 성격 등으로 사전에 확정되지 못할 경우에도 최소한 감정평가업무가 종료되어 감정평가서가 발급되기 전까지는 확정하여야 한다.[2)]

2) 내용

감정평가업자는 감정평가를 의뢰받았을 때에는 의뢰인과 협의하여 ① 의뢰인, ② 대상물건, ③ 감정평가 목적, ④ 기준시점, ⑤ 감정평가조건, ⑥ 기준가치, ⑦ 관련 전문가에 대한 자문 또는 용역(약어로 '자문등'이라 한다)에 관한 사항, ⑧ 수수료 및 실비에 관한 사항을 확정하여야 한다. 이를 구체적으로 설명하면 다음과 같다.

(1) 의뢰인

의뢰인은 감정평가계약의 일방 당사자이기 때문에 매우 중요한 의미를 가진다. 의뢰인은 자연인이나 법인 모두 가능하며, 반드시 대상물건의 소유자일 필요는 없다. 다만, 의뢰인과 대상물건의 소유자가 다른 경우에는 감정평가 목적, 의뢰인과 대상물건과의 관계 등을 검토한 후 분쟁의 소지가 있다고 판단되는 경우에는 대상물건 소유자의 동의를 받거

1) 한국감정평가협회 · 한국감정원(2014a), 감정평가 실무기준 해설서(Ⅰ), 62쪽 참조.
2) 한국감정평가협회 · 한국감정원(2014a), 위의 책, 97쪽 참조.

나 의뢰를 거부하여야 할 것이다.

(2) 대상물건

대상물건의 확정은 감정평가의 대상과 범위를 확정하는 것으로서 의뢰서에 그 내용을 구체적으로 기재할 필요가 있다. 대상물건이 부동산인 경우 소재지, 지번, 층수·호수, 특정 위치와 면적 등을 확정해야 하고, 대상물건이 동산이나 권리인 경우에는 소재지, 등록번호, 명칭, 모델명, 수량 등을 확정해야 할 것이다.

(3) 감정평가 목적

감정평가 목적은 의뢰인이 제시하며, 감정평가 목적에 따라 적용 법령이 달라질 수 있으므로 분명히 하여야 한다. 실무적으로 감정평가서에 기재하는 감정평가 목적이 모호하거나(예: 일반거래) 내용적 범위가 넓은 경우가 있다(예: 조세). 따라서 감정평가 목적을 더욱 구체적으로 확정하고 이를 감정평가서에 기재할 필요가 있다(예: 매매참고, 상속세 산정 등).

(4) 기준시점

기준시점은 대상물건의 경제적 가치를 판정하는 기준이 되는 날짜를 말한다. 기준시점은 원칙적으로 대상물건의 가격조사(가치조사)를 완료한 날짜로 한다. 다만, 기준시점을 미리 정하였을 때에는 그 날짜에 가격조사(가치조사)가 가능한 경우에만 기준시점으로 할 수 있다. 이 경우 감정평가서에 그 이유를 기재하여야 한다(감정평가기준 300-4).

(5) 감정평가조건

감정평가조건은 기준시점의 가치형성요인을 실제와 다르게 가정하거나 특수한 경우로 한정하는 것을 말한다. 감정평가조건은 ① 법령[3]에 다른 규정이 있는 경우(예: 지가공시 목적의 감정평가에서 나지 상정, 보상목적의 감정평가에서 개발이익 배제), ② 의뢰인이

---

3) 해석상 여기서의 법령에는 행정규칙도 포함되는 것으로 본다.

요청하는 경우(예: 의뢰인이 건축 중인 건물에 대해 준공을 전제로 감정평가를 요청), ③ 감정평가의 목적이나 대상물건의 특성에 비추어 사회통념상 필요하다고 인정되는 경우(예: 정비사업에 있어 분양예정 부동산에 대해 준공을 전제로 감정평가) 중 어느 하나에 해당하는 경우에 붙일 수 있다. 조건이 부가된 감정평가를 조건부감정평가라 한다.

감정평가조건을 붙일 때에는 사유 중 ①호를 제외하고는 감정평가조건의 합리성, 적법성 및 실현가능성을 검토하여야 하며, 감정평가업자는 감정평가조건의 합리성, 적법성이 결여되거나 사실상 실현 불가능하다고 판단할 때에는 의뢰를 거부하거나 수임을 철회할 수 있다(감정평가규칙 제6조).

한편, 감정평가조건이 부가된 감정평가를 할 때에는 ① 감정평가조건의 내용, ② 감정평가조건을 부가한 이유, ③ 감정평가조건의 합리성, 적법성 및 실현가능성의 검토사항, ④ 해당 감정평가가 감정평가조건을 전제로 할 때에만 성립될 수 있다는 사실을 감정평가서에 기재하여야 한다. 다만, 조건을 붙인 사유가 ①호에 해당하는 경우(즉, 법령에 다른 규정이 있는 경우)에는 해당 법령을 적는 것으로 갈음할 수 있다(감정평가기준 300-5.3).

(6) 기준가치

기준가치는 감정평가의 기준이 되는 가치를 말하며, 「감정평가규칙」에서는 시장가치를 원칙으로 하고 있다. 그러나 ① 법령에 다른 규정이 있는 경우, ② 의뢰인이 요청하는 경우, ③ 감정평가의 목적이나 대상물건의 특성에 비추어 사회통념상 필요하다고 인정되는 경우 중 어느 하나에 해당하는 경우에는 대상물건의 감정평가액을 시장가치 외의 가치를 기준으로 결정할 수 있다.

감정평가업자는 시장가치 외의 가치를 기준으로 감정평가할 때에는 ① 해당 시장가치 외의 가치의 성격과 특징, ② 시장가치 외의 가치를 기준으로 하는 감정평가의 합리성 및 적법성에 대해 검토하여야 한다. 다만, 법령에 다른 규정이 있어 시장가치 외의 가치를 기준으로 한 경우에는 그러하지 아니하다.

한편, 감정평가업자는 시장가치 외의 가치를 기준으로 하는 감정평가의 합리성 및 적법성이 결여(缺如)되었다고 판단할 때에는 의뢰를 거부하거나 수임(受任)을 철회할 수 있다.

(7) 관련 전문가에 대한 자문 등

감정평가를 수행할 때 감정평가사 자신의 책임으로 자신의 능력 범위 내에서 하는 것이 원칙이다. 그러나 특별한 경우(예: 특수한 물건이나 특수한 목적의 감정평가)에는 관련 전문가에 대한 자문 등을 거쳐 감정평가할 수 있다(감정평가규칙 제9조제3항). 예를 들어 어업권·광업권이나 일조권 등의 감정평가 시 관련 전문가의 용역결과를 활용할 수 있다.

감정평가업자가 관련 전문가에게 자문 등을 하려는 경우에는 필요성, 비용 및 기간 등에 관해 의뢰인에게 설명하고 동의를 얻어야 한다. 또한, 감정평가업자는 자문 등의 결과가 감정평가절차, 감정평가방법 등과 일관성이 있고 합리적인지를 충실히 검토하여야 한다. 검토를 통해 자문 등의 결과가 적절하지 않다고 판단될 경우에는 자문 등의 결과를 감정평가액에 반영하지 않거나, 수정하여 적용할 수 있다.

「감정평가규칙」에 의하면 전문가의 자문 등을 거쳐 감정평가한 경우 그 자문 등의 내용을 감정평가서에 기재하도록 규정하고 있다(제13조제2항). 따라서 자문 등의 결과를 감정평가액에 반영한 경우에는 자문의 결과와 반영 이유 등을 기재하고, 이를 감정평가액에 반영하지 않았거나, 수정하여 적용한 경우에도 그 이유 등을 기재하여야 할 것이다.

(8) 수수료 및 실비에 관한 사항

「감정평가 및 감정평가사에 관한 법률」(약어로 감정평가법이라 한다)에서는 감정평가업무수행에 따른 수수료와 실비의 범위에 대해 규정하고 있는데, 감정평가계약의 당사자(즉, 감정평가업자와 의뢰인)는 이를 준수하여야 한다.

국토교통부는 「감정평가법」의 위임에 따라 행정규칙으로 「감정평가법인등의 보수에 관한 기준」(약어로 감정평가보수기준이라 한다)을 제정하였는데, 이 기준에 의하면 감정평가업자는 감정평가를 착수하기 이전에 「감정평가보수기준」상 감정평가수수료 체계에 따라 적용하는 수수료 요율을 의뢰인과 협의하고, 감정평가수수료에 할증률 또는 할인율을 적용하는 경우에는 이를 의뢰인에게 고지하도록 규정하고 있다.

2. 처리계획의 수립

1) 개요

감정평가업자는 수임계약이 성립되고 기본적 사항이 확정되면 대상물건의 확인부터 감정평가액의 결정 및 표시에 이르기까지 일련의 감정평가 작업 과정에 대한 처리계획을 수립하여야 한다.

감정평가업무의 효율적인 수행을 위해서는 감정평가업자의 경험과 지식 및 기술 등을 바탕으로 하여 대상물건의 성격 및 종류에 따라 위치 확인, 자료수집 범위 및 방법, 일정 등의 구체적인 처리계획을 수립한 후 업무에 착수하여야 한다.

처리계획의 수립은 능률적인 감정평가업무를 위한 목적 이외에도 의뢰인에게 감정평가 수임계약에 따른 업무 진행 상황을 보고하는 데에도 유용하다.

2) 내용

처리계획의 수립에는 ① 사전준비계획(예: 실거래가 신고자료의 조사, 평가전례 확인, 각종 공부의 발급 및 확인 등), ② 현장조사(실지조사)계획(예: 대상물건의 소유자나 점유자의 협조가 필요한 경우 사전에 일정 협의, 복수감정평가인 경우 감정평가업자간 현장조사 일정 협의), ③ 자료의 수집 · 검토계획, ④ 가치형성요인의 분석 · 감정평가방법의 적용계획, ⑤ 감정평가서 작성계획 등이 포함된다.

제3절 조사 · 판정단계

1. 대상물건의 확인

1) 개요

대상물건의 확인은 기본적 사항의 확정에서 정해진 대상물건을 조사하여 그 존재여부,

동일성 여부, 물건의 상태 및 권리관계 등을 조사하는 과정을 말하며, ① 물적 사항의 확인, ② 권리관계의 확인으로 구분할 수 있다.

「감정평가기준」에서는 대상물건의 확인방법을 ① 사전조사, ② 실지조사로 구분하고 있다. ① 사전조사는 실지조사 전에 관련 서류 등을 통하여 대상물건의 물적 사항과 권리관계 등을 조사하는 과정이다. 물리적으로 확인이 가능한 사항 이외에 공부상 확인 가능한 권리의 존재 및 상태, 기타 공법상 제한내용 및 제한정도 등에 관한 사항을 확인하여야 한다. ② 실지조사는 현장을 방문하여 대상물건의 현황 등을 직접 조사하는 과정으로 사전조사에서 확인할 수 없는 현장의 상황을 면밀히 조사하고 대상물건의 가치에 영향을 미치는 제반사항을 파악해야 한다.

감정평가업자가 감정평가를 할 때에는 대상물건의 확인을 위하여 원칙적으로 실지조사를 하여야 한다. 다만, ① 천재지변, 전시·사변, 법령에 따른 제한 및 물리적인 접근 곤란 등으로 실지조사가 불가능하거나 매우 곤란한 경우(예: 지뢰매설지역), ② 유가증권 등 대상물건의 특성상 실지조사가 불가능하거나 불필요한 경우 중 어느 하나에 해당하는 경우로서 실지조사를 하지 아니하고도 객관적이고 신뢰할 수 있는 자료를 충분히 확보할 수 있는 경우에는 실지조사를 생략할 수 있다.

2) 확인사항

(1) 물적 사항의 확인

물적 사항의 확인은 대상물건의 존재 여부, 동일성 여부에 대한 확인과 대상물건이 존재하는 경우 가치형성요인을 각각 확인하는 과정이다. 토지의 경우 지적도, 토지대장 등 지적공부와 현황측량도 등을 이용하여 소재지·지번·이용상황·면적·형상·지세·도로상태·정착물의 유무 등을 확인하고, 건물의 경우 소재지·지번·구조·용도·면적·부대설비 현황·부합물 및 종물의 유무, 현황 및 관리상태 등을 확인한다. 이 외에도 주위환경·교통사정 등 지역요인을 조사하여야 한다. 특히 대상물건 이외에 부합물이나 종물이 있는 경우 구조·면적·이용상황·관리상태 등도 추가로 조사하여야 한다.

(2) 권리관계의 확인

권리관계의 확인은 대상물건에 대한 소유권이나 소유권 이외의 권리의 존부와 그 내용을 조사·확인하는 과정이다. 등기사항증명서·토지대장 등 공부(公簿)에 의하여 사전에 확인한 후 실지조사를 통하여 이를 점검하여야 한다. 또한, 공부에 기재된 권리 이외에도 구분소유적 공유관계, 유치권, 임차권, 분묘기지권 등 현실적인 이용관계에 따른 사항까지 조사하여야 한다.

2. 자료수집 및 정리

1) 개요

감정평가에 필요한 자료를 수집하고 체계적으로 정리하는 단계이다. 이 과정은 감정평가 결과의 근거가 되는 기초자료를 수집하는 과정이므로 신뢰성 있는 자료를 풍부하게 수집하고, 체계적으로 분류하는 것이 중요하다.

자료는 크게 확인자료, 요인자료, 사례자료로 구분할 수 있으며, 자료의 수집방법에는 징구법, 열람법, 탐문법 등이 있다.

2) 자료의 종류

(1) 확인자료

확인자료는 대상물건의 물적 사항 및 권리관계의 확인에 필요한 자료를 말한다. 확인자료에는 토지대장, 지적도, 건축물관리대장, 설계도면 및 등기사항증명서 등이 있다.

(2) 요인자료

요인자료는 대상물건의 가치형성요인 분석에 필요한 자료를 말한다. 요인자료에는 지역요인 분석에 필요한 인구·소득·지가변동추이 등에 관한 자료와, 개별요인분석에 필요한 수익적 지출에 관한 계약서·재무제표 등에 관한 자료가 있다.

(3) 사례자료

사례자료는 매매사례, 임대사례, 건설사례, 수익사례 등과 같이 감정평가 3방식의 적용에 필요한 자료를 말한다.

3) 자료의 수집방법

(1) 징구법

징구법은 감정평가에 필요한 각종 자료를 의뢰인이나 이해관계인으로부터 직접 받는 방법이다. 징구법으로 수집한 자료는 특히 자료의 진위나 적정성에 대한 세밀한 검토가 필요하다.

(2) 열람법

열람법은 감정평가에 필요한 자료를 감정평가업자가 직접 열람하는 방법이다. 최근 정보통신의 발달에 따라 각종 공부(公簿)나 통계자료를 온라인으로 쉽게 열람·발급받을 수 있게 되었다.

(3) 탐문법

탐문법은 감정평가에 필요한 자료를 감정평가업자가 실지조사 또는 전화·우편·인터넷 등의 방법으로 탐문하여 수집하는 방법이다. 탐문조사에서는 조사자의 풍부한 경험과 지식 등이 중요하다.

4) 자료의 정리

수집된 자료는 체계적으로 정리하여 가치형성요인의 분석에 활용하여야 하며, 이를 잘 보관하여 추후 이해관계인의 이의신청이나 감정평가 타당성 조사 등에 활용하여야 할 것이다. 또한, 다른 물건의 감정평가에도 유용한 자료로 활용할 수 있을 것이다.

3. 자료 검토 및 가치형성요인의 분석

1) 자료의 검토

자료의 검토는 수집된 각종 자료가 대상물건의 감정평가 과정에서 필요·충분한 자료인가 또는 감정평가 목적이나 감정평가조건에 충족되는 자료인가를 판단하는 과정이다. 따라서 이 과정은 수집된 자료를 검토·검증·분석하여 감정평가 근거로 활용할 것인지를 결정하는 과정으로서 먼저, 수집된 자료의 신뢰성·적정성 등을 검토할 필요가 있다.

확인자료는 공신력과 증거력이 중요하므로, 감정평가 목적이나 대상물건의 성격 등에 따라 적절한 자료만 채택하여야 하며, 요인자료는 대상물건의 가치형성에 직접적으로 영향을 미치는 요인에 관한 자료인지를 검토하여야 한다. 그리고 사례자료는 감정평가방법의 적용에 직접 활용되는 것으로 최근의 사례인지, 사정보정 및 시점수정은 가능한지 대상물건과 위치적·물적 유사성이 인정되는지를 확인하여야 한다.[4)]

2) 가치형성요인의 분석

자료의 검토를 거친 후 채택된 자료를 통해 가치형성요인을 분석하는 과정으로서 대상물건의 경제적 가치를 실질적으로 판정하는 과정이다.

대상물건의 경제적 가치를 정확하게 판정하기 위해서는 먼저 철저한 시장분석을 하여야 한다. 이 책에서는 부동산시장분석의 절차를 ① 용도분석, ② 시장지역 설정, ③ 지역분석, ④ 수급분석, ⑤ 균형분석, ⑥ 시장성분석, ⑦ 경제적 타당성분석, ⑧ 최유효이용 판정의 8단계로 설명하였다.[5)] 또한, 이 책에서는 부동산의 가치형성요인을 지역요인과 개별요인으로 구분하여 설명하였다.[6)]

감정평가업자는 가치형성요인의 분석과정이 감정평가의 본질임을 명심하고 성실하고 공정하게 수행하여야 한다.

---

4) 한국감정평가협회·한국감정원(2014a), 앞의 책, 102쪽 참조.
5) 자세한 내용은 제2편 제3장 참조(157쪽).
6) 자세한 내용은 제2편 제4장 참조(168쪽).

제4절 결정 · 표시단계

1. 감정평가방법의 선정 및 적용

1) 개요

감정평가방법의 선정 및 적용은 대상물건의 특성이나 감정평가 목적 등에 따라 적절한 하나 이상의 감정평가방법을 선정하고, 그 방법에 따라 가치형성요인 분석 결과 등을 토대로 시산가액을 산정하는 절차를 말한다.

감정평가방식은 크게 원가방식, 비교방식, 수익방식으로 구분하며, 그 내용은 다음과 같다.

① 원가방식: 원가법 및 적산법 등 비용성의 원리에 기초한 감정평가방식

② 비교방식: 거래사례비교법, 임대사례비교법 등 시장성의 원리에 기초한 감정평가방식 및 공시지가기준법

③ 수익방식: 수익환원법 및 수익분석법 등 수익성의 원리에 기초한 감정평가방식

2) 내용

「감정평가규칙」에서는 대상물건별로 주된 감정평가방법을 규정하고(제14조부터 제26조까지 참조), 이를 원칙적으로 적용하도록 하고 있다. 다만, 주된 방법을 적용하는 것이 곤란하거나 부적절한 경우에는 다른 감정평가방법을 적용할 수 있도록 허용하고 있다.

2. 감정평가액의 결정 및 표시

1) 개요

감정평가액의 결정 및 표시는 감정평가방법을 적용하여 산정된 시산가액을 합리적으로 조정하여 대상물건이 갖는 구체적인 가치를 최종적으로 결정하고 감정평가서에 그 가액을 표시하는 절차를 말한다.

2) 내용

(1) 감정평가액의 결정

대상물건에 대해 어떤 감정평가방법을 적용하여 산정(算定)한 가액을 시산가액(試算價額)이라 한다. 감정평가업자가 대상물건의 감정평가액을 결정하기 위해서는 대상물건별로 규정된 주된 감정평가방법을 적용하여 산정한 시산가액을 감정평가방식 중 다른 감정평가방식에 속하는 하나 이상의 감정평가방법(이 경우 공시지가기준법과 그 밖의 비교방식에 속한 감정평가방법은 서로 다른 감정평가방식에 속한 것으로 본다)으로 산출한 시산가액과 비교하여 합리성을 검토하여야 한다. 다만, 대상물건의 특성 등으로 인하여 다른 감정평가방법을 적용하는 것이 곤란하거나 불필요한 경우에는 그러하지 아니하다.

「감정평가규칙」에서는 원칙적으로 둘 이상의 감정평가방법을 적용하여 시산가액을 산정한 후 그 합리성을 검토하도록 규정하고 있으며, 합리성이 없다고 판단되는 경우에는 시산가액을 조정하여 감정평가액을 결정할 수 있도록 규정하고 있다(제12조).

(2) 감정평가액의 표시

감정평가액의 표시는 시산가액 조정과정에서 도출된 감정평가액을 감정평가서에 표시하는 과정이다.

감정평가액의 표시는 반드시 하나의 수치만으로 할 필요는 없다. 감정평가의 목적이나 의뢰인의 요청 등에 따라 가치의 범위로도 표시될 수도 있을 것이다. 예를 들어 감정평가의 목적이 보상이나 과세(조세)인 경우에는 하나의 수치로 표시하는 것이 합리적이겠지만, 취득(매수)이나 처분(매각)의 경우에는 가치의 범위로 표시하는 것이 더 합리적일 수 있다. 참고적으로 미국의 Appraisal Institute(약어로 AI라 한다)는 최종가치의견은 통상 하나의 수치로 표시하지만, 가치의 범위(예: $1,000,000에서 $1,200,000사이) 또는 기준액과의 관계(예: $1,000,000 이상 또는 $1,000,000 이하)로 표시할 수 있다고 설명한다.[7]

7) Appraisal Institute(2020), *The Appraisal of Real Estate(15th ed.)*, 602쪽 참조.

제2장 감정평가서

제1절 감정평가서의 개요

1. 감정평가서의 의의

1) 감정평가서의 개념

「감정평가법」에서는 감정평가업자가 감정평가를 의뢰받은 때에는 지체 없이 감정평가를 실시한 후 국토교통부령으로 정하는 바에 따라 의뢰인에게 감정평가서(「전자문서 및 전자거래기본법」 제2조에 따른 전자문서[1])로 된 감정평가서를 포함한다)를 발급하도록 규정하고 있다(제6조제1항). 따라서 감정평가서(鑑定評價書)란 감정평가업자가 감정평가의 결과를 기재하여 의뢰인에게 발급하는 문서라 할 수 있다. 따라서 감정평가서는 감정평가업자가 의뢰인으로부터 의뢰받은 내용에 대한 판정의 결과를 제공하는 감정평가의 성과물이며, 감정평가서의 발급은 감정평가에 관한 일의 완성을 의미한다.[2]

1) 전자문서란 정보처리시스템에 의하여 전자적 형태로 작성・변환되거나 송신・수신 또는 저장된 정보를 말한다.
2) 따라서 감정평가계약의 법적 성질을 도급으로 보는 것이 타당하다. 자세한 내용은 이선영(2018), 신감정평가법, 리북스, 837쪽 참조.

2) 감정평가서의 효력

먼저, 감정평가서는 감정평가계약의 목적물로서, 감정평가서에 기재된 감정평가액은 의뢰인뿐 아니라 다양한 이해관계인에게 영향을 미친다. 예를 들어 담보목적의 감정평가서는 금융회사뿐 아니라 대출자에게, 보상평가서는 사업시행자뿐 아니라 토지소유자 등에게, 표준지 조사·평가보고서는 국토교통부장관뿐 아니라 지방자치단체나 토지소유자 등에게도 영향을 미친다.[3)]

둘째, 감정평가서가 작성되는 경우 감정평가업자의 보수청구권이 발생한다. 「감정평가법 시행규칙」에 의하면 감정평가서는 해당 감정평가에 대한 수수료 등이 완납되는 즉시 의뢰인에게 발급하여야 한다. 다만, 의뢰인이 국가·지방자치단체 또는 「공공기관의 운영에 관한 법률」에 따른 공공기관이거나 감정평가업자와 의뢰인 간에 특약이 있는 경우에는 수수료 등을 완납하기 전에 감정평가서를 발급할 수 있다(제2조). 감정평가서의 작성에도 불구하고 의뢰인이 그 수령을 지체하는 때에는 계약의 해제 또는 채무불이행으로 인한 손해배상의 문제가 발생한다.

셋째, 감정평가서가 발급되는 경우 감정평가업자는 감정평가서의 내용을 함부로 수정·변경하지 못한다. 문서로서 감정평가액을 일단 대외적으로 표시한 이상 감정평가업자도 이에 구속된다. 다만, 감정평가서에 위산·오기 기타 표현상의 오류가 있는 경우에는 이를 경정(更訂)할 수 있을 것이다.

넷째, 의뢰인 및 관계 기관 등 대통령령으로 정하는 자는 발급된 감정평가서의 적정성에 대한 검토를 대통령령으로 정하는 기준을 충족하는 감정평가법인등[소속된 감정평가사(감정평가사인 감정평가법인등의 대표사원, 대표이사 또는 대표자를 포함한다)가 둘 이상인 감정평가법인등을 말하며, 해당 감정평가서를 발급한 감정평가법인등은 제외한다]에게 의뢰할 수 있다(감정평가법 제7조제3항). 따라서 발급된 감정평가서는 감정평가서 적정성 검토의 대상이 될 수 있다. 감정평가서의 적정성 검토제도는 2021. 7. 「감정평가법」 개정시 도입되었다. 한편, 「공익사업법 시행규칙」에서는 제출된 보상평가서의 검토에 대해 규정하고 있다. 즉, 사업시행자는 감정평가업자가 제출한 보상평가서를 검토

3) 이하 자세한 내용은 서경규(2019), "부동산 감정평가서제도의 발전방안", 감정평가학논집, 18(1), 한국감정평가학회, 29~49쪽 참조.

한 결과 그 평가가 관계법령에 위반하여 평가되었거나 합리적 근거 없이 비교 대상이 되는 표준지의 공시지가와 현저하게 차이가 나는 등 부당하게 평가되었다고 인정하는 경우에는 당해 감정평가업자에게 그 사유를 명시하여 다시 평가할 것을 요구하여야 한다(제17조).

다섯째, 국토교통부장관은 감정평가서가 발급된 후 해당 감정평가가 「감정평가법」 또는 다른 법률에서 정하는 절차와 방법 등에 따라 타당하게 이루어졌는지를 직권으로 또는 관계 기관 등의 요청에 따라 조사할 수 있으며(감정평가법 제8조제1항), 감정평가제도를 개선하기 위하여 대통령령으로 정하는 바에 따라 발급된 감정평가서에 대한 표본조사를 실시할 수 있다(감정평가법 제8조제4항). 따라서 발급된 감정평가서는 감정평가의 타당성 조사 및 감정평가서 표본조사의 대상이 될 수 있다. 2021. 7. 「감정평가법」 개정시 감정평가서 표본조사에 대한 법적 근거를 마련하였다.

여섯째, 감정평가서는 감정평가업자의 책임소재를 판단하는 근거가 된다. 감정평가서에 하자가 있는 경우 하자보수, 손해배상, 형사책임 등의 문제가 발생할 수 있다. 「감정평가법」에 의하면 감정평가서와 관련하여 손해배상책임(제28조)[4], 징계(제39조)[5], 벌칙(제49조)[6] 등이 규정되어 있다.

---

4) 제28조(손해배상책임) ① 감정평가법인 등이 감정평가를 하면서 고의 또는 과실로 감정평가 당시의 적정가격과 현저한 차이가 있게 감정평가를 하거나 감정평가 서류에 거짓을 기록함으로써 감정평가 의뢰인이나 선의의 제3자에게 손해를 발생하게 하였을 때에는 감정평가법인 등은 그 손해를 배상할 책임이 있다.

5) 제39조(징계) ① 국토교통부장관은 감정평가사가 다음 각 호의 어느 하나에 해당하는 경우에는 제40조에 따른 감정평가관리・징계위원회의 의결에 따라 제2항 각 호의 어느 하나에 해당하는 징계를 할 수 있다. …
   2. 제3조제3항에 따른 원칙과 기준을 위반하여 감정평가를 한 경우
   3. 제6조에 따른 감정평가서의 작성・발급 등에 관한 사항을 위반한 경우

6) 제49조(벌칙) 다음 각 호의 어느 하나에 해당하는 자는 3년 이하의 징역 또는 3천만원 이하의 벌금에 처한다. …
   5. 제25조제1항을 위반하여 고의로 업무를 잘못하거나 같은 조 제6항을 위반하여 제28조의2에서 정하는 유도 또는 요구에 따른 자

2. 감정평가서의 요건

1) 감정평가서의 명칭(제목)

감정평가서의 명칭에 대해서는 관련 법령에 따라 감정평가서, 보상평가서, 조사・평가보고서 등으로 각각 불리고 있다. 먼저, 「감정평가법」에서는 앞에서 설명한 것처럼 감정평가서라고 한다. 둘째, 「공익사업법」에서는 평가를 한 후 제출기한 내에 사업시행자에게 보상평가서를 제출하도록 하고 있다(시행규칙 제16조 제4항). 셋째, 「부동산가격공시법」에서는 표준지에 대해 조사・평가를 한 후 표준지를 관할하는 시장・군수・구청장의 의견을 듣고 조사・평가보고서를 제출하도록 하고 있다(시행령 제8조).

한편, 감정평가의 결과는 법령에 다른 규정이 없는 한 반드시 '감정평가서'라는 명칭으로 표시하여야 한다. 따라서 상담・자문 등 감정평가가 아닌 업무를 행하면서 '감정평가서' 또는 타인의 오해를 불러 일으킬만한 유사한 명칭을 사용해서는 안 된다. 감정평가는 국민의 재산권에 대한 최종적인 가치판단을 하는 중요한 기능을 수행하기 때문에 비전문가에 의한 유사명칭 사용으로 인한 사회적, 경제적 혼란을 예방하기 위한 목적이 있다.[7] 「감정평가규칙」에서도 감정평가서를 발급하는 경우 그 표지에 감정평가서라는 제목을 명확하게 적도록 규정하고 있다(제13조제4항).

2) 감정평가서의 형식

2022년 1월 「감정평가규칙」을 개정하기 전에는 감정평가서를 원칙적으로 「감정평가규칙」 별지 제1호 서식(약어로 1호서식이라 한다)에 따라 작성하도록 규정하였다. 당시 1호서식은 크게 ① 표지, ② ( )감정평가표, ③ 감정평가액의 산출근거 및 결정 의견, ④ ( )감정평가 명세표로 구성되어 있었다. 그런데 2022년 1월 「감정평가규칙」을 개정하면서 감정평가의 목적 및 의뢰인의 요구 등을 충실히 반영한 감정평가가 이루어질 수 있도록 정형화된 감정평가서 서식을 폐지하였다. 그 대신 한국감정평가사협회가 정하는 감정평가서 표준 서식을 사용할 수 있도록 하였다(제13조제5항).

7) 한국감정평가협회・한국감정원(2014a), 앞의 책, 198쪽 참조.

한편, 2021년 7월 「감정평가법」 개정 시 전자적인 형태의 감정평가서 발급을 허용하였다(제6조제1항). 감정평가업자가 전자문서로 된 감정평가서를 발급하는 경우 감정평가사의 서명과 날인은 「전자서명법」에 따른 전자서명의 방법으로 해야 하며[8], 감정평가업자는 전자문서로 된 감정평가서의 위조・변조・훼손 등을 방지하기 위하여 감정평가 정보에 대한 접근 권한자 지정, 방화벽의 설치・운영 등의 조치를 해야 한다(감정평가규칙 제13조의2).

3) 감정평가서의 기재사항

「감정평가규칙」에서는 감정평가서의 필수적 기재사항에 대해 규정하고 있다. 그 내용에 대해서는 다음의 절에서 상세하게 설명하기로 한다.

한편, 필수적 기재사항을 누락하는 경우 징계사유가 될 수 있다(감정평가법 제39조제1항제3호).

4) 감정평가서의 심사

감정평가업자가 법인인 경우 감정평가서를 의뢰인에게 발급하기 전에 감정평가를 한 소속 감정평가사가 작성한 감정평가서의 적정성을 같은 법인 소속의 다른 감정평가사에게 심사하게 하고, 그 적정성을 심사한 감정평가사로 하여금 감정평가서에 그 심사사실을 표시하고 서명과 날인을 하게 하여야 한다. 이 경우 감정평가서의 적정성을 심사하는 감정평가사는 감정평가서가 제3조에 따른 원칙과 기준을 준수하여 작성되었는지 여부를 신의와 성실로써 공정하게 심사하여야 한다(감정평가법 제7조).

이 제도는 법인인 감정평가업자에게만 적용되는 것으로 2016. 1. 「감정평가법」이 제정되면서 의무화되었다.

---

8) 「전자서명법」 제2조(정의) 이 법에서 사용하는 용어의 뜻은 다음과 같다.
1. "전자문서"란 정보처리시스템에 의하여 전자적 형태로 작성되어 송신 또는 수신되거나 저장된 정보를 말한다.
2. "전자서명"이란 다음 각 목의 사항을 나타내는 데 이용하기 위하여 전자문서에 첨부되거나 논리적으로 결합된 전자적 형태의 정보를 말한다.
가. 서명자의 신원
나. 서명자가 해당 전자문서에 서명하였다는 사실

5) 감정평가서의 서명 · 날인

감정평가서에는 감정평가업자의 사무소 또는 법인의 명칭을 적고, 감정평가를 한 감정평가사가 그 자격을 표시한 후 서명과 날인을 하여야 한다. 이 경우 감정평가법인의 경우에는 그 대표사원 또는 대표이사도 서명이나 날인을 하여야 한다(감정평가법 제6조제2항).

3. 감정평가서의 작성원칙

1) 법령상의 원칙

「감정평가규칙」에서는 감정평가서를 의뢰인과 이해관계자(약어로 의뢰인 등이라 한다)가 이해할 수 있도록 명확하고 일관성 있게 작성하도록 규정하고 있다(제13조제1항). 또한, 행정규칙인 「감정평가기준」에서는 명확성, 일관성 이외에 추가적으로 충분성에 대해 규정하고 있다(500-1. 참조). 즉, 감정평가서에는 의뢰인 등이 감정평가 결과를 이해할 수 있도록 충분한 정보가 포함되어야 한다. 감정평가서의 작성원칙을 구체적으로 설명하면 다음과 같다.

먼저, 명확성이다. 감정평가업자는 감정평가서의 필수적 기재사항, 대상물건의 현황, 참고자료의 명칭과 출처, 감정평가액의 산출근거 등에 대해 정확하고 간결하게 작성하여야 한다.

둘째, 일관성이다. 감정평가액의 산출근거와 결정 의견 등을 작성할 때에는 표현방식과 논리구성에 있어 일관성이 유지되어야 한다. 특히 의뢰인 등의 오해가 발생할 여지가 없도록 작성하여야 한다.

셋째, 충분성이다. 감정평가서에는 대상물건의 경제적 가치와 그 판정에 관한 정보가 충분히 기재되어야 한다. 특히 감정평가액의 산출근거에 대해서는 충분히 설명되도록 노력하여야 한다.

토지의 수용·사용에 따른 보상액을 평가함에 있어서는 관계 법령에서 들고 있는 모든 산정요인을 구체적·종합적으로 참작하여 그 요인들을 모두 반영하여야 하고, 이를 위한 감정평가서에는 모든 산정요인의 세세한 부분까지 일일이 설시하거나 그 요인들이 평가에 미치는 영향을 수치적으로 나타내지는 않더라도 그 요인들을 특정·명시함과 아울러 각 요인별 참작 내용과 정도를 객관적으로 납득할 수 있을 정도로 설명을 기재하여야 한다. 이는 보상선례를 참작하는 것이 상당하다고 보아 이를 보상액 산정요인으로 반영하여 평가하는 경우에도 마찬가지라 할 것이므로, 감정평가서에는 보상선례토지와 평가대상인 토지의 개별요인을 비교하여 평가한 내용 등 산정요인을 구체적으로 밝혀 기재하여야 한다. 따라서 보상선례를 참작하면서도 위와 같은 사항을 명시하지 않은 감정평가서를 기초로 보상액을 산정하는 것은 위법하다고 보아야 한다(대법원 2013. 6. 27 선고 2013두2587 판결).

2) 이론상의 원칙

미국의 Jared Shlaes(1993)는 양질의 감정평가서에 대해 연구하면서 양질의 감정평가서 기준으로 7C를 제시하였다. 제시된 7C는 ① 현재성(current: 기준시점 현재의 정보를 제공), ② 완전성(complete: 대상물건에 관한 완전하고 충분한 정보 제공), ③ 정확성(correct: 대상물건의 정보에 관한 정확성), ④ 설득성(cogent: 의뢰인이 감정평가사의 의견에 따를 수 있도록 논리적으로 표현), ⑤ 일관성(consistent: 의뢰인이 오해하지 않도록 일관되게 표현), ⑥ 편리성(convenient: 주요 내용을 쉽게 찾도록 작성), ⑦ 간결성(concise: 불필요한 내용의 생략)이다.[9)]

9) Shlaes, Jared(1993), "The Quality Appraisal Report," Appraisal Journal, Vol.61 Issue 4, 483~488쪽.

제2절 감정평가서의 기재사항

1. 개요

1) 규정의 취지

감정평가서는 의뢰인에게 제출되는 감정평가의 최종 결과물이다. 여기서 감정평가서는 감정평가액이 도출된 과정을 의뢰인에게 논리적으로 설명할 수 있는 근거이자, 제3자에게도 감정평가액에 관한 정보를 제공하는 기능을 한다. 또한 감정평가업자의 책임범위와도 관련이 되므로 정확하고, 충실하게 작성하여야 한다.[10)]

「감정평가규칙」에서는 감정평가서에 필수적으로 기재하여야 할 사항에 대해 규정하고 있다. 이 규정은 감정평가서가 포함해야 하는 최소한의 정보사항을 법령에 규정함으로써 감정평가서의 품질을 제고하고 이해관계인의 이해를 돕도록 하는 데 그 목적이 있다.

2) 규정의 내용

필수적 기재사항의 내용은 ① 감정평가업자의 명칭, ② 의뢰인의 성명 또는 명칭, ③ 대상물건(소재지, 종류, 수량, 그 밖에 필요한 사항), ④ 대상물건 목록의 표시근거, ⑤ 감정평가 목적, ⑥ 기준시점, 조사기간 및 감정평가서 작성일, ⑦ 실지조사를 하지 아니한 경우에는 그 이유, ⑧ 시장가치 외의 가치를 기준으로 감정평가한 경우에는 「감정평가규칙」 제5조제3항 각 호의 사항. 다만, 같은 조 제2항제1호의 경우에는 해당 법령을 적는 것으로 갈음할 수 있다. ⑨ 감정평가조건을 붙인 경우에는 그 이유 및 「감정평가규칙」 제6조제3항의 검토사항. 다만, 같은 조 제2항제1호의 경우에는 해당 법령을 적는 것으로 갈음할 수 있다. ⑩ 감정평가액, ⑪ 감정평가액의 산출근거 및 결정 의견, ⑫ 전문가의 자문등을 거쳐 감정평가한 경우 그 자문등의 내용, ⑬ 그 밖에 감정평가관련법규에 따른 기재사항 등 13가지이다.

10) 이하 내용은 한국감정평가협회 · 한국감정원(2014a), 앞의 책, 201～209 참조하여 재작성.

다음에서는 이를 구체적으로 설명하기로 한다.

2. 필수적 기재사항

1) 감정평가업자의 명칭

감정평가서에는 감정평가업자의 사무소 또는 법인의 명칭을 적고, 감정평가를 한 감정평가사가 그 자격을 표시한 후 서명과 날인을 하여야 한다. 이 경우 감정평가법인의 경우에는 그 대표사원 또는 대표이사도 서명이나 날인을 하여야 한다(감정평가법 제6조제2항).

감정평가서에 감정평가 주체인 감정평가업자를 기재하는 것은 감정평가의 책임 소재를 분명하게 해 준다.

2) 의뢰인의 성명 또는 명칭

통상적으로 감정평가 결과를 이용하여 의사결정을 하고자 하는 사람이 의뢰인이 된다. 의뢰인은 감정평가계약의 당사자로서 중요한 의미를 가진다. 또한, 감정평가 수수료를 부담하는 의무를 진다(감정평가법 제23조제1항).

한편, 종전 감정평가서 1호서식은 (　　)감정평가표상에 의뢰인 이외에 채무자나 소유자(대상업체명) 또는 제출처도 기재하도록 하였다. 따라서 담보평가에서 채무자·물상보증인·감정평가서 사용자, 경매평가에서 채무자·감정평가서 사용자 등도 기재하였다. 이를 기재하는 이유는 감정평가서의 사용목적 이외의 다른 목적으로의 사용을 방지하고, 이해관계인의 범위를 분명히 하고자 함에 있다.[11] 참고적으로 「감정평가기준」에서도 제출처를 기재하도록 규정하고 있다(500-3).

3) 대상물건(소재지, 종류, 수량, 그 밖에 필요한 사항)

대상물건은 감정평가의 범위를 결정하고 책임소재를 명확히 하는 의미를 갖는다. 종전

11) 이선영(2018), 신감정평가법, 리북스, 622쪽.

감정평가서 1호서식은 (   )감정평가표상에 대상물건의 종류, 면적 또는 수량을 기재하게 하였으며, (   )감정평가 명세표상에 대상물건의 소재지, 지번, 지목·용도, 구조, 면적 등을 기재하게 하였다.

첫째, 소재지는 대상물건이 소재하는 행정구역(즉, 시·도, 시·군·구, 읍·면·동)을 말한다. 통상 각종 공부를 확인하여 기재한다.

둘째, 종류는 대상물건의 유형을 구분하여 기재한 것으로 토지, 건물, 구분건물, 자동차, 기계기구 등으로 기재한다.

셋째, 수량은 대상물건의 유형별로 면적 또는 수량을 기재한다. 예를 들어 토지의 경우 350㎡, 구분건물의 경우 2세대, 기계기구의 경우 10개 등으로 기재한다.

4) 대상물건 목록의 표시근거

(   )감정평가 명세표상의 대상물건 목록을 어떠한 자료에 근거하여 작성하였는지를 알려주는 항목이다. 여기서 목록이란 대상물건의 소재지, 지번, 면적 또는 수량 등을 말한다.

표시근거의 예로는 대상물건이 토지일 경우 토지(임야)대장등본, 등기사항전부증명서 등이 있고, 건물일 경우 (일반·집합)건축물대장등본, 등기사항전부증명서 등이 있다. 또한, 준부동산의 경우 (자동차·건설기계 등의)등록원부가 있고, 동산인 경우 의뢰인이 제시한 제시목록이 표시근거가 되기도 한다(예: 공장의 감정평가에 있어 기계기구).

5) 감정평가 목적

감정평가의뢰의 목적에 따라 감정평가액이 달라질 수 있으므로, 감정평가서에는 감정평가 목적을 명확히 기재하여야 하며, 해당 목적 이외의 목적으로 사용할 수 없다는 점을 분명하게 기재하여야 한다.

6) 기준시점, 조사기간 및 감정평가서 작성일

대상물건의 가치는 시간의 경과에 따라 변할 수 있으므로 특정시점을 기준으로 감정평가액이 결정되었음을 분명하게 하여야 한다. 특정시점이란 기준시점을 의미하고, 기준시점에서 감정평가액이 결정되었다는 것은 기준시점 이전 또는 기준시점 이후에는 유효하지 않다는 것을 의미한다.

기준시점은 대상물건의 가격조사[12)]를 완료한 날짜로 정하는 것이 원칙이다. 다만, 기준시점을 미리 정하였을 때에는 그 날짜에 가격조사가 가능한 경우에만 기준시점으로 할 수 있다(감정평가규칙 제9조제2항). 한편, 조사기간은 대상물건에 대한 실지조사를 착수한 날짜부터 가격조사를 완료한 날짜를 의미한다. 따라서 여러 날짜를 기재하거나 일정한 기간으로 기재할 수도 있다. 감정평가서 작성일은 감정평가서 작성을 완료한 날짜를 말한다.

7) 실지조사를 하지 아니한 경우에는 그 이유

「감정평가규칙」 제10조제2항에서는 실지조사를 생략할 수 있는 예외 규정을 두고 있다. 이때 해당 사실과 이유를 의뢰인에게 알리고, 감정평가서에 기재하여 감정평가서 사용자가 알 수 있도록 해야 한다.

실지조사를 생략할 수 있는 경우는 ① 천재지변, 전시・사변, 법령에 따른 제한 및 물리적인 접근 곤란 등으로 실지조사가 불가능하거나 매우 곤란한 경우(예: 출입금지구역・통제구역 등에 소재하는 경우), ② 유가증권 등 대상물건의 특성상 실지조사가 불가능하거나 불필요한 경우 중 어느 하나에 해당하고 실지조사를 하지 않고도 객관적이고 신뢰할 수 있는 자료를 충분히 확보할 수 있는 경우에 한한다. 따라서 ①호 및 ②호에 해당하더라도 실지조사를 하지 않고도 객관적이고 신뢰할 수 있는 자료를 충분히 확보할 수 없다면 실지조사를 생략할 수 없다. 이 경우에는 「감정평가기준」 [300-2]의 수임제한 사유에 해당하므로 그 사실을 의뢰인에게 지체 없이 알리고 수임계약을 철회하여야 한다(감정평가기준 300-7).

---

12) 용어상 가치조사로 변경하는 것이 합리적이다.

8) 시장가치 외의 가치를 기준으로 한 경우

감정평가업자는 시장가치 외의 가치를 기준으로 감정평가할 경우에는 ① 해당 시장가치 외의 가치의 성격과 특징, ② 시장가치 외의 가치를 기준으로 하는 감정평가의 합리성 및 적법성을 검토하여야 하며, 그 검토 내용을 감정평가서에 적어야 한다. 다만, 법령에 다른 규정이 있어 시장가치 외의 가치로 결정한 경우에는 해당 법령을 적는 것으로 갈음할 수 있다.

9) 감정평가조건을 붙인 경우

감정평가조건은 가치형성요인의 변경을 가져와 감정평가액에 영향을 미칠 수 있으므로, 해당 감정평가서가 어떠한 조건을 전제로 작성된 것이라는 것을 명확하게 적어야 한다. 즉, 감정평가액 산출 과정에 감정평가조건이 부가되었다면 의뢰인 등이 분명하게 이해할 수 있도록 감정평가조건을 명확하게 적어야 한다.

감정평가조건을 붙인 때에는 감정평가조건의 합리성·적법성·실현가능성을 검토하여야 하며, 감정평가서에는 감정평가조건의 내용과 이를 붙인 이유, 감정평가조건의 합리성·적법성·실현가능성에 대해 검토한 내용을 적어야 한다. 다만, 법령에 다른 규정이 있어 감정평가조건을 붙인 경우에는 해당 법령을 적는 것으로 갈음할 수 있다.

10) 감정평가액

감정평가의 최종적인 결과는 감정평가액이다. 종전 감정평가서 1호서식은 (　　)감정평가표상에 감정평가액을 한글로 적고, 괄호 안에 아라비아 숫자를 함께 적도록 규정하였다. 이는 감정평가액을 명확하게 하고, 그 위조나 변조를 방지하기 위함이다. 또한 감정평가내용의 란에는 대상물건의 종류별(예: 토지, 건물, 구분건물, 기계기구 등)로 감정평가액을 합산하여 그 단가와 금액을 적도록 하였다. 이때 단가는 '면적(또는 수량) × 단가=금액'이 성립하지 않으면 횡선(즉, −)을 긋는다. 또한, (　　)감정평가 명세표상에는 대상물건의 종류별로 구분하여 세부적인 감정평가액의 단가와 금액을 적도록 하였다. 따라서 감정평가액은 (　　)감정평가표상의 금액과 (　　)감정평가 명세표상의 세부 합산금액이 일치하여야 한다.

한편, 감정평가액을 적을 때 앞의 설명과 같이 대상물건이 둘 이상인 경우 대상물건 각각의 가치와 그 합을 함께 적는 것을 원칙으로 한다. 다만, 대상물건 각각의 가치를 따로 적는 것이 적절하지 아니한 경우에는 일괄하여 적을 수 있으며 그 이유를 명확히 적어야 한다(감정평가기준 500-3-②). 이는 감정평가의 원칙으로서 개별물건기준 원칙에 부합하도록 한 것이다.

11) 감정평가액의 산출근거 및 결정 의견

(1) 개요

감정평가는 충분하고 합리적인 근거와 이론적 해석에 입각하여 그 요지가 감정평가서에 집약적으로 표시되어야 한다. 감정평가액의 산출근거와 결정 의견은 향후 법적 분쟁이 있을 때 감정평가사의 책임여부 및 범위의 근거가 되기도 한다.

종전 감정평가서 1호서식은 '감정평가액의 산출근거와 결정 의견'을 별도로 분리하여 두고 그 기재요령에 대해 규정하였다. 이는 감정평가사가 감정평가과정에서 수집·채택한 자료를 어떻게 정리하고 가치형성요인을 어떻게 분석하였으며 감정평가에 어떤 방법을 적용하여 최종적으로 어떻게 가치를 도출하였는지에 관한 내용을 상세하게 적도록 하기 위함이다.

여기서는 종전 감정평가서 1호서식의 규정에 따라 ① 대상물건 개요, ② 기준가치 및 감정평가조건, ③ 감정평가액 산출근거로 구분하여 설명하고자 한다.

(2) 대상물건 개요

대상물건의 개요에 기재할 내용은 다음과 같다. ① 대상물건의 형상, 이용 상황, 공법상 제한사항 및 감정평가 시 고려할 필요가 있는 주변 상황 등, ② 대상물건의 감정평가 기준시점과 해당 시점으로 결정한 이유, ③ 실지조사를 실시한 기간과 내용을 적고, 실지조사를 하지 않은 경우에는 그 이유.

(3) 기준가치 및 감정평가조건

먼저, 시장가치를 기준으로 감정평가액을 결정한 경우에는 기준가치를 '시장가치'라고 적고, 시장가치 외의 가치를 기준으로 감정평가액을 결정한 경우에는 ① 해당 시장가치 외의 가치의 성격과 특징, ② 시장가치 외의 가치를 기준으로 하는 감정평가의 합리성 및 적법성을 검토하고, 그 검토 내용을 감정평가서에 적는다. 다만, 법령에 다른 규정이 있어 시장가치 외의 가치로 결정한 경우에는 해당 법령을 적는 것으로 갈음할 수 있다.

둘째, 감정평가조건을 붙인 때에는 감정평가조건의 합리성·적법성·실현가능성을 검토하고, 감정평가서에 감정평가조건의 내용과 이를 붙인 이유, 감정평가조건의 합리성·적법성·실현가능성에 대해 검토한 내용을 적는다. 다만, 법령에 다른 규정이 있어 감정평가조건을 붙인 경우에는 해당 법령을 적는 것으로 갈음할 수 있다.

(4) 감정평가액 산출근거

감정평가액의 산출근거를 적을 때에는 다음 각 호의 사항을 포함하여야 한다. 다만, 부득이한 경우에는 그 이유를 적고 일부를 포함하지 아니할 수 있다(감정평가기준 500-3-③).

첫째, 적용한 감정평가방법에 관한 내용이다. ① 대상물건의 감정평가를 위해 적용한 감정평가방법의 관련 규정을 적는다. ② 대상물건을 감정평가하는 주된 방법의 내용과 채택이유를 기재하고, 주된 방법을 적용하는 것이 곤란하거나 부적절하여 다른 방법을 적용한 경우 그 이유와 내용을 적는다.

둘째, 적용한 감정평가방법의 산출과정에 관한 내용이다. ① 공시지가기준법을 적용한 경우 비교표준지 선정의 근거, 시점수정의 근거 및 내용을 적고, 비교표준지와 대상토지의 지역요인·개별요인에 대해서 비교항목별로 비교한 내용을 객관적인 근거에 의해 적어야 한다. 또한 그 밖의 요인을 보정한 경우 산출근거를 구체적이고 명확하게 기재하여 감정평가액 산출 결과에 대해 의뢰인 등이 이해하도록 해야 한다. ② 거래사례비교법이나 임대사례비교법을 적용한 경우 거래사례(또는 임대사례)의 선정 내용, 사정보정 및 시점수점에 관한 사항, 거래사례(또는 임대사례)와 대상물건의 가치형성요인을 비교한 내용 등을 구체적으로 적는다. ③ 원가법을 적용한 경우 재조달원가 산정방법 및 그 근거를 기재하고, 감가요인(물리적, 기능적, 경제적) 및 감가수정의 내용(경제적 내용연수, 감가수정방법 등)을 적는다. ④ 수익환원법을 적용한 경우 순수익 산정의 과정, 환원율(할인율, 최종환원율)의 산정근거, 보유기간의 결정근거 등을 적는다. ⑤ 적산법을 적용한 경우 기초가액의 산정과정, 기대이율의 산정근거, 필요제경비의 내용 등을 적는다.

셋째, 개별물건기준 원칙의 예외에 관한 사항이다. 개별물건기준 원칙의 예외로서 일괄감정평가, 구분감정평가 또는 부분감정평가를 한 경우에는 그 이유와 내용을 적는다.

넷째, 시산가액의 조정에 관한 사항이다. 시산가액을 조정하는 방법 및 산출과정을 기재하고, 대상물건의 특성 등으로 인하여 다른 감정평가방법에 의한 시산가액으로 합리성 검토를 할 수 없는 경우 그 이유와 내용을 적는다.

다섯째, 대상물건 중 일부를 감정평가에서 제외한 경우이다. 감정평가를 의뢰받은 대상물건 중 일부를 평가에서 제외한 경우 그 이유를 적는다. 대상물건 중 감정평가에서 제외하는 예로는 토지의 담보목적 감정평가에서 현황 도로, 분묘 소재 등이 있고, 건물의 경우 경제적 가치가 없거나(예: 일부 멸실) 철거가 예정된 경우 등이 있고, 동산의 경우 경제적 가치가 없거나(예: 일부 파손) 소재불명 등이 있다.

여섯째, 그 밖의 사항에 관한 내용이다. ① 감정평가액 산출내역에 포함되지 않았으나 산출과정에서 참고한 자료가 있는 경우 그 자료의 명칭, 출처와 내용을 적는다. ② 「감정평가규칙」 제13조제2항에서 열거한 사항 외에 감정평가액 결정에 영향을 미치는 중요한 내용이 있는 경우 적는다.

12) 전문가의 자문 등을 거친 경우

감정평가를 수행할 때 특정 전문분야에 관한 자문이 필요하여 외부전문가로부터 자문을 받아 이를 감정평가에 반영한 경우에는 그 자문 등의 내용을 기재하여야 한다. 즉, 자문 등을 행한 전문가의 경력, 업무수행의 내용, 자문 등이 감정평가에 활용된 내용 등을 기재한다. 전문가의 자문 등을 거쳐 감정평가한 경우 그 내용을 명확하게 기재하는 것은 감정평가의 책임 소재와 범위를 정확하게 해준다.

13) 그 밖에 감정평가관련법규에 따른 기재사항

위에서 설명한 제1호부터 제12호 이외에도 「감정평가규칙」이나 다른 감정평가관련법규에서 적도록 한 사항이 있는 경우 이를 적는다.

제3절 감정평가서제도의 재검토

1. 감정평가서제도의 비교

1) 개요

감정평가서제도는 우리나라의 경우 「감정평가법」상 감정평가서, 「공익사업법」상 보상평가서, 「부동산가격공시법」상 조사・평가보고서에 대해 비교하며, 해외사례로 미국・일본・중국의 제도를 설명하기로 한다.

2) 우리나라

먼저, 「감정평가법」에서는 감정평가업자가 감정평가를 의뢰받은 때에는 지체 없이 감정평가를 실시한 후 감정평가서를 발급하도록 규정하고 있다. 한편, 감정평가법인의 경우 감정평가서를 의뢰인에게 발급하기 전에 감정평가를 한 소속 감정평가사가 작성한 감정평가서의 적정성을 같은 법인 소속의 다른 감정평가사에게 심사하게 하고 있다.

둘째, 보상평가서의 경우 감정평가업에 종사하는 감정평가사 1인 이상의 심사를 요건으로 하고 있으며(공익사업법 시행규칙 제16조제4항), 감정평가를 한 감정평가사 본인이 심사자로 기재하는 것은 허용되지 않는다.[13] 따라서 1인의 감정평가사가 주재하는 감정평가사사무소는 보상평가서의 심사를 위해 다른 감정평가업자의 심사를 받아야 한다.

셋째, 표준지 조사・평가보고서의 경우 관할 시장・군수・구청장의 의견청취를 요건

13) 국토교통부 유권해석, 토지정책과-3798, 2013. 10. 17.

으로 하고 있으며, 첨부서류로 ① 지역분석조서, ② 표준지 조사사항 및 가격평가의견서, ③ 의견청취결과서, ④ 표준지 위치표시 도면, ⑤ 그 밖에 사실확인에 필요한 서류를 제출하여야 한다(부동산가격공시법 시행령 제8조).

이를 요약하면 다음의 표와 같다.

〈표 4.2.1〉 감정평가서제도의 비교

구분	감정평가서	보상평가서	조사 · 평가보고서
근거 법령	감정평가법	공익사업법	부동산가격공시법
제출 기한	지체 없이	30일 이내 (예외 있음)	(의뢰인 요청일)
발급 요건	감정평가법인의 경우 법인 소속 다른 감정평가사의 심사 (적정성 심사)	감정평가업에 종사하는 감정평가사 1인 이상의 심사 (적정성 심사)	관할 시장 · 군수 · 구청장의 의견청취
서 식	2022. 1. 폐지 (한국감정평가사협회의 표준 서식 가능)	제정	제정
첨부 서류	내용 없음	내용 없음	• 지역분석조서 • 표준지 조사사항 및 가격평가 의견서 • 의견청취결과서 • 표준지 위치표시 도면 • 그 밖에 사실확인에 필요한 서류

3) 해외사례

(1) 미국

미국감정평가재단(The Appraisal Foundation)의 전문감정평가실무기준(Uniform Standards Professional Appraisal Practice: USPAP)에서는 부동산 감정평가결과에 대한 서면 또는 구두보고 시 요건으로 ① 명확하고 일관되게 기술할 것, ② 사용자가 이해할 수 있도록 충분한 정보를 포함할 것, ③ 감정평가에 사용된 가정이나 조건 등을 명확하고 정확하게 공개할 것을 규정하고 있다. 이와 같이 미국에서는 구두보고를 허용하고 있다. 또한,

서면보고서는 감정평가서(Appraisal Report)와 사용자제한 감정평가서(Restricted Appraisal Report) 중 하나를 선택하여 작성하여야 한다. 감정평가서는 의뢰인 이외에 이해관계인이 이를 사용할 수 있지만, 사용자제한 감정평가서는 의뢰인만이 이를 사용할 수 있다.

한편, 미국의 감정평가협회(Appraisal Institute)는 USPAP을 반영하여 부동산 감정평가서의 서식을 안내하고 있다. 서술형 감정평가서의 경우 ① 서문, ② 감정평가 관련 문제의 확인 및 직무범위, ③ 자료의 제시, ④ 자료의 분석과 결론, ⑤ 부록으로 구성되어 있다. 세부적으로 제3부(자료의 제시)에서는 부동산의 연혁(과거 거래의 연혁 등), 지역사회・인근지역의 자료, 토지와 건물의 현황, 시장성 조사 등이 포함되며, 제4부(자료의 분석과 결론)에서는 시장분석과 최유효이용분석, 감정평가방법, 시산가치의 조정 등이 포함되고, 부록에서는 지도, 사진, 거래나 방매자료, 임대내용 등이 포함된다.[14] 또한, 기준시점 직전 3년간 대상물건의 거래내역을 분석하도록 강제하고 있다.[15]

(2) 일본

일본의「부동산감정평가기준」에서는 감정평가보고서가 감정평가의 성과를 기재한 문서로서, 감정평가액을 결정한 이유를 설명하고 감정평가사의 책임소재를 명확히 하는 목적이 있음을 강조하고 있다. 또한 감정평가보고서를 작성할 때에 오해가 발생할 여지가 없도록 유의하고, 특히 감정평가액을 결정한 이유에 대해서는 충분히 설명하도록 규정하고 있다.[16]

한편, 감정평가보고서의 필수적 기재사항을 보면 ① 감정평가액 및 가격 또는 임료의 종류, ② 감정평가의 조건, ③ 대상부동산의 공부(公簿) 내용과 권리 종류, ④ 감정평가의 목적과 감정평가조건, ⑤ 가격시점과 감정평가일, ⑥ 감정평가액 결정이유 및 요지, ⑦ 감정평가상 명확하게 할 수 없는 사항의 처리 및 조사 범위, ⑧ 대상부동산의 이해관계인과의 연고 또는 특별한 이해관계의 유무, ⑨ 부동산감정사의 성명 등이 있다. 구체적으로 감정평가액 결정이유 및 요지는 지역분석 및 개별분석에 관한 사항, 최유효이용의 판정에 관한 사항, 감정평가방식의 적용에 관한 사항, 시산가격 및 시산임료의 조정에 관한

14) Appraisal Institute(2020), *The Appraisal of Real Estate(15th ed.)*, 609~625쪽.
15) The Appraisal Foundation(2018), 2018-2019 Uniform Standards Professional Apraisal Practice, 18쪽.
16) 장희순・방경식 공역(2007), 해설 부동산감정평가기준, 부연사, 374쪽.

사항 등의 내용을 기재하여야 한다. 한편, 부속자료로 지도, 도면, 사진, 사례자료 등을 첨부한다.[17)]

(3) 중국

중국은 부동산감정평가에 관한 실무기준으로 「부동산평가규범」이 있다. 「부동산평가규범」에서는 감정평가의 절차는 ① 평가의뢰 수리, ② 기본사항의 확정, ③ 작업계획 수립, ④ 평가에 필요한 자료 수집, ⑤ 실지조사, ⑥ 평가방법 선정 및 산정, ⑦ 평가결과 확정, ⑧ 감정평가서 작성, ⑨ 감정평가서 심사, ⑩ 감정평가서 교부, ⑪ 관련 문서의 보존 등 11단계로 구분하고 있다.[18)]

한편, 감정평가서는 ① 표지, ② 의뢰인에게 보내는 통지문, ③ 목차, ④ 부동산평가사 성명, ⑤ 평가가정 및 제한 조건, ⑥ 평가결과보고서, ⑦ 평가기술보고서, ⑧ 첨부 서류 등 8개 부문으로 구성되어 있다. 이 중 평가기술보고서는 의뢰인과의 약정에 따라 제공하지 않을 수 있다. 구체적으로 평가결과보고서에는 ① 평가의뢰인, ② 부동산평가기구: 부동산평가기구의 명칭, 소재지, 법정 대표의 성명 등, ③ 평가목적, ④ 평가대상: 평가대상의 재산 범위 및 명칭, 위치, 규모, 용도, 소유권 등의 기본상황, ⑤ 가치시점, ⑥ 가치유형: 적용한 가치(또는 가격)의 명칭, 정의 등, ⑦ 평가원칙: 준수한 평가원칙의 명칭, 정의 등, ⑧ 평가근거: 평가의 근거가 되는 관련 법률법규 및 정책, 평가 기준, 의뢰인이 제공한 평가에 필요한 자료, 부동산평가기구와 부동산평가사가 수집한 평가에 필요한 자료 등, ⑨ 평가방법, ⑩ 평가결과: 대상물건별로 각 평가방법상의 시산가액과 최종 감정평가액, ⑪ 부동산평가사 성명, ⑫ 실지조사기간, ⑬ 평가작업기간 등을 기재하여야 한다. 또한, 평가기술보고서에는 ① 평가대상의 설명 및 분석, ② 시장배경 설명 및 분석, ③ 평가대상의 최유효이용 분석: 평가목적을 기준으로 최유효이용을 전제로 하지 않는 경우 생략 가능, ④ 평가방법의 적합성 분석, ⑤ 평가액의 산정과정: 적용한 평가방법의 산정 절차, 계산 공식 및 계산 과정, 평가기초자료의 출처 또는 확정 근거 등, ⑥ 최종 평가액 결정: 적용한 모든 평가방법의 시산가액과 최종 평가 가치를 설명하고 최종 감정평가액을 결정하는 방법과 이유 등을 기재하여야 한다.

---

17) 日本不動産鑑定協会(2008), 新・要説 不動産鑑定評価基準, 住宅新報社, 233~237쪽.
18) 이하 자세한 내용은 왕 호(2021), 앞의 논문, 36~92쪽 참조.

2. 감정평가서제도의 현황과 과제

1) 현황

(1) 감정평가서의 서식

종전 「감정평가규칙」에서는 감정평가서의 서식을 규정하였으나, 2022년 1월 개정시 감정평가의 목적 및 의뢰인의 요구 등을 충실히 반영한 감정평가가 이루어질 수 있도록 이를 폐지하였다. 그 대신 한국감정평가사협회가 정하는 감정평가서 표준 서식을 사용할 수 있도록 하였다.

현재 감정평가업자의 대부분은 탁상감정평가라는 이름으로 실지조사 없이(예외적으로 실지조사를 하는 경우도 있다) 감정평가액을 무료로 알려주는 서비스를 하고 있다. 탁상감정평가의 경우도 「감정평가법」에 의한 감정평가에 속한다고 해석되는데(제2조 참조), 일정한 보수를 받지 않거나 감정평가서를 발급하지 않는 문제가 있다.

(2) 감정평가서의 작성원칙

감정평가서 작성원칙의 하나인 충분성은 감정평가서에 대상물건의 경제적 가치와 그 판정에 관한 정보가 충분히 기재되기를 요구한다. 특히 부동산의 가치형성은 지역요인에 크게 의존하므로 동일수급권이나 인근지역의 범위 판정, 지역의 가치수준 판정 등이 매우 중요한 바, 이에 관한 내용이 기재될 필요가 있다. 이해관계인이 감정평가서를 통해 전문가의 판정과정과 근거에 대해 충분히 이해할 수 있어야 한다. 감정평가서 작성원칙에 있어 Jared Shlaes(1993)가 제시한 양질의 감정평가서 기준을 반영할 필요가 있다.

감정평가서에 대상물건에 관한 기재사항이 누락되거나 모호한 경우 각종 민원이나 쟁송의 원인이 될 수 있다. 현재 「감정평가규칙」에 규정된 필수적 기재사항은 해외사례와 비교하여 지역분석과 개별분석에 관한 내용의 기재가 매우 소홀한 편이다.

(3) 감정평가서 심사제도

「감정평가법」은 감정평가업자 중 감정평가법인에 한해 소속 감정평가사가 작성한 감정평가서의 적정성을 같은 법인 소속의 다른 감정평가사에게 심사하게 하고, 감정평가서에 그 심사사실을 표시하고 서명과 날인을 하도록 하고 있다(제7조). 이를 적정성 심사라 한다. 법률의 규정상 감정평가사사무소(감정평가사합동사무소 포함)는 사전 심사의 대상에서 제외되어 있다. 적정성 심사제도는 (구)「부동산 가격공시 및 감정평가에 관한 법률」 당시 감정평가업자의 임의사항으로 규정한 것을 2016. 1. 「감정평가법」을 제정하면서 감정평가법인에 대해 강제사항으로 규정하였다. 감정평가서를 심사하는 감정평가사는 작성된 감정평가서의 수정・보완이 필요하다고 판단하는 경우에는 해당 감정평가서를 작성한 감정평가사에게 수정・보완 의견을 제시하고, 해당 감정평가서의 수정・보완을 확인한 후 감정평가서에 심사사실을 표시하고 서명과 날인을 하여야 한다(시행령 제7조).

한편, 「공익사업법」에서도 보상평가서의 사전 적정성 심사제도를 두고 있으며, 「부동산가격공시법」에서는 조사・평가보고서에 대해 적정성 검토제도를 두고 있다. 이들 제도 간에는 적용대상, 시기, 심사자(검토자) 등에서 차이가 있는데 이를 비교하면 다음의 표와 같다.

〈표 4.2.2〉 감정평가상 심사제도 비교

구분	(일반) 적정성 심사	(보상) 적정성 심사	적정성 검토
근거법	감정평가법	공익사업법	부동산가격공시법
기 능	감정평가의 적정성 제고	감정평가의 적정성 제고	감정평가의 적정성 제고
대상	감정평가서	보상평가서	조사 · 평가보고서
절차	필수	필수	임의
적용 대상	감정평가법인	감정평가업자	감정평가업자
시 기	감정평가서 발급 전	보상평가서 발급 전	조사 · 평가보고서 제출 후
심사자 (검토자)	법인 소속 다른 감정평가사	감정평가업에 종사하는 감정평가사	국토교통부장관
심사 (검토) 사항	「감정평가규칙」의 준수 여부	• 위산 · 오기 여부 • 관계법령의 준수 여부 • 감정평가액의 타당성	매매가격 · 감정평가사례 등과 비교한 감정평가액의 적정성
처 리	감정평가서 수정 · 보완	보상평가서 수정 · 보완	조사 · 평가보고서 시정
특 징	감정평가법인에만 적용	모든 감정평가업자에 적용	최고평가액이 최저평가 액의 1.3배를 초과하는 경우 시정 사유 (임의)

2) 과제

(1) 약식 감정평가서제도의 도입

「감정평가규칙」은 감정평가서의 필수적 기재사항에 대해 규정하고 있으며(제13조제2항), 감정평가를 할 때에는 실지조사를 하여 대상물건을 확인하도록 규정하고 있다(실지조사를 생략할 수 있는 예외조항이 있지만 그 사유가 매우 엄격하다). 따라서 의뢰인이 적은 비용으로 신속한 감정평가액에 관한 정보를 요구하는 경우 감정평가업자가 이에 응할 수 없는 문제가 있다.

감정평가업의 업무확대와 의뢰인의 다양한 요구를 수용할 수 있도록 약식 감정평가서 제도를 도입할 필요가 있다. 이를 도입하는 경우 현행 탁상 감정평가를 양성화할 수 있으며, 특히, 공동주택의 경우 약식 감정평가서가 더욱 유용할 수 있다. 다만, 약식 감정평가서제도의 약점도 있으므로 사적 목적의 감정평가에 있어 실지조사를 생략하는 경우에 한하여 적용하도록 제한하는 것이 바람직하다. 약식 감정평가서제도를 도입하기 위해서는 「감정평가법」 제7조(예: 약식 감정평가서의 경우 사전 적정성 심사 생략 가능), 「감정평가규칙」 제10조(예: 의뢰인이 요청하는 경우 실지조사 생략 가능) 및 제13조(예: 필수적 기재사항의 일부 생략)의 개정이 각각 필요하다. 아울러 국토교통부공고인 「감정평가보수기준」도 감정평가에 따른 시간과 노력이 경감되는 점을 반영하여 개정하여야 할 것이다.

(2) 필수적 기재사항의 개선

「감정평가규칙」상 필수적 기재사항으로는 감정평가서 작성의 원칙인 명확성, 일관성, 충분성 등을 지키는 데 한계가 있다. 특히, 부동산 감정평가의 경우 가치형성요인으로서 지역요인이나 개별요인의 분석에 관한 구체적인 내용이 충분히 기재되어야 할 것이다.

비교방식에 속하는 공시지가기준법과 거래사례비교법의 적정성과 공정성은 비교표준지(또는 거래사례)의 선정과 그 밖의 요인보정에 필요한 거래사례(또는 감정평가사례)의 선정에 크게 의존한다. 이 경우 인근지역 또는 동일수급권내 유사지역의 판정이 핵심적인 과정인데, 현재 그 판정기준이 미흡하여 부실 감정평가의 주요 원인이 되고 있다. 따라서 인근지역 또는 동일수급권내 유사지역의 판정기준을 「감정평가규칙」에 구체적으로 규정하고 이를 감정평가서에 필수적으로 기재하게 할 필요가 있다.

또한, 해외사례의 경우 시장분석과 최유효이용의 판정에 관한 사항이 감정평가서의 필수적 기재사항이다. 시장분석과 최유효이용의 판정은 대상물건의 경제적 가치를 판정하는데 매우 중요한 과정으로서 이를 구체적으로 기재하여야 할 것이다.

한편, 위에서의 설명에도 불구하고 감정평가서의 필수적 기재사항은 감정평가의 목적, 기준가치, 의뢰인의 요청 등에 따라 조정할 수 있도록 허용하는 것이 필요하다.

(3) 사전 심사제도의 강화

먼저, 감정평가의 신뢰성 확보를 위해 공적 목적(즉, 사적 목적은 제외)의 감정평가서에 대해 사전 적정성 심사제도를 확대할 필요가 있다. 즉, 사전 심사제도는 감정평가업자의 유형에 따라 구분할 것이 아니라 감정평가의 목적을 기준으로 적용대상을 구분할 필요가 있다. 현재 한국감정평가사협회는 자율적으로 감정평가서의 품질향상을 위해 「감정평가 심사업무 관리지침」을 제정하고 일정한 요건에 해당하는 경우 감정평가서의 사전 심사를 하고 있다(제4조 참조). 한국감정평가사협회가 자율적으로 시행하는 제도를 개편하여 활용하면 효율적일 것이다. 적정성 심사제도를 개편하기 위해서는 「감정평가법」 제7조의 개정이 필요하다. 다만, 적정성 심사제도는 감정평가의 신뢰성 확보가 목적으로 감정평가사의 전문성·독립성이 훼손되지 않도록 유의하여야 한다.

둘째, 전문적이고 독립적인 감정평가서 심사를 위해 한국감정평가사협회에 (가칭)감정평가관리원[19)]을 설립하여 심사업무를 전담하는 것이 바람직하다. 이 경우 감정평가서 심사에 전문성이 있는 상근 심사자를 50% 이상 확보할 필요가 있다.

셋째, 감정평가서 심사자의 전문성이 필요하다. 현재 「감정평가법」이나 「공익사업법」은 심사자의 자격에 대한 규정이 별도로 없다. 심사제도의 실효성을 높이기 위해서는 심사자의 전문성이 담보되어야 하므로 심사자의 자격에 대한 인증제를 도입할 필요가 있다. 참고적으로 한국감정평가사협회가 자율적으로 시행하는 감정평가서 사전 심사의 경우 심사위원은 원칙적으로 감정평가 업무경력 10년 이상이어야 한다.

---

19) 명칭을 (가칭)감정평가관리원으로 한 것은 심사업무 이외에 감정평가업자추천업무도 전담할 필요가 있기 때문이다.

부 록

부록 1. 감정평가에 관한 규칙

부록 2. 표준지공시지가 조사 · 평가 기준

부록 1. 감정평가에 관한 규칙

[시행 2022. 1. 21.] [국토교통부령 제1100호, 2022. 1. 21., 일부개정]

제1조(목적) 이 규칙은 「감정평가 및 감정평가사에 관한 법률」 제3조제3항에 따라 감정평가법인 등이 감정평가를 할 때 준수하여야 할 원칙과 기준을 규정함을 목적으로 한다.

제2조(정의) 이 규칙에서 사용하는 용어의 뜻은 다음 각 호와 같다.

1. "시장가치"란 감정평가의 대상이 되는 토지 등(이하 "대상물건"이라 한다)이 통상적인 시장에서 충분한 기간 동안 거래를 위하여 공개된 후 그 대상물건의 내용에 정통한 당사자 사이에 신중하고 자발적인 거래가 있을 경우 성립될 가능성이 가장 높다고 인정되는 대상물건의 가액(價額)을 말한다.
2. "기준시점"이란 대상물건의 감정평가액을 결정하는 기준이 되는 날짜를 말한다.
3. "기준가치"란 감정평가의 기준이 되는 가치를 말한다.
4. "가치형성요인"이란 대상물건의 경제적 가치에 영향을 미치는 일반요인, 지역요인 및 개별요인 등을 말한다.
5. "원가법"이란 대상물건의 재조달원가에 감가수정(減價修正)을 하여 대상물건의 가액을 산정하는 감정평가방법을 말한다.
6. "적산법(積算法)"이란 대상물건의 기초가액에 기대이율을 곱하여 산정된 기대수익에 대상물건을 계속하여 임대하는 데에 필요한 경비를 더하여 대상물건의 임대료[(賃貸料), 사용료를 포함한다. 이하 같다]를 산정하는 감정평가방법을 말한다.
7. "거래사례비교법"이란 대상물건과 가치형성요인이 같거나 비슷한 물건의 거래사례와 비교하여 대상물건의 현황에 맞게 사정보정(事情補正), 시점수정, 가치형성요인 비교 등의 과정을 거쳐 대상물건의 가액을 산정하는 감정평가방법을 말한다.
8. "임대사례비교법"이란 대상물건과 가치형성요인이 같거나 비슷한 물건의 임대사례와 비교하여 대상물건의 현황에 맞게 사정보정, 시점수정, 가치형성요인 비교 등의 과정을 거쳐 대상물건의 임대료를 산정하는 감정평가방법을 말한다.
9. "공시지가기준법"이란 「감정평가 및 감정평가사에 관한 법률」(이하 "법"이라 한다)

제3조제1항 본문에 따라 감정평가의 대상이 된 토지(이하 "대상토지"라 한다)와 가치형성요인이 같거나 비슷하여 유사한 이용가치를 지닌다고 인정되는 표준지(이하 "비교표준지"라 한다)의 공시지가를 기준으로 대상토지의 현황에 맞게 시점수정, 지역요인 및 개별요인 비교, 그 밖의 요인의 보정(補正)을 거쳐 대상토지의 가액을 산정하는 감정평가방법을 말한다.

10\. "수익환원법(收益還元法)"이란 대상물건이 장래 산출할 것으로 기대되는 순수익이나 미래의 현금흐름을 환원하거나 할인하여 대상물건의 가액을 산정하는 감정평가방법을 말한다.

11\. "수익분석법"이란 일반기업 경영에 의하여 산출된 총수익을 분석하여 대상물건이 일정한 기간에 산출할 것으로 기대되는 순수익에 대상물건을 계속하여 임대하는 데에 필요한 경비를 더하여 대상물건의 임대료를 산정하는 감정평가방법을 말한다.

12\. "감가수정"이란 대상물건에 대한 재조달원가를 감액하여야 할 요인이 있는 경우에 물리적 감가, 기능적 감가 또는 경제적 감가 등을 고려하여 그에 해당하는 금액을 재조달원가에서 공제하여 기준시점에 있어서의 대상물건의 가액을 적정화하는 작업을 말한다.

12의2. "적정한 실거래가"란 「부동산 거래신고 등에 관한 법률」에 따라 신고된 실제 거래가격(이하 "거래가격"이라 한다)으로서 거래 시점이 도시지역(「국토의 계획 및 이용에 관한 법률」 제36조제1항제1호에 따른 도시지역을 말한다)은 3년 이내, 그 밖의 지역은 5년 이내인 거래가격 중에서 감정평가법인 등이 인근지역의 지가수준 등을 고려하여 감정평가의 기준으로 적용하기에 적정하다고 판단하는 거래가격을 말한다.

13\. "인근지역"이란 감정평가의 대상이 된 부동산(이하 "대상부동산"이라 한다)이 속한 지역으로서 부동산의 이용이 동질적이고 가치형성요인 중 지역요인을 공유하는 지역을 말한다.

14\. "유사지역"이란 대상부동산이 속하지 아니하는 지역으로서 인근지역과 유사한 특성을 갖는 지역을 말한다.

15\. "동일수급권(同一需給圈)"이란 대상부동산과 대체·경쟁 관계가 성립하고 가치 형성에 서로 영향을 미치는 관계에 있는 다른 부동산이 존재하는 권역(圈域)을 말하며,

인근지역과 유사지역을 포함한다.

제3조(감정평가업자의 의무) 감정평가법인 등은 다음 각 호의 어느 하나에 해당하는 경우에는 감정평가를 해서는 안 된다.

1. 자신의 능력으로 업무수행이 불가능하거나 매우 곤란한 경우
2. 이해관계 등의 이유로 자기가 감정평가하는 것이 타당하지 않다고 인정되는 경우

제4조(적용범위) 감정평가법인 등은 다른 법령에 특별한 규정이 있는 경우를 제외하고는 이 규칙으로 정하는 바에 따라 감정평가해야 한다.

제5조(시장가치기준 원칙) ① 대상물건에 대한 감정평가액은 시장가치를 기준으로 결정한다.

② 감정평가법인 등은 제1항에도 불구하고 다음 각 호의 어느 하나에 해당하는 경우에는 대상물건의 감정평가액을 시장가치 외의 가치를 기준으로 결정할 수 있다.

1. 법령에 다른 규정이 있는 경우
2. 감정평가 의뢰인(이하 "의뢰인"이라 한다)이 요청하는 경우
3. 감정평가의 목적이나 대상물건의 특성에 비추어 사회통념상 필요하다고 인정되는 경우

③ 감정평가법인 등은 제2항에 따라 시장가치 외의 가치를 기준으로 감정평가할 때에는 다음 각 호의 사항을 검토해야 한다. 다만, 제2항제1호의 경우에는 그렇지 않다.

1. 해당 시장가치 외의 가치의 성격과 특징
2. 시장가치 외의 가치를 기준으로 하는 감정평가의 합리성 및 적법성

④ 감정평가법인 등은 시장가치 외의 가치를 기준으로 하는 감정평가의 합리성 및 적법성이 결여(缺如)되었다고 판단할 때에는 의뢰를 거부하거나 수임(受任)을 철회할 수 있다.

제6조(현황기준 원칙) ① 감정평가는 기준시점에서의 대상물건의 이용상황(불법적이거나 일시적인 이용은 제외한다) 및 공법상 제한을 받는 상태를 기준으로 한다.

② 감정평가법인 등은 제1항에도 불구하고 다음 각 호의 어느 하나에 해당하는 경우에는 기준시점의 가치형성요인 등을 실제와 다르게 가정하거나 특수한 경우로 한정하는 조건(이하 "감정평가조건"이라 한다)을 붙여 감정평가할 수 있다.

1. 법령에 다른 규정이 있는 경우

2. 의뢰인이 요청하는 경우
3. 감정평가의 목적이나 대상물건의 특성에 비추어 사회통념상 필요하다고 인정되는 경우

③ 감정평가법인 등은 제2항에 따라 감정평가조건을 붙일 때에는 감정평가조건의 합리성, 적법성 및 실현가능성을 검토해야 한다. 다만, 제2항제1호의 경우에는 그렇지 않다.

④ 감정평가법인 등은 감정평가조건의 합리성, 적법성이 결여되거나 사실상 실현 불가능하다고 판단할 때에는 의뢰를 거부하거나 수임을 철회할 수 있다.

제7조(개별물건기준 원칙 등) ① 감정평가는 대상물건마다 개별로 하여야 한다.

② 둘 이상의 대상물건이 일체로 거래되거나 대상물건 상호 간에 용도상 불가분의 관계가 있는 경우에는 일괄하여 감정평가할 수 있다.

③ 하나의 대상물건이라도 가치를 달리하는 부분은 이를 구분하여 감정평가할 수 있다.

④ 일체로 이용되고 있는 대상물건의 일부분에 대하여 감정평가하여야 할 특수한 목적이나 합리적인 이유가 있는 경우에는 그 부분에 대하여 감정평가할 수 있다.

제8조(감정평가의 절차) 감정평가법인 등은 다음 각 호의 순서에 따라 감정평가를 해야 한다. 다만, 합리적이고 능률적인 감정평가를 위하여 필요할 때에는 순서를 조정할 수 있다.

1. 기본적 사항의 확정
2. 처리계획 수립
3. 대상물건 확인
4. 자료수집 및 정리
5. 자료검토 및 가치형성요인의 분석
6. 감정평가방법의 선정 및 적용
7. 감정평가액의 결정 및 표시

제9조(기본적 사항의 확정) ① 감정평가법인 등은 감정평가를 의뢰받았을 때에는 의뢰인과 협의하여 다음 각 호의 사항을 확정해야 한다.

1. 의뢰인

2. 대상물건
3. 감정평가 목적
4. 기준시점
5. 감정평가조건
6. 기준가치
7. 관련 전문가에 대한 자문 또는 용역(이하 "자문등"이라 한다)에 관한 사항
8. 수수료 및 실비에 관한 사항

② 기준시점은 대상물건의 가격조사를 완료한 날짜로 한다. 다만, 기준시점을 미리 정하였을 때에는 그 날짜에 가격조사가 가능한 경우에만 기준시점으로 할 수 있다.

③ 감정평가법인 등은 필요한 경우 관련 전문가에 대한 자문등을 거쳐 감정평가할 수 있다.

제10조(대상물건의 확인) ① 감정평가법인 등이 감정평가를 할 때에는 실지조사를 하여 대상물건을 확인해야 한다.

② 감정평가법인 등은 제1항에도 불구하고 다음 각 호의 어느 하나에 해당하는 경우로서 실지조사를 않고도 객관적이고 신뢰할 수 있는 자료를 충분히 확보할 수 있는 경우에는 실지조사를 하지 않을 수 있다.

1. 천재지변, 전시·사변, 법령에 따른 제한 및 물리적인 접근 곤란 등으로 실지조사가 불가능하거나 매우 곤란한 경우
2. 유가증권 등 대상물건의 특성상 실지조사가 불가능하거나 불필요한 경우

제11조(감정평가방식) 감정평가법인 등은 다음 각 호의 감정평가방식에 따라 감정평가를 한다.

1. 원가방식: 원가법 및 적산법 등 비용성의 원리에 기초한 감정평가방식
2. 비교방식: 거래사례비교법, 임대사례비교법 등 시장성의 원리에 기초한 감정평가방식 및 공시지가기준법
3. 수익방식: 수익환원법 및 수익분석법 등 수익성의 원리에 기초한 감정평가방식

제12조(감정평가방법의 적용 및 시산가액 조정) ① 감정평가법인 등은 제14조부터 제26조까지의 규정에서 대상물건별로 정한 감정평가방법(이하 "주된 방법"이라 한다)을 적용

하여 감정평가해야 한다. 다만, 주된 방법을 적용하는 것이 곤란하거나 부적절한 경우에는 다른 감정평가방법을 적용할 수 있다.

② 감정평가법인 등은 대상물건의 감정평가액을 결정하기 위하여 제1항에 따라 어느 하나의 감정평가방법을 적용하여 산정(算定)한 가액[이하 "시산가액(試算價額)"이라 한다]을 제11조 각 호의 감정평가방식 중 다른 감정평가방식에 속하는 하나 이상의 감정평가방법(이 경우 공시지가기준법과 그 밖의 비교방식에 속한 감정평가방법은 서로 다른 감정평가방식에 속한 것으로 본다)으로 산출한 시산가액과 비교하여 합리성을 검토해야 한다. 다만, 대상물건의 특성 등으로 인하여 다른 감정평가방법을 적용하는 것이 곤란하거나 불필요한 경우에는 그렇지 않다.

③ 감정평가법인 등은 제2항에 따른 검토 결과 제1항에 따라 산출한 시산가액의 합리성이 없다고 판단되는 경우에는 주된 방법 및 다른 감정평가방법으로 산출한 시산가액을 조정하여 감정평가액을 결정할 수 있다.

제13조(감정평가서 작성) ① 감정평가법인 등은 법 제6조에 따른 감정평가서(「전자문서 및 전자거래기본법」에 따른 전자문서로 된 감정평가서를 포함한다. 이하 같다)를 의뢰인과 이해관계자가 이해할 수 있도록 명확하고 일관성 있게 작성해야 한다.

② 감정평가서에는 다음 각 호의 사항이 포함돼야 한다.

1. 감정평가법인 등의 명칭
2. 의뢰인의 성명 또는 명칭
3. 대상물건(소재지, 종류, 수량, 그 밖에 필요한 사항)
4. 대상물건 목록의 표시근거
5. 감정평가 목적
6. 기준시점, 조사기간 및 감정평가서 작성일
7. 실지조사를 하지 않은 경우에는 그 이유
8. 시장가치 외의 가치를 기준으로 감정평가한 경우에는 제5조제3항 각 호의 사항. 다만, 같은 조 제2항제1호의 경우에는 해당 법령을 적는 것으로 갈음할 수 있다.
9. 감정평가조건을 붙인 경우에는 그 이유 및 제6조제3항의 검토사항. 다만, 같은 조 제2항제1호의 경우에는 해당 법령을 적는 것으로 갈음할 수 있다.

10. 감정평가액

11. 감정평가액의 산출근거 및 결정 의견

12. 전문가의 자문등을 거쳐 감정평가한 경우 그 자문등의 내용

13. 그 밖에 이 규칙이나 다른 법령에 따른 기재사항

③ 제2항제11호의 내용에는 다음 각 호의 사항을 포함해야 한다. 다만, 부득이한 경우에는 그 이유를 적고 일부를 포함하지 아니할 수 있다.

1. 적용한 감정평가방법 및 시산가액 조정 등 감정평가액 결정 과정(제12조제1항 단서 또는 제2항 단서에 해당하는 경우 그 이유를 포함한다)

2. 공시지가기준법으로 토지를 감정평가한 경우 비교표준지의 선정 내용, 비교표준지와 대상토지를 비교한 내용 및 제14조제2항제5호에 따라 그 밖의 요인을 보정한 경우 그 내용

3. 재조달원가 산정 및 감가수정 등의 내용

4. 적산법이나 수익환원법으로 감정평가한 경우 기대이율 또는 환원율(할인율)의 산출근거

5. 제7조제2항부터 제4항까지의 규정에 따라 일괄감정평가, 구분감정평가 또는 부분감정평가를 한 경우 그 이유

6. 감정평가액 결정에 참고한 자료가 있는 경우 그 자료의 명칭, 출처와 내용

7. 대상물건 중 일부를 감정평가에서 제외한 경우 그 이유

④ 감정평가법인 등은 법 제6조에 따라 감정평가서를 발급하는 경우 그 표지에 감정평가서라는 제목을 명확하게 적어야 한다.

⑤ 감정평가법인 등은 감정평가서를 작성하는 경우 법 제33조제1항에 따른 한국감정평가사협회가 정하는 감정평가서 표준 서식을 사용할 수 있다.

제13조의2(전자문서로 된 감정평가서의 발급 등) ① 감정평가법인 등이 법 제6조제1항에 따라 전자문서로 된 감정평가서를 발급하는 경우 같은 조 제2항에 따른 감정평가사의 서명과 날인은 「전자서명법」에 따른 전자서명의 방법으로 해야 한다.

② 감정평가법인 등은 전자문서로 된 감정평가서의 위조・변조・훼손 등을 방지하기 위하여 감정평가 정보에 대한 접근 권한자 지정, 방화벽의 설치・운영 등의 조치를

해야 한다.

③ 감정평가법인 등은 의뢰인이나 이해관계자가 전자문서로 된 감정평가서의 진본성(眞本性)에 대한 확인을 요청한 경우에는 이를 확인해 줘야 한다.

④ 제2항 및 제3항에 따른 전자문서로 된 감정평가서의 위조·변조·훼손 등의 방지조치와 진본성 확인에 필요한 세부사항은 국토교통부장관이 정하여 고시한다.

제14조(토지의 감정평가) ① 감정평가법인 등은 법 제3조제1항 본문에 따라 토지를 감정평가할 때에는 공시지가기준법을 적용해야 한다.

② 감정평가법인 등은 공시지가기준법에 따라 토지를 감정평가할 때에 다음 각 호의 순서에 따라야 한다.

1. 비교표준지 선정: 인근지역에 있는 표준지 중에서 대상토지와 용도지역·이용상황·주변환경 등이 같거나 비슷한 표준지를 선정할 것. 다만, 인근지역에 적절한 표준지가 없는 경우에는 인근지역과 유사한 지역적 특성을 갖는 동일수급권 안의 유사지역에 있는 표준지를 선정할 수 있다.
2. 시점수정: 「국토의 계획 및 이용에 관한 법률」제125조에 따라 국토교통부장관이 조사·발표하는 비교표준지가 있는 시·군·구의 같은 용도지역 지가변동률을 적용할 것. 다만, 다음 각 목의 경우에는 그러하지 아니하다.
   가. 같은 용도지역의 지가변동률을 적용하는 것이 불가능하거나 적절하지 아니하다고 판단되는 경우에는 공법상 제한이 같거나 비슷한 용도지역의 지가변동률, 이용상황별 지가변동률 또는 해당 시·군·구의 평균지가변동률을 적용할 것
   나. 지가변동률을 적용하는 것이 불가능하거나 적절하지 아니한 경우에는 「한국은행법」 제86조에 따라 한국은행이 조사·발표하는 생산자물가지수에 따라 산정된 생산자물가상승률을 적용할 것
3. 지역요인 비교
4. 개별요인 비교
5. 그 밖의 요인 보정: 대상토지의 인근지역 또는 동일수급권내 유사지역의 가치형성요인이 유사한 정상적인 거래사례 또는 평가사례 등을 고려할 것

③ 감정평가법인 등은 법 제3조제1항 단서에 따라 적정한 실거래가를 기준으로 토지를

감정평가할 때에는 거래사례비교법을 적용해야 한다.

④ 감정평가법인 등은 법 제3조제2항에 따라 토지를 감정평가할 때에는 제1항부터 제3항까지의 규정을 적용하되, 해당 토지의 임대료, 조성비용 등을 고려하여 감정평가할 수 있다.

제15조(건물의 감정평가) ① 감정평가법인 등은 건물을 감정평가할 때에 원가법을 적용해야 한다.

② 삭제 〈2016. 8. 31.〉

제16조(토지와 건물의 일괄감정평가) 감정평가법인 등은 「집합건물의 소유 및 관리에 관한 법률」에 따른 구분소유권의 대상이 되는 건물부분과 그 대지사용권을 일괄하여 감정평가하는 경우 등 제7조제2항에 따라 토지와 건물을 일괄하여 감정평가할 때에는 거래사례비교법을 적용해야 한다. 이 경우 감정평가액은 합리적인 기준에 따라 토지가액과 건물가액으로 구분하여 표시할 수 있다.

제17조(산림의 감정평가) ① 감정평가법인 등은 산림을 감정평가할 때에 산지와 입목(立木)을 구분하여 감정평가하여야 한다. 이 경우 입목은 거래사례비교법을 적용하되, 소경목림(小徑木林: 지름이 작은 나무·숲)인 경우에는 원가법을 적용할 수 있다.

② 감정평가법인 등은 제7조제2항에 따라 산지와 입목을 일괄하여 감정평가할 때에 거래사례비교법을 적용해야 한다.

제18조(과수원의 감정평가) 감정평가법인 등은 과수원을 감정평가할 때에 거래사례비교법을 적용해야 한다.

제19조(공장재단 및 광업재단의 감정평가) ① 감정평가법인 등은 공장재단을 감정평가할 때에 공장재단을 구성하는 개별 물건의 감정평가액을 합산하여 감정평가해야 한다. 다만, 계속적인 수익이 예상되는 경우 등 제7조제2항에 따라 일괄하여 감정평가하는 경우에는 수익환원법을 적용할 수 있다.

② 감정평가법인 등은 광업재단을 감정평가할 때에 수익환원법을 적용해야 한다.

제20조(자동차 등의 감정평가) ① 감정평가법인 등은 자동차를 감정평가할 때에 거래사례비교법을 적용해야 한다.

② 감정평가법인 등은 건설기계를 감정평가할 때에 원가법을 적용해야 한다.

③ 감정평가법인 등은 선박을 감정평가할 때에 선체・기관・의장(艤裝)별로 구분하여 감정평가하되, 각각 원가법을 적용해야 한다.

④ 감정평가법인 등은 항공기를 감정평가할 때에 원가법을 적용해야 한다.

⑤ 감정평가법인 등은 제1항부터 제4항까지에도 불구하고 본래 용도의 효용가치가 없는 물건은 해체처분가액으로 감정평가할 수 있다.

제21조(동산의 감정평가) 감정평가법인 등은 동산을 감정평가할 때에는 거래사례비교법을 적용해야 한다. 다만, 본래 용도의 효용가치가 없는 물건은 해체처분가액으로 감정평가할 수 있다.

제22조(임대료의 감정평가) 감정평가법인 등은 임대료를 감정평가할 때에 임대사례비교법을 적용해야 한다.

제23조(무형자산의 감정평가) ① 감정평가법인 등은 광업권을 감정평가할 때에 제19조제2항에 따른 광업재단의 감정평가액에서 해당 광산의 현존시설 가액을 빼고 감정평가해야 한다. 이 경우 광산의 현존시설 가액은 적정 생산규모와 가행조건(稼行條件) 등을 고려하여 산정하되 과잉유휴시설을 포함하여 산정하지 않는다.

② 감정평가법인 등은 어업권을 감정평가할 때에 어장 전체를 수익환원법에 따라 감정평가한 가액에서 해당 어장의 현존시설 가액을 빼고 감정평가해야 한다. 이 경우 어장의 현존시설 가액은 적정 생산규모와 어업권 존속기간 등을 고려하여 산정하되 과잉유휴시설을 포함하여 산정하지 않는다.

③ 감정평가법인 등은 영업권, 특허권, 실용신안권, 디자인권, 상표권, 저작권, 전용측선이용권(專用側線利用權), 그 밖의 무형자산을 감정평가할 때에 수익환원법을 적용해야 한다.

제24조(유가증권 등의 감정평가) ① 감정평가법인 등은 주식을 감정평가할 때에 다음 각 호의 구분에 따라야 한다.

1. 상장주식[「자본시장과 금융투자업에 관한 법률」 제373조의2에 따라 허가를 받은 거래소(이하 "거래소"라 한다)에서 거래가 이루어지는 등 시세가 형성된 주식으로 한정한다]: 거래사례비교법을 적용할 것

2. 비상장주식(상장주식으로서 거래소에서 거래가 이루어지지 아니하는 등 형성된 시세가 없는 주식을 포함한다): 해당 회사의 자산·부채 및 자본 항목을 평가하여 수정재무상태표를 작성한 후 기업체의 유·무형의 자산가치(이하 "기업가치"라 한다)에서 부채의 가치를 빼고 산정한 자기자본의 가치를 발행주식 수로 나눌 것

② 감정평가법인 등은 채권을 감정평가할 때에 다음 각 호의 구분에 따라야 한다.

1. 상장채권(거래소에서 거래가 이루어지는 등 시세가 형성된 채권을 말한다): 거래사례비교법을 적용할 것
2. 비상장채권(거래소에서 거래가 이루어지지 아니하는 등 형성된 시세가 없는 채권을 말한다): 수익환원법을 적용할 것

③ 감정평가법인 등은 기업가치를 감정평가할 때에 수익환원법을 적용해야 한다.

第25조(소음 등으로 인한 대상물건의 가치하락분에 대한 감정평가) 감정평가법인 등은 소음·진동·일조침해 또는 환경오염 등(이하 "소음등"이라 한다)으로 대상물건에 직접적 또는 간접적인 피해가 발생하여 대상물건의 가치가 하락한 경우 그 가치하락분을 감정평가할 때에 소음등이 발생하기 전의 대상물건의 가액 및 원상회복비용 등을 고려해야 한다.

第26조(그 밖의 물건의 감정평가) 감정평가법인 등은 제14조부터 제25조까지에서 규정되지 아니한 대상물건을 감정평가할 때에 이와 비슷한 물건이나 권리 등의 경우에 준하여 감정평가해야 한다.

第27조(조언·정보 등의 제공) 감정평가법인 등이 법 제10조제7호에 따른 토지 등의 이용 및 개발 등에 대한 조언이나 정보 등의 제공에 관한 업무를 수행할 때에 이와 관련한 모든 분석은 합리적이어야 하며 객관적인 자료에 근거해야 한다.

第28조(그 밖의 감정평가 기준) 이 규칙에서 규정하는 사항 외에 감정평가법인 등이 감정평가를 할 때 지켜야 할 세부적인 기준은 국토교통부장관이 정하여 고시한다.

부칙 〈국토교통부령 제1100호, 2022. 1. 21.〉

이 규칙은 2022년 1월 21일부터 시행한다.

부록 2. 표준지공시지가 조사 · 평가 기준

[시행 2021. 8. 13.] [국토교통부훈령 제1424호, 2021. 8. 13., 일부개정.]

제1장 총칙

제1조(목적) 이 기준은 「부동산 가격공시에 관한 법률」제3조에서 규정하고 있는 표준지공시지가의 공시를 위하여 같은 법 제3조제4항 및 같은 법 시행령 제6조제3항에 따라 표준지의 적정가격 조사 · 평가에 필요한 세부기준과 절차 등을 정함을 목적으로 한다.

제2조(정의) 이 기준에서 사용하는 용어의 뜻은 다음과 같다.

1. "공익사업"이란 「공익사업을 위한 토지 등의 취득 및 보상에 관한 법률」제4조 각 호의 어느 하나에 해당하는 사업을 말한다.
2. "개발이익"이란 공익사업의 계획 또는 시행이 공고 또는 고시되거나 공익사업의 시행, 그 밖에 공익사업의 시행에 따른 절차로서 행하여진 토지이용계획의 설정 · 변경 · 해제 등으로 인하여 토지소유자가 자기의 노력에 관계없이 지가가 상승되어 현저하게 받은 이익으로서 정상지가 상승분을 초과하여 증가된 부분을 말한다.
3. "일시적인 이용상황"이란 관련 법령에 따라 국가나 지방자치단체의 계획이나 명령 등으로 해당 토지를 본래의 용도로 이용하는 것이 일시적으로 금지되거나 제한되어 다른 용도로 이용하고 있거나 해당 토지의 주위 환경 등으로 보아 현재의 이용이 임시적인 것으로 인정되는 이용을 말한다.
4. "나지"란 토지에 건물이나 그 밖의 정착물이 없고 지상권 등 토지의 사용 · 수익을 제한하는 사법상의 권리가 설정되어 있지 아니한 토지를 말한다.
5. "특수토지"란 토지용도가 특수하고 거래사례가 희소하여 시장가치의 측정이 어려운 토지를 말한다.
6. "택지"란 주거 · 상업 · 공업용지 등의 용도로 이용되고 있거나 해당 용도로 이용할 목적으로 조성된 토지를 말한다.
7. "후보지"란 인근지역의 주위환경 등의 사정으로 보아 현재의 용도에서 장래 택지

등 다른 용도로의 전환이 객관적으로 예상되는 토지를 말한다.

8. "인근지역"이란 해당 토지가 속한 지역으로서 토지의 이용이 동질적이고 가격형성요인 중 지역요인을 공유하는 지역을 말한다.
9. "유사지역"이란 해당 토지가 속하지 아니하는 지역으로서 인근지역과 유사한 특성을 갖는 지역을 말한다.
10. "동일수급권"이란 일반적으로 해당 토지와 대체·경쟁관계가 성립하고 가격형성에 서로 영향을 미치는 관계에 있는 다른 토지가 존재하는 권역을 말하며, 인근지역과 유사지역을 포함한다.
11. (삭 제)

제3조(적용 범위) 표준지의 적정가격 조사·평가는 부동산 가격공시에 관한 법령과 감정평가 및 감정평가사에 관한 법령에서 정한 것을 제외하고는 이 기준에서 정하는 바에 따르고, 이 기준에서 정하지 아니한 사항은 표준지공시지가 조사·평가 업무요령 및 감정평가의 일반이론에 따른다.

제2장 조사·평가절차

제4조(조사·평가절차) 표준지의 적정가격 조사·평가는 「부동산 가격공시에 관한 법률 시행령」(이하 "영"이라 한다) 제2조제2항에 따른 『표준지의 선정 및 관리지침』에서 정한 지역분석 등을 실시한 후에 일반적으로 다음 각 호의 절차에 따라 실시한다.

1. 공부조사
2. 실지조사
3. 가격자료의 수집 및 정리
4. 사정보정 및 시점수정
5. 지역요인 및 개별요인의 비교
6. 평가가격의 결정 및 표시
7. 경계지역간 가격균형 여부 검토
8. 표준지 소유자의 의견청취
9. 시장·군수·구청장의 의견청취
10. 조사·평가보고서의 작성

제5조(공부조사) 표준지의 적정가격을 조사·평가할 때에는 토지·임야대장, 지적·임야도, 토지이용계획확인서, 건축물대장, 환지계획·환지처분 등 환지 관련서류 및 도면 등을 통해 공시기준일 현재의 다음 각 호의 사항을 조사한다.

1. 소재지·지번·지목·면적
2. 공법상 제한사항의 내용 및 그 제한의 정도
3. 그 밖의 공부(公簿) 조사사항

제6조(실지조사) 표준지의 적정가격을 조사·평가할 때에는 공시기준일 현재의 다음 각 호의 사항을 실지조사한다.

1. 소재지·지번·지목·면적
2. 위치 및 주위 환경
3. 토지 이용 상황·효용성 및 공법상 제한사항과의 부합 여부
4. 도로 및 교통 환경
5. 형상·지세·지반·지질 등의 상태
6. 편익시설의 접근성 및 편의성
7. 유해시설의 접근성 및 재해·소음 등 유해정도
8. 그 밖에 가격형성에 영향을 미치는 요인

제7조(가격자료의 수집 및 정리) ① 표준지의 적정가격을 조사·평가할 때에는 인근지역 및 동일수급권 안의 유사지역에 있는 거래사례, 평가선례, 보상선례, 조성사례, 분양사례, 수익사례 등과 세평가격 등 가격결정에 참고가 되는 자료(이하 "가격자료"라 한다)를 수집하여 이를 정리한다.

② 제1항에 따른 가격자료는 다음 각 호의 요건을 갖춘 것으로 한다.

1. 최근 3년 이내의 자료인 것
2. 사정보정이 가능한 것
3. 지역요인 및 개별요인의 비교가 가능한 것
4. 위법 또는 부당한 거래 등이 아닌 것
5. 토지 및 그 지상건물이 일체로 거래된 경우에는 배분법의 적용이 합리적으로 가능한 것

제8조(사정보정 및 시점수정) ① 수집된 거래사례 등에 거래당사자의 특수한 사정 또는

개별적인 동기가 개재되어 있거나 평가선례 등에 특수한 평가조건 등이 반영되어 있는 경우에는 그러한 사정이나 조건 등이 없는 상태로 이를 적정하게 보정(이하 "사정보정"이라 한다)한다.

② 가격자료의 거래시점 등이 공시기준일과 다른 경우에는 「부동산 거래신고 등에 관한 법률」 제19조에 따라 국토교통부장관이 조사한 지가변동률로서 가격자료가 소재한 시・군・구의 같은 용도지역 지가변동률로 시점수정을 행한다. 다만, 다음 각 호의 경우에는 그러하지 아니하다.

1. 같은 용도지역의 지가변동률을 적용하는 것이 불가능하거나 적절하지 아니하다고 판단되는 경우에는 공법상 제한이 같거나 비슷한 용도지역의 지가변동률, 이용상황별 지가변동률 또는 해당 시・군・구의 평균지가변동률로 시점수정
2. 지가변동률을 적용하는 것이 불가능하거나 적절하지 아니한 경우에는 「한국은행법」 제86조에 따라 한국은행이 조사・발표하는 생산자물가지수에 따라 산정된 생산자물가상승률 등으로 시점수정
3. 〈삭 제〉
4. 〈삭 제〉

제9조(지역요인 및 개별요인의 비교) ① 수집・정리된 거래사례 등의 토지가 표준지의 인근지역에 있는 경우에는 개별요인만을 비교하고, 동일수급권 안의 유사지역에 있는 경우에는 지역요인 및 개별요인을 비교한다.

② 지역요인 및 개별요인의 비교는 표준지의 공법상 용도지역과 실제이용상황 등을 기준으로 그 용도적 특성에 따라 다음과 같이 용도지대를 분류하고, 가로조건・접근조건・환경조건・획지조건・행정적조건・기타조건 등에 관한 사항을 비교한다.

1. 상업지대: 고밀도상업지대・중밀도상업지대・저밀도상업지대
2. 주택지대: 고급주택지대・보통주택지대・농어촌주택지대
3. 공업지대: 전용공업지대・일반공업지대
4. 농경지대: 전작농경지대・답작농경지대
5. 임야지대: 도시근교임야지대・농촌임야지대・산간임야지대
6. 후보지지대: 택지후보지지대・농경지후보지지대

③ 각 용도지대별 지역요인 및 개별요인의 비교항목(조건・항목・세항목)은 별표 1부

터 별표 7까지에서 정하는 내용을 참고로 하여 정한다.

④ 지역요인 및 개별요인의 비교를 위한 인근지역의 판단은 토지의 용도적 관점에 있어서의 동질성을 기준으로 하되, 일반적으로 지형·지물 등 다음 각 호의 사항을 확인하여 인근지역의 범위를 정한다.

1. 지반·지세·지질
2. 하천·수로·철도·공원·도로·광장·구릉 등
3. 토지의 이용상황
4. 공법상 용도지역·지구·구역 등
5. 역세권, 통학권 및 통작권역

제10조(평가가격의 결정 및 표시) ① 거래사례비교법 등에 따라 표준지의 가격을 산정한 때에는 인근지역 또는 동일수급권 안의 유사지역에 있는 유사용도 표준지의 평가가격과 비교하여 그 적정여부를 검토한 후 평가가격을 결정하되, 유사용도 표준지의 평가가격과 균형이 유지되도록 하여야 한다.

② 표준지로 선정된 1필지의 토지가 둘 이상의 용도로 이용되는 경우에는 용도별 면적비율에 의한 평균가격으로 평가가격을 결정한다. 다만, 다음 각 호의 어느 하나에 해당되는 경우에는 주된 용도의 가격으로 평가가격을 결정할 수 있다.

1. 다른 용도로 이용되는 부분이 일시적인 이용상황으로 인정되는 경우
2. 다른 용도로 이용되는 부분이 주된 용도와 가치가 유사하거나 면적비율이 현저하게 낮아 주된 용도의 가격을 기준으로 거래되는 관행이 있는 경우

③ 표준지의 평가가격은 제곱미터당 가격으로 표시하되, 유효숫자 두 자리로 표시함을 원칙으로 한다. 다만, 그 평가가격이 10만원 이상인 경우에는 유효숫자 세 자리까지 표시할 수 있다.

④ 제3항에도 불구하고 표준지 이의신청에 따른 평가가격 또는 「부동산 가격공시에 관한 법률」제3조제5항 단서에 따라 하나의 감정평가법인등에게 의뢰하여 표준지공시지가를 평가하는 경우의 평가가격의 유효숫자 제한은 국토교통부장관이 별도로 정할 수 있다.

제11조(경계지역간 가격균형 여부 검토) ① 제10조에 따라 표준지의 평가가격을 결정한 때에는 인근 시·군·구의 유사용도 표준지의 평가가격과 비교하여 그 가격의 균형여

부를 검토하여야 한다.

② 제1항의 가격균형여부의 검토는 용도지역·용도지대 및 토지이용상황별 지가수준을 비교하는 것 외에 특수토지 및 경계지역 부분에 있는 유사용도 표준지에 대하여 개별필지별로 행하되, 필요한 경우에는 인근 시·군·구의 가격자료 등을 활용하여 평가가격을 조정함으로써 상호 균형이 유지되도록 하여야 한다.

제12조(표준지 소유자의 의견청취) 영 제5조제3항에 따라 표준지 소유자가 표준지의 평가가격에 대하여 의견을 제시한 때에는 그 평가가격의 적정여부를 재검토하고 표준지 소유자가 제시한 의견이 객관적으로 타당하다고 인정되는 경우에는 이를 반영하여 평가가격을 조정하여야 한다.

제13조(시장 · 군수 · 구청장의 의견청취) ① 영 제8조제2항에 따라 시장·군수 또는 구청장(필요한 경우 특별시장·광역시장 또는 도지사를 포함한다. 이하 이 조에서 같다)의 의견을 듣고자 할 때에는 표준지의 필지별 가격 및 가격변동률, 용도지역별·지목별 최고·최저지가, 전년대비 가격변동이 현저한 표준지의 내역 및 변동사유, 표준지 위치표시도면 등 표준지의 평가가격 검토에 필요한 자료를 제출하여야 한다.

② 시장·군수 또는 구청장으로부터 특정한 표준지에 대하여 평가가격의 조정의견이 제시된 때에는 그 평가가격의 적정여부를 재검토하고 그 의견이 객관적으로 타당하다고 인정되는 경우에는 이를 반영하여 평가가격을 조정하여야 한다.

제14조(조사 · 평가보고서의 작성) 표준지에 대한 조사·평가가 완료된 때에는 표준지 조사평가보고서를 작성하여 「부동산 가격공시에 관한 법률 시행규칙」 제3조제2항에 따른 서류(전자처리된 전자기록을 포함한다)와 함께 국토교통부장관에게 제출하여야 한다.

제3장 평가기준

제15조(적정가격 기준 평가) ① 표준지의 평가가격은 일반적으로 해당 토지에 대하여 통상적인 시장에서 정상적인 거래가 이루어지는 경우 성립될 가능성이 가장 높다고 인정되는 가격(이를 "적정가격"이라 한다)으로 결정하되, 시장에서 형성되는 가격자료를 충분히 조사하여 표준지의 객관적인 시장가치를 평가한다.

② 특수토지 등 시장성이 없거나 거래사례 등을 구하기가 곤란한 토지는 해당 토지와

유사한 이용가치를 지닌다고 인정되는 토지의 조성에 필요한 비용추정액 또는 임료 등을 고려한 가격으로 평가하거나, 해당 토지를 인근지역의 주된 용도의 토지로 보고 제1항에 따라 평가한 가격에 그 용도적 제한이나 거래제한의 상태 등을 고려한 가격으로 평가한다.

제16조(실제용도 기준 평가) 표준지의 평가는 공부상의 지목에도 불구하고 공시기준일 현재의 이용상황을 기준으로 평가하되, 일시적인 이용상황은 이를 고려하지 아니한다.

제17조(나지상정 평가) 표준지의 평가에 있어서 그 토지에 건물이나 그 밖의 정착물이 있거나 지상권 등 토지의 사용·수익을 제한하는 사법상의 권리가 설정되어 있는 경우에는 그 정착물 등이 없는 토지의 나지상태를 상정하여 평가한다.

제18조(공법상 제한상태 기준 평가) 표준지의 평가에 있어서 공법상 용도지역·지구·구역 등 일반적인 계획제한사항 뿐만 아니라 도시계획시설 결정 등 공익사업의 시행을 직접목적으로 하는 개별적인 계획제한사항이 있는 경우에는 그 공법상 제한을 받는 상태를 기준으로 평가한다.

제19조(개발이익 반영 평가) ① 표준지의 평가에 있어서 다음 각 호의 개발이익은 이를 반영하여 평가한다. 다만, 그 개발이익이 주위환경 등의 사정으로 보아 공시기준일 현재 현실화·구체화되지 아니하였다고 인정되는 경우에는 그러하지 아니하다.

1. 공익사업의 계획 또는 시행이 공고 또는 고시됨으로 인한 지가의 증가분
2. 공익사업의 시행에 따른 절차로서 행하여진 토지이용계획의 설정·변경·해제 등으로 인한 지가의 증가분
3. 그 밖에 공익사업의 착수에서 준공까지 그 시행으로 인한 지가의 증가분

② 제1항에 따라 개발이익을 반영함에 있어서 공익사업시행지구 안에 있는 토지는 해당 공익사업의 단계별 성숙도 등을 고려하여 평가하되, 인근지역 또는 동일수급권 안의 유사지역에 있는 유사용도 토지의 지가수준과 비교하여 균형이 유지되도록 하여야 한다.

제20조(일단지의 평가) ① 용도상 불가분의 관계에 있는 2필지 이상의 일단의 토지(이하 "일단지"라 한다) 중에서 대표성이 있는 1필지가 표준지로 선정된 때에는 그 일단지를 1필지의 토지로 보고 평가한다.

② 제1항에서 "용도상 불가분의 관계"란 일단지로 이용되고 있는 상황이 사회적 · 경제적 · 행정적 측면에서 합리적이고 해당 토지의 가치형성측면에서도 타당하다고 인정되는 관계에 있는 경우를 말한다.

③ 개발사업시행예정지는 공시기준일 현재 관계 법령에 따른 해당 사업계획의 승인이나 「공익사업을 위한 토지 등의 취득 및 보상에 관한 법률」 제20조에 따른 사업인정(다른 법률에 따라 사업인정으로 보는 경우를 포함한다. 이하 같다)이 있기 전에는 이를 일단지로 보지 아니한다.

④ 2필지 이상의 토지에 하나의 건축물(부속건축물을 포함한다)이 건립되어 있거나 건축 중에 있는 토지와 공시기준일 현재 나지상태이나 건축허가 등을 받고 공사를 착수한 때에는 토지소유자가 다른 경우에도 이를 일단지로 본다.

⑤ 2필지 이상의 일단의 토지가 조경수목재배지, 조경자재제조장, 골재야적장, 간이창고, 간이체육시설용지(테니스장, 골프연습장, 야구연습장 등) 등으로 이용되고 있는 경우로서 주위환경 등의 사정으로 보아 현재의 이용이 일시적인 이용상황으로 인정되는 경우에는 이를 일단지로 보지 아니한다.

⑥ 일단으로 이용되고 있는 토지의 일부가 용도지역 등을 달리하는 등 가치가 명확히 구분되어 둘 이상의 표준지가 선정된 때에는 그 구분된 부분을 각각 일단지로 보고 평가한다.

제21조(평가방식의 적용) ① 표준지의 평가는 거래사례비교법, 원가법 또는 수익환원법의 3방식 중에서 해당 표준지의 특성에 가장 적합한 평가방식 하나를 선택하여 행하되, 다른 평가방식에 따라 산정한 가격과 비교하여 그 적정여부를 검토한 후 평가가격을 결정한다. 다만, 해당 표준지의 특성 등으로 인하여 다른 평가방식을 적용하는 것이 현저히 곤란하거나 불필요한 경우에는 하나의 평가방식으로 결정할 수 있으며, 이 경우 제14조에 따른 조사 · 평가보고서에 그 사유를 기재하여야 한다.

② 일반적으로 시장성이 있는 토지는 거래사례비교법으로 평가한다. 다만, 새로이 조성 또는 매립된 토지는 원가법으로 평가할 수 있으며, 상업용지 등 수익성이 있는 토지는 수익환원법으로 평가할 수 있다.

③ 시장성이 없거나 토지의 용도 등이 특수하여 거래사례 등을 구하기가 현저히 곤란한 토지는 원가법에 따라 평가하거나, 해당 토지를 인근지역의 주된 용도의 토지로

보고 거래사례비교법에 따라 평가한 가격에 그 용도적 제한이나 거래제한의 상태 등을 고려한 가격으로 평가한다. 다만, 그 토지가 수익성이 있는 경우에는 수익환원법으로 평가할 수 있다.

④ 표준지의 평가가격을 원가법에 따라 결정할 경우에는 다음과 같이 한다. 다만, 특수한 공법을 사용하여 토지를 조성한 경우 등 해당 토지의 조성공사비가 평가가격 산출시 적용하기에 적정하지 아니한 경우에는 인근 유사토지의 조성공사비를 참작하여 적용할수 있다.

○ [조성 전 토지의 소지가격 + (조성공사비 및 그 부대비용 + 취득세 등 제세공과금 + 적정이윤)] ÷ 해당 토지의 면적 ≒ 평가가격

⑤ (삭　제)

⑥ (삭　제)

제4장 용도별 토지의 평가

제22조(주거용지) ① 주거용지(주상복합용지를 포함한다)는 토지의 일반적인 조사사항 이외에 주거의 쾌적성 및 편의성에 중점을 두고 다음 각 호의 사항 등을 고려하여 평가하되, 인근지역 또는 동일수급권 안의 유사지역에 있는 토지의 거래사례 등 가격자료를 활용하여 거래사례비교법으로 평가한다. 다만, 새로이 조성 또는 매립된 토지로서 거래사례비교법으로 평가하는 것이 현저히 곤란하거나 적정하지 아니하다고 인정되는 경우에는 원가법으로 평가할 수 있다.

1. 도심과의 거리 및 교통시설의 상태
2. 상가와의 거리 및 배치상태
3. 학교, 공원, 병원 등의 배치상태
4. 거주자의 직업·계층 등 지역의 사회적 환경
5. 조망, 풍치, 경관 등 지역의 자연적 환경
6. 변전소, 폐수처리장 등 위험·혐오시설 등의 유무
7. 소음, 대기오염 등 공해발생의 상태
8. 홍수, 사태 등 재해발생의 위험성
9. 각 획지의 면적과 배치 및 이용 등의 상태

② 아파트 등 공동주택용지는 그 지상에 있는 건물과 유사한 규모(층수・용적률・건폐율 등)의 건축물을 건축할 수 있는 토지의 나지상태를 상정하여 평가한다. 다만, 공시기준일 현재 해당 토지의 현실적인 이용상황이 인근지역에 있는 유사용도 토지의 표준적인 이용상황에 현저히 미달되는 경우에는 인근지역에 있는 유사용도 토지의 표준적인 이용상황을 기준으로 한다.

제23조(상업・업무용지) ① 상업・업무용지(공공용지를 제외한다)는 토지의 일반적인 조사사항 이외에 다음 각 호의 사항 등을 고려하여 평가하되, 인근지역 또는 동일수급권 안의 유사지역에 있는 토지의 거래사례 등 가격자료를 활용하여 거래사례비교법으로 평가한다. 다만, 수익사례의 수집이 가능한 경우에는 수익환원법으로 평가할 수 있으며(이 경우 거래사례비교법으로 평가한 가격과 비교하여 그 합리성을 검토하여야 한다), 새로이 조성 또는 매립된 토지는 원가법으로 평가할 수 있다.

1. 배후지의 상태 및 고객의 질과 양
2. 영업의 종류 및 경쟁의 상태
3. 고객의 교통수단의 상태 및 통행 패턴
4. 번영의 정도 및 성쇠의 상태
5. 해당 지역 경영자의 창의와 자력의 정도
6. 번화가에의 접근성

② 상업・업무용지의 인근지역 또는 동일수급권 안의 유사지역에 임대동향표본(국토교통부장관이 매년 임대동향조사를 위하여 선정한 오피스빌딩 및 매장용 빌딩을 말한다)이 소재하는 경우 상업・업무용지는 임대동향표본을 활용하여 수익환원법으로 평가하여야 한다(이 경우 거래사례비교법으로 평가한 가격과 비교하여 그 합리성을 검토하여야 한다). 다만, 인근지역 또는 동일수급권 안의 유사지역에 비교가능한 적정 거래사례가 충분하여 거래사례비교법으로 평가하는 것이 합리적인 것으로 인정되는 경우나 음(-)의 수익가격이 산출되는 등 임대동향표본을 활용한 수익환원법의 적용이 불합리한 경우에는 예외로 한다.

제24조(공업용지) ① 공업용지는 토지의 일반적인 조사사항 이외에 제품생산 및 수송・판매에 관한 경제성에 중점을 두고 다음 각 호의 사항 등을 고려하여 평가하되, 인근지역

또는 동일수급권 안의 유사지역에 있는 토지의 거래사례 등 가격자료를 활용하여 거래사례비교법으로 평가한다. 다만, 새로이 조성 또는 매립된 토지로서 거래사례비교법으로 평가하는 것이 현저히 곤란하거나 적정하지 아니하다고 인정되는 경우에는 원가법으로 평가할 수 있다.

1. 제품의 판매시장 및 원재료 구입시장과의 위치관계
2. 항만, 철도, 간선도로 등 수송시설의 정비상태
3. 동력자원 및 용수·배수 등 공급처리시설의 상태
4. 노동력 확보의 난이
5. 관련산업과의 위치관계
6. 수질오염, 대기오염 등 공해발생의 위험성
7. 온도, 습도, 강우 등 기상의 상태

② 「산업입지 및 개발에 관한 법률」에 따른 국가산업단지·지방산업단지·농공단지 등 산업단지 안에 있는 공업용지는 해당 토지 등의 분양가격자료를 기준으로 평가하되, 「산업집적활성화 및 공장설립에 관한 법률 시행령」제52조에서 정한 이자 및 비용상당액과 해당 산업단지의 성숙도 등을 고려한 가격으로 평가한다. 다만, 분양이 완료된 후에 상당기간 시일이 경과되어 해당 토지 등의 분양가격자료에 따른 평가가 현저히 곤란하거나 적정하지 아니하다고 인정되는 경우에는 인근지역 또는 동일수급권의 다른 산업단지 안에 있는 공업용지의 분양가격자료를 기준으로 평가할 수 있다.

제25조(농경지) ① 전·답·과수원 등 농경지는 토지의 일반적인 조사사항 이외에 다음 각 호의 사항 등을 고려하여 평가하되, 인근지역 또는 동일수급권 안의 유사지역에 있는 농경지의 거래사례 등 가격자료를 활용하여 거래사례비교법으로 평가한다. 다만, 간척지 등 새로이 조성 또는 매립된 토지로서 거래사례비교법으로 평가하는 것이 현저히 곤란하거나 적정하지 아니하다고 인정되는 경우에는 원가법으로 평가할 수 있다.

1. 토질의 종류 및 비옥도
2. 관개·배수의 설비상태
3. 한·수해의 유무와 그 정도
4. 관리 또는 경작의 편리성

5. 단위면적당 평균수확량

6. 마을 및 출하지와의 접근성

② 과수원은 그 지상에 있는 과수목의 상황을 고려하지 아니한 상태를 기준으로 평가하되, 제26조제2항 단서의 규정을 준용한다.

제26조(임야지) ① 임야지는 토지의 일반적인 조사사항 이외에 다음 각 호의 사항 등을 고려하여 평가하되, 인근지역 또는 동일수급권 안의 유사지역에 있는 임야지의 거래사례 등 가격자료를 활용하여 거래사례비교법으로 평가한다.

1. 표고, 지세 등의 자연상태

2. 지층의 상태

3. 일조·온도·습도 등의 상태

4. 임도 등의 상태

5. 노동력 확보의 난이

② 임야지는 그 지상입목의 상황을 고려하지 아니한 상태를 기준으로 평가한다. 다만, 다음 각 호의 어느 하나에 해당되는 경우에는 그 지상입목을 임야지에 포함한 가격으로 평가할 수 있다. 이 경우에 그 지상입목은 따로 경제적인 가치가 없는 것으로 본다.

1. 입목가격이 임야지가격에 비하여 경미한 경우

2. 자연림으로서 입목도가 30퍼센트 이하인 경우

③ 「초지법」제5조에 따라 허가를 받아 조성된 목장용지는 인근지역 또는 유사용도 토지의 거래사례 등 가격자료를 활용하여 거래사례비교법으로 평가한다. 다만, 인근지역 및 동일 수급권 안의 유사지역에서 유사용도 토지의 거래사례 등 가격자료를 구하기가 현저히 곤란한 경우에는 원가법에 따라 다음과 같이 평가할 수 있다.

1. 초지는 조성 전 토지의 소지가격에 해당 초지의 조성에 소요되는 통상의 비용(개량비를 포함한다) 상당액 및 적정이윤 등을 고려한 가격으로 평가

2. 축사 및 부대시설의 부지는 조성 전 토지의 소지가격에 해당 토지의 조성에 소요되는 통상의 비용 상당액 및 적정이윤 등을 고려한 가격으로 평가

3. 목장용지 내의 주거용 "대" 부분은 목장용지로 보지 아니하며, 실제 이용상황 등을 고려하여 평가

제27조(후보지) ① 택지후보지는 토지의 일반적인 조사사항 이외에 다음 각 호의 사항 등을 고려하여 평가하되, 인근지역 또는 동일수급권 안의 유사지역에 있는 토지의 거래사례 등 가격자료를 활용하여 거래사례비교법으로 평가한다. 다만, 인근지역 및 동일수급권 안의 유사지역에서 유사용도 토지의 거래사례 등 가격자료를 구하기가 현저히 곤란한 경우에는 택지조성 후의 토지가격에서 택지조성에 필요한 통상의 비용 상당액 및 적정이윤 등을 뺀 가격에 성숙도 등을 고려한 가격으로 평가할 수 있다.

1. 택지화 등을 조장하거나 저해하는 행정상의 조치 및 규제정도
2. 인근지역의 공공시설의 정비동향
3. 인근에 있어서의 주택·점포·공장 등의 건설동향
4. 조성의 난이 및 그 정도
5. 조성 후 택지로서의 유효이용도

② 제1항의 규정은 농경지후보지의 평가시에 이를 준용한다.

제5장 공법상 제한을 받는 토지의 평가

제28조(도시·군계획시설 등 저촉토지) ①「국토의 계획 및 이용에 관한 법률」제2조제7호에 따른 도시·군계획시설에 저촉되는 토지는 그 도시·군계획시설에 저촉된 상태대로의 가격이 형성되어 있는 경우에는 그 가격을 기준으로 평가하고, 저촉된 상태대로의 가격이 형성되어 있지 아니한 경우에는 저촉되지 아니한 상태를 기준으로 한 가격에 그 도시·군계획시설의 저촉으로 인한 제한정도에 따른 적정한 감가율 등을 고려하여 평가한다.

② 토지의 일부면적이 도시·군계획시설에 저촉되는 경우에는 저촉부분과 잔여부분의 면적비율에 따른 평균가격으로 평가한다. 다만, 도시·군계획시설에 저촉되는 부분의 면적비율이 현저하게 낮아 토지의 사용수익에 지장이 없다고 인정되는 경우에는 도시·군계획시설에 저촉되지 아니한 것으로 보며, 잔여부분의 면적비율이 현저하게 낮아 단독으로 효용가치가 없다고 인정되는 경우에는 전체면적이 도시·군계획시설에 저촉된 것으로 본다.

③ 표준지가 도시·군계획시설에 저촉되었으나 공시기준일 현재 해당 도시·군계획시설 사업이 완료된 경우에는 도시·군계획시설에 저촉되지 아니한 것으로 보고 평가한다.

④ 제1항부터 제3항까지의 규정은「자연공원법」제4조에 따라 공원으로 지정·고시된

구역 안에 있는 토지의 평가 시에 이를 준용하되, 집단시설지구 안에 있는 토지는 공시기준일이 해당 공익사업의 사업인정고시 전으로서 그 집단시설지구의 결정에 따른 개발이익이 현실화 · 구체화되지 아니하였다고 인정되는 경우에는 이를 반영하지 아니한다.

第29조(둘 이상의 용도지역에 속한 토지) 둘 이상의 용도지역에 걸쳐있는 토지는 각 용도지역 부분의 위치, 형상, 이용상황 및 그 밖에 다른 용도지역 부분에 미치는 영향 등을 고려하여 면적 비율에 따른 평균가격으로 평가한다. 다만, 용도지역을 달리하는 부분의 면적비율이 현저하게 낮아 가격형성에 미치는 영향이 별로 없거나 관계 법령에 따라 주된 용도지역을 기준으로 이용할 수 있는 경우에는 주된 용도지역의 가격을 기준으로 평가할 수 있다.

第30조(도시 · 군계획시설도로에 접한 토지) 도시 · 군계획시설도로에 접한 토지는 그 도시 · 군계획시설도로에 접하지 아니한 상태를 기준으로 평가한다. 다만, 공시기준일 현재 건설공사 중에 있는 경우에는 이를 현황도로로 보며, 건설공사는 착수하지 아니하였으나 「국토의 계획 및 이용에 관한 법률」제91조에 따른 도시 · 군계획시설사업의 실시계획의 고시 및 「도시개발법」제18조에 따른 도시개발사업의 실시계획의 고시가 된 경우에는 이를 반영하여 평가한다.

第31조(개발제한구역 안의 토지) 개발제한구역 안에 있는 토지는 그 공법상 제한을 받는 상태를 기준으로 평가하되, 실제용도 또는 지목이 대인 경우에는 다음 각 호의 기준에 따라 평가한다.

1. 건축물이 있는 토지는 「개발제한구역의 지정 및 관리에 관한 특별조치법 시행령」제13조제1항에서 규정하는 범위 안에서의 건축물의 개축 · 재축 · 증축 · 대수선 · 용도변경 등이 가능한 토지의 나지상태를 상정하여 평가
2. 개발제한구역 지정당시부터 지목이 대인 건축물이 없는 토지(이축된 건축물이 있었던 지목이 대인 토지로서 개발제한구역 지정당시부터 해당 토지의 소유자와 건축물의 소유자가 다른 경우의 토지를 포함하며, 형질변경허가가 불가능한 토지를 제외한다)는 건축이 가능한 상태를 기준으로 평가
3. 제2호 이외의 건축이 불가능한 지목이 대인 토지는 현실의 이용상황을 고려하여 평가

제32조(재개발구역 등 안의 토지) ① 「도시 및 주거환경정비법」제8조에 따라 지정된 주거환경개선구역·재개발구역 안의 토지는 그 공법상 제한을 받는 상태를 기준으로 평가한다. 다만, 공시기준일이 「도시 및 주거환경정비법」제50조에 따른 사업시행인가 등의 고시 전으로서 해당 공익사업의 시행으로 인한 개발이익이 현실화·구체화되지 아니하였다고 인정되는 경우에는 이를 반영하지 아니한다.

② 삭제

제33조(환지방식에 의한 사업시행지구 안의 토지) ① 「도시개발법」제28조부터 제49조까지에서 규정하는 환지방식에 따른 사업시행지구 안에 있는 토지는 다음과 같이 평가한다.

1. 환지처분 이전에 환지예정지로 지정된 경우에는 청산금의 납부여부에 관계없이 환지예정지의 위치, 확정예정지번(블록·롯트), 면적, 형상, 도로접면상태와 그 성숙도 등을 고려하여 평가
2. 환지예정지의 지정 전인 경우에는 종전 토지의 위치, 지목, 면적, 형상, 이용상황 등을 기준으로 평가

② 「농어촌정비법」에 따른 농업생산기반 정비사업 시행지구 안에 있는 토지를 평가할 때에는 제1항을 준용한다.

제34조(택지개발사업시행지구 안의 토지) 「택지개발 촉진법」에 따른 택지개발사업시행지구 안에 있는 토지는 그 공법상 제한사항 등을 고려하여 다음과 같이 평가한다.

1. 택지개발사업 실시계획의 승인고시일 이후에 택지로서의 확정예정지번이 부여된 경우에는 제33조제1항제1호를 준용하되, 「택지개발촉진법 시행령」제13조의2에 따른 해당 택지의 지정용도 등을 고려하여 평가
2. 택지로서의 확정예정지번이 부여되기 전인 경우에는 종전 토지의 이용상황 등을 기준으로 그 공사의 시행정도 등을 고려하여 평가하되, 「택지개발촉진법」제11조제1항에 따라 공법상 용도지역이 변경된 경우에는 변경된 용도지역을 기준으로 평가

제35조(특정시설의 보호 등을 목적으로 지정된 구역 등 안의 토지) ① 「문화재보호법」제27조에 따른 문화재보호구역 등 관계 법령에 따라 특정시설의 보호 등을 목적으로 지정된 구역 등 안에 있는 토지는 그 공법상 제한을 받는 상태대로의 가격이 형성되어 있는 경우에는 그 가격을 기준으로 평가하고, 제한을 받는 상태대로의 가격이 형성되어 있지

아니한 경우에는 그 공법상 제한을 받지 아니한 상태를 기준으로 한 가격에 그 공법상 제한정도에 따른 적정한 감가율 등을 고려하여 평가한다.

② 제28조제2항의 규정은 이 조에서 준용할 수 있다.

제6장 특수토지의 평가

제36조(광천지) 지하에서 온수·약수·석유류 등이 용출되는 용출구와 그 유지에 사용되는 부지(온수·약수·석유류 등을 일정한 장소로 운송하는 송수관·송유관 및 저장시설의 부지를 제외한다. 이하 이 조에서 "광천지"라 한다)는 그 광천의 종류, 질 및 양의 상태, 부근의 개발상태 및 편익시설의 종류·규모, 사회적 명성 및 수익성 등을 고려하여 거래사례비교법에 따라 다음과 같이 평가하되, 공구당 총가격은 광천지에 화체되지 아니한 건물, 구축물, 기계·기구 등의 가격 상당액을 뺀 것으로 한다.

○ (공구당 총가격 ÷ 해당 광천지의 면적) = 평가가격

제37조(광업용지) ① 광산 및 오석, 대리석 등 특수채석장의 용지(이하 이 조에서 "광업용지"라 한다)는 광물의 종류와 매장량, 질 등을 고려하여 거래사례비교법으로 평가한다. 다만, 인근지역 및 동일수급권 안의 유사지역에서 유사용도 토지의 거래사례 등 가격자료를 구하기가 현저히 곤란한 경우에는 수익환원법에 따라 평가할 수 있다.

② 광업용지를 제1항 단서에 따라 수익환원법으로 평가할 경우에는 해당 광산전체의 평가가격에서 토지에 화체되지 아니한 건물, 구축물, 기계·기구 등의 시설 및 광업권의 평가가격 상당액을 뺀 것으로 한다.

③ 용도폐지된 광업용지는 인근지역 또는 동일수급권 안의 유사지역에 있는 용도폐지된 광업용지의 거래사례 등 가격자료를 활용하여 거래사례비교법으로 평가한다. 다만, 용도폐지된 광업용지의 거래사례 등 가격자료를 구하기가 곤란한 경우에는 인근지역 또는 동일수급권 안의 유사지역에 있는 주된 용도 토지의 가격자료에 따라 평가하되, 다른 용도로의 전환가능성 및 용도전환에 소요되는 통상비용 등을 고려한 가격으로 평가한다.

제38조(염전부지) 염전시설의 부지(이를 "염전부지"라 한다)는 입지조건, 규모 및 시설 등의 상태, 염생산가능면적과 부대시설면적의 비율, 주위환경 변동에 따른 다른 용도로

의 전환가능성 및 수익성 등을 고려하여 거래사례비교법으로 평가하되, 거래사례 등 가격자료에 토지에 화체되지 아니한 건물 및 구축물 등의 가격상당액이 포함되어 있는 경우에는 이를 뺀 것으로 한다.

제39조(유원지) ① 유원지는 인근지역 또는 동일수급권 안의 유사지역에 있는 유사용도 토지의 거래사례 등 가격자료를 활용하여 거래사례비교법으로 평가한다. 다만, 그 유원지가 새로이 조성되어 거래사례비교법으로 평가하는 것이 현저히 곤란하거나 적정하지 아니하다고 인정되는 경우에는 원가법 또는 수익환원법으로 평가할 수 있다.

② 유원지를 평가할 때에는 다음 각 호의 사항 등을 고려하되 거래사례 등 가격자료에 토지에 화체되지 아니한 건물 등 관리시설과 공작물 등의 가격상당액이 포함되어 있는 경우에는 이를 뺀 것으로 한다.

1. 시설의 종류·규모 및 그 시설물의 상태
2. 조망, 경관 등 자연환경조건
3. 도시지역 및 교통시설과의 접근성
4. 시설이용의 편리성 및 쾌적성
5. 공법상 제한사항 및 그 내용
6. 그 밖에 사회적 명성 및 수익성

제40조(묘지) ① 묘지(공설묘지를 제외한다. 이하 이 조에서 같다)는 그 묘지가 위치한 인근지역의 주된 용도 토지의 거래사례 등 가격자료를 활용하여 거래사례비교법으로 평가하되, 해당 분묘 등이 없는 상태를 상정하여 평가한다.

② 「장사 등에 관한 법률」 제14조제1항제3호 및 제4호에 따라 설치된 종중·문중묘지 및 법인묘지로서 제1항에 따라 거래사례비교법으로 평가하는 것이 현저히 곤란하거나 적정하지 아니하다고 인정되는 경우에는 원가법으로 평가하되, 조성공사비 및 그 부대비용은 토지에 화체(공작물 등이 토지에서 분리할 수 없는 일부분으로서 토지의 가치 자체를 형성하는 것을 말한다. 이하 같다.)되지 아니한 관리시설 및 분묘 등의 설치에 소요되는 금액 상당액을 뺀 것으로 한다. 다만, 특수한 공법을 사용하여 토지를 조성한 경우 등 해당 토지의 조성공사비가 평가가격 산출시 적용하기에 적정하지 아니한 경우에는 인근 유사토지의 조성공사비를 참작하여 적용할 수 있다.

제41조(골프장용지등) ① 골프장용지는 원가법에 따라 평가하되, 조성공사비 및 그 부대비용은 토지에 화체되지 아니한 골프장 안의 관리시설(클럽하우스·창고·오수처리시설 등 골프장 안의 모든 건축물을 말한다. 이하 이 조에서 같다)의 설치에 소요되는 금액 상당액을 뺀 것으로 하고, 골프장의 면적은 「체육시설의 설치·이용에 관한 법률 시행령」 제20조제1항에 따라 등록된 면적(조성공사 중에 있는 골프장용지는 같은 법 제12조에 따라 사업계획의 승인을 얻은 면적을 말한다. 이하 이 조에서 같다)으로 한다. 다만, 특수한 공법을 사용하여 토지를 조성한 경우 등 해당 토지의 조성공사비가 평가가격 산출시 적용하기에 적정하지 아니한 경우에는 인근 유사토지의 조성공사비를 참작하여 적용할수 있다.

② 골프장용지는 골프장의 등록된 면적 전체를 일단지로 보고 평가한다. 다만, 하나의 골프장이 회원제골프장과 대중골프장 등으로 구분되어 있어 둘 이상의 표준지가 선정된 때에는 그 구분된 부분을 각각 일단지로 보고 평가한다.

③ 제1항에 따라 원가법으로 평가한 가격이 인근지역 및 동일수급권의 유사지역에 있는 유사규모 골프장용지의 표준지공시지가 수준과 현저한 차이가 있는 경우에는 수익환원법 또는 거래사례비교법으로 평가한 가격과 비교하여 그 적정 여부를 확인하되, 필요한 경우에는 평가가격을 조정하여 유사용도 표준지의 평가가격과 균형이 유지되도록 하여야 한다.

④ 제1항부터 제3항까지의 규정은 경마장 및 스키장시설 등 이와 유사한 체육시설용지의 평가시에 준용한다.

제42조(종교용지등) 종교용지 또는 사적지(이하 이 조에서 "종교용지등"이라 한다)는 그 토지가 위치한 인근지역의 주된 용도 토지의 거래가격을 활용하여 거래사례비교법으로 평가하되, 그 용도 제한 및 거래제한의 상태 등을 고려하여 평가한다. 다만, 그 종교용지등이 농경지대 또는 임야지대 등에 소재하여 해당 토지의 가격이 인근지역의 주된 용도 토지의 가격수준에 비하여 일반적으로 높게 형성되는 것으로 인정되는 경우에는 원가법에 따르되, 조성공사비 및 그 부대비용은 토지에 화체되지 아니한 공작물 등의 설치에 소요되는 금액 상당액을 뺀 것으로 한다. 다만, 특수한 공법을 사용하여 토지를 조성한 경우 등 해당 토지의 조성공사비가 평가가격 산출시 적용하기에 적정하지 아니한 경우에는 인근 유사토지의 조성공사비를 참작하여 적용할 수 있다.

제43조(여객자동차터미널 부지) ① 여객자동차터미널 부지는 인근지역의 주된 용도 토지의 표준적인 획지의 적정가격에 여객자동차터미널 부지의 용도제한이나 거래제한 등에 따른 적정한 감가율 등을 고려하여 평가한다.

② 제1항에 따라 적정한 감가율 등을 고려하는 경우에는 여객자동차터미널의 구조 및 부대・편익시설의 현황, 여객자동차터미널 사업자의 면허내용 및 해당 여객자동차터미널을 이용하는 여객자동차운송사업자 현황 등을 참작하여야 한다.

제44조(공공용지등) ① 공공청사, 학교, 도서관, 시장, 도로, 공원, 운동장, 체육시설, 철도, 하천, 위험・혐오시설의 부지 및 그 밖에 이와 유사한 용도의 토지(이를 "공공용지등"이라 한다. 이하 이 조에서 같다)는 다음과 같이 평가한다.

1. 공공청사, 학교, 도서관, 시장의 부지 및 그 밖에 이와 유사한 용도의 토지는 인근지역의 주된 용도 토지의 거래사례 등 가격자료를 활용하여 거래사례비교법으로 평가. 다만, 토지의 용도에 따른 감가율은 없는 것으로 본다.
2. 도로, 공원, 운동장, 체육시설, 철도, 하천, 위험・혐오시설의 부지 및 그 밖에 이와 유사한 용도의 토지는 인근지역에 있는 주된 용도 토지의 표준적인 획지의 적정가격에 그 용도의 제한이나 거래제한 등에 따른 적정한 감가율 등을 고려하여 평가

② 공공용지등이 새로이 조성 또는 매립 등이 되어 제1항 각 호에 따라 평가하는 것이 현저히 곤란하거나 적정하지 아니하다고 인정되는 경우에는 원가법으로 평가할 수 있다.

제45조(재검토기한) 국토교통부장관은 이 훈령에 대하여 「훈령・예규 등의 발령 및 관리에 관한 규정」에 따라 2022년 1월 1일을 기준으로 매 3년이 되는 시점(매 3년째의 12월 31일까지를 말한다)마다 그 타당성을 검토하여 개선 등의 조치를 하여야 한다.

부칙 〈제1424호, 2021. 8. 13.〉

이 훈령은 발령한 날부터 시행한다.

[별표 1]

상업지대의 지역요인 및 개별요인

지 역 요 인

조건	항 목	세 항 목
가로 조건	가로의 폭, 구조 등의 상태	폭
		포장
		보도
		계통 및 연속성
	가구(block)의 상태	가구의 정연성
		가구시설의 상태
접근 조건	교통수단 및 공공시설과의 접근성	인근교통시설의 편의성
		인근교통시설의 이용 승객수
		주차시설의 정비
		교통규제의 정도 (일방통행, 주정차 금지 등)
		관공서 등 공공 시설과의 접근성
환경 조건	상업 및 업무 시설의 배치 상태	백화점, 대형상가의 수와 연면적
		전국규모의 상가 및 사무소의 수와 연면적
		관람집회시설의 상태
		부적합한 시설의 상태 (공장, 창고, 주택 등)
		기타 고객유인시설 등
		배후지의 인구
		배후지의 범위
		고객의 구매력 등

개 별 요 인

조건	항 목	세 항 목
가로 조건	가로의 폭, 구조 등의 상태	폭
		포장
		보도
		계통 및 연속성
접근 조건	상업지역중심 및 교통시설과의 편의성	상업지역중심과의 접근성
		인근교통시설과의 거리 및 편의성
환경 조건	고객의 유동성과의 적합성	고객의 유동성과의 적합성
	인근환경	인근토지의 이용상황
		인근토지의 이용상황과의 적합성
	자연환경	지반, 지질 등
획지 조건	면적, 접면너비, 깊이, 형상 등	면적
		접면너비
		깊이
		부정형지

지 역 요 인		
조건	항 목	세 항 목
환경조건	경쟁의 정도 및 경영자의 능력	상가의 전문화와 집단화
		고층화 이용정도
	번화성의 정도	고객의 통행량
		상가의 연립성
		영업시간의 장단
		범죄의 발생정도
	자연환경	지반, 지질 등
행정적 조건	행정상의 규제정도	용도지역, 지구, 구역 등
		용적제한
		고도제한
		기타규제
기타 조건	기타	장래의 동향
		기타

개 별 요 인		
조건	항 목	세 항 목
획지 조건	면적, 접면 너비, 깊이, 형상 등	삼각지
		자루형획지
		맹지
	방위, 고저 등	방위
		고저
		경사지
	접면도로상태	각지
		2면획지
		3면획지
행정적 조건	행정상의 규제정도	용도지역, 지구, 구역 등
		용적제한
		고도제한
		기타규제 (입체이용제한 등)
기타 조건	기타	장래의 동향
		기타

[별표 2]

주택지대의 지역요인 및 개별요인

지역요인

조건	항목	세항목
가로조건	가로의 폭, 구조 등의 상태	폭
		포장
		보도
		계통 및 연속성
접근조건	도심과의 거리 및 교통시설의 상태	인근교통시설의 편의성
		인근교통시설의 도시중심 접근성
	상가의 배치상태	인근상가의 편의성
		인근상가의 품격
	공공 및 편익시설의 배치상태	유치원, 초등학교, 공원, 병원, 관공서 등
환경조건	기상조건	일조, 습도, 온도, 통풍 등
	자연환경	조망, 경관, 지반, 지질 등
	사회환경	거주자의 직업, 연령 등
		학군 등
	획지의 상태	획지의 표준적인 면적
		획지의 정연성
		건물의 소밀도
		주변의 이용상황
	공급 및 처리시설의 상태	상수도
		하수도
		도시가스 등

개별요인

조건	항목	세항목
가로조건	가로의 폭, 구조 등의 상태	폭
		포장
		보도
		계통 및 연속성
접근조건	교통시설과의 접근성	인근대중교통시설과의 거리 및 편의성
	상가와의 접근성	인근상가와의 거리 및 편의성
	공공 및 편익시설과의 접근성	유치원, 초등학교, 공원, 병원, 관공서 등과의 거리 및 편의성
환경조건	일조 등	일조, 통풍 등
	자연환경	조망, 경관, 지반, 지질 등
	인근환경	인근토지의 이용상황
		인근토지의 이용상황과의 적합성
	공급시설 및 처리시설의 상태	상수도
		하수도
		도시가스
	위험 및 혐오시설 등	변전소, 가스탱크, 오수처리장 등의 유무
		특별고압선 등과의 거리

<table>
<tr><th colspan="3">지 역 요 인</th><th colspan="3">개 별 요 인</th></tr>
<tr><th>조건</th><th>항 목</th><th>세 항 목</th><th>조건</th><th>항 목</th><th>세 항 목</th></tr>
<tr><td rowspan="13">환경조건</td><td rowspan="4">위험 및 혐오시설</td><td rowspan="2">변전소, 가스탱크, 오수처리장 등의 유무</td><td rowspan="13">획지조건</td><td rowspan="7">면적, 접면너비, 깊이, 형상 등</td><td>면적</td></tr>
<tr><td>접면너비</td></tr>
<tr><td rowspan="2">특별고압선 등의 통과 유무</td><td>깊이</td></tr>
<tr><td>부정형지</td></tr>
<tr><td rowspan="4">재해발생의 위험성</td><td rowspan="4">홍수, 사태, 절벽붕괴 등</td><td>삼각지</td></tr>
<tr><td>자루형획지</td></tr>
<tr><td>맹지</td></tr>
<tr><td rowspan="3">방위, 고저 등</td><td>방위</td></tr>
<tr><td rowspan="5">공해발생의 정도</td><td rowspan="5">소음, 진동, 대기오염 등</td><td>고저</td></tr>
<tr><td>경사지</td></tr>
<tr><td rowspan="3">접면도로 상태</td><td>각지</td></tr>
<tr><td>2면획지</td></tr>
<tr><td>3면획지</td></tr>
<tr><td rowspan="2">행정적 조건</td><td rowspan="2">행정상의 규제정도</td><td>용도지역, 지구, 구역 등</td><td rowspan="2">행정적 조건</td><td rowspan="2">행정상의 규제정도</td><td>용도지역, 지구, 구역 등</td></tr>
<tr><td>기타규제</td><td>기타규제 (입체이용제한 등)</td></tr>
<tr><td rowspan="2">기타 조건</td><td rowspan="2">기타</td><td>장래의 동향</td><td rowspan="2">기타 조건</td><td rowspan="2">기타</td><td>장래의 동향</td></tr>
<tr><td>기타</td><td>기타</td></tr>
</table>

[별표 3]

공업지대의 지역요인 및 개별요인

지 역 요 인		
조건	항 목	세 항 목
가로 조건	가로의 폭, 구조 등의 상태	폭
		포장
		계통 및 연속성
접근 조건	판매 및 원료 구입시장과의 위치관계	도심과의 접근성
		항만, 공항, 철도, 고속도로, 산업도로 등과의 접근성
	노동력확보의 난이	인근교통시설과의 접근성
	관련산업과의 관계	관련산업 및 협력 업체간의 위치관계
환경 조건	공공 및 처리 시설의 상태	동력자원
		공업용수
		공장배수
	공해발생의 위험성	수질, 대기오염 등
	자연환경	지반, 지질 등
행정적 조건	행정상의 조장 및 규제정도	조장의 정도
		규제의 정도
		기타규제
기타 조건	기타	공장진출의 동향
		장래의 동향
		기타

개 별 요 인		
조건	항 목	세 항 목
가로 조건	가로의 폭, 구조 등의 상태	폭
		포장
		계통의 연속성
접근 조건	교통시설과의 거리	인근교통시설과의 거리 및 접근성
		철도전용인입선
		전용부두
환경 조건	공급 및 처리 시설의 상태	동력자원
		공업용수
		공장배수
	자연환경	지반, 지질 등
획지 조건	면적, 형상 등	면적
		형상
		고저
행정적 조건	행정상의 조장 및 규제정도	조장의 정도
		규제의 정도
		기타규제
기타 조건	기타	장래의 동향
		기타

[별표 4]

농경지대(전 지대)의 지역요인 및 개별요인

지역요인		
조건	항목	세항목
접근조건	교통의 편부	취락과의 접근성
		출하집적지와의 접근성
		농로의 상태
자연조건	기상조건	일조, 습도, 온도, 통풍, 강우량 등
	지세	경사의 방향
		경사도
	토양, 토질	토양, 토질의 양부
	관개, 배수	관개의 양부
		배수의 양부
	재해의 위험성	수해의 위험성
		기타 재해의 위험성
행정적 조건	행정상의 조장 및 규제정도	보조금, 융자금 등 조장의 정도
		규제의 정도
기타 조건	기타	장래의 동향
		기타

개별요인		
조건	항목	세항목
접근조건	교통의 편부	취락과의 접근성
		농로의 상태
자연조건	일조 등	일조, 통풍 등
	토양, 토질	토양, 토질의 양부
	관개, 배수	관개의 양부
		배수의 양부
	재해의 위험성	수해의 위험성
		기타 재해의 위험성
획지조건	면적, 경사 등	면적
		경사도
		경사의 방향
	경작의 편부	형상부정 및 장애물에 의한 장애의 정도
행정적 조건	행정상의 조장 및 규제정도	보조금, 융자금 등 조장의 정도
		규제의 정도
기타 조건	기타	장래의 동향
		기타

[별표 5]

농경지대(답 지대)의 지역요인 및 개별요인

지역요인		
조건	항목	세항목
접근조건	교통의 편부	취락과의 접근성
		출하집적지와의 접근성
		농로의 상태
자연조건	기상조건	일조, 습도, 온도, 통풍, 강우량 등
	지세	경사의 방향
		경사도
	토양, 토질	토양, 토질의 양부
	관개, 배수	관개의 양부
		배수의 양부
	재해의 위험성	수해의 위험성
		기타 재해의 위험성
행정적 조건	행정상의 조장 및 규제정도	보조금, 융자금 등 조장의 정도
		규제의 정도
기타조건	기타	장래의 동향
		기타

개별요인		
조건	항목	세항목
접근조건	교통의 편부	취락과의 접근성
		농로의 상태
자연조건	일조 등	일조, 통풍 등
	토양, 토질	토양, 토질의 양부
	관개, 배수	관개의 양부
		배수의 양부
	재해의 위험성	수해의 위험성
		기타 재해의 위험성
획지조건	면적 등	면적
		경사
	경작의 편부	형상부정 및 장애물에 의한 장애의 정도
행정적 조건	행정상의 조장 및 규제정도	보조금, 융자금 등 조장의 정도
		규제의 정도
기타조건	기타	장래의 동향
		기타

[별표 6]

임야지대의 지역요인 및 개별요인

지 역 요 인		
조건	항 목	세 항 목
접근조건	교통의 편부 등	인근역과의 접근성
		인근취락과의 접근성
		인도의 배치, 폭, 구조 등
		인근시장과의 접근성
자연조건	기상조건	일조, 기온, 강우량, 안개, 적설량 등
	지세 등	표고
		경사도
		경사의 굴곡
	토양, 토질	토양, 토질의 양부
행정적 조건	행정상의 조장 및 규제정도	행정상의 조장의 정도
		국·도립공원, 보안림, 사방지지정 등의 규제
		기타규제
기타 조건	기타	장래의 동향
		기타

개 별 요 인		
조건	항 목	세 항 목
접근조건	교통의 편부 등	인근역과의 접근성
		인근취락과의 접근성
		인도의 배치, 폭, 구조 등
		반출지점까지의 거리
		반출지점에서 시장까지의 거리
자연조건	일조 등	일조, 통풍 등
	지세, 방위 등	표고
		방위
		경사
		경사면의 위치
		경사의 굴곡
	토양, 토질	토양, 토질의 양부
행정적 조건	행정상의 조장 및 규제정도	조장의 정도
		국·도립공원, 보안림, 사방지지정 등의 규제
		기타규제
기타 조건	기타	장래의 동향
		기타

[별표 7]

후보지지대의 지역요인 및 개별요인

지 역 요 인		
조건	항 목	세 항 목
접근조건	도심과의 거리 및 교통시설의 상태	인근교통시설과의 접근성
		인근교통시설의 성격
		인근교통시설의 도시중심 접근성
	상가의 배치 상태	인근상가와의 접근성
		인근상가의 품격
	공공 및 편익시설의 배치 상태	유치원, 초등학교, 공원, 병원, 관공서 등
	주변가로의 상태	주변간선도로와의 접근성 및 가로의 종류 등
환경조건	기상조건	일조, 습도, 온도, 통풍 등
	자연환경	조망, 경관, 지반, 지질 등
	공공 및 처리시설의 상태	상하수도, 가스, 전기 등 설치의 난이
	인근환경	주변기존지역의 성격 및 규모
	시가화 정도	시가화 진행의 정도
	도시의 규모 및 성격 등	도시의 인구, 재정, 사회, 복지, 문화, 교육시설 등

개 별 요 인		
조건	항 목	세 항 목
접근조건	교통시설과의 접근성	인근상가와의 거리 및 편의성
		인근교통시설과의 거리 및 편의성
	공공 및 편익시설과의 접근성	유치원, 초등학교, 공원, 병원, 관공서 등과의 거리 및 편의성
	주변가로의 상태	주변간선도로와의 거리 및 가로의 종류 등
환경조건	일조 등	일조, 통풍 등
	자연환경	조망, 경관, 지반, 지질 등
	공급 및 처리시설의 상태	상하수도, 가스, 전기 등 설치의 난이
	위험 및 혐오시설	변전소, 가스탱크, 오수처리장 등의 유무
		특별고압선 등과의 거리
획지조건	면적, 형상 등	면적
		형상

<table>
<tr><th colspan="3">지 역 요 인</th><th colspan="3">개 별 요 인</th></tr>
<tr><th>조건</th><th>항 목</th><th>세 항 목</th><th>조건</th><th>항 목</th><th>세 항 목</th></tr>
<tr><td rowspan="4">환경
조건</td><td rowspan="2">위험 및
혐오시설</td><td>변전소, 가스탱크,
오수처리장 등의
유무</td><td rowspan="4">획지
조건</td><td>면적, 형상 등</td><td>접면도로상태</td></tr>
<tr><td>특별고압선 등의
통과유무</td><td rowspan="3">방위, 고저 등</td><td>방위</td></tr>
<tr><td>재해발생의
위험성</td><td>홍수, 사태,
절벽붕괴 등</td><td>경사</td></tr>
<tr><td>공해발생의
정도</td><td>소음, 진동,
대기오염 등</td><td>고저</td></tr>
<tr><td rowspan="2">택지
조성
조건</td><td rowspan="2">택지조성의
난이 및
유용성</td><td>택지조성의 난이
및 필요정도</td><td rowspan="2">택지
조성
조건</td><td rowspan="2">택지조성의
난이 및
유용성</td><td>택지조성의 난이
및 필요정도</td></tr>
<tr><td>택지로서의
유효 이용도</td><td>택지로서의
유효 이용도</td></tr>
<tr><td rowspan="3">행정적
조건</td><td rowspan="3">행정상의 조장
및 규제정도</td><td>조장의 정도</td><td rowspan="3">행정적
조건</td><td rowspan="3">행정상의 조장
및 규제정도</td><td>조장의 정도</td></tr>
<tr><td>용도지역, 지구,
구역 등</td><td>용도지역, 지구,
구역 등</td></tr>
<tr><td>기타규제</td><td>기타규제</td></tr>
<tr><td rowspan="2">기타
조건</td><td rowspan="2">기타</td><td>장래의 동향</td><td rowspan="2">기타
조건</td><td rowspan="2">기타</td><td>장래의 동향</td></tr>
<tr><td>기타</td><td>기타</td></tr>
</table>

참고문헌

1. 국내문헌

강태성(2018), 민법총칙, 대명출판사.
강해규 외(2003), 부동산감정평가실무, 형설출판사.
경응수(2020), 감정평가론(제6판), 나무미디어.
계기석 · 천현숙(2000), 커뮤니티 중심의 주거환경정비 연구, 국토연구원.
국토교통부 · 한국감정원(2018), 2019년 표준지공시지가 조사 · 평가 업무요령.
국토교통부 · 한국감정원(2020), 2021년 표준지공시지가 조사 · 평가 업무요령.
국토교통부 · 한국토지공법학회(2019), 도로건설을 위한 지하부분 토지사용 보상제도 개정방안 연구.
권호근 외(2020), 부동산 감정평가론, 형설출판사.
김경환 · 김종석(2018), 맨큐의 경제학(제8판), 센게이지러닝코리아.
김경환 · 손재영(2020), 부동산경제학(제3판), 건국대학교출판부.
金大洙(1984), 新不動産鑑定評價論, 螢雪出版社.
김승희 외(2019), 부동산학개론(개정판), 이루.
金榮鎭(1990), 新不動産評價論, 汎論社.
김준호(2014), 민법강의, 법문사.
김태훈 외(2011), 해외 감정평가제도 총괄, 한국부동산연구원.
김태훈 외 역(2017), 미국감정평가실무기준, 한국감정평가사협회.
김형국(1997), 한국공간구조론, 서울대학교출판부.
나상수(2007), 감정평가이론강의, 리북스.
남궁 근(1998), 행정조사방법론(제2판), 법문사.
남영우(2007), 도시공간구조론, 법문사.
노용호 외(2003), 감정평가론, 부연사.
________(2005), 감정평가론(증보판), 부연사.
대한국토 · 도시계획학회(2008), 도시계획론, 보성각.
민태욱(2020), 감정평가론, 부연사.
박현주 외(1998), 토지정책의 전개와 발전방향, 국토개발연구원.
방경식 · 장희순(2002), 부동산학개론, 부연사.
장희순 · 방경식 공역(2004), 해설 부동산감정평가기준, 부연사.
서경규(2007), 비교방식에 의한 주거지대의 지가평가요인과 지가평가방법에 관한 연구, 영남대학교 박사학위논문.
________(2008), "감정평가에 있어 용도지대 세분에 관한 연구", 감정평가연구, 18(2), 한국부동산

연구원.
________(2011), "부동산감정평가의 인근지역 분석", 감정평가학논집, 10(2), 한국감정평가학회.
________(2012a), "표준지비교법에 의한 지가평가의 재검토", 감정평가학논집, 11(1), 한국감정평가학회.
________(2012b), "「감정평가에 관한 규칙」 전부개정의 의의와 과제", 감정평가학논집, 11(2), 한국감정평가학회.
________(2019), "부동산 감정평가서제도의 발전방안", 감정평가학논집, 18(1), 한국감정평가학회.
________(2021), "부동산활동에 있어 적정가격제도의 재검토", 감정평가학논집, 20(2), 한국감정평가학회.
서경규・이규태(2017), "중소도시 최고지가부지의 특성 분석", 감정평가학논집, 16(2), 한국감정평가학회.
서광채 외(2016), "시장가치 외의 가치기준 정립에 관한 연구", 한국부동산분석학회 정기학술대회 논문집.
宋泰永(1991), 鑑定評價實務(3訂版), 경영문화원.
안정근(2007), 부동산평가강의, 법문사.
______(2009), 부동산평가이론(제5판), 양현사.
______(2019), 현대부동산학(제6판), 양현사.
尹昌九(1992), 韓國 都市地域 地價變動에 관한 實證的 硏究, 仁川大學校 大學院, 博士學位論文.
왕 호(2021), 중국과 한국의 부동산감정평가 실무기준에 관한 비교연구, 대구가톨릭대학교 박사학위논문.
이건세(1996), "정상가격과 최유효사용에 관한 연구", 감정평가논집, 6, 한국감정평가업협회.
이래영(2000), 부동산학개론, 법문사.
이상훈(2014), 신감정평가론, 부연사.
이선영(2006), 토지가치권론, 법원사.
______(2018), 신감정평가법, 리북스.
이성근 외(2014), 최신 부동산학, 부연사.
이정전(2015), 토지경제학(전면개정판), 박영사.
李昌錫 외(2002), 不動産鑑定評價論(改訂版), 螢雪出版社.
이천우(2017), 경제학의 역사와 사상, 율곡출판사.
장희순・방경식 공역(2007), 해설 부동산감정평가기준, 부연사.
정수연(2012), "부동산공시제도의 가치와 가격개념 재정립에 관한 연구", 주거환경, 10(1), 한국주거환경학회.
鄭泳喆 외(2000), 鑑定評價論, 부연사.
정희남 외(2012), 미국 감정평가제도의 전개과정과 제도기반에 관한 연구, 국토연구원.
코리넷 역(2013), 부동산 감정평가(Appraisal Institute, 13판), 부연사.

한국감정원(1991), 건물평가실무지침서.
________(1993), 토지평가실무지침서.
________(1999), 유형고정자산 내용연수표.
한국감정원 역(1992), 단독주택평가.
___________(1995), 현대부동산평가론.
___________(1996), 토지가격형성요인의 실증적 연구.
___________(2008), 국제평가기준 2007.
한국감정평가사협회 역(2017), 미국감정평가실무기준(USPAP, 2016~2017판).
한국감정평가협회(2006), 부동산용어대사전.
한국감정평가협회 · 한국감정원(2014a), 감정평가 실무기준 해설서(Ⅰ).
________________________(2014b), 감정평가 실무기준 해설서(Ⅱ).
한국지역개발학회 편(1998), 지역개발학원론, 법문사.
홍 훈(2015), 경제학의 역사, 박영사.

2. 외국문헌

Appraisal Institute(2002), *The Appraisal of Real Estate(12th ed.).*

_______________(2020), *The Appraisal of Real Estate(15th ed.).*

Clapp, John M. and Yazhen Wang(2006), "Defining neighborhood boundaries: Are census tracts obsolete?", Journal of Urban Economics, Vol. 59.

Ellsworth, Richard(2001), "The Sales Comparison Approach and the Appraisal of Complete Facilities", The Appraisal Journal, Vol. 69(3).

Friedman, Jack P. et al.(2004), Dictionary of Real Estate Terms, Barron's Educational Series, Inc.

Guo, Jessica Y. and Chandra R. Bhat(2007), "Operationalizing the concept of neighborhood: Application to residential location choice analysis", Journal of Transport Geography, Vol. 15.

Harvey, Jack(2000), Urban Land Economics, London: Macmillan Press Ltd.

Healy, Martin J. Jr. and Kevin Bergquist(1994), "The Sales Comparison Approach and Timberland Valuation", The Appraisal Journal, Vol. 62(4).

Hui, Eddie C. M. et al.(2007), "Measuring the neighboring and environmental effects on residential property value: Using spatial weighting matrix", Building and Environment, Vol. 42.

International Valuation Standards Council(2017), International Valuation Standards 2017.

Miles, Mike E. et al.(2000), Real Estate Development, Washington, D.C: Urban Land Institute.

Moye, Andrew J.(1991), "The Use of an Economic Indicator in the Sales Comparison Approach", The Appraisal Journal, Vol. 59(2).

Netusil, Noelwah R.(2005), "The Effect of Environmental Zoning and Amenities on Property Values: Portland, Oregon", Land Economics, Vol. 81(2).

Newsome, Bobby A. and Joachim. Zietz(1992), "Adjusting Comparable Sales Using Multiple Regression Analysis - The Need for Segmentation", The Appraisal Journal, Vol. 60(1).

Perry, Gregory M. and Lindon J. Robison(2001), "Evaluating the Influence of Personal Relationships on Land Sale Prices: A Case Study in Oregon", Land Economics, Vol.77.

Shlaes, Jared(1993), "The Quality Appraisal Report," Appraisal Journal, Vol.61 Issue 4.

Sirmans, G. Stacy. et al.(2006), "The Value of Housing Characteristics: A Meta Analysis", The Journal of Real Estate Finance and Economics, Vol.33(3).

The Appraisal Foundation(2018), 2018-2019 Uniform Standards Professional Apraisal Practice.

Williams, Thomas P.(2004), "Base Adjusting in the Sales Comparison Approach", The Appraisal Journal, Vol. 72(2).

日本不動産鑑定協会(1997), 不動産鑑定実務論, 住宅新報社.

__________________(2008), 新・要説 不動産鑑定評価基準, 住宅新報社.

脇田武光 저 / 공대식 외 역(1987), 都市土地經濟論, 경영문화원.

中華人民共和國住房和城鄕建設部(2013), 「房地産估價基本術語標準」 GB/T 50889-2013, 中國建築工業出版社.

______________________________(2015), 「房地産估價規範」 GB/T 50219-2015, 中國建築工業出版社.

3. 누리집

국가법령정보센터, https://www.law.go.kr/

국립국어원 표준국어대사전, https://stdict.korean.go.kr/main/main.do

네이버, https://www.naver.com/

대법원 종합법률정보, https://glaw.scourt.go.kr/wsjo/intesrch/sjo022.do

부동산통계정보시스템 R-ONE, https://www.reb.or.kr/r-one/main.do

한국감정평가사협회, https://www.kapanet.or.kr/

찾아보기

[인명]

[내용]

『ㄱ』

『 ㄴ 』

『ㅅ』

『 ㅇ 』

『 ㅈ 』

〈저자 소개〉

서경규

[학력 및 경력]

- 경북대학교 사법학과 졸업(법학사)
- 영남대학교 환경대학원 졸업(도시계획학석사, 도시 및 지역계획전공)
- 영남대학교 일반대학원 졸업(행정학박사, 지역개발전공)
- 대구가톨릭대학교 부동산학과 · 부동산경영학과 교수(현)
- 감정평가사(제3회), 공인중개사(제1회)
- 한국감정원(한국부동산원) 감정역, 나라감정평가법인 이사
- 국토교통부 공인중개사정책심의위원회 위원(현)
- 국방부 군공항이전사업단 자문위원
- 법제처 국민법제관(현)
- 대구시 공유재산심의회 위원
- 경상북도 지방토지수용위원회 위원(현)
- 울산시 도시계획위원회 위원
- 대구경북경제자유구역청 분양가심사위원회 위원(현)
- 대구지방환경청 환경영향평가 전문가자문단 위원(현)
- 대구경북부동산분석학회 회장
- 감정평가사 자격시험 출제위원(부동산학원론, 감정평가실무, 감정평가이론)
- 공인중개사 자격시험 출제위원(부동산학개론)

[저서 및 논문]

- 최신 부동산학(공저, 부연사, 2014)
- 최신 지역개발론(공저, 집현재, 2013)
- 현대 부동산의 이해(공저, 부연사, 2005)
- "부동산활동에 있어 적정가격제도의 재검토"(감정평가학논집, 2021)
- "공용침해와 손실보상의 패러다임 전환과 과제"(토지공법연구, 2019) 외 다수

감정평가론

2022년 2월 22일 1판 1쇄 인쇄
2022년 2월 28일 1판 1쇄 발행

저 자 : 서 경 규
발행자 : 한 정 주
발행처 : 교육과학사

저자와의 협의하에 인지생략

경기도 파주시 광인사길 71
전화(031)955-6956~8/팩스(031)955-6037
Home-page: www.kyoyookbook.co.kr
E-mail : kyoyookbook@daum.net, kyoyook@chol.com
등록: 1970년 5월 18일 제2-73호

낙장 · 파본은 교환해 드립니다.
Printed in Korea.

정가 25,000원
ISBN 978-89-254-1679-3